El cielo es el límite

MITOS AUTOAYUDA

Wayne W. Dyer

El cielo es el límite

Traducción de J.M. Álvarez y Ángela Pérez

grijalbo mondadori

Quedan rigurosamente prohibidas, sin la autorización escrita
de los titulares del *copyright*, bajo las sanciones establecidas
por las leyes, la reproducción total o parcial de esta obra por
cualquier medio o procedimiento, comprendidos la reprografía
y el tratamiento informático, así como la distribución de ejemplares
de la misma mediante alquiler o préstamo públicos.

Título original:
THE SKY'S THE LIMIT
Traducido de la edición original de Simon and Schuster,
Nueva York, 1980
Diseño de la cubierta: idee
Ilustración de la cubierta: © Spencer Powell, archivo Index
© 1980, Wayne W. Dyer
© 1981 de la edición en castellano para España y América:
    GRIJALBO (Grijalbo Mondadori, S.A.)
    Aragó, 385, 08013 Barcelona
    www.grijalbo.com
© 1981, J.M. Álvarez y Ángela Pérez, por la traducción
Primera edición en esta colección
Reservados todos los derechos
ISBN: 84-397-0803-3
Depósito legal: NA. 2.270-2001
Impreso en Rodesa, 31132 Villatuerta (Navarra)

En recuerdo de Abraham H. Maslow,
pionero en el estudio de la capacidad de grandeza del hombre

A Cynthia Page Subby,
que aportó una ayuda especial para la creación de este libro

Índice

Introducción. ¿Cuál es su límite? 13

1. Del SZE a la personalidad Sin Límites 21
   Nadie le impide ser perfecto 21
   Enfermedad, salud y supersalud: el modelo médico 22
   La psicología como medicina: enfoque patológico 25
   Del pánico al control... Y lo que hay en medio 27
     Pánico, 28.- Inercia, 29.- Competitividad, 30.- Ajuste, 31.- Control, 33.
   ¿Quién puede ser un individuo Sin Límites? 35
   ¿Por qué seguir aquí, en primer lugar? 37
   SZE, Zen y «muga»: el arte de vivir ahora 39
     Futurización: ese círculo vicioso, 39.- Para trascender el pasado, 41.- Haga las maletas, 43.- SZE, zen y «muga», 44.
   Vivir ahora 46
     Supervivencia: hay que vivir ahora, 46.- Normalidad: vivir ahora a veces, 47.- Compromiso, 49.

2. Falsos maestros 55
   Características del carácter autoritario 58
     Intolerancia ante la ambigüedad, 58.- Pensamiento dicotómico, 61.- Pensamiento rígido, 62.- Antiintelectualismo, 65.- Antiintrospección, 68.- Conformidad y sumisión, 69.- Represión sexual, 72.- Etnocentrismo, 74.- Paranoia, 80.- Antidebilidad, 82.- El culto al poder, 87.- Totalitarismo superpatriótico, 90.
   Archie Bunker: el modelo autoritario 96

3. Para superar el pensamiento autoritario 100
   Pensamiento dicotómico 103
   Pensamiento holístico (o totalizador) 107
   El pensamiento Sin Límites 109
   El paso al pensamiento Sin Límites: cómo eliminar las
     dicotomías 113

Masculino/femenino, 113.- Fuerte/débil, 116.- Madurez/infantilismo, 117.- Civilización/barbarie, 119.- Cuerpo/mente, 120.- Consciente/inconsciente, 122.- Seguridad/inseguridad, 125.- Profesor/estudiante, 128.- Trabajo/diversión, 131.- Amor/odio, 136.- Bueno/malo, 140.- Patriótico/antipatriótico, 143.- Nosotros/ellos, 146.

4. Primero, sea un buen animal 148
   Confíe en sus instintos animales 152
   Nuevas vías para llegar a ser un buen animal 161
   Funciones orgánicas, 161.- La comida, 165.- La bebida, 168.- La respiración, 169.- El sueño, 171.- La curación, 174.- Juego y ejercicio, 176.- La sexualidad, 179.- Vagar, viajar, explorar, 183.

5. Sea niño de nuevo 188
   ¿Le gustan a usted los niños? 193
   Lo infantil y lo pueril 196
   El absurdo de aplazar la gratificación 199
   Para superar las deficiencias de la educación 203
   La fuente de la eterna juventud está dentro de usted 209
   Las siete vías para llegar a la fuente 209
   ¡Ríase!, 209.- Deje que la fantasía vuelva a aparecer en su vida, 213.- ¡Sea un poquito loco!, 216.- Sea espontáneo, 218.- No tema cometer errores, 221.- Acepte el mundo como es, 223.- No sea desconfiado, 227.

6. Confíe en sus señales internas 234
   De lo externo a lo interno 239
   Para llegar a ser verdaderamente sincero con uno mismo .. 241
   Cómo empezamos a engañarnos a nosotros mismos, 243.- Para llegar a ser sincero consigo mismo, 245.
   La creatividad y las señales internas 248
   Estrategias para confiar en las señales internas 250
   Pastillas, alcohol, tabaco y «drogas sociales», 253.- La indumentaria como símbolo de prestigio, 254.- Normas de etiqueta y de urbanidad, 255.- Normas externas del gusto, 256.- Los mensajes publicitarios, 257.-Burocracias, 258.- Grados y rangos, 260.- Estatus familiar, 264.- Su psicología, 266.- Símbolos de autoridad y leyes, 268.- Religión organizada (en algunos casos), 270.

7. **Respete sus necesidades superiores** 274
   Sus necesidades superiores como instintos 275
   Sus necesidades superiores y cómo satisfacerlas 277
   Individualidad, 277.- Respeto, 280.- Pertenencia, 282.- Afecto y amor, 285.- Trabajo significativo y creador, 290.- Diversiones y distracciones, 293.- Creatividad, 295.- Justicia, 299.- Verdad, 303.- Belleza, 304.
   Necesidades superiores y necesidades inferiores: Una consideración general 306

8. **Para cultivar la sensación de tener un objetivo en la vida** . 308
   Por qué la mayoría de la gente no tiene una verdadera sensación de objetivo vital: El «metro decisivo» 312
   Cómo lograr una sensación de objetivo vital 314
   Acepte el cambio como una forma de vida 316
   La importancia de la esperanza y la confianza personales .. 321
   No tema su grandeza 323
   Considere la vida toda como algo sagrado 325
   El sentido fundamental de servicio o misión 328
   Estrategias personales para tener la sensación de un objetivo en la vida y de sinceridad consigo mismo 330
   Nueve preguntas que pueden ayudarle a ser sincero consigo mismo 335

9. **Para aprovechar el tiempo al ciento por ciento** 343
   Es absurdo que haya ganadores a expensas de los perdedores 344
   El proceso para convertirse en un ganador al ciento por ciento 347
   1. Para pensar como un ganador al ciento por ciento, 349.- 2. Para sentirse un ganador al ciento por ciento, 350.- 3. Para actuar como un ganador al ciento por ciento, 352.

Apéndice: Del estado neurótico al estado Sin Límites: Gráfico de actitud y conducta 359

INTRODUCCIÓN
¿Cuál es su límite?

De vez en cuando, oirá usted decir a una persona, a la que se ofrece la tercera, cuarta o quinta copa en un cóctel: «No gracias, he llegado al límite».

Es un comentario inteligente cuando se está bebiendo alcohol. Salvo que uno tenga especial cariño a las resacas o a maltratar el cuerpo y la mente, merece la pena conocer el propio límite al alcohol y respetarlo.

Pero, con demasiada frecuencia, cuando se nos ofrece un tercero, cuarto o quinto trago de la copa de la vida (y, lo advirtamos o no, la vida siempre ofrece), nos decimos para nuestros adentros: «Oh, no, mejor parar aquí. Creo que ya he llegado al límite». En cierta ocasión oí a una niñera gritar detrás de un niño muy vivaz que recorría la casa tan de prisa que ella no podía seguirle: «¡No te entusiasmes tanto! ¡No te entusiasmes tanto! ¡Ya sabes que siempre que te entusiasmas demasiado te caes y te haces daño!».

Este libro está dispuesto a admitir que, en lo que respecta a la capacidad que posee usted para la felicidad, el desarrollo, la creatividad, la capacidad constructiva en la sociedad (cualquier cosa que usted valore como ser humano) literalmente no existen límites para lo que puede usted lograr.

Por supuesto, si quiere hacer algo que ningún ser humano puede hacer, si quiere usted saltar por un acantilado (sin planeador) y volar... no tendrá suerte. Pero este libro trata también de cómo puede usted lograr todo lo que es posible para un ser humano y, además, lo que usted desea ser, frente a lo que otros o la sociedad en su conjunto le exigen que sea.

Cuando hace varios años decidí dejar de escribir libros de texto que sólo leerían un grupo de profesionales, para dedicarme a escribir libros para todo el mundo, pensaba en un programa de cuatro partes destinado a ayudar a la gente a alcanzar sus máximos niveles personales de felicidad y plenitud. Creía entonces, y sigo creyendo hoy, que la mayoría de la gente pasa por tribulaciones innecesarias en la vida, porque no sabe «manejar» sus emociones y ha llegado a convencerse de un montón de disparates psicológicos, como el de que «nadie está sano psicológicamente, en realidad; todos estamos un poco neuróticos», o «sus problemas personales son consecuencia de rasgos de carácter profundamente enraizados, formados en un pasado lejano y harían falta años de tratamiento para eliminarlos».

Yo escribí Tus zonas erróneas *insistiendo sobre todo en los medios de liberarse de las ideas y la conducta depresivas, y guiando al individuo de forma que pudiera empezar a pensar razonablemente en convertirse en «no neurótico», si lo deseaba. Mi segundo libro,* Evite ser utilizado, *pasaba a indicar de modo gradual el medio de enfrentarse a las personas que pretendiesen manipularle o convertirle en su víctima, personas que pueden no haber eliminado sus propias zonas erróneas, por lo cual pueden creer que han de demostrar su propia valía mediante su capacidad para rebajarle a usted.*

Como el hecho de que usted se permita caer en las trampas de otro es, a su modo, una zona errónea tan definida como cualquiera de las que se abordaban en Tus zonas erróneas, *hemos de combinar la imagen de la persona que ha eliminado sus zonas erróneas personales con la de la persona que evita ser utilizada, para componer la imagen de la persona Sin Zonas Erróneas, es decir, una persona SZE.*

Pero, ya cuando empecé a escribir Tus zonas erróneas, *tenía pensado escribir un libro definitivo para el individuo, que indicara cómo ir bastante más lejos del estado SZE, tal como se definió en las dos primeras obras. En la vida hay muchas más cosas que el simple aprender a resolver los problemas propios y a enfrentarse a posibles manipuladores, a manejar las propias emociones y a confiar en sí mismo. Todo individuo es intrínsecamente capaz de alcanzar «alturas vertiginosas» de felicidad y plenitud. La principal barrera que impide a la mayoría alcanzarlas parece ser el miedo, el miedo a que esa altura les dé vértigo y les impida enraizar con mayor firmeza en el suelo, pese a que es lo que en realidad sucede, como comprobarán en las siguientes páginas.*

En nuestra sociedad parece existir el temor generalizado a volar demasiado cerca del sol, a conseguir demasiado y luego perderlo; a llegar a ser demasiado feliz y hundirse luego. Esto contagia no sólo a los individuos sino a toda la especie. Cuando consideramos la capacidad de los seres humanos para vivir en paz, en armonía, productivamente con alegría incluso, y consideramos luego el mundo tal cual es, la comparación resulta patética. ¿Y por qué ha llegado la especie humana a esta situación? Por la única y sola razón de que los individuos han permanecido ciegos a la infinitud de su propia capacidad, y han perdido el tiempo procurando convertirse en individuos «medios», en adaptarse a lo que «tradicionalmente» se espera de ellos, ajustarse a las estructuras sociales que perpetúan la miseria que es hoy la mayor parte del mundo en que vivimos.

«El cielo es el límite» puede ser tópico, un tópico del que sin duda se ha abusado últimamente: «El cielo es el límite de lo que puede ahorrar si compra en el negocio de coches de segunda mano de Johnny». Pero los tópicos más viejos y las frases más manidas del idioma suelen contener las mayores verdades, si los enfocamos en su contexto apropiado; y si pensamos seriamente en ello, «El cielo es el límite» resulta ser absolutamente cierto *aplicado a las capacidades de los seres humanos. Si lo piensa usted detenidamente, los misterios del universo (¿qué altura tiene el cielo?) no son nada comparados con los misterios de la vida.*

¿Quién es este ser humano que en los últimos milenios ha salido de las cuevas y creado teorías de la relatividad, ha dado nombre al cielo, en primer término, ha escudriñado el universo y ha demostrado incluso que ninguna máquina diseñada de acuerdo con cualquier sistema lógico, ninguna computadora creada por el hombre, puede siquiera compararse con la capacidad matemática del pensamiento humano?

Así que la próxima vez que contemple el cielo con asombro y desconcierto, recuerde que alberga dentro de usted mismo misterios mucho más grandes. La diferencia es que el cielo no puede pensar sobre sí mismo, no puede elegir lo que será.

Este libro representa para mí una encrucijada en varios sentidos. Espero que represente también para usted un cambio. Ofrece el cómo y el porqué del desarrollo humano total, *un programa para aprender a pensar, sentir y actuar de modo que pueda usted trascender su personalidad «media» o «normal» y se convierta en un individuo en el que jamás soñó en convertirse hasta ahora. En estas páginas, le animaré a adoptar valores humanísticos y un estilo de vida humanista que no sólo convertirán su vida en un deleite que saboreará día tras día, sino que aportarán al mundo la dirección creadora e imaginativa que éste necesita para llegar a ser un lugar más humano y más perfecto para todos los que lo habitamos y para los que habrán de seguirnos.*

Para señalar este cambio, para dar un nombre a esa persona, en la que podemos convertirnos todos, si queremos, he acuñado un nuevo término. Llamaré a esa persona que trasciende su personalidad «media» o «normal» y que culmina sus sumas potencias vitales el individuo Sin Límites (SL), indicando con ello que tal persona no acepta ningún límite falso o artificial.

En realidad el individuo SZE y el individuo Sin Límites son dos caras de la misma moneda. No puede usted convertirse en un individuo Sin Límites sin haber eliminado sus zonas erróneas, y si las hubiese usted eliminado, si fuera usted un individuo SZE, está usted ya en vías (o por lo menos en el umbral) de crear una vida de plena libertad. En este sentido, «SZE» y «Sin Límites» podrían utilizarse indistinta-

mente. Pero suelo utilizar «SZE» para aludir al «pájaro antes de emprender el vuelo»: el individuo que ha eliminado sus zonas erróneas, pero que aún no ha probado del todo sus nuevas alas. Suelo utilizar «Sin Límites» para aludir a los que vuelan ya por el azul sin límite.

Espero que juzgue este libro atractivamente original, no sólo por decirle cosas nuevas, sino en el sentido más amplio de estar preñado de pensamientos que harán vibrar en usted cuerdas sensibles y le ayudarán a despertar una forma propia y nueva de contemplar el mundo y también a sí mismo.

Pero para que un libro sea verdaderamente original, ha de estar profundamente enraizado en lo que el autor considera el pensamiento más vital y fecundo del pasado.

Amigos filósofos me cuentan que fue Aristóteles quien pensó primero en definir las cosas vivas no en función de lo que son en un momento dado, sino en función de sus potencias, o lo que por naturaleza y en su plenitud podrían llegar a ser, que es como yo creo que deberíamos vernos todos a nosotros mismos: admitiendo que en cualquier momento dado ¡somos realmente lo mejor que podemos ser en ese momento! (¡Usted puede ser perfecto!)

Por desgracia, la idea de investigar la ilimitada capacidad de grandeza de la humanidad no ha dominado precisamente en la sociedad contemporánea, y por eso las «raíces» de este libro se hunden profundamente en la obra de unos cuantos pensadores excepcionales y «atípicos», más que en los numerosos escritos de los incluidos en la «corriente general» de lo que hoy pasa por psicología y filosofía.

De entre los pensadores significativos que influyeron en mi propia formación, el más importante de todos es, con mucho, el difunto Dr. Abraham Maslow, que dedicó gran parte de su vida al estudio de lo que él llamó «autoactualización», es decir, las cotas más altas del ser o de la evolución que están al alcance de la humanidad. Maslow, en una tentativa de crear lo que él llamaba una Psicología del Ser, describió las cualidades que diferencian a los individuos autoactualizados de los otros. Para construir la imagen de la personalidad Sin Límites he adoptado o adaptado algunas cualidades «autoactualizadas» de Maslow, y he dedicado este libro a su recuerdo por lo mucho que admiro su espíritu innovador.

Maslow quiso estudiar a la humanidad desde una perspectiva distinta. Estaba convencido de que había que estudiar a los grandes triunfadores y aprender de su ejemplo, en vez de confinar la psicología al estudio de la enfermedad y de las «cotas mínimas», y acabar contemplando a los seres humanos únicamente desde el punto de vista de los defectos de su psique. Maslow creía en la grandeza de la humanidad. Yo también creo en ella.

Mientras investigaba para componer este libro, y al escribirlo, he trabajado sobre todo para conseguir que la obra de Maslow y de otros pensadores de las ciencias humanísticas con él relacionados pueda resultar mucho más asequible y asimilable para todos. Estoy convencido de que todos podemos alcanzar un elevado nivel de desarrollo humano, de que todos podemos llegar a estar autorrealizados, podemos llegar a ser personas Sin Límites, si nos esforzamos por lograrlo. Todo depende de lo que decidamos hacer. Nadie es superior a otro por naturaleza, y, en consecuencia, cualquiera que lo desee puede tomar «grandes decisiones» y ser realmente grande como ser humano.

Al escribir este libro he instado no sólo en cómo convertirse en una persona Sin Límites, sino también en el porqué. Los que investigan en el campo de la psicología se quedan cortos con demasiada frecuencia a la hora de explicar en concreto qué puede hacer el individuo para alcanzar sus niveles más altos de capacidad humana y de plenitud. Abundan las especulaciones y las consideraciones filosóficas, pero no hay investigación *específica suficiente para determinar adónde queremos ir y cómo podemos llegar allí. He intentado cubrir este «vacío investigador» con este libro. Aunque he aprendido mucho leyendo a Maslow y a otros autores, y he procurado de modos diversos traducir todo lo que me han enseñado estos investigadores anteriores a una terminología que puedan entender todos, en este libro expongo básicamente lo que sé que es cierto no porque lo haya leído sino porque yo mismo me he dedicado a vivirlo diariamente. He comprobado lo que hay que hacer para vivir* plenamente *en el presente, y sé que funciona.*

Este libro rompe en varios sentidos las barreras tradicionales de la psicología y se aventura en el reino de la filosofía. No se deje asustar por eso, porque yo no concibo la filosofía como esa jerga oscura que manejan los académicos que hoy en día se llaman filósofos. Se dará cuenta por el simple hecho de no haber oído jamás hablar de un filósofo contemporáneo, de que ninguno ha tenido nunca nada que decirle a usted, *que la filosofía académica tiene que ser una disciplina muerta... por lo menos, muerta para el mundo. Lo triste es que la filosofía académica de los últimos treinta o cuarenta años se ha perdido en el análisis de la gramática y en la construcción de sistemas lógicos, relacionados con temas tecnológicos y científicos, prescindiendo de la búsqueda humanística de la sabiduría que la hizo nacer en sus orígenes. Si los «filósofos» atacan a un asesor humanista como yo por penetrar en su territorio, deberían meditar un poco su olvido de esas zonas del territorio de la filosofía que intento cultivar. La «filosofía» conserva para mí su sentido originario: es la búsqueda de la sabiduría humana fundamental, y alguien* tiene *que emprender esa búsqueda. Me consi-*

dero en realidad, en primer término un filósofo práctico, y sólo en segundo término un psicólogo. Desde los grandes pensadores existencialistas (Kierkegaard, Sartre, Heidegger), nadie se ha preguntado qué es ser humano, e incluso los existencialistas raras veces consideraron las grandes alturas a las que el individuo puede llegar, centrándose, por el contrario, en el pesimismo y en el absurdo de la existencia.

Los «filósofos» están hoy tan ocupados en sus disquisiciones sobre la lógica o en la tentativa de demostrar que un árbol existe o no cuando nadie lo mira, que no ofrecen ayuda alguna al ser humano que ha de hacer frente a los árboles y bosques de su propia vida.

Este libro pretende ser un curso de filosofía práctica para llegar a ser prácticamente humano. La esencia de mi filosofía se basa en la creencia de que puede usted motivarse a sí mismo y elegir la grandeza aunque jamás lo haya hecho hasta ahora. Evitando la jerga psicológica y filosófica del mundo académico y sustituyéndola por el lenguaje del sentido común, podemos desentrañar el misterio de la comprensión de nuestra capacidad única y personal para llegar a ser plenamente humanos y vivir felices en nuestra existencia cotidiana. Muchos de nosotros, de los individuos normales, hemos llegado a convencernos de que la existencia Sin Límites en sí misma queda fuera de nuestro alcance, debido únicamente a que algunas de las palabras y frases que describen a los individuos «autoactualizados» —para usar la terminología de Maslow— han desafiado un tratamiento de «idioma normal» por parte de los académicos.

Si ha leído usted Tus zonas erróneas y Evite ser utilizado* y le ha ayudado e iluminado, estoy seguro de que verá usted este libro como continuación lógica de los dos anteriores, y se dará cuenta de que se basa en sus premisas. Pero no es necesario que haya leído esos libros para entender éste; he procurado reintroducir, cuando lo juzgué necesario, temas y cuestiones de esos dos libros con el objeto de desarrollarlos en éste más ampliamente.

Pero en esos dos libros y en éste explico cuanto he aprendido hasta el momento sobre la vida vivida en su potencial máximo, cómo puede usted lograr emoción personal y éxtasis supremo, junto con un auténtico sentido del objetivo y la misión que proporcionará a su vida un significado del que quizá careciera antes.

Todos agradecemos su tarea a quienes hacen que la vida palpite con más rapidez y con más fuerza. Quiero contribuir a que su existencia y también la mía estén plenamente vivas día tras día. Quiero que todo individuo que lea mis palabras o me oiga hablar, se acerque un

---

* Ambos publicados por Grijalbo, en esta colección.

paso más a su propia humanidad plena. Quiero que todos dejen a un lado las barreras «psicológicas internas» y vean con claridad lo que hasta ahora ha permanecido en la oscuridad: que usted puede llegar a ser lo que elija por sí mismo. *Si pudiera ayudarle a comprender esto por sí mismo, sería aún más pleno mi propio sentido de la misión que me corresponde en el mundo.*

Ya mencioné anteriormente que había empezado a escribir libros populares con un programa en cuatro partes pensando en el Desarrollo Humano Total. El cielo es el límite *completa mi programa para tratar al individuo adulto tal como se relaciona consigo mismo, con los demás y con la sociedad. Pero mi programa total sólo está concluido en sus tres cuartas partes. La «cuarta parte, última y básica» será un libro dedicado a la aplicación de los principios de la vida SZE/Sin Límites a la educación de los niños.*

Es indudable que podemos educar a los niños de tal modo que se desarrollen para desplegar al máximo su humanidad plena. No tienen por qué someterse a las «enfermedades mentales» tradicionales que la mayoría de la gente hereda de nuestra cultura. Educar a los niños para que operen de modo pleno y tengan una vida creadora es una posibilidad muy real, y la elaboración de un libro que explique cómo lograrlo concretamente será mi próximo y definitivo proyecto en esta serie de obras. Nada puede ser más importante para mí o para nosotros que la herencia de salud mental y la creencia en la capacidad ilimitada del ser humano que podamos legar a la siguiente generación y a todas las generaciones futuras. Pero no podremos transmitirles esto mientras no lo hayamos asimilado nosotros.

Traten de disfrutar con la lectura de este libro. Para mí ha sido un placer cada minuto que he dedicado a pensar en él, a investigar, a hacer entrevistas y a escribirlo. Si le contagia a usted el mismo entusiasmo por la vida que he sentido yo en estos últimos meses, pronto volaremos todos juntos.

Wayne W. Dyer

Cuando Alejandro Magno visitó a Diógenes y le preguntó qué podía hacer por el famoso maestro, Diógenes contestó: «Sólo te pido que te apartes y no me quites el sol». Puede que algún día sepamos aumentar la capacidad creadora. Hasta entonces, lo mejor que podemos hacer por los hombres y mujeres que poseen esa capacidad creadora es apartarnos y no quitarles la luz del sol.

JOHN W. GARDNER,
Self-Renewal

1
Del SZE a la personalidad Sin Límites

NADIE LE IMPIDE SER PERFECTO

Hace unos años, cuando yo participaba en un programa nacional de televisión, una mujer me hizo una pregunta que, a juzgar por su tono, pretendía ser hiriente y despectiva: «Dígame —me espetó—, ¿cómo se siente uno cuando es perfecto?».

Aquella mujer, como la mayoría de las personas, parecía considerar una especie de pecado el que uno se creyese perfecto: uno ha de sentirse insatisfecho consigo mismo y procurar continuamente lograr el ideal que otro tiene de lo que es ser perfecto y que, por supuesto, siempre resulta inalcanzable. Es probable que esta mujer piense también que lo que es perfecto ha de permanecer siempre tal como es: que una persona «perfecta» jamás habría de cambiar o de desarrollarse. De hecho, es probable que piense que sólo Dios es perfecto, y que por eso considera un terrible pecado de orgullo el que yo admitiese que, en ciertos sentidos concretos, he llegado a la conclusión de que usted debe permitirse a sí mismo considerarse perfecto si alcanza su capacidad plena como ser humano.

Recuerdo que le contesté a esta mujer lo siguiente: «Es absolutamente válido considerarse a sí mismo perfecto. No equivale, ni mucho menos, a ser presuntuoso, a creerse superior al resto de la humanidad ni a carecer de motivaciones para seguir desarrollando la propia personalidad».

Sabe usted muy bien que el océano es perfecto. También lo son las flores, el cielo, su gatito y todas las cosas existentes. Son todo lo perfectas que pueden ser, aunque estén continuamente cambiando. El cielo no es el mismo de hace una hora, pero sigue siendo perfecto. Su gato cambia continuamente, y, sin embargo, no es menos perfecto por ello. Usted puede evolucionar, cambiar y ser distinto de mil modos, y, sin embargo, ser una criatura perfecta. La esencia de su perfección es su propia capacidad para verse a sí mismo, para aceptar lo que ve como perfecto en el momento presente, y ser luego capaz de convertirse en algo completamente distinto, *pero perfecto aún*. Resulta irónico que consideremos siempre perfectos a los animales, y nos neguemos, por otra parte, esa misma cualidad a nosotros mismos.

Somos las criaturas más perfectas que pueden crearse en este planeta: de eso podemos estar seguros. Usted es el resultado de millones y millones de años de evolución, la obra de Dios y de todas las demás influencias que han conformado su llegada aquí. Físicamente, no puede llegar usted a ser mejor de lo que es. Su cuerpo y su mente (si quiere diferenciarlos) son los modelos más perfectos de la naturaleza hasta la fecha para asegurar la supervivencia y la perfección de una especie viva en la Tierra. Debería usted maravillarse todos los días de sus propias potencias y capacidades.

Ser perfecto significa verse a sí mismo con ojos nuevos. Significa permitirse *llegar plenamente a la vida*, en vez de andar siempre dando vueltas, pensando que aún no es usted lo bastante bueno para incorporarse a la Gran Competición. Significa respetar su propia humanidad y su ilimitada capacidad como ser humano. Significa *concederse permiso para desarrollarse y alcanzar los niveles más altos imaginables*. En este sentido, tiene usted capacidad para ser perfecto. Puede considerarse usted una obra concluida (sin tener que presumir ante los demás ni demostrar nada a nadie) si cultiva el equilibrio, la confianza y la sensación de orgullo interior de los que hablaré en estas páginas, dándose al mismo tiempo la posibilidad de una plenitud humana total.

ENFERMEDAD, SALUD Y SUPERSALUD: EL MODELO MÉDICO

Si considera usted el modelo médico para el tratamiento de la enfermedad en nuestra cultura, descubrirá que la mayoría de los que practican la medicina operan entre el punto A y el punto B, siguiendo el proceso de continuidad que se indica a continuación:

A	B	C
Enfermedad	«Salud normal»	«Supersalud»
Tratamiento médico	Medicina preventiva	Iniciativa individual

El punto A representa la enfermedad que exige tratamiento médico; que llevará a la recuperación de la salud normal o a la enfermedad crónica o a la muerte del individuo. El punto B representa una ausencia de síntomas de enfermedad, o lo que llamamos «salud normal».

Casi toda la práctica médica de nuestra cultura se centra en el tratamiento y la eliminación de la enfermedad. Entre los puntos A y B hallará usted todas las enfermedades que afligen a la especie humana, y una especie de programa para tratar cada una de ellas. Buscamos obsesivamente medios para hacer desaparecer la enfermedad, para hacer pasar al individuo al punto B.

Entre el punto B y el punto C, lo que yo he denominado «Supersalud», se extiende el fértil territorio de la «medicina preventiva», que abarca desde la administración de vacunas y la limpieza de los dientes, el fomento de un ejercicio físico regular y una nutrición adecuada, pedir que los trabajadores no aspiren amianto o polvo de carbón, a consideraciones ambientales, como la contaminación, o el agotamiento de la capa de ozono de la Tierra.

Hay, desde luego, muchos individuos que practican la medicina con un sentido racional de su tarea y otros que abogan o practican la medicina preventiva, y una minoría, pequeña pero que crece esperanzadoramente, que desea ampliar el campo e incluir todos los aspectos de nuestra existencia que contribuyen a la mala salud, desde los factores físicos a los mentales y los ambientales. Hay unos pocos que empiezan a considerar seriamente las posibilidades de una medicina de la conducta y los métodos para enseñar a las personas a pensar, sentir y actuar de forma sana, desde el principio mismo de sus vidas. Pero incluso los que quieren ampliar la medicina preventiva son muy pocos y los que controlan el sistema tienden a burlarse de ellos. La práctica médica actual se sirve, en términos generales, de tranquilizantes, antidepresivos y drogas de todo género. Los gobiernos de Estados Unidos y otros países han denunciado públicamente en sus informes, de los que se han hecho eco los medios de información, la abusiva utilización de algunas de estas drogas. Sin embargo, siguen lloviendo recetas y siguen fabricándose y vendiéndose estas drogas en cantidades ingentes. Es también alarmante, y está bien documentado, el volumen de intervenciones quirúrgicas innecesarias. Sin embargo, la práctica del tratamiento médico entre los puntos A y B sigue incesante, y seguirá siéndolo hasta que se opongan a ella los individuos en gran número.

Casi nadie ha pensado actuar entre los puntos B y C hasta el extremo de estudiar a los individuos que son sumamente sanos, vigorosos, felices, plenos, que no tienen dependencias químicas, etcétera, y determinar cuáles son sus características, cuáles pueden ser sus «secretos para gozar de su supersalud».

Esto puede deberse en gran medida a que la «supersalud» es un asunto de elección individual y de iniciativa personal. Si ha empezado usted a hacer pedestrismo, a andar, a jugar al tenis, o a realizar cualquier ejercicio parecido porque su médico le ha advertido que debe adelgazar o cuidar su corazón o aumentar su capacidad pulmonar, se trata de un procedimiento de medicina preventiva destinado a conservar la salud. Quizá lamente usted el tiempo necesario para los ejercicios diarios y los realice pensando que podría estar haciendo otra cosa.

Pero si hace ejercicio a diario «por propia iniciativa», porque le gusta, porque le resulta agradable estar en contacto con su cuerpo y con su asombrosa capacidad para devolver una pelota o correr quince kilómetros, y no lo cambiará usted por ninguna otra cosa ni echará de menos nada mientras lo hace, se trata de una situación completamente distinta. Lo que para otras personas es una obligación más, para usted es un gozo, y no estará dispuesto a prescindir de él ni siquiera temporalmente por considerar que su «salud normal» ya está asegurada. Es difícil determinar la diferencia entre el ejercicio gozoso y sin conflictos, y el ejercicio como «obligación» en lo que respecta a la salud física; pero, en lo que respecta a la salud mental (¿y quién sabe dónde acaba la salud física y empieza la mental?) es la diferencia entre la personalidad «normal» y la personalidad «Sin Límites».

Cuando haya suficientes individuos que lleguen al nivel en que las personas piensan por sí mismas y no necesitan médicos que se limiten a extenderles una receta que les proporcione drogas para controlar «crisis de angustia», entonces «el proceso de "A a B y vuelta atrás"» dejará de ser la norma de la salud física en nuestra cultura. Una persona SZE sabe ya que él o ella, y en una píldora, puede curar su angustia, y, en consecuencia, mirará hacia su interior y no hacia el exterior para curarla. La emoción de practicar la medicina entre los puntos B y C supone que haya médicos que desean que la gente deje de pensar y de vivir de forma insana. Significa enseñar a los pacientes a desear gozar de supersalud, a controlar su cuerpo en vez de fortalecer sus enfermedades utilizando medios externos, como las drogas y los fármacos como único método de tratamiento.

LA PSICOLOGÍA COMO MEDICINA: ENFOQUE PATOLÓGICO

El campo de la psicología, tradicionalmente considerado en un sentido básico como algo anejo a la rama de la medicina denominada «tratamiento», también opera entre los puntos A y B sobre su propio proceso de continuidad, que es más o menos éste:

A		B		C
Enfermedad mental		**«Normalidad»**		**SZE a Sin Límites**
Psicosis; peligro para uno mismo u otros	Neurosis debilitantes; funcionales en parte, pero «inferiores a la media»	«Neurótico» pero básicamente funcional; «normal»	Salud mental; Sin Zonas Erróneas; independencia; «superior a la media»	Supersalud mental. ¡El cielo es el límite!
Tratamiento intensivo; fármacos, hospitalización	Psicoterapia u otro tratamiento; fármacos, etc.	Psicoterapia «recomendada» para todos	Autocontrol; no hace falta tratamiento, pero «se recomienda»	Autoactualización; no se desea ningún tratamiento
Pánico	Inercia	Competitividad	Ajuste	Control

Casi todas las investigaciones sobre la conducta humana se han hecho estudiando a individuos con síntomas entre los puntos A y B que les hacen funcionar por debajo de la media, del llamado nivel «normal» de sus sociedades. Los psicólogos, con la notable excepción de algunos «rebeldes» como Maslow, se han centrado tradicionalmente en síntomas neuróticos, en la depresión y en la ausencia de enfermedad psicológica clínica como indicio de «normalidad». Han escrito profusamente sobre la mala salud mental, pero muy poco sobre la consecución de la salud mental. Han escrito mucho sobre la necesidad de esforzarse, pero casi nada sobre llegar alguna vez a alguna parte. Enfocan a los individuos como seres que tienen siempre que mejorar en vez de aceptarlos como individuos sanos, tal como son.

La profesión, como el conjunto de la sociedad, parece obsesionada con el futuro y su planificación. No se presta la menor atención al presente ni a cómo disfrutarlo. Todo se centra en estar «bien adaptado» a las cosas tal como son, a ser «normal» o «un individuo medio». ¡Prácticamente no se presta atención a la capacidad innata de todo ser humano para la grandeza! La psicología estudia a los que tienen casi todos los síntomas, y crea luego una teoría de por qué los individuos se comportan como se comportan, basada en *la ausencia de tales síntomas clínicos*, como objetivo ideal para todo. Los psicólogos analizan a quienes consiguen seguir tirando, no se enredan en problemas y funcionan (aunque no tengan la menor paz interior) y los utilizan como el modelo que todos hemos de imitar.

Existen otras dimensiones, más emocionantes y más significativas, para el estudio de los seres humanos. ¿Por qué no analizar a los que son más felices, a los que alcanzan mayores éxitos, a los individuos más creadores, más constructivos y más productivos que hay entre nosotros y ver lo que podemos aprender de *ellos* antes de hacer generalizaciones sobre lo que nos es posible? Sus ejemplos ayudarían a proporcionar fértiles orientaciones que todos podríamos seguir. Este sería el enfoque positivo de la psicología, y, sin embargo, parece existir una resistencia generalizada al mismo. Maslow utilizó el análisis de la grandeza en su investigación sobre la autoactualización, pero aunque logró importantes aportaciones, sus propuestas no se tienen en cuenta, en términos generales, en la práctica psicológica actual, en parte porque no hay «datos estadísticos seguros» que apoyen sus investigaciones. Pero el hecho es que *no puede haber «datos estadísticos firmes»* que sean fundamentales para el estudio de la grandeza humana. En principio, es imposible predecir dónde o explicar cómo brotarán en el mundo el genio, la imaginación o la creatividad. *No existe ninguna fórmula* para llegar a teorías originales o para crear obras de arte originales. Sería absurdo intentar aplicar los instrumentos de medición de la ciencia y los cálculos al estudio de la capacidad humana en primer término. Podemos, claro está, generalizar sobre el tipo de crianza, educación y entorno ambiental que favorecen la aparición de individuos SZE, qué tipos de influencias, actitudes y *opciones* crean individuos Sin Límites. Pero esos juicios son profundamente *subjetivos*, pues se basan en la tentativa de entender el funcionamiento interno de «las grandes inteligencias», y Maslow emprendió esa tarea del único modo posible y legítimo, utilizando su mejor «sentido común» para interpretar lo que leía y oía y sentía y veía: el mismo enfoque que yo adopto en este libro.

De cualquier modo, los «científicos sociales» de hoy raras veces se atreven a aventurarse fuera de los campos de estudio en que los «datos» pueden cuantificarse, donde puedan asignarse números a todo, y puedan trazarse gráficos y mapas. Así que siguen con sus investigaciones estadísticas, rellenando lugares en blanco en sus cuestionarios de sí o no, recibiendo sus subvenciones y redactando sus proyectos de investigación y colocándolos en publicaciones académicas para que los lean otros investigadores. Si todo individuo es único y cambia constantemente cada día, lo único que se puede decir sobre cualquier dato de investigación social es que corresponde a ese grupo de individuos en ese día concreto, y, teniendo en cuenta la tendencia de los seres humanos a diferenciarse y cambiar, es poco probable que puedan obtenerse los mismos resultados si se repite el estudio. Estos «científicos» no ayudan a los seres humanos a cambiar y conseguir ser más felices y eficaces. Por el contrario, como muchos de sus colegas de la medicina, vagan eternamente entre los puntos A y B, sin atreverse a creer que realmente podrían estar en un punto C.

No tiene usted por qué caer en la trampa de trazar su «progreso en la vida» únicamente entre «normalidad» y algo peor. Si es usted psicológicamente «normal», es decir, si afronta usted la vida tan bien como cualquiera, ¿por qué no se considera *entre los* puntos B y C y se olvida de si está o no está más enfermo hoy que ayer; por qué no deja de compararse con todas las demás personas que deciden ser desdichadas y neuróticas? Puede empezar a enjuiciarse a sí mismo de formas nuevas, aunque las profesiones que tratan de la conducta humana no dejen jamás de estudiar en exclusiva lo que consideran enfermedad en otros, sin empezar a centrarse nunca en *lo que es posible para la humanidad* como objetivo máximo, incluso aunque la «ciencia de la conducta humana» no haga jamás nada por ayudarle. No tiene por qué esperar usted que los burócratas de la profesión se pongan al día. Puede empezar a considerarse a sí mismo y a su vida de un modo emocionante y original que hará que cada momento de su existencia en este planeta merezca la pena vivirse.

DEL PÁNICO AL CONTROL...
Y LO QUE HAY EN MEDIO

Observará que al final de la tabla de la página 25 dice:

Panico	Inercia	Competivity	Ajuste	Control

Hay varias formas de valorar su «estatus de desarrollo» actual. Una es calcular su capacidad para resolver problemas o situaciones que se plantean en la vida diaria, y que van desde lo ordinario a lo potencialmente agradable o gozoso y hasta lo trágico. La escala anterior es una medida bien conocida de salud mental. Se trata básicamente de una escalerilla de cinco peldaños en la que usted puede reseñar cómo reacciona normalmente al amplio espectro de situaciones de su vida.

Pánico

El pánico asalta al individuo cuando se enfrenta con problemas y cree no tener capacidad para resolverlos. El pánico significa correr desorientado, no tener confianza alguna en las propias reacciones en una situación determinada; ser impredecible, no merecer confianza a los propios ojos.

Puede enfrentarse, por ejemplo, con el problema de tener que cambiar por primera vez en su vida una rueda del coche pinchada, de noche, en un lugar desierto. Su reacción inicial podría ser el pánico. Quizá se limite a llorar o salga del coche y se ponga a dar vueltas, primero en una dirección y luego en otra. Puede ponerse histérico, gritar obscenidades a la oscuridad, contra el neumático o contra el clavo de la carretera. Gasta usted así mucha energía, pero la gasta toda en cólera, frustración, confusión y conflicto, y no dedica ni un ápice de ella a resolver el problema.

Cuando el pánico domina a los soldados en combate, algunos se levantan de la trinchera y caminan en medio de un enjambre de balas. La mayoría de los individuos que están internados en instituciones mentales por razones de protección, están allí porque sus vidas físicas se hallan en estado de absoluto pánico y no se puede confiar en que no se dañen a sí mismos o a otros. Su conducta es incontrolable e impredecible.

Todos tenemos pánico en algún momento de nuestra vida, sobre todo cuando nos vemos en un medio extraño y ante problemas que no hemos resuelto nunca. La clave de si quedamos totalmente inmovilizados es el tiempo que estamos dominados por el *pánico y* cuántas veces ocurre.

Si se da usted un golpe en un dedo del pie por la noche, y se dedica a lanzar gritos y saltar por casa a la pata coja unos minutos, si llega incluso a aporrear las paredes, esto se aproxima al pánico, pero no es grave (en realidad, es una reacción natural) porque no está usted inmovilizado frente a un problema que exige atención. No puede usted desgolpearse el pie. Lo único que puede hacer es esperar que el dolor se vaya.

Pero, claro, si sigue usted gritando sin control tres semanas después, si acusa a su familia de desplazar deliberadamente el mueble con el que se golpeó, si aún sigue hostigando los objetos y a las personas mucho después de haber desaparecido el dolor, sin duda es usted candidato a la hospitalización, porque su pánico ha perdurado demasiado y ha adquirido tonos extremos.

Algunas personas se pasan la vida acosadas por una sensación de pánico respecto a sus trabajos, sus relaciones, sus desdichas financieras y muchos otros problemas. Vagan de un problema a otro, sin saber nunca exactamente qué hacer ni cómo reaccionar, con una especie de continuo torbellino en su interior. Si se encuentra usted en esta situación, sepa que sólo puede desplazarse en una dirección: ¡hacia arriba!

Inercia

El término inercia describe un estado en el que el individuo es incapaz de moverse, incapaz de actuar. En tal estado se mantendrá usted inmóvil o será arrastrado «en la misma dirección de antes» o según las directrices o las presiones de otros. En lo que respecta a la solución de problemas, la inercia suele seguir a un espasmo de pánico. En el aspecto emotivo va normalmente asociada con la depresión y/o el aburrimiento. Si la depresión es crónica y profunda, o el aburrimiento es «existencial» (es decir, no es aburrimiento o hastío por esta o aquella situación o actividad, sino respecto a la vida en general) puede llevar a la psicosis y/o al suicidio.

Sören Kierkegaard captó la herencia del hastío existencial en *O esto o lo otro*:

No me interesa nada. No me interesa cabalgar, pues el ejercicio es demasiado violento. No me interesa caminar; caminar es demasiado trabajoso. No me interesa tumbarme; pues debería permanecer tumbado, y no me interesa hacerlo, o debería levantarme de nuevo, y tampoco me interesa. *Summa summarum*: No me interesa nada en absoluto.

La depresión y el hastío producen una falta de iniciativa generalizada, una conducta pasiva que empuja al individuo a quedarse en la cama o en casa sin hacer nada más que compadecerse de sí mismo. No sólo padecen esta inercia los individuos, sino también muchas relaciones entre individuos. En el fondo, una pareja que ha tenido peleas escandalosas y serias a diario durante veinte años, seguirá integrada porque ambas partes tienen miedo de hacer algo, porque por lo menos hay «seguridad» (en la forma de predecibilidad) en saber que habrá una pelea a las tres y media esta tarde, y el mundo en su conjunto ha pasado a resultar tan lúgubre que los individuos no pueden imaginar ningún cambio que pudiera significar diferencia apreciable. No pueden imaginar siquiera la posibilidad de vivir a un nivel más alto.

La inercia es mucho más peligrosa y dolorosa que el pánico para el individuo medio o «normal». Cuando carece usted de capacidad de acción, es candidato al género más deprimente de vida imaginable. El individuo, en esa situación, vegeta y se deteriora. Puede que la causa principal de tensión y angustia y desgaste del organismo humano no proceda de cambios de trabajo o de emplazamiento, o del divorcio, ni siquiera de la muerte, sino más bien de *vivir día tras día en relaciones no resueltas*, sin saber hacia dónde se va pero sintiendo una depresión crónica respecto a su vida.

La inercia convierte su interior en un torbellino. Y vela con un telón gris el mundo externo.

Si se halla usted en estado de inercia, cualquier paso, cualquier acción que emprenda le ayudará a aliviar ese torbellino. Volviendo a la rueda pinchada en un lugar desierto: después de haber gritado, de haberle dado patadas al coche, de haber maldecido el clavo y haber desahogado su cólera, quizá pierda usted más tiempo aún en un estado de inercia. Quizá se limite a sentarse en el suelo y a masticar para sí. Puede que se meta de nuevo en el coche y se dedique a cavilar un rato sobre su desdicha. Es evidente que si la inercia se prolonga demasiado, nunca llegará a arreglar el neumático... pero usted sabe también que lo de permanecer inerte no resultará eficaz, así que pasa al siguiente nivel de la salud mental en esta escalerilla de cinco peldaños.

Competitividad

Competir significa, bien luchar contra alguien o algo, bien dedicar un considerable esfuerzo o una dosis notable de energía a algo. Competir supone pues, en ambos sentidos, tener determinada dirección, orientarse hacia un objetivo. Supone intentar hacer algo, ya sea eliminar sus zonas erróneas o alcanzar una seguridad económica. Competir no es triunfar, pero al menos se hace algo; es una actitud mucho más positiva que dejarse dominar por el pánico o por la inercia.

Por otra parte, muchas personas para las que competir es la actitud vital dominante dedican su vida entera a competir y a intentar lograr algo sin llegar a conseguirlo nunca. La competición crónica o compulsiva implica un ajetreo constante y un vivir continuamente orientado hacia el futuro. Y muy bien puede mantenerle a usted siempre oscilando de una tarea a otra, incapaz de gozar del presente porque está considerando siempre el próximo objetivo, sin activar plenamente una gran parte de su vida. Son muchos los adultos y los jóvenes que sufren de esta compulsión, esta «enfermedad de la urgencia», en un grado serio. Significa en esencia correr tras *algo que siempre se le escapará*.

Ha de haber en su vida momentos periódicos en los que usted esté aquí, en los que haya llegado, en los que sea capaz de gozar del momento. Pero eso les resulta a algunos imposible. Algunos de estos perennes competidores ni siquiera pueden disfrutar de unas vacaciones. Están demasiado obsesionados por lo que han dejado atrás, o por lo que han de hacer cuando vuelvan, así que quieren volver y empezar a planear las vacaciones del año siguiente.

Volviendo a la rueda pinchada: quizá se canse usted de cavilar y vuelva al maletero. Lo abre, y allí está la rueda de repuesto y el gato, pero no sabe colocar el gato ni quitar la rueda. Camina unos cien metros buscando una casa o alguien que le ayude; vuelve luego porque no hay casas ni luces a la vista y porque, en realidad, no le gusta hablar con desconocidos. Quizá no pudiera encontrar una casa ni un teléfono en esa dirección en quince kilómetros. Prueba en la otra dirección, también sin resultado.

Vuelve al coche. Quizá se hunda de nuevo en el pánico o en la inercia. Quizá saque el gato y la rueda de repuesto y considere la posibilidad de interpretar las instrucciones, y luego lo deje porque piensa que ha colocado mal el gato, o ha colocado mal la rueda. Está usted debatiéndose, no resolviendo el problema, pero luchando, compitiendo, y eso es un paso positivo, aunque insuficiente, desde luego. La competitividad puede transformarse en adaptación, en control incluso, o puede fundirse en la inercia o el pánico, o puede convertirse en una forma de vida. Es usted quien debe elegir.

Ajuste

Estar adaptado significa que uno es capaz de seguir, que no permite que las cosas le inmovilicen, que se convierte en un individuo «bien ajustado», y tal parece ser el objetivo de la mayoría de los padres y profesores del mundo. Pero esa «adaptación» tiene una segunda connotación, aún más importante a nuestros efectos, con la que estarán familiarizados todos los que sepan lo que es una sierra de marquetería. Una sierra de marquetería es «una sierra en forma de cinta que se tensa en un marco en forma de U y que se utiliza para cortar modelos de madera complicados», y aquí «recortar» significa «formar... conformar según la forma de otro miembro»; *ajustarse a una forma ya dada, o adaptarse a un modelo ya establecido.* En el campo psicológico, esta adaptación a un modelo ha significado siempre *ajustarse al statu quo*, conformarse a la imagen de lo que uno debe ser que nos ofrece la sociedad «normal» o «media». Si esto significa recortar algunas de nuestras esperanzas, de nuestros sueños, de nuestras secretas aspiraciones, y significa *resignarse a que en el proceso queden eliminadas algunas partes favoritas de uno mismo*, se dice que «así es la vida», que ése es el precio que hay que pagar por el «éxito» convencional.

Esto aparece una y otra vez en los informes: «Sally es una muchachita bien adaptada. Encaja perfectamente en su grupo. Se defiende bien en los estudios y se relaciona bien con los otros niños». En otras palabras: «Está aprendiendo a ser exactamente igual que todos los demás. Y a ser una persona obediente que nunca constituirá un problema para nadie».

Volvamos una vez más a usted y a la rueda pinchada: Si afronta la situación, quizá no logre arreglar del todo la rueda, pero al menos no estará inmovilizado, no le acongojará el problema hasta el pánico.

Puede perder algún tiempo aterrado, inerte, o debatiéndose inútilmente, o puede decidir empezar a resolver la cuestión de inmediato. En los primeros minutos, quizás haya razonado ya: «Bueno, no hay nadie cerca, es una carretera tan desierta que es muy probable que nadie pase por aquí en muchas horas, y si me pongo a leer las instrucciones y actúo meticulosamente, lo más probable es que yo solo resuelva el problema antes de que aparezca alguien que pueda ayudarme». O puede que decida usted: «Es demasiado arriesgado exponerme a arreglarlo mal; encenderé las luces rojas y esperaré pacientemente a que llegue alguien que me ayude. Si es necesario, dormiré toda la noche en el coche». O puede que decida usted ponerse a caminar en una u otra dirección y no parar hasta encontrar ayuda, aunque tenga que caminar treinta kilómetros.

Decida lo que decida, si está «sólo adaptándose», su decisión probablemente se ajuste a lo que la sociedad «normal» esperaría de usted en tal situación. Si es usted un joven que nunca ha cambiado un neumático, puede considerarse cuestión de amor propio no buscar ayuda, resolverlo solo. Quizá rechace la ayuda si alguien se la ofrece. Si es usted una mujer que ha considerado siempre que la tarea de cambiar el neumático es tarea de hombres, es posible que ni siquiera considere la posibilidad de resolver el problema sola. Buscará ayuda masculina o esperará a que aparezca un hombre (o quizá tema que aparezca *determinado* tipo de hombre).

Puede que sea usted tan hábil que carezca de zonas erróneas respecto a esta situación. Si alguien le ofrece ayuda constructiva, usted la aceptará agradecido. En caso contrario, determinará usted, leyendo las instrucciones y mediante tanteos, cómo resolver el problema solo. O puede que decida: «No tengo prisa, no estoy cansado, es una noche agradable: dormiré un rato en el coche y ya resolveré este asunto luego si antes no aparece nadie».

No me opongo a que los individuos aprendan a adaptarse, pero considero que no es el nivel óptimo para un ser humano.

Este nivel se considera con demasiada frecuencia el más alto de la escalerilla de la capacidad humana, cuando en realidad está aún a kilómetros y kilómetros de la altura máxima... si es que existe altura «máxima» en realidad.

Habrá oído usted hablar muchas veces de aprender a adaptarse. Los psicólogos de Norteamérica suelen hablar interminablemente de enseñar a la gente a arreglárselas con sus problemas: lo cual significa «eludirlos según las formas convencionales de adaptación». Aunque no hay duda de que es mejor adaptarse que no adaptarse, la mera adaptación está muy lejos del dominio o del control auténtico de uno mismo y de sus situaciones vitales, y aún más de la auténtica plenitud, que entraña cambio, no adaptación.

En el sentido psicológico más amplio que incluye toda la vida del individuo, ¿por qué el individuo ha de aprender sólo a adaptarse, a ajustarse a los problemas o enfermedades del mundo? Adaptarse significa sólo seguir, no permitir que las cosas le inmovilicen, y convertirse en un individuo «bien adaptado», que parece ser el objetivo que la mayoría de los padres, profesores, dirigentes políticos y otras figuras de autoridad de nuestro mundo nos tienen señalado a los demás.

Aunque tuviese usted gran capacidad de adaptación, muy superior a la de los que están hundidos en el pánico, la inercia o el mero debatirse, aunque fuera usted el presidente de los Estados Unidos, de la General Motors o de la Universidad de Harvard, hay un lugar mucho más agradable en el horizonte, un lugar en el que puede estar usted todos los días si lo procura y si se cree capaz de estar allí.

Control

Señoras y señores, éste es el lugar. Control significa ser el amo de su propio destino, ser la única persona que decide cómo va a vivir, a reaccionar y a sentir prácticamente en todas las situaciones que la vida le presenta.

Este libro trata precisamente de este tipo de control: el paso del vivir SZE al vivir Sin Límites. Cuando haya terminado de leerlo y controle su contenido de modo que pueda aplicar su filosofía a su *propia vida*, deberá pasar muchísimo tiempo en el peldaño más alto de la escalerilla.

No quiero decir con esto que un individuo esté siempre en disposición de control, o en cualquier otro nivel de la escalerilla expuesto aquí, en todas las áreas de la vida. En el curso de nuestra existencia oscilamos muchas veces entre el pánico y el control, y el mejor carpintero o tallista del mundo puede ser un padre pésimo, mientras que «el mejor padre del mundo» puede hallarse íntimamente en un estado de desesperación crónica respecto a su vocación, su matrimonio o cualquier otra cosa. Pero nos hallamos mejor o peor, en lo que respecta a nuestra capacidad para abordar con eficacia nuestros sectores de promesas o nuestro problema concreto, según sea este problema o según sean estas zonas de promesa. Ser un individuo SZE o un individuo Sin Límites significa hallarse más tiempo en situación de control, menos tiempo en los peldaños más bajos de la escalerilla, en más áreas de la vida. En consecuencia, el individuo Sin Límites total controlaría del todo sus propios mundos emotivos. Según Maslow, estos individuos son muy escasos y están muy dispersos, pero *existen*. Maslow creía que la persona autoactualizada o, según mi versión, el individuo SZE/Sin Límites, *tenía que ser raro* en nuestro planeta. En realidad, creía que «son muchos los llamados y pocos los escogidos», y que sólo una *casta especial de individuos* podía lograr lo que yo llamo *control total* de la vida.

En esto discrepo de Maslow. Yo creo que *todos* pueden negarse a aceptar actitudes paralizantes ante situaciones y problemas. Y que son ellos, y no una fuerza mística de la herencia, o un signo solar astrológico, o una psicología personal, quienes controlan sus pensamientos y, en consecuencia, sus sentimientos.

Volvamos a la escena de la rueda pinchada para observar lo que es el control. Aunque no haya tenido que vérselas previamente con una rueda pinchada, sabe que esto no es un motivo para que ahora no pueda cambiar la rueda. Usted sabe que sabrá hacerlo. Aunque tenga que hacer tanteos y pueda cometer errores, la tarea supone también emoción y aventura y enseña algo nuevo, algo que le será útil para la próxima vez que se le pinche una rueda.

Confíe usted plenamente en que podrá dominar la situación, porque cree usted en sí mismo. No hay tiempo para compadecerse de uno mismo o para la idea pesimista de que no será capaz de resolver el problema. Sabe que hay un manual en la guantera, con planos y gráficos e instrucciones detalladas. Ése es el camino.

Los problemas son la sal de la vida. Deberíamos darles la bienvenida con los brazos abiertos. Un individuo Sin Límites no dirá: «Hurra, he pinchado, he aquí la oportunidad de divertirme un poco resolviendo un problema». Si aparece alguien que sepa cambiar un neumático y ofrece ayuda, nadie le dirá: «Váyase, váyase, quiero resolverlo solo». El individuo SZE aceptará la ayuda agradecido y cordial. Y lo mismo el individuo Sin Límites. La diferencia es que el individuo SZE puede alejarse diciendo: «Vaya, qué suerte, podría haber sido un lío», después de haberse quedado sentado al borde de la carretera prestando escasa atención mientras el desconocido cambiaba la rueda, charlando con la mayor cordialidad posible..., mientras el individuo Sin Límites, pedirá al extraño que le *enseñe a cambiar la rueda* o seguirá el proceso paso a paso para cerciorarse de que *él mismo sabrá hacerlo la próxima vez*.

Control es el nivel de ser en el que usted es para su propia vida, para su destino, lo que un maestro artesano es para su creación (no *un artista*).

El control es un nivel que todos podemos disfrutar mucho más tiempo del que nos imaginamos. Este libro trata de cómo lograr el control de nuestro propio mundo, en vez de conformarse con menos. Trata de la búsqueda de lo que usted desea realmente y siente dentro de sí mismo, en vez de resignarse a lo rutinario y permanecer en esos escalones inferiores de la escalerilla. Trata de confiar en uno mismo y de correr riesgos. Trata de alcanzar el éxito del único modo en que puede hacerlo el individuo Sin Límites: persiguiendo lo que es importante para él.

Henry David Thoreau lo expresó de este modo: «Si uno avanza con confianza en la dirección de sus propios sueños y objetivos, para llevar la vida que ha imaginado, se encontrará con un éxito inesperado en tiempos normales».

¿QUIÉN PUEDE SER UN INDIVIDUO SIN LÍMITES?

Muchas personalidades del campo de la conducta humana han utilizado terminologías propias para describir niveles superiores de evolución emotiva humana, entre ellos el hombre de mi profesión al que más admiro, Abraham H. Maslow. Maslow utilizó el término «autoactualización» para describir a los que él consideraba más evolucionados en cuanto a salud mental. Carl Rogers hablaba de «individuos que funcionan plenamente»; Eric Fromm hablaba del «individuo autónomo». David Riesman hablaba del «hombre internamente dirigido» y Carl Jung de la «persona individualizada». Hay muchas coincidencias en las características que cada uno de estos investigadores atribuyen a la que yo llamo persona Sin Límites, pero existe también desacuerdo respecto a detalles concretos y no hay en sus escritos *la menor indicación de cómo puede un individuo alcanzar estos niveles*.

Como ya he dicho antes, mi principal desacuerdo con la concepción que tiene Maslow de la grandeza humana del «individuo autoactualizado» se refiere exactamente a *quién* puede alcanzar esos escalones superiores de la escalerilla humana. Maslow viene a decir que el estar «completamente evolucionado» queda reservado a una categoría muy especial de individuos selectos. Mi experiencia en mi propia vida, así como mis tareas profesionales de ayuda a los demás, me han mostrado que todo individuo puede alcanzar su propio «nivel máximo de evolución». Estoy convencido de que si usted desea de verdad alcanzar un estadio de vida superior continuo, puede consagrarse a ello sistemáticamente y no existe ninguna razón que le impida conseguirlo. No tiene que ser necesariamente una «persona especial», con la buena suerte de haber heredado «genes autoactualizados», para ser una persona SZE o Sin Límites. Estoy seguro de que todos los habitantes de este planeta tienen capacidad innata para vivir la vida de un modo satisfactorio y espontáneamente estimulante. Todos podemos liberarnos de los pensamientos depresivos y de las conductas negativas y convertirnos en seres humanos que viven plenamente día a día. En suma, todos los que realmente deseen lograrlo, pueden alcanzar un elevado nivel de salud física y mental, y nadie tiene más posibilidades de llegar a ser más autoactualizado o de funcionar más plenamente que los demás.

No debe decirse usted a sí mismo que no puede hacer nada para cambiar su situación porque «siempre ha sido así». No tiene usted que decirse a sí mismo que no puede cambiar realmente o que le es casi imposible alcanzar un estadio superior de existencia debido a que está excesivamente encerrado en sus hábitos. Puede perseguir lo que quiera para sí mismo si se decide a trabajar, día a día, adoptando una *filosofía de la vida* que le proporcionará el máximo grado de plenitud y felicidad, independientemente de sus circunstancias o de los problemas que haya tenido que afrontar hasta hoy.

¿POR QUÉ SEGUIR AQUÍ, EN PRIMER LUGAR?

¡Parece que lo tenemos todo predeterminado y establecido! Nos hemos convencido a nosotros mismos de que el verdadero fin de la vida es intentar superar a todos los demás y perseguir interminablemente objetivos que siempre se nos escapan. Por todas partes vemos a individuos que se debaten y luchan y se preocupan y convierten la vida en un juego consistente en adquirir posesiones o estatus social en vez de satisfacciones internas. El objetivo de la vida en la sociedad contemporánea parece ser el logro de metas orientadas hacia el futuro, determinadas desde el exterior del individuo: complacer a papá o a mamá o sacar buenas notas, diplomas de las universidades «selectas», títulos profesionales y ascensos, premios, dinero, tres coches, dos televisores, abrelatas eléctricos y por último, unos ahorrillos para la jubilación. Y parece que nadie alcanza nunca el objetivo marcado. Todos buscamos afanosamente objetos externos de uno u otro género hasta el punto en que no nos queda tiempo para disfrutar de la vida.

¿Por qué estar aquí, en primer lugar? Ésta es la primera pregunta que debe formularse usted si persigue una filosofía de la vida que cambie de veras su forma de vivir.

¡Recuerde que no tiene por qué seguir aquí! Como han demostrado innumerables suicidas, si uno quiere largarse ahora mismo, no hay ninguna autoridad, ninguna «ley contra el suicidio», ningún predicador que sermonee sobre la santidad de la vida, que pueda detenernos. «Ser o no ser, he ahí el dilema», y, lo comprenda usted o no, responde a ese dilema diario por el simple hecho de no suicidarse.

Pero: «... os he ofrecido la vida y la muerte, la bendición y la maldición. Por tanto elige la vida...» (Deuteronomio, 30:19). Para mí esto significa mucho más que «No te suicides» o «Sé un superviviente». Significa elegir la vida en toda su gloriosa riqueza y su potencial ilimitado, eligiéndola por *lo que es realmente*, el milagro más extraordinario del universo.

«Por tanto, elige la vida...» El asunto tiene una carga de absurdo embriagadora. Si alguien le dijese: «He colocado ante ti zanahorias y espinacas; por tanto elige las zanahorias», usted muy bien podría decir: «¿Por qué?». La propuesta carece de un «pequeño elemento», algo que indique que las zanahorias son mejores que las espinacas, y que le mueva, en consecuencia, a aceptarlas preferentemente.

Pero suponga que en vez de eso, le hubiesen dicho: «Pongo ante usted zanahorias salteadas con mantequilla y espinacas hervidas con gasolina. En ese caso, la camarera no tendría necesidad alguna de decirle: «Le recomiendo las zanahorias», pero si dijese: «Por tanto, elija las zanahorias», usted podría decir: «¡Por supuesto!».

Y lo mismo sucede con lo de «por tanto, elige la vida». Un ser vivo no tiene más que conocer la diferencia entre la vida y la muerte, que *sólo los seres humanos adultos parecen capaces de olvidar*, para saber lo que es mejor. Lo verdaderamente importante del pasaje bíblico, en mi opinión, es que *sólo a los seres humanos adultos se les ofrece la elección* entre la vida y la muerte. Somos los únicos seres de la Tierra capaces de decirnos a nosotros mismos: «Algunas vidas, sencillamente, no merecen la pena vivirse. La mía es una de ellas, por tanto, elijo la muerte».

Pero con este valor añadido a la conciencia humana adulta, llega un dividendo aún mayor, porque *se ha añadido una dimensión a nuestra capacidad de apreciar la vida*. Puede que el significado más profundo del pasaje bíblico sea: «Sólo tú eres capaz de medir la plena diferencia entre vida y muerte, porque sólo tú tienes una visión de las plenas opciones de la vida. *El futuro de toda la vida en la tierra ha sido puesto en tus manos*. Por tanto, elige la vida». Son relativamente pocos los individuos que se suicidan físicamente de forma directa, consciente, «meditada». Estos pocos son los que, sean o no psicóticos, o por la razón que sea (creo que algunos tienen razones que pueden ser legítimas) se han preguntado: «¿Por qué seguir aquí, en primer lugar?» y se han dado esta respuesta: «Para mí ya no existe ninguna razón sólida».

Pero del mismo modo que sólo usted puede contestar: «Ninguna razón sólida», puede usted también decir: «¡Todas las razones del mundo!»... y *hallar más razones para elegir la vida que cualquier otro ser del universo* (que yo sepa). Así que, si está usted *suicidándose lentamente*, o tiene plena conciencia de que *en realidad no está viviendo* (se siente usted como «un muerto en vida»), puede que no esté «eligiendo la muerte» de un modo directo, pero *tampoco está eligiendo verdaderamente la vida*; es decir, está usted «varado», como un barco en un arrecife, entre el pánico y la adaptación; y no sabe si la próxima vez que la marea suba flotará o se hundirá.

¿Por qué seguir aquí, en primer lugar? Si decide usted ser creativo al respecto, podría enumerar un número infinito de razones. Pero dado que ya ha elegido usted la vida (considerando que sigue usted aquí), comencemos con una consideración filosófica muy simple: la versión más sencilla que puedo ofrecer de la filosofía de la vida que propongo. Finjamos que el objetivo real de estar aquí, en primer término, es recorrer la vida gozando al máximo, sin maltratar a nadie y realizando tareas que hagan de este planeta un lugar mejor para todos los que hoy viven en él y para los que lo habiten cuando nosotros nos vayamos.

Quizás esto parezca demasiado, pero, como filosofía de la vida, creo que no es «demasiado ambiciosa» para *ningún* ser humano, y su elemento clave es que parte de usted *disfrute de su propia vida*. Un distinguido educador, Nevitt Sanford, lo expresó de este modo: «En lo que respecta al equilibrio de los valores humanos, yo colocaría el goce de la vida como prioridad esencial y lo justificaría basándome en que si uno no sabe gozar de la vida, inevitablemente será una carga para los demás».

SZE, ZEN Y «MUGA»:
EL ARTE DE VIVIR AHORA

Futurización: ese círculo vicioso

Si se propone usted de veras pasar de un estado vital SZE a un estado vital Sin Límites, debe reconsiderar meticulosamente en qué emplea el número limitado de días de que dispone en su vida. Si persigue usted interminablemente los símbolos, distintivos o enseñas que utiliza la gente «normal» para valorar el «éxito» en la vida (cuyo símbolo primario es el dinero), posponiendo indefinidamente su goce de la vida *tal como se le ofrece ahora y* esperando «vivir de verdad» en una época futura, *¡nunca vivirá usted verdaderamente en el presente!*

«Futurizar» puede convertirse en el más destructivo de los hábitos. El presente se desperdicia siempre en la planificación del futuro, que nunca llega del todo. Si se propone usted conseguir suficiente dinero para así poder ser siempre feliz, nunca alcanzará la felicidad. Esa persecución se convertirá en el objetivo único de la vida. Si lo que le estimula en realidad es esa tarea de caza, de persecución, cuando alcance un cierto nivel de renta elevará el índice de sus aspiraciones y entonces creerá que está necesitado de más dinero.

Si se ha marcado usted como objetivo de la vida el prestigio, el dinero, los premios, la fama o cualquier otra de la multitud de lo que yo llamo compensaciones «externas» que la sociedad intenta venderle continuamente, está usted atrapado en una carrera sin fin en pos del «éxito», lo cual, desde un punto de vista práctico, es la raíz de todas las enfermedades «neuróticas» modernas, entre las que se incluyen la angustia aguda, la tensión, la hipertensión, las úlceras, las depresiones, las obsesiones, las jaquecas, los calambres, los tics, los trastornos cardíacos y traumas emocionales, así como unas relaciones familiares insatisfactorias, un estilo de vida «defensivo», una falta de amor en su vida y así sucesivamente *ad nauseam*.

Sin lugar a dudas el futurizar es una de esas grandes zonas erróneas sociales que infestan nuestra cultura. Un individuo SZE puede hacer varias cosas para superarlo y empezar a vivir ahora. Lo primero es reconocer plenamente que el *ahora es el único momento que realmente tiene*. Es una verdad tan fundamental y tan sencilla que resulta extraño que haya tan pocas personas que sepan vivir en el presente. A menos que se llegue a inventar la máquina del tiempo de la ciencia ficción, y hasta que se invente, en realidad nadie podrá huir del presente y vivir en ningún otro tiempo; pero si deja usted que su pensamiento vague constantemente por todo «el mapa del tiempo», ora lamentando el pasado o sintiéndose culpable por él, ora angustiándose por el futuro, puede usted vivir, literalmente, toda la vida *in absentia*: ausente, separado incluso del único tiempo en el que puede «estar viviendo realmente»

«Casi todas las personas viven la vida en una silenciosa desesperación», dijo Henry David Thoreau. Esto puede aplicarse aún mejor a los que vivimos a finales del siglo XX que a los que vivieron en el siglo XIX. Y, siendo así, significa que el círculo vicioso que lo causa, y que Wendell Johnson en *People in Quandaries* llamaba la enfermedad IFD (Idealización, Frustración, Desmoralización) está en alza entre nosotros... y de ahí nuestra necesidad de entender cómo actúa y cómo se puede superar.

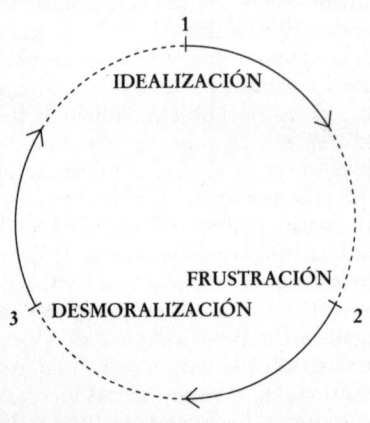

En el punto 1 del círculo figura la tendencia a *idealizar* el futuro; a creer que cuando pase esto o aquello, el futuro será muy distinto y superior al presente. «El viernes que viene me lo pasaré muy bien en el baile; cuando me licencie; cuando me case; cuando consiga ese ascenso; cuando nazca nuestro primer hijo; cuando tengamos la casa nueva; cuando consiga esa prima; cuando lleguen por fin las vacaciones; cuando lleguen nuestros amigos; cuando se vayan; cuando apruebe los exámenes; cuando haya terminado de tramitarse el divorcio»; y así sucesivamente, siempre esperando algo del futuro y empleando el instante presente en planificar, imaginar, esperar, desear y soñar un «futuro tiempo feliz».

Como el círculo sigue hacia el punto 2, el resultado predecible es *frustración*. El futuro nunca se ajustará del todo a sus sueños. En cuanto se convierte en presente, queda «destruido». «El baile no fue tan divertido, en realidad; la licenciatura fue un latazo; la luna de miel se acabó en cuanto se acabó la ceremonia de boda; gasté la prima casi antes de que me la pagaran; las vacaciones fueron aburridas y estaba deseando que terminasen».

El tercer punto del círculo es la *desmoralización* que siente cada vez que el futuro se convierte en presente y le «desilusiona». Puede derivar en una depresión grave y prolongada, o, si ha llegado a acostumbrarse lo bastante a soportar la desilusión, puede «resignarse» en seguida, e intentar convencerse de que no debe esperar gran cosa de la vida en el futuro. De cualquier modo, ¿qué es lo que hace luego? Vuelve a idealizar el futuro y de nuevo se inicia el proceso. Acaba adaptándose plenamente a una vida de silenciosa desesperación. La única manera de salir de esa trampa, que mantiene inmovilizados a millones de individuos, es deshacer ese círculo y empezar a vivir plenamente su vida HOY.

Para trascender el pasado

Aunque pueda parecer demasiado dolorosamente evidente mencionarlo, lo cierto es que *el pasado ha pasado, y*, sea lo que sea lo que haya sucedido «entonces», nunca volverá, y nunca podrá recuperarlo. Siempre que se sorprenda malgastando sus momentos presentes paralizado por algo que ocurrió en el pasado, está usted castigándose innecesariamente. El primer paso para superar su pasado es *prescindir* de las actitudes hacia él que le paralizan ahora. Esto supone cambiar sus actitudes hacia el presente, más que intentar borrar de modo artificial cualquier cosa de su pasado real.

Si ha decidido usted derrochar el presente vagando por el pasado, lamentando las oportunidades perdidas o rememorando «los buenos tiempos», lamentándose de que «todo ha cambiado», o deseando poder revivir su vida anterior, no hará más que «asesinar» su presente. Pero si decide usted abandonar el pasado siempre que le impida pensar, sentir o actuar eficazmente en el presente, «su pasado» se integrará en seguida en la perspectiva SZE/Sin Límites.

Quiero insistir en que «abandonar el pasado» no significa eliminar su recuerdo, o que deba olvidar usted lo que ha aprendido y que pueda hacerle más feliz y eficaz en el presente. He citado antes pensamientos (filosóficos y poéticos) del pasado lejano y próximo de la humanidad que creo que son dignos de recordarse, porque contienen verdades que pueden iluminar la belleza potencial de nuestras vidas presentes. A lo que me refiero es a liberarse *inmediatamente* de esas actitudes aprendidas que le impiden funcionar eficazmente y ser feliz hoy.

Por ejemplo, si acaba de morir una persona a quien usted amaba, es natural que se sienta afligido durante un tiempo. Pero por muy dolorosa que pueda ser la pérdida, el mundo le recuerda a usted la diferencia inconmensurable existente entre vida y muerte, y ése es un mensaje que no puede ignorar. Está obligado en este momento a soportar el dolor; no sentirlo sería inhumano, no expresarlo sería psicológicamente catastrófico para usted.

Pero si se aferrase usted indefinidamente a ese dolor, si no permitiese usted *nunca* que se disipase y no siguiese viviendo en el ahora, estaría condenándose a vivir eternamente en el pasado, reacción compulsivamente negativa. El dolor no puede hacerle recuperar a la persona amada; únicamente puede purgar su aflicción por la pérdida de esa persona, y, como mucho, conducirle a una entrega aún más decidida a la vida.

Asimismo, si reconoce usted que se ha comportado mal en una situación determinada, que ha herido usted descuidada e innecesariamente a otra persona, sin duda puede disculparse, manifestando su aflicción por tal comportamiento. Pero si permite que el remordimiento constante no le deje funcionar AHORA, si persiste indefinidamente en ese sentimiento de culpabilidad y sigue obsesionado por algo ya pasado, se está comportando de un modo improductivo. Su vida no mejorará por el hecho de sentirse culpable. Puede usted aprender de sus errores, puede hacer voto de no volver a repetir esa acción que es causa del remordimiento, y seguir viviendo en el presente.

Haga las maletas

La historia de su propia vida puede ser para usted una poderosa fuerza positiva o puede interponerse en su camino e impedirle vivir plenamente en el presente, depende de cómo decida usted *utilizarla ahora*.

El hecho triste es que la psicología, desde Freud, ha enfocado el pasado de los individuos casi exclusivamente en función de las influencias destructivas. Un terapeuta puede pasar meses o años con un paciente intentando sacar a flote traumas olvidados, identificar lo que le hicieron sus padres en la niñez para traumatizarle tanto, etc. Sin duda, puede haber cosas muy válidas para muchas personas en este planteamiento, aunque ojalá los psicólogos fueran tan eficaces ayudando a la gente a superar las influencias destructivas del pasado como lo son para sacarlas a la luz.

Pero, como tan a menudo sucede con el «modelo médico» del tratamiento psicológico, este planteamiento sólo desentraña la mitad de la historia. Supongamos que el padre de un individuo fue rígido, dominante, demasiado estricto y que el individuo puede atribuir algunas de sus «zonas erróneas» actuales a esa negativa influencia. Es evidente que el individuo debe eliminar esas zonas de su conciencia. Pero, ¿tiene que acabar odiando a su padre por haberle hecho todo eso, tiene que acusarle por no haber sido «perfecto»? ¿Ha de responsabilizarse a ese padre de cosas que sólo el individuo puede cambiar? El resentimiento puede convertirse en una zona errónea por sí solo, en una reserva de vergüenza y malevolencia que no sólo es destructiva para ese padre supuestamente responsable, sino también para el individuo.

Y hay otra cuestión igualmente importante y que casi *nunca* se menciona: *¿Qué valores concretos ha recibido usted de su padre?* Quizá su padre le llevara con frecuencia a pescar, quizá le enseñase a pescar, y a usted todavía le gusta hacerlo. ¿Recuerda a su padre con cariño y afecto cuando se divierte hoy pescando?

Quizá la «rigidez» paterna abarcase una devoción absolutamente generosa a la honradez personal, y tal vez se lo inculcara a usted. Tal vez algún amigo de la infancia esté hoy en la cárcel por haber caído víctima de la tentación de salirse un poco de la legalidad, pero usted sabe que eso nunca le pasará porque, por alguna razón, tales tentaciones jamás afloran a su pensamiento. Su honradez básica es el orgullo de su vida; pagaría cualquier precio por conservarla; y que nadie se atreva a ponerla en entredicho o a atacarla, porque chocará con una fortaleza inexpugnable.

Pues bien, ¿quién le enseñó a construir esa fortaleza?

Si de veras desea usted convertirse en una persona Sin Límites, el mirar hacia atrás, hacia el pasado, *ha de incluir el recoger y apreciar toda la sabiduría, la veracidad y la belleza, todas las fuentes de inspiración, que la historia de su vida le haya proporcionado.* ¿De dónde extraerá usted una filosofía de la vida creadora e inspiradora, si no es de la reserva que ha acumulado durante las experiencias de su vida?

Para trascender o superar su pasado, quizá deba empezar por admitir que «lo hecho, hecho está», y prescindir de esas «fijaciones» que le han tenido apresado en el espejismo del ayer y apartado del AHORA; pero tal proceso sin duda culminará cuando haga las maletas, cuando recoja de su pasado todo lo que realmente desee llevar consigo. Una vez «hechas las maletas», sólo tendrá que hacer un breve viaje en autobús hacia el presente.

SZE, zen y «muga»

Rara vez aparece en nuestra cultura el arte de vivir plenamente el instante presente. De hecho, ni siquiera tenemos una palabra corriente o frase constructiva para el arte de vivir completamente en el presente. Los filósofos existencialistas han utilizado el concepto de *inmediatez* de Kierkegaard para describir ese estado en el que el individuo se halla en contacto directo con su presente: un estado infantil en el que *nada obstaculiza* su vivencia del instante presente, nada (ni pesares por el pasado ni ilusiones por el futuro) «media» entre usted y el ahora en el que vive. Pero demasiado a menudo esta «inmediatez» se asocia con un estado *pueril* en el que el individuo no tiene conciencia del mundo más amplio que le rodea. Suele pensarse que cuando uno pasa de la niñez a la edad adulta pierde para siempre este estado de «inocencia», esta alegría infantil de la «inmediatez», y no puede recuperarlo verdaderamente nunca.

Si creemos que todos podemos «vivir ahora» y decidimos buscar ejemplos concretos de cómo cultivar tal arte, hemos de recurrir a otras culturas que han estudiado el asunto con más profundidad que nosotros. El individuo que está dispuesto a vivir ahora puede hallar en el zen un puente fácil para ello.

El zen y el SZE pretenden lograr la paz interior persiguiéndola por direcciones exactamente opuestas. Mientras que el zen se basa en una instrucción de inteligencia a inteligencia entre el maestro y el alumno para lograr el *satori*, el «despertar» (o la conciencia total del instante presente), el SZE aborda el mismo objetivo sin basarse en otro maestro que usted mismo para dilucidar el camino.

El zen conduce, teóricamente, a una tranquilidad mental absoluta. Hace algún tiempo, la revista *Newsweek* publicó un artículo titulado «El arte japonés del instante», en el que se analizaba el sistema que sigue la cultura japonesa para cultivar ese vivir pleno en el instante presente: la antigua ceremonia del té, llamada *chanoyu*.

Durante un instante, no existe otra cosa en la vida más que la sensación del cuenco y del té. Lo que en realidad siente el bebedor de té se resume en el término intemporal japonés *mu*. En un sentido literal, *mu* significa «nada» o «cero», pero connota mucho más una concentración intensa y fija en la tarea o el placer inmediato. Se eliminan todas las distracciones. En este «estado cero», el pensamiento sólo se centra en lo inmediato. Lo que caracteriza el triunfo japonés en todas las artes es precisamente esta capacidad para centrarse, para hacer que cada segundo, cada milímetro, cada pincelada o cada raya de las trazadas por una pluma cuenten.

Abraham Maslow decía que la cultura japonesa basada en el zen alcanzaba un nivel mucho más alto que las culturas occidentales en el arte de vivir el instante presente. Maslow utilizaba la palabra japonesa *muga* para describir la conciencia plena del instante presente, y definía *muga* de este modo:

> Es el estado en el que usted hace lo que esté haciendo con una entrega total, sin pensar en ninguna otra cosa, sin ninguna vacilación, sin críticas, dudas ni inhibiciones de ningún género. Es actuar de un modo espontáneo, puro, perfecto y total, sin ningún tipo de bloqueo. Sólo es posible lograr esto cuando el yo se trasciende u olvida.*

Si logra usted el estado *muga* en cualquier actividad humana alcanzará un nivel de paz interior y de satisfacción personal que quizá nunca haya experimentado. Si es usted capaz de aprender a concentrar todo su pensamiento presente en un partido de tenis, una larga carrera, una experiencia sexual, un concierto, una tarea creadora, o la obra de su vida, comprobará que experimenta un gozo, un éxtasis («saliendo de sí mismo») que nunca había creído posible.

Muga, el vivir con plenitud el instante presente, no supone utilizar un truco o un ardid mental para engañarse a sí mismo, ni exige un adiestramiento especializado en el zen o en cualquier otra disciplina. Lo único que ha de hacer es prescindir de las actitudes y las conductas

---

* Maslow, *The Farther Reaches of Human Nature*, Viking Press, 1971, p. 243.

negativas que le han impedido gozar sus instantes presentes *durante unos cuantos de esos momentos al día.* Todo el proceso de incorporación al presente se inicia con la renuncia al pasado y al futuro en favor del ahora, en el mayor número posible de sus experiencias vitales.

VIVIR AHORA

Supervivencia: hay que vivir ahora

Nuestras vidas son muy frágiles. Querámoslo o no, pueden acabar bruscamente en cualquier momento sin previo aviso. Miles de individuos mueren cada año en accidente de automóvil. Puede que tenga usted amigos o conocidos que han muerto repentinamente de ataques al corazón, o que padecen enfermedades incurables y «les han dado» seis meses de vida. Quizás haya sido testigo de la amarga ironía que significa que la muerte caiga sobre personas que parecían tener por delante una vida larga y prometedora.

Si hay algo que pueda movernos a apreciar el *vivir ahora, cuando realmente disponemos de la vida,* es comparar la *fragilidad* de la vida individual, tal como hemos dicho antes, y la *capacidad de supervivencia que parece poseer nuestra especie en su conjunto.* Pero, en realidad, *la capacidad de supervivencia de la especie humana parece basarse en la capacidad de algunos individuos para vivir plenamente el instante presente cuando sus vidas se ven amenazadas.*

Terrence des Près, en su libro *El superviviente: Una anatomía de la vida en los campos de la muerte,* nos habla de algunas de las experiencias más horribles de que han sido víctimas los seres humanos: la experiencia de los judíos en los campos de exterminio nazis de la Segunda Guerra Mundial. Aunque nuestros problemas cotidianos nos resulten muy reales, normalmente no estamos sujetos a torturas físicas u ofensas morales destinadas a hacernos abandonar toda esperanza. Pero podemos aprender algo sobre el vivir ahora de las almas esforzadas que sobrevivieron en condiciones que liquidaban a casi todos los que vivieron en aquellos campos de muerte.

La conclusión que extrae Des Près sobre cómo *sobrevivieron algunos,* es la siguiente:

> Sólo una vuelta radical y rebelde a la vida elemental podía mantenerles en movimiento en un universo lóbrego y muerto; minuto a minuto, día a día, mes a mes año a año. El tiempo se detuvo (cesaron los ciclos menstruales); el lugar perdió significado. La inteligencia se encapsuló, como medida defensiva.

Cuando se plantea la necesidad de defender la vida, la reacción natural y espontánea es ir resolviendo la situación día a día, minuto a minuto o segundo a segundo. El pasado y el futuro se esfuman. La única base para la supervivencia es el presente. Des Près nos habla con elocuencia de los que sobrevivieron al Holocausto, de los seres humanos que se vieron encerrados como ganado camino del matadero, que padecieron años de torturas:

El superviviente logró serlo gracias a que poseía capacidad vital. Reducido a la condición de un protozoo informe, se debatió y luchó en el mar. Aguantó porque, arrojado bruscamente a las bases biológicas de la vida, la vida pareció digna de vivirse. La vivió instante a instante en un estado de lucha elemental, centrándose en el pequeño elemento infinitesimal de existencia que tenía ante sí: una mano auxiliadora cuando alguien cae, un abrigo que le regalaba alguien que tenía dos, una cabeza de pescado, un cuenco de alubias, un rayo de sol matutino que brilla sobre una hoja de yerba vislumbrado mientras pasan lista, un desahogo del vientre, una colilla, un minuto de descanso al borde del camino. No eran consuelos maravillosos, y los supervivientes tampoco eran una especie de supervivientes zen. Estos consuelos fueron millonésimas de segundo de cordura en una prolongada locura. Puntos de luz en una larga oscuridad.

Parece ser que los que no sobrevivieron cuando aún tenían una oportunidad, fueron los incapaces de refugiarse en el primitivismo total del presente y, en consecuencia, consideraron la vida agradable y prefirieron la muerte.

Normalidad: vivir ahora a veces

Si desea usted realmente recordar lo que es realmente vivir en el presente, absorbido del todo por lo que pasa en este instante concreto, observe a los niños pequeños. Un niño pequeño puede seguir a un insecto diez minutos, olvidándose de todo lo que no sea la forma fascinante del insecto, su color, sus movimientos. Cuando se cansa de perseguir al insecto, puede pasar a jugar con un compañero y luego dedicarse a tirar piedras a un árbol. Haga lo que haga, está absolutamente sumido en el presente. Esta misma fascinación por el presente es posible para todos nosotros porque todos nosotros llevamos en nuestro interior un niño y un superviviente.

Todos hemos experimentado lo que llamamos «momentos mágicos» en nuestra vida adulta: momentos que en el recuerdo nos resultan perfectos, gloriosos, arrebatadores, beatíficos; estados de entrega total al presente. Es frecuente que «los momentos mágicos» se relacionen con el intercambio erótico; y hay quien puede experimentar esa magia en encuentros deportivos, conferencias, conciertos. Otros pueden alcanzar estos gozos construyendo una sala de juegos nueva, vagando por los bosques o conversando con personas estimulantes. Algunas mujeres me han contado que sus momentos de experiencia *muga* más intensos se presentaron en el parto, o al tomar por vez primera en brazos a su hijo recién nacido. Algunos pintores me han hablado de la experiencia de trabajar muchas horas seguidas con la fascinación plena de verse totalmente inmersos en su obra. Otras personas con desahogos creadores bien definidos me han explicado que pueden pasar doce horas trabajando en una máquina de coser para hacer una prenda nueva, o escribiendo un poema o un libro.

Todos hemos experimentado alguna vez esa sensación de entrega total a lo que estamos haciendo en la que se pierde el sentido del día, la hora, el lugar y cualquier otra medida cuantitativa de «dónde estamos». Trascendemos el tiempo durante un rato. Una reacción típica a una experiencia *muga* es mirar atrás y darse cuenta del tiempo transcurrido «realmente» cuando en realidad no teníamos *ninguna sensación de que pasaba el tiempo*. Las horas transcurrieron como si fuesen minutos. Tan perdidos estábamos en el presente, que en realidad llegamos a trascender el tiempo y el espacio.

Todos sabemos lo que es volver a la entrega total al presente. El problema es que, aunque todos hemos experimentado lo que es «vivir ahora» algunas veces, la mayoría hemos tenido muy pocas veces esa experiencia en nuestra vida adulta. El paso del vivir SZE al vivir Sin Límites, supone: (a) cultivar el arte de vivir ahora hasta el punto de poder entrar en el estado *muga siempre que queramos;* y, (b) entrar en él cada vez con mayor frecuencia y por periodos más largos.

Quiero insistir en que «vivir ahora» no significa negarse a planear el futuro, aunque suponga reducir la planificación al mínimo posible, ni eliminar toda «planificación» que sea en realidad una experiencia *muga*, mientras planea unas vacaciones, un proyecto de trabajo o, en realidad, cualquier cosa que se proponga hacer. Siempre que no «ponga usted su corazón» en las compensaciones que va a proporcionarle una experiencia predeterminada o idealizada, y, en su lugar, disfrute de su tarea planificadora (examinando folletos de agencias de viaje, averiguando cosas de los lugares que se propone visitar, buscando el lugar que le parezca más adecuado para usted) en función de lo que es (una *experiencia ahora, y* no una «apuesta» por el futuro rechazando el presente), hasta el hecho de planear puede convertirse en un placer del momento presente.

Pero aprender a entrar en el estado *muga* a voluntad y de esta forma aumentar las experiencias *muga* en la propia vida exigirá a la mayoría de las personas un gran esfuerzo de autodisciplina, una remodelación básica de actitudes e ideas.

Compromiso

La etapa final de vivir el instante supone la realización práctica de ese objetivo, el compromiso de entregarse a la tarea. Los existencialistas franceses tenían un término para expresarlo... *engagé*. Significa estar *comprometido* en algo que tiene un significado tan profundo para el individuo que, cuanto más profundamente se permita dedicarse a ello, más creador se permitirá ser en su consecución, más recursos internos consagrará a «trabajar en ello», más *vivirá ahora* el individuo.

Mi experiencia personal me ha demostrado que *mi trabajo* (el asesoramiento, los libros, las conferencias, las actuaciones en defensa de lo que creo que es lo mejor en el campo de la salud mental) ha sido la fuerza más constante, el motor básico de mi propia dinámica personal, lo que más me ha empujado, sin duda, a convertirme en una persona Sin Límites.

Ya hablaré más adelante de la importancia del significado y el objetivo en la vida Sin Límites. Pero ahora quiero subrayar que «vivir ahora» en el propio trabajo, carrera, vocación, «profesión» o como se quiera denominar la forma en que uno pasa la esencia de sus días, *suele ser* (no siempre lo es) básico para lograr un nivel de existencia Sin Límites. Es decir, si no ha hallado usted un medio de satisfacer su vocación, es muy probable que se sienta aburrido, frustrado, deprimido. Quizás haya encontrado un medio de «compensar» la falta de contenido de su trabajo de nueve a cinco encontrando un propósito, un contenido y un *compromiso* en los papeles que interpreta en sus horas libres. En un *pasatiempo*, que es una actividad independiente de su vocación que le saca de su tarea primaria y le proporciona goce y satisfacción, como una afición, un trabajo voluntario de unas horas, o lo que sea. Robert Frost, uno de los grandes poetas Sin Límites de este siglo, expresó de modo perfecto el ideal de unir lo que uno ama a aquello en lo que uno «trabaja».

> Pese a lo que pueda rendir su separación,
> mi objetivo en la vida es unir
> *mi pasatiempo y mi vocación*
> igual que en la visión se funden los dos ojos.

> Sólo donde necesidad y amor se unen,
> y el trabajo tiene intereses mortales,
> se crea de veras
> en pro del Cielo y en pro del futuro.*

No obstante, es evidente que no todos pueden ser lo bastante afortunados como para conseguir concretamente el trabajo que quieren realizar. Puede que a usted le gusten los animales y quiera colocarse ayudando a un veterinario, pero tal vez ningún veterinario en cien kilómetros a la redonda necesite ayudante. Quizá tenga que «conformarse» con otra cosa, por lo menos temporalmente. Si lo hace, ¿puede usted permitirse perder el tiempo en su trabajo odiándolo y futurizando el momento en que consiga el trabajo que *realmente* desea hacer?

Claro que no... pero, por suerte, la unión de vocación y pasatiempo y el logro de ese compromiso en su trabajo depende tanto de su capacidad de amar lo que hace como de su capacidad para hacer lo que ama: si ha cultivado usted lo suficiente el arte de vivir ahora, puede *hallar* sentido, emoción y plenitud en *cualquier* trabajo.

¿Por qué un basurero es hosco, golpea los cubos con rabia y deja basura por la acera, mientras otro es siempre cordial, limpio, y nos dice: «Es fascinante comprobar lo que tira la gente; el arqueólogo que excave los montones de basura de aquí a mil años se va a divertir mucho intentando descubrir qué es todo esto», o : «Sabe, van a abrir un nuevo centro de reciclaje para latas y botellas unas manzanas más allá»? La basura, los camiones, el jefe y la paga son iguales para ambos, así que juzgue usted mismo y determine por qué uno de ellos es feliz y constructivo y el otro desgraciado y destructor.

Aunque comprometernos con nuestra vocación sea esencial para el arte de vivir ahora para casi todos, y ha impulsado a muchos a crear nuestras grandes obras de arte, a lograr nuestros mayores descubrimientos científicos y a convertirse en benefactores de la humanidad, la persona Sin Límites es capaz de entregarse por entero virtualmente a *todo* lo que pueda hacer, desde arreglar unos zapatos a aterrizar en la luna.

Dije antes que el SZE enfoca el «vivir ahora» desde una dirección y que el zen lo aborda desde la contraria. Esto se debe, en parte, a que el individuo SZE no se apoya en ningún «maestro» que le enseñe el camino, sino que él solo crea su propio camino. Pero lo que quizá sea aún más significativo es que el zen se apoya en periódicas *huidas del*

---

* «Two Tramps in Mud Time» (el subrayado es mío).

mundo para alcanzar estados *muga*, mientras que la persona Sin Límites busca *un compromiso más pleno con el mundo* para alcanzar esos mismos estados.

No quiero decir con esto que el alivio, el vigor y la paz interior que proporciona la meditación zen no puedan exteriorizarse en el mundo; se puede hacer y se hace, con resultados muy saludables. Si la experiencia *muga*, tal como yo la he explicado, no tiene sentido para usted, pues le cuesta mucho trabajo imaginar (o recordar) lo que es vivir ahora, quizá sea oportuno que pruebe si el zen, el yoga u otras artes orientales de cultivo del *muga* pueden proporcionarle las ideas y sentimientos que necesita usted para cruzar el puente y vivir sin límites. Pero yo creo que el zen no es más que uno de los posibles puentes para vivir ahora, y que, como filosofía, está lejos del lugar al que queremos llegar: de nuevo al mundo, en toda su gloria.

Compromiso: la riqueza de este concepto es tal que abarca desde el pensamiento de los existencialistas al fenómeno del parto.

Un punto crítico en la etapa final del embarazo humano es el del «compromiso», en el que el feto deja de flotar en el claustro y encaja la cabeza en la pelvis de la madre, preparándose para el parto. La comadrona sabe que la vida se dispone a salir al mundo.

Eso es lo que yo realmente pienso del «compromiso»: dejas de flotar en el claustro y sitúas la cabeza, disponiéndote a vivir en un mundo completamente nuevo que está a punto de abrirse a tu alrededor. Te preparas para encontrar ese mundo con el asombro boquiabierto del recién nacido y la sabiduría acumulada de su madurez. Compromiso significa que estará *viviendo ahora antes de darse cuenta*.

Un ejemplo del poder práctico del compromiso en la vida cotidiana: ¿Le ha sucedido alguna vez que estuviera muy acatarrado y no dejase de toser, estornudar y moquear, y tuviera al mismo tiempo algo muy importante que hacer? ¿Qué sucedió?

Su organismo bloqueó el catarro hasta que terminó esa tarea importante. Quizá tuviera usted que pronunciar un discurso decisivo. Quizás estuviera usted haciendo submarinismo por primera vez, o tuviera un examen que no podía aplazarse. Una vez pasada la prueba, el catarro continuó. Tenía mocos, tos, estornudaba, etc. Pero mientras estaba usted consagrado plenamente a su actividad, no había ni síntomas de catarro. ¿Por qué?

¿Ha advertido alguna vez lo mucho que se cansa cuando tiene que hacer algo desagradable, y que en cambio apenas advierte la fatiga cuando está entregado a un proyecto estimulante? Puede pasar días y días durmiendo muy poco si está redecorando la casa, escribiendo un libro importante, aprendiendo a pilotar un avión o viajando por lugares nuevos e interesantes. Y, sin embargo, se queda exhausto en seguida cuando tiene que afrontar un proyecto que le aburre enormemente. ¿Por qué?

Creo que la respuesta es muy simple: cuando está usted creadoramente entregado a su vida, no tiene tiempo para la enfermedad ni el cansancio. Del mismo modo, cuando está usted ocupado, activo y vive sus instantes presentes, el tiempo parece pasar con excesiva rapidez; no hay, evidentemente, tiempo para la depresión o la angustia. Está usted libre de cuidados aunque el «telón de fondo» de su vida pueda ser exactamente igual de real aun. Cuando trato en el asesoramiento a una persona que sufre depresión, descubro invariablemente que el antídoto es algún tipo de actividad satisfactoria. La decisión final no consiste en «desmenuzar» la niñez del individuo, en acusar a sus padres o a otras personas de sus problemas, sino en ayudarle a encontrar el medio a entregarse más a la vida. La gente que está ocupada, raras veces tiene tiempo para inhibir problemas emotivos. Estar *demasiado* ocupado puede convertirse por sí solo en una enfermedad, no cabe duda, pero lo esencial aquí es que estar vivo en el presente es el antídoto más poderoso que existe para la confusión emotiva o la depresión, y *la capacidad de vivir en el presente es, en esencia, una habilidad* que ha de cultivar usted en el curso de su vida cotidiana.

Si está usted, por ejemplo, esperando en una cola para coger gasolina, maldiciendo contra la escasez de combustible y cada vez más furioso contra los jeques de Oriente Medio, las artimañas de las empresas petroleras y los manejos de las burocracias de Washington, habrá usted *elegido* la vía de desperdiciar este instante presente de un modo inútil y negativo. Seguirá esperando en la cola, si es que decide hacerlo, pero de usted depende *cómo decida esperar*. ¿Podría utilizar el tiempo de modo productivo, dedicarse a escribir cartas, a leer una novela, a hablar con otros sobre la estructuración de otros estilos de vida y liberarse así y dejar de ser rehén de los ejecutivos petroleros del mundo? ¿Es que no puede encontrar ningún medio para que la situación actúe *en su favor y* no contra usted?

En mi campaña personal para cultivar el arte de vivir ahora he descubierto que el aumentar la frecuencia de mis experiencias *muga* en los últimos años dependía sobre todo de que consiguiera estar más predispuesto a abandonar las formas tradicionales según las cuales otros consideraban que yo debía vivir mi vida. He descubierto que cuanta más libertad me concedo para experimentar lo que es importante para mí, más se han ampliado mis periodos *muga*.

Soy mucho más capaz de concentrarme plenamente en los deportes (cuando hago deporte), en lo que estoy haciendo si vacío mi mente de todo lo demás: el consultorio, el libro, el cliente al que voy a ver por la mañana. Para poder pasar horas disfrutando una partida de tenis muy movida en una cálida tarde de verano sin preocuparme por la temperatura «sofocante», por la humedad, el sudor, la fatiga o cualquier otra interferencia, necesito decirme a mí mismo: «Me da igual que otros piensen que debería estar en la oficina a las dos el martes 3 de agosto, sólo porque es un "día laborable"». Cuanta más libertad me concedo para jugar ardorosamente y entregarme del todo al juego, más trasciendo el tiempo y el espacio y vivo del todo en el presente, más consciente soy de que estoy aprendiendo a vivir ahora.

Por el mismo motivo, cuando el siguiente individuo cruce la puerta de mi consultorio seré más hábil para borrar de mi pensamiento el partido de tenis y concentrarme en aquél sin decirme a mí mismo en silencio: «Si hubiese ajustado aquel tiro, habría ganado el segundo juego», o «seguro que la próxima vez le ganaré».

Y cuando llega el momento de escribir algo, puedo contar también con mi capacidad para pasarme un día entero sentado a la máquina olvidándome por completo del paso del tiempo, sin ninguna sensación de fatiga, hambre, aburrimiento, o cualquier otra distracción; permitirme simplemente poner por escrito lo que considero importante decir.

Cuanto más permiso me doy a mí mismo para vivir en el instante y gozarlo sin sensación de culpa y sin juicios sobre cualquier otro tiempo, mejor me siento respecto a la calidad de toda mi obra. No me preocupa cómo enjuicien los críticos mi trabajo; y como escribo, en primer término, para complacerme a mí mismo y, en segundo, por si complazco a algún lector, me siento satisfecho. Sé en mi interior, por ejemplo, que aun cuando nadie leyera jamás lo que escribo, lo que digo es tan importante para mí que está justificado que lo formule y lo conserve para mi propio uso. El entusiasmo que me proporciona el hecho de escribir muchas horas seguidas es mi mejor recompensa. Que me paguen por escribir libros, tener lectores cuya vida mejore por lo que yo he escrito, figurar en la lista de éxitos de ventas, etc., son cuestiones azarosas, «accidentes que suceden» como consecuencia de que vivo los instantes presentes de un modo significativo para mí.

De hecho, la decisión que llevó a dar a este libro el título que tiene fue resultado de una de las experiencias *muga* más inmediatas de mi propia vida.

Hace algún tiempo, hice un viaje en un globo de aire caliente. Pasaron dos horas en lo que parecían cinco minutos flotando sobre la tierra mientras el viento nos arrastraba a su antojo. Entre el infinito cielo sobre nosotros y a nuestro alrededor y la soledad de la buena tierra verde abajo, compartiendo la experiencia con una persona a la que amo, me encontré más plenamente en el presente de lo que lo había estado en toda mi vida.

Meses después, cuando barajaba títulos definitivos y temas para este libro, desde *Nada le impide ser perfecto* a *Aproveche su tiempo al ciento por ciento,* y un amigo sugirió *El cielo es el límite,* me enamoré del título... y estoy seguro de que el motivo fue el que captó la inspiración «del vivir ahora» de aquel globo.

Espero que esté usted dispuesto a emprender su propio viaje en globo, para vivir *ahora*: para aceptar el hecho de que dominar la vida es algo que ha estado siempre, y está aún, a su alcance.

2
Falsos maestros

Quizá le resulte chocante pasar de la idea de control o dominio a la de *falso dominio* o *autoritarismo*, pero mis estudios sobre el camino hacia la autoactualización y mis propias experiencias en los caminos de la vida me han enseñado que la barrera más persistente entre la normalidad y el vivir Sin Límites es el autoritarismo, que tanto abunda en la sociedad contemporánea.

Es muy posible que la mayoría considere que sabe perfectamente qué clase de persona es el individuo autoritario. El prototipo es el individuo dominante, normalmente varón, que espera que le obedezca ciegamente todo aquel al que pueda obligar a aceptar su autoridad; un tipo agresivo, impaciente, arrogante, porfiado, de mentalidad estrecha, irracional. Podríamos pensar en alguien como Hitler en tanto que personaje autoritario arquetípico.

Este prototipo tiene algo de verdad, pero es sólo la superficie y una pequeña parte de la historia. La definición que da el diccionario de «autoritario» es la siguiente: 1) relacionado con o favorable a la sumisión ciega a la autoridad; 2) relativo a o partidario de una concentración del poder en un caudillo o una élite no constitucionalmente responsable ante el pueblo.

De esto se deduce claramente que el tipo «padre-autoritario» anteriormente descrito es sólo un verdadero autoritario si toma sus propios valores, opiniones y «directrices» *de una autoridad que él a su vez acepta como superior a sí mismo y* a la que *él* presta obediencia ciega; sea esta autoridad el presidente, el general, la iglesia, el jefe o sólo las normas rectoras de la sociedad. Así pues, por mucho que vocifere el «padre-autoritario» sobre la veracidad evidente e innegable de sus opiniones, por mucho que pretenda ser dueño de sí mismo, dueño de la casa o de cualquier otra cosa, su identidad descansa en el fondo fuera de sí mismo, en esa Gran Autoridad Indiscutible a la que rinde fidelidad absoluta.

Este falso dominio puede ser relativamente inocuo o resultar sumamente peligroso. En la Alemania de Hitler, el autoritario no era Hitler, ni mucho menos: los autoritarios eran aquellos alemanes que le seguían ciegamente y que hicieron, en primer término, posible el autoritarismo. Así pues, el tipo «padre-autoritario» es exactamente lo contrario de lo que parece; es un individuo que en realidad no confía en sí mismo, que tiene una personalidad débil, y quizás un asomo de paranoia, y que se aferra a su imagen autoritaria como un niño desvalido se aferra a su madre.

Y el «padre-autoritario» o el «autoritario activo» es, evidentemente, la mitad sólo (o menos de la mitad) del cuadro. *Él no es nada sin los que le siguen ciegamente*: la contrapartida pasiva, sumisa y (hasta fechas recientes, al menos) prototípicamente femenina, los que aceptan todas sus órdenes y jamás ponen en entredicho lo que él «piensa», los niños o los empleados o los conocidos cuyos pensamientos puede controlar. La «madre autoritaria», la «esposa tradicional», la que en la mayoría de las sociedades autoritarias puede incluso parecer propiedad de su marido, puede parecer en su sumisión exactamente lo opuesto al padre autoritario, y no hacerla eso menos autoritaria en ningún sentido. Para bailar un tango hace falta una pareja, y para construir una cadena autoritaria son necesarios varios eslabones.

Debería quedar claro, con lo dicho, que el individuo «autoritario» no es necesariamente el que tiene autoridad. De hecho, un individuo puede ser autoritario justamente porque no tiene ninguna autoridad real sobre sí mismo, porque acepta los límites artificiales que le marca la sociedad y desahoga en otros sus frustraciones. Se rechaza normalmente la consideración de «autoritario» porque el término supone limitación, rigidez, dominio de los demás. Pero es menos frecuente que se advierta que el autoritarismo produce los mismos efectos en «el autoritario original», y que todos los que participan en las restricciones, la rigidez y el dominio son igualmente autoritarios.

Ya he dicho antes que considero el autoritarismo predominante la barrera más firme para llegar a la vida Sin Límites en nuestra sociedad. Todo el que sea un observador despierto de la sociedad puede ver que pocos individuos piensan por sí mismos, pero algunos científicos sociales han calculado que *el setenta y cinco por ciento de los miembros de nuestra cultura* (la civilización occidental) *muestran más elementos autoritarios que no autoritarios* en su vida diaria.

No debe sorprendernos, si consideramos que estadísticas paralelas nos indican generalmente estados de salud mental abismales. Creo que el espectacular aumento de los casos de depresión crónica, de «crisis nerviosa», rupturas familiares, suicidios, alcoholismo, dependencias químicas, úlceras, hipertensión, angustia y otras enfermedades de este tipo se debe, en gran parte, a la frustración interior y al aburrimiento que engendra el autoritarismo. Como ser humano, fue usted creado para pensar por sí mismo. Su inteligencia tiene que rebelarse contra la angustia, sus emociones estarán regidas por el peso de cadenas mentales; si usted no se permite la libertad de pensar con su capacidad plena e ilimitada, acabará acusando a otros cuando las cosas van mal. Por una ironía del destino, que nos hace identificar con más rapidez nuestros propios defectos en otros, culpará usted al autoritarismo de otras personas (fidelidad a diversas Grandes Autoridades Indiscutibles) de los problemas del mundo y no sabrá usted relacionarse con una persona que piense de verdad libremente si se encuentra con ella.

En realidad, será al pensador libre y serio al que condene usted más de prisa como autoritario, por tener la audacia, el orgullo, o lo que sea, de apoyar su posición en la vida básicamente en su propio juicio. (¿En base a qué autoridad piensa usted eso? *¿Sólo en la suya propia?* ¡Bah, eso significa muy poco!)

Si el autoritarismo es una zona social errónea tan inmensa como creo, no tendremos más remedio que trascenderla para poder modelar una sociedad SZE, para poder empezar, incluso, a desarrollar plenamente nuestras máximas capacidades como seres humanos en gran escala. Pero la solución empieza, como siempre, por usted, por el individuo, y para poder valorar su propio nivel de autoridad creo que merecerá la pena analizar con algo más de profundidad la psicología de los autoritarios de todo género.

Allá por los años cuarenta, un grupo de siete sociólogos dirigidos por T. W. Adorno realizaron un estudio monumental sobre la psicología del autoritarismo. Los resultados se publicaron en 1950 en dos volúmenes titulados *La personalidad autoritaria*, casi mil páginas de investigación, cuestionarios y cuadros estadísticos y abundantes conclusiones técnicas que describían características personales que los investigadores habían descubierto que estaban relacionadas con el autoritarismo, que definían de modo muy similar a como las he definido yo antes. La lectura de este gran volumen de información queda limitada en general a los cursos universitarios de sociología, pero el contenido es tan importante que creo que debería estar más al alcance de todos nosotros, la generalidad, así que lo resumiré e interpretaré aquí.

Lo importante cuando lea usted algo sobre autoritarismo es que se dé cuenta de lo a menudo que despliega usted rasgos autoritarios, y que se pregunte si el autoritarismo es, en realidad, el elemento predominante de su carácter. Puede que también le resulte instructivo utilizar las siguientes descripciones de la personalidad autoritaria a modo de guía que le ayude a definir lo que hay en usted mismo que le gustaría cambiar, y lo que realmente ha de cambiar si quiere usted convertirse en una persona Sin Límites.

CARACTERÍSTICAS DEL CARÁCTER AUTORITARIO

Resumiendo más de mil páginas de investigaciones en profundidad sobre personalidades autoritarias, obra de T. W. Adorno y otros autores, y al combinar sus descubrimientos con mis propias observaciones he llegado a la conclusión de que las características más significativas de la personalidad autoritaria son las siguientes:

Intolerancia ante la ambigüedad

Uno de los rasgos clave de los autoritarios es que para sentirse cómodos necesitan que las cosas se definan específicamente. Si no hay un sí o un no como respuesta a cada pregunta, por muy compleja que la pregunta pueda ser, dan muestras de ansiedad. En consecuencia, el autoritario es poco tolerante con los individuos que trabajan en áreas intrínsecamente «ambiguas»: filósofos, artistas, pensadores sociales o políticos. Insiste en saber exactamente adónde va en la vida y cuándo, y lo misterioso, lo desconocido e incognoscible resulta amenazador para él. Suele aferrarse a la seguridad del hábito, y suele tener miedo a abandonar un trabajo o a poner fin a una relación, no porque se lo dictan sus mejores intereses, sino porque hacerlo le dejaría en un estado de inseguridad demasiado amenazador, imposible de soportar.

Como la intolerancia hacia la ambigüedad supone una abrumadora necesidad de certeza, sea o no falsa, conduce a los individuos a superorganizar su vida y a exigir a los demás que estructuren su vida del mismo modo. Los autoritarios tienden a considerarse *perfeccionistas*, pero esto es cierto sólo en el sentido trivial de que necesitan que las cosas se hagan de una sola forma, y no en el sentido más amplio de que ayudan a crear un medio más apropiado para que todos vivan mejor. En consecuencia, los autoritarios se alteran fácilmente; de hecho, suelen quedar paralizados cuando las cosas no van exactamente «a su manera», que es la manera según la cual «su autoridad» (sea lo que sea) dice que han de ir. Una de las frases favoritas de los autoritarios suele ser: «Un lugar para cada cosa y cada cosa en su lugar». No pueden adaptarse a la idea de que en esta vida pocas cosas o personas van a permanecer mucho tiempo donde ellos quieren que estén.

Esta intolerancia frente a la ambigüedad se manifiesta en la familia cuando el autoritario activo, que suele ser el padre, insiste en que todos obedezcan siempre sus normas. Si la familia está jugando a un juego «sólo por divertirse», el autoritario suele interrumpir para denunciar las más nimias violaciones de las normas según su propia interpretación de las mismas, y la mayor parte del «tiempo de juego» se dedica a revisar el código de normas.

En las relaciones padre/hijo, los padres que no pueden soportar la ambigüedad suelen imponer a sus hijos expectativas irreales, preguntándoles: «¿Qué vas a ser de mayor?» cuando los hijos tienen cinco años. Surgen innumerables conflictos sobre el cuidado de la casa, el mantenerla limpia (y sobre todo «tu habitación»), porque todo lo que está revuelto o fuera de su sitio constituye una ambigüedad intolerable. En realidad, la casa sólo puede estar de un modo, y cuando no es así, constituye un motivo de hostilidad.

Los padres con tendencias autoritarias suelen exigir de sus hijos «perfección» en los estudios, y sus hijos suelen aprender a exigírselas a sí mismos. Pero «perfección» sólo significa obedecer a los profesores al pie de la letra y sacar sobresalientes en todos los exámenes sin formular preguntas difíciles ni delicadas, no leer novelas bajo la mesa cuando la clase resulta demasiado aburrida o monótona, y no preguntar por qué hay tantas cosas en la escuela que han de ser aburridas por necesidad, en primer término. Esos mismos niños aprenden a imponerse luego exigencias igualmente irracionales a sí mismos, a sus padres y a otros miembros de la familia, y con el tiempo a sus propios hijos.

Los que son especialmente sensibles a esta intolerancia a la ambigüedad se ven muchas veces obligados a planearlo todo, incluidas las vacaciones, los presupuestos económicos hasta el último céntimo, y hasta la colocación de la ropa interior en el cajón del armario. Unas vacaciones sin reserva, o sin un itinerario bien detallado, crean un desbarajuste interno que si no se resuelve puede desembocar en una úlcera. El autoritario ha de saber de antemano qué va a hacer, y esto ha de confirmarlo cueste lo que cueste. Además, pronto impone esta necesidad de seguridad a todos los que le rodean, y está constantemente encima de los que son más tolerantes a la ambigüedad diciéndoles cosas como «¿Por qué no planeas mejor tu vida? Si colocas cada cosa en su sitio, podrás saber dónde encontrar cada cosa concreta cuando quieras. Si no te organizas mejor, sufrirás las consecuencias».

Desde el vestirse y arreglarse según el estilo «perfeccionista» hasta la casa organizada meticulosamente en todas sus facetas, desde las normas de «orden» impuestas a todos los demás hasta la necesidad perenne de tener un plan, casi todos los autoritarios tienen una mentalidad de «contables-tenedores de libros», que se aplica a la vida cotidiana. Para ellos, el «libro de registro» de la vida no es un diario en el que se anoten recuerdos de ricas experiencias, sino un libro contable con columnas bien definidas donde se anotan deudas y créditos. El objetivo de la vida es acumular las anotaciones en la columna de valores, en términos de valores sociales convencionales, y evitar los errores que puedan hacer aumentar la otra columna, la de las deudas. Si bien el autoritario procura que impere el orden en su hogar, en sus vacaciones, en la escuela, en su vida y en su trabajo, deja muy poco espacio para disfrutar de las cosas que tiene mientras las tiene realmente. Rechaza también la espontaneidad y el saludable espíritu de aventura y de investigación.

La sexualidad es un buen ejemplo: para el autoritario se trata de un acto programado con un guión preciso a seguir, y no de un medio de expresar amor. Interesa muy poco el juego previo y los abrazos afectuosos una vez concluido «el acto». Suelen centrarse exclusivamente en el orgasmo (sobre todo los varones), y tienden a una «limpieza» melindrosa que les lleva a veces a ducharse antes y después. No suelen ver razón alguna para dar a la sexualidad un valor distinto al de «la función que tiene»: un medio de reproducirse la especie, o quizá de liberar energía sexual «sobrante».

En el trabajo, la intolerancia a la ambigüedad se manifiesta cuando el autoritario se encuentra con otros que tienen menos necesidad que él de una «certeza» constante. El autoritario exige saber exactamente lo que están haciendo sus compañeros de trabajo, cuáles son sus objetivos y cómo se proponen alcanzarlos. Suelen ser muy chismosos y muy inflexibles en sus «consejos» a los demás. Los autoritarios más extremados pueden tener planificados sus objetivos personales en intervalos de cinco a diez años. Se sienten forzados a pretender o intentar estar seguros de dónde se hallarán a los veinticinco, a los treinta y cinco, a los cuarenta y cinco, etc. Se descomponen, literalmente, cuando no pueden ajustarse a sus horarios, y la idea de despreocuparse sencillamente de lo que pueda ser de ellos en el futuro les resulta absolutamente inconcebible.

Recuerdo que una tarde caminaba yo por la playa y un hombre que pasaba me reconoció debido a una de mis apariciones en televisión. Me saludó y me preguntó adónde iba. Le dije que no iba a ninguna parte, que paseaba por la playa.

—¿Pero, hasta dónde piensa usted llegar? —me preguntó.

—No lo sé —le dije—. Pasearé hasta que ya no tenga ganas de caminar.

—Pero tendrá usted una idea de hacia dónde va, si va al puerto o a algún otro sitio —insistió.

—No, no tengo ni idea —dije.

Aquel hombre estaba perplejo, como si la idea de un paseo sin objeto por la playa no tuviese sentido y estuviera tomándole el pelo. ¿Cómo podía dar un paseo sin tener idea clara del itinerario, de cuánto me llevaría recorrerlo? Aquel individuo pensaba realmente que me estaba burlando de él, que estaba intentando fastidiarle en vez de explicarle francamente lo que estaba haciendo. Se negaba a entender que a veces limitarse a hacer algo por el simple gozo de hacerlo es mucho más saludable que planearlo todo hasta el último detalle y llevar cuenta de cada paso que uno «avanza» en el camino, y comparar incesantemente los resultados de tentativas anteriores en campos como pasear por la playa, leer, nadar o tener relaciones sexuales.

Pensamiento dicotómico

Una dicotomía es, en esencia, una división de cierto grupo de cosas en dos partes que se excluyen entre sí: la división de una clase entre chicos y chicas, de un grupo de animales entre ovejas y cabras, o de un grupo de números enteros en pares e impares, etc. Es evidente que el uso adecuado de las dicotomías constituye un elemento básico del pensamiento y del idioma: sin ellas seríamos totalmente incapaces de razonar. Lo que es menos evidente es el hecho de que el abuso o el uso *impropio* de las dicotomías, que es elemento característico de los autoritarios, constituye uno de los mayores peligros para el verdadero pensamiento, la comunicación significativa y el mutuo entendimiento en nuestra cultura.

Lo que he denominado «pensamiento dicotómico» es este abuso sistemático, *la compulsión que fuerza a dividirlo todo y a todos en grupos que se excluyen mutuamente* (bueno/malo, correcto/incorrecto, amigo/enemigo) y «dejar así las cosas», sin tener en cuenta las sutilezas, las matizaciones e incluso los errores patentes que esta actitud puede suponer.

Quiero decir con esto que el autoritario *deja que la necesidad de dicotomizar a toda costa rija su pensamiento*, en vez de utilizar la dicotomía como un instrumento de la inteligencia que es sólo adecuado para ciertas tareas específicas.

El «pensamiento dicotómico» puede considerarse una derivación de la intolerancia a la ambigüedad. Cuando se trata de personas y de problemas humanos complejos, el pensamiento dicotómico constituye una «urgencia del juicio» que elimina inmediatamente las posibilidades que tiene el autoritario de acrecentar su sabiduría y sus conocimientos y le separa de todos aquellos a los que ha emplazado en oposición a sí mismo.

Un ejemplo de pensamiento dicotómico sería: si usted cree que la homosexualidad es un estilo de vida perfectamente legítimo para los adultos que consientan libremente en ello y que decidan practicarlo, es muy probable que el autoritario saque de ello la conclusión de que pretende usted promover la homosexualidad como sistema general de vida. Ha de estar usted a favor o en contra; el autoritario suele reservarse el derecho a explicarle a usted en términos nada ambiguos lo que «piensa usted realmente» o «lo que defiende»; nada de lo que usted pueda decir alterará su decisión de emplazarle en un campo u otro.

Los autoritarios suelen ser más duros con los más allegados a ellos. Si alguien de la familia se plantease las ventajas derivadas de una legislación más liberal respecto al aborto, o la suavización de ciertas normas relacionadas con las drogas, por ejemplo, es muy probable que el autoritario reaccionara diciendo: «O está usted a favor del aborto o está en contra de él», o bien: «Si quiere usted que legalicen la marihuana, deberá apoyar también la legalización de la heroína y de todas las drogas duras».

El problema básico es que los autoritarios no tienen espacio en su circuito interno para posiciones intermedias, para operar en las zonas grises en las que se desarrollan casi todas las actividades humanas.

También oirá a los autoritarios decir cosas como éstas: Todos los judíos son buenos comerciantes; todos los negros tienen sentido del ritmo; todos los asiáticos son listos; todos los adolescentes son pendencieros; esta generación está destruyéndose; todas las mujeres son ladinas; a los hombres sólo les interesa el sexo.

Es en realidad absurdo etiquetar a «todas» las personas en cualquier agrupación y considerar que se alinean a un lado o a otro. Si suele usted entregarse al pensamiento dicotómico e intentar imponerlo a los demás, sería mejor que vigilase usted el autoritarismo «en su propia casa».

Pensamiento rígido

Los autoritarios no sólo son incapaces de tolerar la ambigüedad y suelen ser dicotómicos en su pensamiento, sino que también son sumamente rígidos en su percepción del mundo y, por ello, en sus perspectivas respecto a sí mismos y a los demás. En este sentido, los autoritarios mantienen resistencias muy fuertes al cambio, y se sienten amenazados por cualquier alteración que se produzca en la forma en la que están acostumbrados a experimentar las cosas.

«Pensamiento rígido» tiene varios significados, pero, para el autoritario, suele suponer la resistencia a considerar cualquier idea que choque con sus propias ideas preconcebidas. Si alguien se acerca al autoritario (sobre todo el tipo «padre-autoritario» masculino típico, el tipo «activo») con un punto de vista que choque con el suyo, lo mas probable es que responda escandalizado, indignado, incrédulo y burlón. Puede gritar e intentar intimidar. Lo que jamás hará será escuchar, valorar y mostrarse dispuesto a cambiar su postura. Le resulta prácticamente imposible admitir que ha estado equivocado o que pueda aprender algo de otro; eso sería admitir que tiene una personalidad débil y que no tiene una auténtica confianza en sí mismo. Jamás oirá decir al tipo «padre-autoritario»: «Bueno, en eso quizá tengas razón». Pasará inmediatamente a la defensiva diciendo, por ejemplo: «No puedo creer que de verdad pienses así. Una persona inteligente como tú...».

La rigidez de pensamiento puede llevar al autoritario a recurrir al insulto personal, a la burla e incluso a la violencia física. La discusión racional y constructiva es prácticamente imposible con los autoritarios, sean del tipo que sean. El diálogo nunca es una posibilidad agradable y estimulante para aprender algo nuevo o aprender a ver las cosas de un modo distinto. Nunca es un *esfuerzo cooperativo para llegar a un acuerdo*, que se inicia con el respeto mutuo por ambas partes. Suele ser tan protocolario y brusco como el «sexo autoritario»: en resumen, un enfoque unilateral que usted, si es inteligente, deberá rechazar.

Para el individuo SZE lo más decepcionante de los autoritarios es su inaccesibilidad: *prácticamente no hay un medio de llegar a ellos casi nunca*. Conozco innumerables familias en las que los hijos dicen: «Mi papá es un gran tipo, a su manera, pero no puedo hablar con él de política». O bien «Mi mamá es una mujer magnífica, pero me resulta imposible hablar con ella de cuestiones sexuales».

Tratándose de un autoritario, hay zonas enteras del pensamiento que se convierten en tabú. Al individuo racional basta que le ofendan, le intimiden o se burlen una vez de él para que diga: «Esto se acabó. No quiero saber nada». Así, *la única manera* de «llegar» a los autoritarios es reconociendo sus propios problemas y tomando las medidas necesarias para corregirlos.

Hace algún tiempo vino a verme una chica joven completamente histérica porque su padre le había llamado prostituta. Pedí al padre que acudiese a analizar el asunto conmigo y con su hija. Llegó, lleno de resentimiento, ante la idea de que hubiera algo que analizar, y me fue imposible razonar con él delante de su hija. Al parecer, la chica había recibido una llamada telefónica de un joven al que su padre había calificado de «terrorista». Insistía, implacable, en que su hija no debía relacionarse con individuos «de esa calaña», aunque él no había visto nunca a aquel joven y por lo tanto no había podido formarse un juicio propio. No pude determinar entonces si se basaba en rumores respecto al muchacho, o si era sólo paranoia por la «pureza» de su hija, o si el arrebato se debía a alguna otra razón, porque se mostraba tan obstinado que cualquiera que se atreviese a poner en entredicho siquiera su actitud era un defensor de la prostitución juvenil, el abuso sexual de las niñas, la pornografía, las enfermedades venéreas y muchos otros males parecidos.

Yo me había dado cuenta ya de que su hija estaba tan lejos de ser una prostituta como yo; me di cuenta también de que la idea que tenía el padre de con quién podía salir su hija era tan rígida que no sentía el menor remordimiento por llamarla prostituta y hacerla llorar sólo porque el muchacho no se ajustaba exactamente a la imagen preconcebida que él tenía. Por último, le pedí a la chica que nos dejara solos. El padre se tranquilizó un poco, pero su pensamiento rígido era tan predominante y abrumador que no logré ningún progreso con él. Llegué a la conclusión de que era incapaz de *escuchar* las opiniones de su hija y de cualquiera sobre cualquier cosa; de que era un «sordo selectivo», un archiautoritario, y de que el único modo de ayudar a la hija era enseñarle a no alterarse por las desagradables etiquetas que otros pudieran aplicarle, aunque se tratase de una persona tan importante para ella como su propio padre.

Lo irónico del caso fue que tres años después la chica se fue de casa, a los diecinueve años, y se casó con el «terrorista», que se había licenciado por entonces con excelentes notas y se disponía a ingresar en la Escuela de posgraduados. Resultó que el padre había excomulgado al muchacho basándose únicamente en prejuicios religiosos y étnicos. La familia de la chica era «cristiana» y el chico era judío. El padre sigue negándose a hablar con su yerno y con su hija.

La rigidez suele ser contagiosa en la mayoría de los autoritarios y pasa del «pensamiento» a impregnar todos los hábitos y todas las formas de conducta. Es típico en ellos que sólo lean un tipo de editorial de un periódico, el que exprese opiniones con las que ya estén de acuerdo. Se suscriben a las mismas revistas año tras año, sin considerar siquiera la idea de leer publicaciones que expongan puntos de vista opuestos a los suyos. Suelen volver una y otra vez al mismo restaurante, y piden la misma comida en la misma mesa noche tras noche. Pueden no haber probado nunca la cocina griega, china o cualquier otra que les resulte extraña por el hecho de ser «extranjera», razón por la que saben que no puede gustarles.

La rutina rígida suele impregnar también la vida sexual de los autoritarios: suelen tener relaciones sexuales a la misma hora y siempre del mismo modo, o hasta que resulta tan aburrido que simplemente pasan a prescindir de ellas.

La rigidez del autoritario *se ve amenazada por cualquier tipo de cambio*. El autoritario casi siempre vota por titulares, y se convierte a su vez, en su propia vida, en «titular». Vacila ante la idea de trasladarse a otra ciudad porque «no sabe lo que podría pasar». Suele seguir en el mismo puesto de trabajo, aunque su tarea se haya convertido en poco más que una rutina diaria, porque teme los cambios inherentes a un ascenso, un traslado geográfico e incluso una elección vocacional completamente nueva. Suele odiar su trabajo, y en vez de mirar hacia su interior y analizar sus propias actitudes acusa al jefe, a otros trabajadores, a la empresa, a la nueva generación o a cualquier chivo expiatorio conveniente. Es tan susceptible al aburrimiento como todo el mundo, pero, de todos modos, aguanta, es[perando el reloj de oro y acariciando la esperanza de que la jubilación le proporcionará cierto alivio.

Y, por supuesto, los «autoritarios jubilados» pueden ser aún más insoportables que los que trabajan, porque suelen enfurecerse con todos los que, según su opinión, son responsables de que él no tenga dinero, ni ilusiones, ni proyectos, ni emociones. Pueden enfadarse con los hijos porque no quieren visitarles, sin darse cuenta de que para los hijos una visita resulta como pasar varias semanas en una tumba con un vendedor de enciclopedias agresivo. Se enfurecen con las jóvenes generaciones por ignorarles, cuando su propia rigidez aparta de su lado a todos, jóvenes y viejos. Y parecen no darse cuenta nunca de que su propia rigidez mental es el origen de su aflicción. Es muy frecuente que les encante gruñir y protestar y que en el fondo se abracen a sus propias frustraciones. Y que busquen motivos de queja, que se sientan felices cuando acaece un desastre o estalle una crisis energética que les da más combustible para sus amadas diatribas.

La rigidez de los autoritarios es una enfermedad que se inicia en el pensamiento y se extiende a todos los aspectos de la vida. Infecta al propio autoritario y a cuantos le rodean de aburrimiento, angustia y depresión. Los autoritarios deben vivir de acuerdo con una rutina, y, sin embargo, en el fondo odian la monotonía de esa rutina. No se arriesgan a romper esa monotonía porque temen un cambio, y, sin embargo, acusan al mundo de no cambiar para adaptarse a sus viejas y rancias ideas de lo que debería ser el mundo.

Antiintelectualismo

De acuerdo con su típica intolerancia ante la ambigüedad, su pensamiento dicotómico y su rigidez, el autoritario suele desconfiar de los «intelectuales», sobre todo de los que se ganan la vida realmente como pensadores. Los autoritarios suelen mirar con escepticismo cualquier cosa que no puedan «ver por sus propios ojos», y se sienten intimados por filósofos, psicólogos, artistas, profesores y otros que se ganan la vida trabajando generalmente con el intelecto.

Los autoritarios suelen menospreciar enseguida a los individuos que leen revistas especializadas, acuden a conferencias, obras de teatro u óperas, o disfrutan con programas de debate en la televisión. El autoritario típico comenta: «Ah, esos profesores son todos una pandilla de rojos (liberales sensibleros, cabezas cuadradas, ratas de biblioteca). Lo que dicen no tiene nada que ver con el mundo real».

Cuando los autoritarios son sinceros con los demás, cuando no se sienten amenazados (por ejemplo, en entrevistas), suelen admitir una admiración secreta hacia los que tienen «sabiduría libresca». Los padres autoritarios casi siempre desean que sus hijos vayan a la universidad, pero casi nunca quieren que lleguen a casa y empiecen a actuar como si supieran más que ellos de algún tema (aunque ése es teóricamente el motivo de que los padres les enviaran a la universidad, en principio). Es muy frecuente que los padres autoritarios se ufanen de los triunfos académicos e intelectuales de sus hijos, pero sólo cuando tales triunfos suponen «éxito» convencional en el sistema competitivo establecido («mi hija será la primera en la clase de Derecho») y jamás cuando se rebelan contra el orden establecido.

Dado que las empresas artísticas se consideran «arriesgadas» desde un punto de vista profesional y práctico, y *el arte entraña una elevada dosis de ambigüedad*, pocas veces se oirá decir a un padre autoritario: «Estoy muy satisfecho, mi hija ha decidido ser pintora (escritora, escultora, directora de cine, cantante de rock, etc.)».

Prescindiendo por un instante del riesgo que entraña toda carrera artística, examinemos algo más detenidamente la relación entre la intolerancia del autoritario ante la ambigüedad que antes analizamos, su antiintelectualismo y la inquietud que le producen los objetivos del arte y las carreras artísticas.

La intolerancia del autoritario a la ambigüedad significa que el autoritario desea compulsivamente que cada elemento del lenguaje que oye o lee *signifique sólo una cosa* que sea clara y fácilmente identificable. Si recordamos lo de la mentalidad de tenedor de libros, «doce mil quinientos dólares en la cuenta de ahorros» significan sólo una cosa. Pero pensemos en la belleza de un verso como el de Shakespeare: «Ser o no ser, he ahí el dilema...», o el de Keats: «Belleza es verdad, verdad es belleza, eso es todo cuanto sabemos en la tierra, y todo cuanto necesitamos saber». La verdad y la belleza de este lenguaje estriban precisamente en el hecho de que esos versos *¡significan algo distinto cada vez que se leen!* Contienen tantas verdades universales, o tanta «sabiduría concentrada», que son verdad en un número *infinito* de sentidos. Un número infinito de individuos distintos a lo largo de inmunerables generaciones y en las situaciones más distintas que pueda concebirse pueden sentirse iluminados por estos versos. Un solo individuo puede leer estas simples palabras una y otra vez y obtener nueva inspiración, nuevas ideas que iluminen su vida. Compare lo que significa leer los poemas más inspirados del mundo una y otra vez con la idea de leer una y otra vez la anotación de un libro de contabilidad, y comprenderá lo que quiero decir.

En realidad, el *uso artístico del idioma* se basa en la *fertilidad de su ambigüedad*: es decir, su capacidad de revelar cierta verdad, mostrar cierta belleza, de muchos modos distintos para todo género de personas distintas.

Podemos decir lo mismo de un gran cuadro, de una gran fotografía, de una sinfonía, una obra arquitectónica, o cualquier otra obra de arte, y también, al menos según muchos pensadores, de las grandes obras de la filosofía y de otras disciplinas intelectuales. El filósofo Martin Heidegger, por ejemplo, dice:

> La multiplicidad de significados es el elemento en que debe moverse todo pensamiento para ser pensamiento estricto. Utilicemos una imagen: para un pez, la profundidad y la amplitud de las aguas en que vive, las corrientes y los tranquilos remansos, las capas frías y calientes, son los elementos de su movilidad múltiple. Si el pez se ve privado de la plenitud de su elemento, si se ve arrastrado a la arena seca, sólo puede debatirse, agitarse y morir. En consecuencia, hemos de procurar siempre pensar, y captar la carga de pensamiento de ese pensar, en el elemento de sus significados múltiples, pues de otro modo, todo lo veríamos bloqueado.*

Pero si el arte y el pensamiento se basan en *la fertilidad de la ambigüedad*, tal como hemos dicho, y el autoritario rígido y mentalmente dicotómico es *intolerable con la ambigüedad* de forma compulsiva, no es extraño que no sepa qué hacer con el pensamiento original o con el arte. En suma, como el autoritario duda de su propio juicio, suele desconfiar de cualquiera que se aventure en la fertilidad sutil y compleja del arte y de las tareas intelectuales.

La reacción típica del autoritario frente a todo el que tenga una educación superior o una formación intelectual sólida es eludirle.

---

* Heidegger, *What Is Called Thinking*, traducción inglesa de Fred D. Wieck y J. Glenn Gray, Harper & Row Torchbooks, 1968, p. 71.

Puede haber, sin duda, razones muy legítimas para eludir a ciertos «intelectuales»: hay muchos autoritarios entre los académicos y entre otros que presumen de diplomas y títulos. Los autoritarios de este género no sólo destacan pocas veces en su campo (suelen ser devotos seguidores de alguna «escuela de pensamiento» y siguen ciegamente al «gran hombre» que les haya enseñado) sino que además suelen padecer una de las enfermedades más detestables del autoritarismo: la pretenciosidad intelectual. Los intelectuales pretenciosos en realidad están tan seguros de su mérito personal que han de *ocultarse detrás* de diplomas y títulos, y pretender que los licenciados, los «académicos», los intelectuales «librescos» son *más inteligentes* que los que se ganan la vida por otros medios.

Esto es absurdo, claro. El individuo que es capaz de arreglar una radio o arreglar un motor o cultivar la tierra o cuidar ganado o realizar miles de tareas diversas puede ser tan inteligente como el que se dedica a resolver ecuaciones de segundo grado o a recitar a los clásicos. La sabiduría «libresca» procede de cultivar sólo un tipo de inteligencia, y los mejores «intelectuales», según mi opinión, han sido los que han aprendido primordialmente *haciendo*.

Es evidente que tuvieron que abordar la literatura de sus campos respectivos para poder «apoyarse en los hombros» de las generaciones anteriores y hacer «progresar el arte» en su campo, pero los individuos Sin Límites, como Ralph Waldo Emerson, Henry David Thoreau, Albert Einstein y George Bernard Shaw, *superaron* a todos los que les habían precedido *saliendo al mundo y probando sus ideas*. Eran trabajadores además de pensadores, y triunfaron como tales porque habían superado el pensamiento dicotómico según el cual un individuo ha de ser un trabajador o un intelectual. Sea cual sea su trabajo, puede hacerlo de un modo brillante si piensa usted en él, pero tener un título académico no demuestra que uno sea capaz de pensar como es debido, ni la falta de una formación académica impide a nadie pensar «inteligentemente».

Visto desde esta perspectiva, el autoritario con tres títulos académicos es tan antiintelectual como el autoritario que nunca pasó de tercer grado.

Antiintrospección

Los autoritarios, además de ser antiintelectuales, suelen ser antiintrospectivos: se resisten a mirar hacia su interior y buscar allí las motivaciones de su conducta. No creen que deban preguntarse a sí mismos por qué hacen algo, en realidad, y es habitual que menosprecien cualquier tipo de desarrollo personal que les lleve a saber más de sí mismos. Suelen considerar la psicoterapia, la meditación, el yoga y otras formas de acercarse a uno mismo y afrontar sus problemas no sólo como una pérdida de tiempo, sino incluso como una especie de conspiración destinada a lavar el cerebro a todo el país. Se sienten tan inseguros de sí mismos que no osan correr el riesgo de exponerse a las influencias del psiquiatra «comecocos», el profesor de yoga o cualquiera de esos otros «tipos raros».

Lo que en realidad temen es cambiar su mentalidad, admitir que no siempre han tenido razón en todo (o, más que ellos, esa Gran Autoridad Indiscutible que eligieron). En el fondo saben que se sometieron una vez y no confían en no someterse de nuevo.

La antiintrospección es otro de esos «puntos ciegos» del autoritario: en este caso, supone la negativa a mirarse al espejo, psicológicamente hablando. El autoritario se niega a mirar hacia el interior porque tiene que basarse muy firmemente en sistemas de apoyo externo que le confirmen su valor como ser humano. En realidad, cree que su mérito procede de sus logros y acumulaciones, y que la única manera de aumentar su mérito es conseguir y acumular más. Aunque afirme a menudo que desea apartarse del mundo de la competencia continua, de la carrera competitiva en que se ha convertido su vida, se niega a creer que *la única puerta de salida* se abre hacia dentro, que el primer paso para poder salir es afrontar el torbellino interno y el miedo que le impide correr los riesgos que inevitablemente hay que correr para salir de las rutinas que tanto desprecia. Sabe que no es feliz haciendo lo que hace, que vivir con relaciones basadas en arranques emotivos y en la ausencia de afecto es desagradable, pero es incapaz de emprender el camino interior para modificar esta situación. Sigue depositando todas sus esperanzas en elementos externos y acusando de todo al exterior; utiliza cualquier cosa y a cualquier persona como excusa para justificar su sensación de estar atrapado. Mientras el autoritario no empiece a preguntarse a sí mismo y a mirar qué es lo que hay en él que le mantiene encerrado en un estilo de vida autoritario, no tendrá posibilidad de cambiar.

Conformidad y sumisión

Resulta especialmente irónico que los individuos que muestran la clásica conducta autoritaria destaquen invariablemente en los campos de la sumisión y la conformidad. Según Adorno, «la conformidad es uno de los principales indicios de ausencia de un foco interno». Quiere decir con esto que el individuo autoritario se halla motivado, prácticamente gobernado, por opiniones y fuerzas sociales externas a sí mismo. El autoritario es débil en lo que respecta a su propia serie independiente de valores, creencias e instintos. Le resulta más fácil y más cómodo ajustarse a normas impuestas que buscar en su interior claves para orientar su vida. Parece lógico, por tanto, que el autoritario sea sumiso frente a la autoridad establecida y a las formas de conducta convencionales. Aunque el autoritario pueda vociferar mucho por diversas cuestiones, es raro que se aparte de las «normas» establecidas y prefabricadas en cualquier tema, y, suele utilizar la tradición y «el modo en que siempre hemos hecho las cosas» como base de su conformidad. «Bueno —razona—, si pretende usted crear un estilo de vida propio, no sólo correrá un riesgo al experimentar lo que nunca se ha probado hasta ahora (lo desconocido), sino que tendrá en su contra a toda la sociedad convencional.» Parte de la excusa que el autoritario utiliza para obligar a los demás a adaptarse a la «tradición» es con demasiada frecuencia que hay tanta gente autoritaria que al innovador le resultaría la vida tan insoportable que lamentará haber intentado alterar el sistema. Pero en lo que respecta a la acción, o, como dicen los psicólogos, «conducta», el autoritario suele ser muy sumiso a la autoridad y muy sugestionable e influenciable, sobre todo a través de la propaganda, frente al individuo más autónomo que desafía la autoridad y se niega a aceptar las cosas como son sólo porque una institución o una figura autoritaria decrete que hayan de ser así.

La conformidad y la sumisión se manifiestan, en primer término, en la actitud del autoritario con sus propios padres. La idea del padre como figura de autoridad absoluta es algo sagrado para el autoritario. Por eso les resulta difícil criticar o atacar a sus propios padres en cualquier sentido que pueda conducir a un saludable reajuste de las relaciones entre padres e hijos, y son igualmente incapaces de recibir esta influencia positiva de sus propios hijos. La autoridad del padre se enfoca como si fuese un camino de dirección única, en el que el padre merece respeto sólo por ser una imagen de autoridad, y la imagen de autoridad ha de ser indiscutible, pues oponerse a una autoridad equivale a desafiar toda autoridad, todo orden y toda «civilización». La relación autoritaria entre hijos y padres nunca llega a madurar en amistad, respeto y tolerancia mutuos, sino que sigue siendo siempre una lucha constante entre el posible subordinado y el dictador.

Esta visión totalitaria de la paternidad se prolonga mucho más allá de la infancia. Adultos claramente maduros y plenamente desarrollados suelen tener dificultades para expresar sinceramente los sentimientos que sus padres les inspiran. En los individuos autoritarios la escisión se mantiene toda la vida porque, para ellos, la relación entre padres e hijos ha de tener como base la sumisión. La cuestión irresoluble es, por supuesto: «¿A qué serie de valores debemos someternos?».

Los autoritarios tienden a citar mucho los símbolos de la autoridad en discusiones y en explicaciones de por qué «piensan» como lo hacen, y suelen mostrarse sumisos frente a las imágenes de autoridad en todas sus relaciones con ellas. Por ejemplo, el conserje autoritario aceptará lo que le diga el médico sobre medicinas (lo crea o entienda o no) por lo mismo que espera que todos acepten lo que él diga respecto a su trabajo, créanlo, entiéndanlo o no.

He trabajado con muchos clientes para quienes la conformidad y la sumisión son formas de vida dominantes. A muchas mujeres, sus padres autoritarios les han enseñado que su única forma posible de comportarse es someterse a los dictados del sector masculino de la población, en especial del padre y el marido. Las mujeres que se oponen a este estereotipo suelen ser tachadas de neuróticas (reaccionarias feministas agresivas, «marimachos» o «castradoras») por los autoritarios del sexo masculino. Cuando una mujer se contenta con «seguir la corriente» y ser sumisa, se lleva bien con los varones autoritarios. Siempre me ha parecido importante en mis sesiones de asesoramiento ayudar a las personas a oponerse a la sumisión automática a cualquier cosa, porque eso menoscaba gravemente la dignidad humana esencial del individuo al poner otra autoridad por encima de la propia. Esto es aplicable a niños, esposas y maridos y a los empleados dominados; y a cualquier otro individuo dominado: si uno no puede pensar por sí mismo, si no es capaz de ser más que dócil y sumiso, siempre le dominarán, siempre será un esclavo de lo que dicte cualquier imagen de autoridad.

No puede defenderse el principio de que debe *obedecerse siempre la ley*. Si las leyes son inmorales, deben desafiarse y desobedecerse. Del mismo modo, si una imagen de autoridad abusa de usted, no está obligado a seguir sus dictados. Si alguien insiste en que debe ser usted exactamente como los demás para ser un buen miembro de su familia o de su sociedad, es absolutamente vital que se niegue a someterse y que se afirme como un individuo que tiene dignidad propia y se respeta a sí mismo.

En una ocasión discutí con un oficial de policía de Nuevo México cuya tarea era poner multas por exceso de velocidad a conductores que superaban en pocos kilómetros por hora la velocidad límite en medio del desierto donde no vivía nadie en cien kilómetros a la redonda y se podía ver otro coche cada quince minutos. El oficial de policía admitió que el exceso de velocidad de ocho o diez kilómetros hora por el que multaba no ponía en peligro la vida de nadie y que era una ley estúpida, que estaba castigando a la gente más que imponiendo normas de seguridad en carretera, y que se trataba de una práctica ruin: el estado le empleaba en el control de una «trampa de velocidad» en la que se explotaba a los «visitantes» imponiéndoles un límite de velocidad ridículamente bajo. Aun así, él «iba a trabajar» todos los días, y esperaba al pie de una colina, donde la mayoría de los conductores ni se molestaban en pisar los frenos sólo para cumplir con la pequeña señal que aparecía súbitamente y que decía «Velocidad límite: 90 kilómetros por hora».

Cuando le propuse que se negara a aceptar aquella misión, o que intentara que sus superiores cambiasen aquella ley, o que se quejase a sus superiores, sonrió y dijo que él se limitaba a hacer su trabajo y que no le correspondía *a él* elaborar las leyes o decidir cómo debían ponerse en práctica. Se sometía a una ley injusta y lo sabía, pero ni siquiera concebía la posibilidad de ponerla en entredicho, oponerse a ella o negarse a aplicarla a otros.

Usted puede ser hombre o mujer, niño o adulto, blanco o negro, rico o pobre o cualquier cosa intermedia, y caer fácilmente en la conformidad o en la sumisión a la autoridad como elección vital. Nadie tiene el monopolio de desperdiciar su libertad humana básica. De hecho, en un momento u otro de nuestras vidas todos hacemos elecciones que suponen conformidad y sumisión. Lo importante es que las identifique usted cuando las realiza, que se pregunte si es eso lo que realmente desea y, en caso contrario, que adopte nuevas estrategias que le liberen del *hábito* de conformarse y someterse, que es quizás el distintivo básico del autoritario.

Christian Bovee, escritor norteamericano del siglo XIX, escribió: *«No hay tirano como la costumbre, ni libertad donde nada se opone a su dictado»*. Si depende usted de la conformidad y la sumisión como fuente primaria de estabilidad, no es sino el esclavo de un tirano que habita en su interior, y reprimirá usted la libertad de aquellos a quienes afirma querer y aplastará todas sus posibilidades de independencia personal.

Represión sexual

Es característico de los autoritarios que se sientan incómodos respecto a su propia sexualidad. Precisamente porque les pone tan tensos, ven «sexualidad sucia» casi por todas partes. Como ya he indicado, adoptan actitudes superficiales respecto a la sexualidad: actitudes prácticas u orientadas al orgasmo que les llevan a desear «hacerlo» lo más deprisa posible para «concluir el asunto». Tienen la constante sensación de que hay *demasiada sexualidad* en el mundo actual, de que se insiste demasiado en el tema. Quizá sean sumamente críticos respecto a los programas escolares de educación sexual, pero de modo encubierto hablan constantemente de ello. Suelen perseguir «desahogos» sexuales de modo muy egoísta, utilizando a la «compañera» como instrumento o víctima.

Existen profundas contradicciones en las actitudes sexuales y en la conducta sexual de los autoritarios. Aunque el «padre autoritario» siempre se siente amenazado si su hija se ve «sometida» a propuestas sexuales, y se muestra sumamente «protector» respecto a ella, es probable que crea que su hijo debe «salir y tener un plan de vez en cuando», porque eso le ayudará a hacerse un *hombre*. Los varones autoritarios suelen tener numerosas aventuras extramaritales, pero en ellas suele haber tan poco afecto hacia la «otra mujer» como el que muestran en sus propios matrimonios... y jamás concederían a sus esposas la misma «libertad» que fraudulentamente se conceden a sí mismos (de ahí el término «engañar a tu mujer/marido»), en primer término, creo yo, porque secretamente tienen una conciencia clara de la insatisfacción de sus esposas con sus «prácticas» sexuales y temen que les abandonen con el primer hombre que pueda comportarse en la cama mejor que ellos.

El varón autoritario puede cultivar una imagen muy machista, y estar preocupado sobre todo por la opinión que los otros tienen de él en la escala tradicional de la masculinidad basada en su capacidad sexual, sobre la cual puede presumir incesantemente. Pero todas sus baladronadas tratan de *conquistas* sexuales, marcas en el tablero donde lleva la lista de las mujeres que ha conquistado... todo para encubrir el hecho de que no obtiene verdadero gozo de sus actividades sexuales.

El tema de la sexualidad pocas veces está ausente del pensamiento del autoritario. Sea varón o hembra, le oirá usted infinitas referencias, frases de doble sentido y estúpidas alusiones sexuales en sus conversaciones cotidianas. Luego, percibirá las contradicciones: se sienten heridos, por ejemplo, por la infiltración de la sexualidad en la televisión, en la publicidad, en las películas, en los libros y en todo lo demás.

Los autoritarios suelen ver sexualidad donde no la hay. Si un individuo del sexo opuesto al suyo se muestra cordial con ellos, rápidamente sacan la conclusión de que están «insinuándoseles». Ellos siempre conocen las «razones ocultas» de las acciones del prójimo, que siempre son, claro está, sexuales. Suponen que cualquiera que se muestre cordial con un individuo del sexo opuesto está acostándose con él, está a punto de hacerlo, o lo desea.

Los «padres autoritarios» son los más predispuestos a discursear sobre la inmoralidad de la pornografía, pero también son los que primero ven furtivamente las películas pornográficas, o tienen películas de ese tipo en casa para las reuniones de hombres solos.

Los efectos extremos de la represión sexual del «padre autoritario» aparecen ejemplificados en la película *Joe*, hecha a principios de los años setenta, cuando la llamada Generación de Woodstock (es decir, la juventud) mantenía aún una actitud rebelde. Joe estaba obsesionado con las perversiones de los «drogadictos de esa generación», más jóvenes, especialmente con sus orgías y sus desenfrenadas experiencias sexuales. Como suele pasarles con mucha frecuencia a los padres autoritarios reprimidos y represores, el destino le otorga una hija adolescente que escapa de casa para unirse a «la oposición». Pero según se ve por el desarrollo de la película, resulta que Joe estaba básicamente obsesionado con el disfrute de la libertad sexual prohibida. Su cólera en realidad no era contra esa generación más joven por su promiscuidad sexual, sino contra sí mismo porque se estaba perdiendo lo que a ellos les parecía placentero y gozoso. El sexismo autoritario y machista típico de Joe le lleva primero a una «orgía prohibida» con los compañeros de su hija. Luego, enloquecido por el remordimiento de haber transgredido las líneas sagradas de la moralidad sexual «normal», y decidido a barrer «aquella cultura extranjera y amenazadora» de la faz de la tierra para siempre, se arma e irrumpe en una comuna hippie próxima. Entre los cadáveres encuentra por fin el de su propia hija. Es una historia tan vieja como la humanidad: el hombre mataba a su amada por celos, el general tenía que destruir la aldea para salvarla. Pero cada vez que una hija ha de ser «liquidada» para preservar su «pureza», puede usted estar seguro de que hay un autoritario (del género masculino o del femenino) empuñando el arma, y de que quien aprieta el gatillo es su propia represión sexual y/o su remordimiento, combinados con su habilidad para responsabilizar a todo menos a sí mismo de la «desquiciada inmoralidad sexual» del mundo.

Etnocentrismo

Este fantástico término sociológico significa estar centrado en prejuicios respecto al grupo étnico propio o a la propia cultura, e incluye una fuerte tendencia a valorar y etiquetar a otros en función de los valores del propio grupo, en vez de concederles el derecho que tienen a ser únicamente ellos mismos o a tener sus propios valores éticos o culturales. Todas las investigaciones realizadas sobre la personalidad autoritaria señalan el etnocentrismo como la característica más común de los que más destacan en la escala del autoritarismo, y es también, en varios sentidos, el rasgo autoritario más peligroso, porque es el que más fácilmente lleva a la violencia entre individuos, entre grupos étnicos, culturales o raciales, o entre naciones enteras.

En la vida diaria, oirá usted constantemente a los autoritarios denostar a otros no por cómo se comporten o se desenvuelvan en determinadas áreas, sino sólo porque «no son como nosotros». Los autoritarios están cargados de prejuicios etnocéntricos respecto a casi todos y a casi todo lo que no pertenece a «su grupo». Existen tantas categorías peyorativas como grupos distintos a los que juzgar; la lista es interminable. Se juzga a los individuos que tienen la piel de un color distinto, a los que tienen creencias religiosas diferentes, o diferentes gustos alimenticios, o distinta forma de vestir o cualquier otro elemento diferenciador, no por su conducta y sus costumbres, sino en términos estrictamente comparativos, y el resultado es siempre el mismo: «Esas otras gentes» son inmorales, estúpidas, perezosas, egoístas, raras, inferiores. Y también se cumple lo contrario: cualquier individuo que pertenezca al grupo del autoritario es automáticamente perfecto, ha de aceptarse y defenderse a toda costa, ha de ser el primero al que se contrate, el último al que se despida, etc., independientemente de sus méritos personales.

Cuando prejuzgamos otras culturas comparándolas con la nuestra, nos proclamamos abanderados de la civilización, tendemos a enviar «misioneros» para que hagan a los infieles más parecidos a nosotros... o para utilizar su «inferioridad» como excusa para dominarles, explotarles, e incluso conquistarles, que fue lo que pasó con los indios norteamericanos. Los autoritarios dicen cosas como ésta: «Los pueblos de África están sin civilizar y no tienen estímulo para mejorar su situación. ¡Basta considerar su cultura! No tienen ni industria ni tecnología ¡Viven en el siglo XV!». Este tipo de autoritario nunca es capaz de considerar los beneficios de que disfrutan naciones que no están industrializadas, nunca consideraría que quizás esa gente disfrute estando en contacto directo con la tierra, o considere que la esquizofrenia, la angustia, la contaminación, el cáncer, los accidentes en las autopistas y otros muchos aspectos destructivos de nuestra «gran cultura industrializada» no afectan la vida de esas personas. En su lugar, el autoritario llega a la conclusión de que esos salvajes atrasados no son capaces de apreciar lo suficiente sus diamantes, su aluminio, sus avestruces ni sus árboles y que lo que necesitan en realidad es una empresa norteamericana que se haga cargo de sus riquezas y «les enseñe lo que hay que hacer»: es decir, que extraiga sus diamantes o su aluminio, mate todas sus avestruces para vender las plumas, y tale los árboles para fabricar muebles.

En la familia, las formas más patentes de etnocentrismo se producen cuando los padres intentan que sus hijos se adapten a «hacer las cosas tal como las ha hecho siempre nuestra familia», o a hacerlas tal como se hacían en la madre patria, o como deben hacerlas los católicos, los protestantes, los judíos, los musulmanes, etc., o como las hacen los italianos, los lituanos, los irlandeses, los japoneses, etc. No tiene nada de malo un cierto orgullo étnico, que nuestra herencia familiar nos parezca fascinante y deseemos estudiarla y conservar lo que nos parezca bueno de ella. Pero hay demasiados casos que nos muestran lo que puede significar para un niño o una familia el etnocentrismo rígido de los padres, cuyas consecuencias suelen ser demasiado graves para que las menospreciemos. Un caso típico apareció en los periódicos hace siete años: una adolescente y su novio se suicidaron arrojándose desde la terraza de un rascacielos neoyorquino porque los padres de la chica, por atenerse rígidamente a la tradición (he olvidado cuál, pero no importa), se negaban a dejarla salir con chicos (pese a que todas sus amigas lo hacían) porque ésa no era la costumbre de la madre patria. Sus padres la mantenían prácticamente encarcelada en su habitación, hasta que acabó enloqueciendo.

Los efectos del etnocentrismo de los padres no suelen ser tan terribles, pero todos conocemos familias en las que una hija ha decidido que quiere casarse con alguien de un medio étnico, religioso o a veces incluso geográfico o político distinto, y sus autoritarios padres la han repudiado, se han negado a volver a hablar con su «amada hija». O se han mostrado tan escandalosos y amenazadores, y ella era tan vulnerable, que han conseguido obligarla a rechazar a su verdadero amor y a casarse con alguien «de su propio grupo».

Lo que se percibe con menos frecuencia es que los niños, los adolescentes y los adultos jóvenes son también muy capaces de mostrarse sumamente etnocentristas a su modo. Si una adolescente, por ejemplo, considera que sus padres deben «modernizarse» y «estar al día» entendiendo por ello «actuar más como la gente de *mi* subcultura» (escuchar música rock, aprender a bailar a su estilo, comprarse unos vaqueros, etc.) y se burla de sus padres por sus valores, creencias y estilos de vida «anticuados», puede crear tanta alienación y tantos problemas como si el etnocentrismo procediera de los padres. Los jóvenes pueden ser increíblemente autoritarios, séanlo o no sus padres... cosa que no debe sorprendernos, porque, con el predominio del autoritarismo en nuestra sociedad, pueden «aprenderlo» en cualquier parte. Y, como todos los autoritarios, pueden llegar al extremo de que sea imposible llegar a ellos o razonar con ellos, sobre todo tratándose de sus propios padres. Puede que con la edad lo superen, pero no parece demasiado probable... salvo que haya más adultos que lo superen y sobre todo que salgan de su etnocentrismo, y den a los hijos *de todos* ejemplos más tolerantes a seguir.

Es evidente que en el conjunto de la sociedad norteamericana —y no sólo en ella, por supuesto— el racismo ha sido la forma más destructiva, duradera y extendida de etnocentrismo; creo que sus consecuencias, desde los días de la esclavitud hasta el presente, son bien conocidas por todos y no es necesario que entre aquí en detalles enumerándolas. Sí desearía extenderme un momento en la forma en que el etnocentrismo en general y el racismo en particular se relacionan con un fenómeno más amplio, el del *pensamiento y la conducta antiminorías*, una enfermedad de nuestra cultura que fomenta la incomprensión entre todos los tipos de «minorías» y «mayorías». No se trata, ni mucho menos, de un problema racial. Las minorías políticas, por ejemplo, tropiezan con grandes dificultades en Norteamérica. Si uno no es demócrata o republicano o uno de los llamados independientes (no comprometidos), si pertenece a un pequeño partido o está intentando crear un «tercer partido» nuevo, los autoritarios, cuyo grupo cultural primario no es racial o étnico sino la Gran Mayoría (Silenciosa) norteamericana, reacciona en su contra de forma típicamente etnocéntrica: le acusarán de excéntrico, comunista, reaccionario o cualquier otra cosa que se les ocurra. La forma más común de desechar las opiniones políticas de las minorías es etiquetarlas como «archiconservadoras» o «raciales», de «extrema derecha» o de «extrema izquierda» y calificar a los que piensan así de «nuevos nazis», con lo que se proporciona de inmediato a la mayoría autoritaria no sólo excusa para ignorar los posibles valores positivos de la opinión minoritaria y para excluir a la minoría del proceso político, sino también para atacar personalmente a los pensadores minoritarios, hasta el extremo del acoso o de la violencia directa.

Éste es sólo un ejemplo; en casi todos los sectores de la experiencia humana se pueden observar actitudes antiminoritarias de los autoritarios. Y aunque todas y cada una de las ideas que apoya hoy la Gran Mayoría tuvieron su origen en el seno de una minoría (por ejemplo, la idea de que Estados Unidos se declarara independiente de Gran Bretaña y redactara su propia constitución), los autoritarios jamás se colocan del lado de una minoría hasta que gran número de individuos les preceden.

A principios y mediados de la década de 1960, la opinión de la mayoría en Norteamérica estaba claramente en favor de la Guerra de Vietnam. Era opinión de los autoritarios que todo buen norteamericano debía apoyar ciegamente la acción del Gobierno. Pero a medida que los sesenta se aproximaban a los setenta, y los prolongados y agotadores esfuerzos de una minoría antibelicista empezaban a dar resultados, se puso de moda estar en contra de la guerra y comprender lo insensato que era en realidad que una nación occidental intentara imponerse en un país tan absolutamente distinto al suyo. Entonces, los autoritarios se unieron a la corriente general e incluso aplaudieron las obras y películas antibelicistas que mostraban la cruda realidad de aquella demente intervención *etnocéntrica*. Actualmente es difícil conocer a alguien que no proclame que fue siempre contrario a la guerra, igual que resulta difícil encontrar a alguien en Francia que viviera durante la ocupación alemana en la Segunda Guerra Mundial y no perteneciera a la Resistencia (pese al hecho de que una gran cantidad de ciudadanos franceses colaboraron con los invasores). Y ésa es otra característica de los autoritarios para quienes la Gran Mayoría norteamericana ha reemplazado al grupo estrictamente étnico como foco de etnocentrismo: son propensos a fabricarse recuerdos útiles. Ello se da, en parte, en función de otro rasgo autoritario: la *incapacidad de admitir que estaban equivocados* o la *habilidad para ocultar el hecho de que no son perfectos*.

Es fácil defender algo cuando lo defiende todo el mundo, excepto un insignificante grupo marginal o minoría. Y los autoritarios toman siempre el camino más fácil, incluso cuando se trata de cosas triviales. Por ejemplo, cuando en la década de los sesenta algunos jóvenes empezaron a llevar el pelo largo, los autoritarios se mostraron unánimes en ridiculizarles calificándoles de afeminados. Pasados diez años, cuando empezó a estar de moda que los hombres llevaran el pelo largo, aquellos mismos autoritarios empezaron a dejarse el pelo largo y a pagar quince dólares al peluquero para conseguir aquel estilo «afeminado», exigiendo la misma perfección que si de sus propias esposas se tratara.

La tendencia de los autoritarios a estar siempre en todo con la mayoría es una clara prueba de la poca estima en que se tienen a sí mismos. En términos prácticos, sin duda es arriesgado desafiar las normas sociales establecidas y seguir una dirección nueva y todo el que carece de confianza en sí mismo se rezagará y esperará a ver qué dirección toma el grueso del rebaño, poniendo sumo cuidado en permanecer en el *centro*, donde la visión no será tan amplia y donde le empujarán y pisotearán regularmente, pero estará en el lugar más seguro posible. A menos, claro, que el rebaño se espante y se vea en su inmensa mayoría arrojado «al precipicio» por «las masas», en cuyo caso es probable que sólo los que están en los márgenes sobrevivan... y se conviertan en los jefes de la generación siguiente.

Consideremos los grandes acontecimientos de la reciente historia norteamericana: el movimiento de derechos civiles, el movimiento antibelicista, el movimiento por los derechos de la mujer o cualquier otro movimiento de lucha social del que se burlase en sus primeras etapas la mayoría. Los prejuicios antiminorías de los autoritarios, y las consiguientes compulsiones pro-mayoría expresan la mentalidad de sus «seguidores». Están contra el aborto, *si* lo está la mayoría; no apoyarán la reforma política local, a menos que lo hagan sus vecinos; quieren saber qué es lo que piensa todo el mundo antes de pronunciarse sobre la reforma fiscal, la energía nuclear, la enmienda de la Igualdad de Derechos o cualquier otra cosa.

Con lo dicho hasta ahora sobre las características personales del autoritario, no ha de sorprendernos el hecho de que el etnocentrismo, sea del tipo tradicional (en el que los blancos expulsan a todos los negros del núcleo sagrado de la sociedad, o viceversa, según la raza que esté en el poder), sea del tipo moderno (en el que «la mayoría» constituye para muchos el grupo étnico central, con el consiguiente rechazo social de todas las opiniones de las minorías), tiene sus raíces en las costumbres de la sociedad con la que la persona etnocéntrica elija identificarse. De hecho, la raíz griega de la palabra es **etnos**, uno de cuyos significados es: «grupo de allegados en una organización tribal o clan... contrariamente a *demos*». La palabra *demos* es la raíz de «democracia», a la que los autoritarios se adhieren hipócritamente; significa «la gente común, el pueblo» y supone el extraño ideal de que toda persona es creada igual y de que no debe juzgarse a nadie con criterios etnocéntricos superficiales.

Es indudable que en un país libre tiene uno el derecho constitucional de negarse a pensar si lo desea. Puede uno ajustarse y mantenerse a «salvo» con la mayoría, puede tener incluso la satisfacción de atacar a los que defienden ideas minoritarias impopulares. Pero el mundo sólo mejorará gracias a los que están dispuestos a seguir los dictados de su propia conciencia, aun cuando hacerlo no sea popular.

A finales del siglo XX, ya es hora de que nos liberemos del dominio autoritario de los **etnos** (el dominio tribal social que dicta que haya un jefe con veinte rangos o clases sociales bajo él) y establecer el *demos* como centro de la sociedad Sin Límites; aceptar la idea de que todas las personas corrientes pueden hallar un modo de vivir unidas en paz y prosperidad en la tierra y que la única forma de lograrlo es que permitamos todos que los velos etnocéntricos caigan de nuestros ojos.

Recordemos que las quemas de «brujas», la esclavitud, los gladiadores, las ejecuciones de enfermos mentales, los sacrificios humanos y muchas otras prácticas hoy abolidas, se practicaron en tiempos porque la mayoría las aceptó y las aprobó. Y no fueron los autoritarios del mundo quienes nos liberaron de semejantes males. Caminamos hoy por sendas humanitarias gracias a las personas Sin Límites que adoptaron sin vacilar actitudes mal consideradas y crearon grupos minoritarios que consiguieron mejorar el mundo.

Paranoia

Los autoritarios suelen ser paranoides: padecen manía persecutoria; tal vez debido a que abrigan muchas ilusiones de superioridad sobre los demás y porque creen en su interior que los demás también les consideran superiores. Les cuesta mucho confiar en otras personas y es típico de su carácter el desprecio a la humanidad en general, la idea de que todos intentan quitar de en medio a los demás, que «uno siempre tiene que mirar por su interés y dominar al otro antes de que él te domine a ti».

La desconfianza del autoritario respecto a sí mismo y a los demás le hace recelar de toda relación humana, temer que todo aquel con quien se tropieza intente influenciarle. Su primera pregunta siempre es: «¿Qué pretende conseguir con eso esta persona?». Pero su paranoia, que se basa en su fantasía hiperactiva y no en la realidad, y que genera angustia inútil, no les ayuda en absoluto a proteger con mayor eficacia sus intereses. De hecho, puede llevarles a ser más crédulos de lo normal en determinadas situaciones, ya que el que quiera realmente quitarles de en medio y perciba la poca estima personal que se tienen, suele idear formas de explotarles y martirizarles... por ejemplo, fomentando su caída con lisonjas. Cuando se dan cuenta de que les han vuelto a «fastidiar» (aunque sin comprobar por qué), su paranoia aumenta... círculo vicioso que, en casos extremos, puede acabar en pánico, alucinaciones e incluso psicosis clínica.

No obstante, es más frecuente que, cuando la paranoia acaba en psicosis, tal hecho se deba a que los autoritarios no pueden admitir que sean «culpables» o responsables de que algo no funciona o de que algo en su vida les haya salido mal, y, en consecuencia, tienen que encontrar otro culpable. La lección que aprenden en cada caso es que hay que ser menos confiado en el futuro, lo cual significa: más sospechas, más paranoias; y la cosa puede seguir así hasta acabar en el manicomio.

Pero incluso para cimentar esa paranoia relativamente leve, la mayoría de los autoritarios necesitan imaginar multitud de enemigos a su alrededor, conspiraciones de todo tipo. Los grupos sociales de protesta están secretamente financiados por los rusos; hay espías por todas partes; las grandes compañías petroleras están conspirando con los jeques árabes para expoliarnos; la familia negra o de clase social baja que quiere mudarse a nuestra calle está al servicio de una gran empresa inmobiliaria que quiere devaluar los precios; etcétera. Y los sentimientos de persecución del autoritario no le llevan, por supuesto, a sentir una mayor simpatía hacia otros que están perseguidos de verdad, ni le lleva a apoyarles, ni le lleva a erradicar del todo cualquier persecución; les lleva sólo a retirarse y hundirse cada vez más en espirales progresivamente tensas de paranoia.

Los autoritarios muy paranoicos advertirán constantemente a sus amigos y familiares que deben «tener cuidado», es decir, que no deben ser espontáneos ni naturales. Enseñan a sus hijos a desconfiar de todo el mundo, e inoculan la paranoia en su familia explicando las cosas terribles que pueden pasar si eres abierto o confías en quien no conoces.

La imagen paranoica del mundo no nos ayudará a convertirlo en un lugar mejor para vivir. Es indudable que todos podemos tener mejores cerraduras en la puerta, que podemos procurar no hablar con nadie a quien no conozcamos bien y que quizás así nos protejamos en cierto modo del desastre... pero si aceptamos como filosofía de la vida la consigna «mejores cerraduras», no haremos en definitiva sino alimentar aún más la desconfianza mutua.

Si considera usted que todos los demás son enemigos potenciales, se aparta sin duda de la inmensa mayoría de la gente que es sincera, digna de confianza e interesante. Si aprende usted a localizar y afrontar con eficacia a los que son de verdad posibles verdugos, podrá confiar y mantener relaciones abiertas con nuevas personas y nuevas ideas. Puedo decir, por experiencia propia, que cuando uno actúa con dignidad y se niega en redondo a dejarse engañar por los pocos embaucadores que se cruzan en su vida y trata claramente, sin rodeos, a este tipo de gentes, suelen desaparecer y buscar víctimas más fáciles.

Pero la inmensa mayoría de las personas con quienes tropiezo no tienen el menor interés en expoliarme ni en abusar de mí en ningún sentido, y esto es también válido sin duda para la inmensa mayoría de las personas con quienes se tropieza usted. Por tanto, si ve que siempre recela de las motivaciones ajenas, si está usted convencido de que hay «gérmenes patógenos por doquier» y que el mundo es un lugar desapacible y hostil, *usted mismo asegura que se confirmen casi siempre sus peores previsiones,* y lo único que conseguirá con su paranoia será más reacciones hostiles del prójimo, más sentimientos paranoicos propios y toda una vida de escepticismo y miedo irracional. Como siempre, la elección le corresponde a usted.

Antidebilidad

Como hemos dicho ya en el último apartado, los autoritarios asumen raras veces la responsabilidad de sus propios errores... pero, por una extraña ironía psicológica, serán siempre de los primeros que atribuyan a otros la responsabilidad de cuanto les sucede a ellos, sin que les importe que los otros sean o no responsables.

Tomando Jesús la palabra, dijo: «Bajaba un hombre de Jerusalén a Jericó y cayó en poder de unos ladrones, que le despojaron de todo, le azotaron y se fueron, dejándole medio muerto. Por casualidad, bajaba un sacerdote por el mismo camino y, aun viéndole, pasó de largo. Asimismo, un levita pasando por aquel lugar, le vio también y siguió adelante. Pero un samaritano que iba de paso llegó a él y, al verle, sintió compasión; acercóse, vendóle las heridas, y derramó en ellas aceite y vino...».*

Según esta parábola, el autoritario es el sacerdote o el levita, que piensa: «Este tipo está fingiendo; si me acercase, probablemente se arrojaría sobre mí para robarme» (paranoia), o «¿Se pararía él a ayudarme si fuera yo el herido?» o bien: «No soy médico; puedo hacer algo mal y luego puede demandarme y sacarme mucho dinero», o cualquier otra de una larga serie de posibles excusas para no detenerse. Esta actitud se deriva de la filosofía del «cada uno a lo suyo»: la «supervivencia del más apto», llamada darwinismo social, que básicamente dice: «A los que no pueden salir adelante solos en este mundo en lucha, no hay que protegerlos ni mimarlos; sus fracasos son un método de la naturaleza para deshacerse de los eslabones más débiles de la cadena evolutiva de los seres humanos».

Los autoritarios suelen oponerse a todo género de ayuda social; suelen indignarse contra el que vive del auxilio social, sólo porque está impedido o no puede, por cualquier otra razón, trabajar ni encontrar

* Lucas, 10:30-34.

trabajo. Aunque se les diga que estamos en una «recesión», que el desempleo ha crecido, no admitirán que un ocho, un diez o un doce por ciento de la fuerza laboral no puede encontrar empleo debido a circunstancias que quedan fuera del control del individuo e incluso del Gobierno.

Lo que permite al autoritario condenar a todos los desempleados, decir que *no quieren* trabajar y hasta que los que no pueden encontrar trabajo *prefieren*, en realidad, vivir de la seguridad social, en vez de contribuir de un modo significativo a la prosperidad social y poder sentir que realizan una tarea positiva, es sólo su mentalidad «antidebilidad» compulsiva. Repito: entre nosotros hay quienes viven «a costa» de la seguridad social, de modo fraudulento, lo mismo que hay ejecutivos de grandes empresas que son sinvergüenzas de guante blanco. Pero el noventa y nueve por ciento de las veces, ese individuo aporreado y machacado es en parte una víctima y merece que le echemos una mano.

Sin embargo, el autoritario favorable a la antidebilidad insiste en atribuir la inflación, los muchos impuestos, los precios de la gasolina, la suciedad de las calles y todos los males imaginables de nuestra sociedad a un sistema de seguridad social que le parece algo omnipresente en nuestra cultura. «No debería darse a la gente algo por nada a costa del contribuyente; a los que no pueden trabajar, tendrían que mantenerles sus familias o tendrían que encontrar algún medio de ganarse la vida...» Éstos son típicos comentarios «antidebilidad» del autoritario.

Y los autoritarios, extremando esta tendencia, pueden mostrarse muy contrarios a que se utilicen fondos destinados a educación para subvencionar programas destinados a los retrasados o enfermos mentales; los autoritarios suelen considerar la educación especial, la rehabilitación vocacional de los gravemente incapacitados, o cualquier tipo de auxilio social, como un derroche inútil que ellos no tienen por qué pagar. Pueden oponerse a que se utilicen fondos del Estado para ayudar a los ancianos, aunque puedan haber sido toda su vida trabajadores ejemplares que sirvieron al conjunto social.

Los autoritarios no suelen apoyar la ayuda a los débiles porque *equiparan debilidad y maldad*; los marginados de la sociedad son responsables de su situación (de no haber conseguido llegar al centro del rebaño) y son peligrosos porque pueden estar desesperados (pudo arrastrarles a la desesperación el solo hecho de estar marginados).

La tendencia antidebilidad afecta también a los propios hogares de los autoritarios, donde el hijo «débil» que no es un atleta, que estudia demasiado o escribe poemas, o que tiene intereses poco viriles, se ve despreciado por el padre autoritario. El hijo debe «plantar cara y luchar», reafirmando su imagen de macho; debe demostrar que es todo un hombre en el campo de batalla de la vida. Los «deportes de contacto», como el fútbol americano o el hockey, se valoran más que otros deportes más suaves, como el tenis, aunque en los primeros sean mucho más probables las lesiones que podrían tener graves consecuencias en la vida futura del individuo; y el padre autoritario suele estar «pidiendo sangre» desde las gradas, o, si su hijo de nueve años es víctima de una dolorosa lesión en un partido de béisbol y se pone a llorar, se preocupará más de que deje de hacerlo que de la gravedad de la lesión. Por supuesto, el autoritario espera que las chicas sean «fuertes», a su modo especial, pero, dado que tiende a aferrarse a los estereotipos sexuales de siempre, casi todas las presiones antidebilidad suelen recaer sobre los chicos.

Uno de los aspectos más dañinos de este culto a la fuerza es la actitud de los padres autoritarios hacia los deportes de los hijos, pues el autoritario no sólo los utiliza para reglamentar la vida, sino también para imponer su propia mentalidad antidebilidad a los jóvenes participantes.

En otros tiempos, antes de que se impusieran tantos programas deportivos reglamentados, los niños se reunían en el patio de la escuela o en un solar vacío, se repartían el terreno y empezaban el partido. Se daba por supuesto que todo el que llegara podía jugar. Nadie decía: «No, tú no, tú juegas muy mal. Tú no juegas». Si llegaban «demasiados» chicos, se modificaban «las normas» y se incluían más en cada equipo, o se hacían turnos rotatorios para que pudieran jugar todos. Había muchas discusiones en el juego, por supuesto. Y luego discutían si iban a estar discutiendo todo el día o iban a jugar, pero los niños resolvían estos problemas por sí solos y aprendían cosas interesantes, aprendían a establecer acuerdos entre ellos, sin necesidad de que llegaran los adultos a resolverles sus problemas.

Cuando el partido terminaba, se iban todos a casa y olvidaban el asunto. Al día siguiente, volvían y empezaban un partido completamente nuevo, sin la supervisión de nadie, con la mayor igualdad entre los equipos y la alegría del juego aseguradas por el proceso habitual de elección elaborado por ellos. A los jugadores más flojos les elegían, naturalmente, los últimos, pero si mejoraban lo suficiente podían subir en la escala a la siguiente vez (lo que resultaba muy emocionante), y *siempre les incluían*. Nunca les decían que eran inferiores, sólo por no ser tan diestros como otros, o por crecer más despacio, o por lo que fuera.

Luego llegaron los padres autoritarios y lo estropearon todo. Los niños ya no seleccionan equipos a su gusto como antes. Son los adultos quienes les destinan permanentemente a un equipo, con costosos uniformes y elegante equipo. Les someten a entrenamiento (o les adoctrinan) implacablemente. Ya no hay discusiones entre los chicos: todo lo decide el instructor o el entrenador o el árbitro, y si un muchacho discute con él, se le expulsa del campo. Los adultos llevan relación de triunfos y derrotas, y se les recuerda a los chicos que ya han perdido catorce veces en la temporada, y que van los últimos, que ganar es lo único que importa, etc. Tienen datos precisos para recordarles su situación respecto a todos los demás, y lo que se deduce de todo ello es que si formas parte de un «equipo débil», debes avergonzarte.

Hoy en día, los jugadores a los que los entrenadores adultos consideran más flojos, ya no juegan. Se les puede permitir usar el uniforme del equipo como consuelo en los entrenamientos, y quizá les permitan jugar un poco en uno o dos partidos, si hay seguridad de ganar (o si no hay ninguna posibilidad de ello), pero, o bien se pasan el tiempo en el banco y se sienten constantemente inferiores, o llegan a ser «masajistas» u otra cosa por el estilo o no forman parte de ningún equipo y quedan totalmente marginados del deporte y de la sociedad de sus amigos. Si se atreven a asomar la nariz en un partido, se exponen a tener que soportar el espectáculo de los padres autoritarios (que se han dado mutuamente toda clase de premios por lo mucho que hicieron por mejorar deportivamente a sus hijos) mostrando su verdadero carácter, gritando a los adversarios, lanzando obscenidades, presionando a sus pequeñas «estrellas» para que «lo den todo» o «se esfuercen al máximo para que yo pueda sentirme orgulloso».

Una persona a quien entrevisté hace poco con motivo de este libro, me explicaba: «El día que me convencí de que no podía entrar en ningún equipo de béisbol de la liga juvenil fue uno de los días más tristes de mi infancia. No tenía la pretensión de convertirme en un gran jugador de béisbol. Tuve un desarrollo lento y a los diez años no era precisamente un atleta, pero me gustaba jugar, y era lo que hacían todos mis amigos. Fue el año en que empezó en nuestro pueblo la Liga Juvenil, y, en fin, no me hice cargo del asunto hasta que todos los seleccionadores leyeron las listas y mi nombre no figuraba en ninguna. Me fui a casa desconcertado, dejando atrás a todos los chicos que estaban incluidos y que reían y se daban palmadas, sabiendo que mi verano estaba condenado, que ellos habían logrado entrar y yo me quedaba fuera.

»Pasé horas llorando. Mis padres, por suerte, comprendieron lo que me pasaba, y se indignaron de que pudieran marginar así a un niño de las actividades deportivas. (¡Y mi padre era entrenador de lucha libre y había jugado al fútbol en la universidad!) Me dijeron: "Mira, si se han hecho cargo de todo los mayores y es ésta su forma de llevar las cosas, es mejor que te mantengas al margen del asunto". Yo pensé que querían consolarme; no comprendí hasta años después que tenían toda la razón.

Creo que es muy interesante añadir que este chico fue ocho años después un gran nadador, capitán del equipo de *lacrosse* en la escuela preparatoria y guardameta del equipo de fútbol. «Pero —dice—, después de aquello, odié el béisbol durante muchos años.»

La verdad es que antes era todo mucho más razonable, cuando dejábamos a los niños controlar sus juegos. Ellos eran lo bastante listos para incluirlos a todos, para no preocuparse por los partidos perdidos en el pasado, para jugar con ganas y olvidarlo luego, una vez terminado el partido, y para no juzgar a sus compañeros sólo por lo bien que jugasen. La chica a la que elegías la última para el equipo de *hickball* podía contar chistes mejor que nadie, o ser la más habilidosa para zanjar una discusión. («¡Vamos, dejadlo ya! No merece la pena discutir por eso».) Fue también la que más vivas dio el día en que consiguió por fin lanzar la pelota al terreno contrario con una gran volea.

Los niños parecen saber instintivamente que no hay problema en ser «débil» en uno u otro sentido, y que si se deja a alguien jugar, trabajar e intentar mejorar, conseguirá naturalmente nuevas habilidades y adquirir confianza, pues ambas cosas van unidas. Saben (hasta que les convencen a la fuerza de lo contrario) que nadie tiene por qué estar en el banco, que no hace falta tanto entrenamiento ni tanto uniforme rimbombante ni tanto equipo para pasarlo bien. Saben todo esto, y usted puede dejarles demostrar que es cierto abandonando su mentalidad antidebilidad y poniendo las cosas en su sitio, es decir, poniéndolas «fuera de juego»... de su juego y del de ellos.

La mejor medida de la conciencia de un país es el trato que da a los que son menos afortunados que «la mayoría», a los que no pueden «entrar en el equipo» sin cierta ayuda suplementaria. Si adoptamos una mentalidad autoritaria antidebilidad absoluta, toda nuestra capacidad de grandeza como país se tira por la ventana.

Es sin duda *mucho más útil* y más aconsejable ayudar a la gente a aprender a ayudarse a sí misma que los programas destinados a fomentar una dependencia perenne de un dinero que no se gana, aunque sólo sea porque en mi opinión hacer un trabajo importante, ser *miembro activo de la cultura*, es una necesidad humana básica; no hay ningún individuo mentalmente sano que pueda ser de veras feliz si no forma parte del «equipo» y, por la misma razón, expulsar a un individuo de «la liga» es una magnífica forma de fomentar la enfermedad mental.

Todos podemos hacer algo, y aunque cuidar y pertrechar a un individuo gravemente incapacitado para que haga lo que puede hacer pueda costar decenas de miles de dólares, aunque pueda costarlo apoyar a una madre soltera para que eduque a sus hijos (quizá subvencionando parvularios para que la madre pueda irse a trabajar en el momento adecuado... si consigue trabajo), es importante estar seguros de que no nos hemos limitado a «pasar de largo».

El culto al poder

La otra cara de la moneda antidebilidad es el típico culto al poder del autoritario, independientemente del uso que se haga de dicho poder. Algunos autoritarios, por ejemplo, probablemente tengan (o deseen) coches grandes y potentes, aunque legalmente no puedan sobrepasar los cien kilómetros por hora y el motor devore gasolina. O si sienten más inclinación (como parecen sentir la mayoría) por el culto al *dinero* como medida fundamental de poder en nuestra sociedad (quizá lo sea) quieren un coche que sea el símbolo de estatus más caro y lujoso, para indicar que ellos tienen muchísimo dinero. Si no pueden comprar un Rolls Royce o un Cadillac, se dedicarán a explicar cuánto cuesta el coche que tienen, lo bien que les va con él, lo cómodo que es, la poca gasolina que gasta o cualquier otra cosa que a nadie le importa.

El autoritario que visite, por ejemplo, un gran embalse, se interesará más por la cantidad de hormigón que se gastó en su construcción, su solidez y altura, las toneladas de agua que retiene y los kilovatios de electricidad que produce que por las hermosas formas del agua al pasar por ella, las flores que crecen debajo o los peces que nadan en el lago que hay detrás. Le impresionará más que un político haya obtenido el 87 por ciento de los votos en unas elecciones que lo que este político pueda significar o defender; le impresionará más que su cuñado tenga más de dos millones de dólares que el hecho de que acaben de procesarle por evasión de impuestos.

No debe sorprendernos que los autoritarios centren su pensamiento en el *dinero como poder,* si tenemos en cuenta que son lo que he llamado individuos de «motivación exterior», que buscan compulsivamente normas fuera de sí mismos para valorar sus propios méritos... ¿y qué artículo más visible y cuantificable podría haber para medir el valor que el dinero?

«Este cuadro cuesta cuatrocientos dólares», dirá el autoritario antes de que se lo pregunten. «Esa alfombra vale una fortuna, pero la conseguí a buen precio. Gastamos dos mil dólares en las vacaciones, pero mereció la pena, porque los vecinos gastaron cuatro mil... ¡y ni siquiera tenían guía! Fíjate en nuestra hija Jenny. Sus estudios nos cuestan veinte mil dólares, pero lo recuperará en el primer año en cuanto salga de la universidad.»

Estas referencias al valor en dólares —o en cualquier otra moneda— pueden aplicarse prácticamente a casi todo o casi nada, pero el estimar en mucho los dólares y las riquezas es seguro indicio de que el que lo hace es un autoritario que concede poco valor a la satisfacción interna y máximo valor al oro, los dólares o cualquier otra cosa cuyo mérito nazca de fuerzas originadas fuera de él.

El culto al poder del autoritario suele llevarle a idolatrar a personajes históricos fuertes, «militares» con frecuencia. Alejandro Magno, Napoleón Bonaparte, George Patton y, a veces, el propio Adolf Hitler figuran entre los personajes más admirados por los «archiautoritarios». Los autoritarios suelen considerar a los militares y a la policía las piezas básicas de la sociedad, y es muy frecuente que te digan que la policía está «con las manos atadas» y que los militares se ven demasiado coartados por los organismos civiles del Gobierno. Esta insistencia en la santidad del poder se amplía incluso a los dirigentes políticos elegidos. Los autoritarios creen que un buen ciudadano debe respetar *siempre el poder* de quienes desempeñan un cargo: el gobernador, el presidente, quien sea. Esto refleja la tendencia general a la conformidad y la sumisión del autoritario.

Aunque el autoritario tienda a divinizar el papel de la policía y de los militares en la sociedad, el verdadero centro del culto del autoritario es el espacio de poder que encarnan los militares. El autoritario adora el poder de las armas de fuego y de las municiones, y, dada su paranoia, apoya firmemente el derecho de todo ciudadano a armarse por su cuenta. Como consecuencia, suelen oponerse al control estatal de armas y municiones. Apoyan el uso de todas las armas en la guerra, sean del tipo que sean. Son los primeros en pedir que se utilicen armas nucleares y los primeros en clamar en pro del aumento de los presupuestos militares a costa de otras prioridades nacionales. Suelen disfrutar contando historias de guerra, procedan de libros o películas o de su propia experiencia, si han participado como combatientes en alguna guerra, o de cualquier otro modo. Para el autoritario es más importante glorificar la guerra como prueba del poder de un país que denunciarla como demostración de que la humanidad ha alcanzado el nivel más bajo posible en su tentativa de resolver sus disputas.

El autoritario siente también gran respeto por figuras históricas como Andrew Carnegie y John D. Rockefeller, que se hicieron famosos por haber acumulado mucho dinero y mucho poder, y lograron ascender hasta la misma cúspide de la pirámide social e imponer su voluntad a muchos. Se muestran raras veces dispuestos, por su parte, a correr los riesgos necesarios para acumular una gran influencia o un gran poder, pero fantasean sobre los que son ricos y poderosos, y ésta es una de sus características más universales.

No debe considerarse a un ser humano mejor que otro sólo por haber acumulado riqueza o autoridad. La historia del mundo ha demostrado repetidas veces que es peligroso para una sociedad que haya en ella individuos con demasiado poder. Yo estoy seguro de que la razón esencial de que ningún dictador o militarista haya podido hacerse con el poder en Estados Unidos es que tenemos tradiciones tan vigorosas como pueblo que nos negamos a adorar el poder por el poder, y porque nuestra Constitución prevé además la separación y el equilibrio de poderes como garantía frente a cualquier individuo o sector del Gobierno que intenta acumular demasiado poder. Pero no olvidemos nunca que nuestra libertad depende de que conservemos a toda costa tales tradiciones; que esas tradiciones se ven amenazadas en cada generación; y que si las perdemos sólo nosotros tendremos la culpa. Si, como creo, está produciéndose un incremento del autoritarismo en nuestra sociedad, así como un creciente culto ciego al poder, la mayor amenaza que pesa hoy sobre nuestra libertad no procede de potencias exteriores o de minorías políticas interiores, sino de los peligros que entraña el hecho de que una mayoría del país adore excesivamente el poder.

¡Todos somos humanos! Nadie de este planeta posee un poder sobrenatural por el que haya de ser más importante que usted u otro cualquiera... Ni el general de cuatro estrellas ni el presidente ni el financiero rico ni la superestrella del mundo del espectáculo.

En los últimos años he conocido, por mis apariciones en numerosos programas de televisión y de la radio nacional, a cientos de personas de esas que llamamos «superestrellas», de todos los campos, en especial del mundo del espectáculo. Aunque siempre he creído que nadie es mejor que otro, el contacto directo con estas superestrellas me lo confirmó de modo espectacular. Toda superestrella tiene su dosis de obsesiones, tics, granos, inseguridades, temores, angustias, preocupaciones, problemas, y todas las demás cosas con que hemos de vérnoslas a diario los seres humanos. Las pantallas de la televisión o del cine, así como las amplias pantallas de la historia y de todos los medios de difusión, colaboran para que las «superestrellas» parezcan algo sobrenatural y extraordinario, pero, en persona, los más ricos y poderosos no son distintos de usted y de mí, ni en su aspecto ni en lo que piensan ni en lo que dicen ni en cómo reaccionan en la vida. Aunque algunos se engañan convenciéndose de que son mejores que los otros porque llevan ropas caras, coches de lujo, viven en mansiones, pueden contratar y despedir a cientos de personas a voluntad, controlan una cadena de periódicos o deciden la política exterior norteamericana, no pueden ocultar su humanidad, que es muy real. En el trato personal, sin maquillaje ni focos cuidadosamente emplazados, fuera del escenario de la historia o del de la televisión o del cine, sin lentes especiales ni otros artificios, son individuos simples y corrientes, como el resto. Algunos son más autoritarios, otros menos..., depende de los días y de la situación. No olvide usted esto y podrá empezar a liberarse de todas las tendencias de culto al poder que hayan ido acumulándose insidiosamente en su interior.

Totalitarismo superpatriótico

Todo lo que se ha dicho en este capítulo nos indica de un modo u otro que el *totalitarismo* es el mal social más grave que puede engendrar el autoritario.

En realidad, si no hay autoritarios suficientes entre la población, no es posible el totalitarismo. Para que sea posible, han de crearse los suficientes lazos de dominio («cadenas de autoritarismo y sumisión») desde un dirigente político (o un grupo) al pueblo que permite que tal dirigente o grupo controle la nación.

En el caso concreto del totalitarismo político clásico, que representan en los tiempos modernos las dictaduras fascistas y en los tiempos antiguos las monarquías absolutas, el dirigente totalitario se proclama representante de algún dios o del «espíritu nacional», o incluso encarnación de una de las dos cosas, o de ambas. Se proclama, en fin, identificado con algo que es superior a él mismo. Prescindiendo de que el dirigente totalitario se crea sus propios mitos o no, la idea de que este dirigente o este grupo —al que los autoritarios adjudican la categoría de Gran Autoridad Indiscutible— representen algo mucho mayor que los «simples mortales» es algo que atrae y conmueve profundamente a los autoritarios. Para ellos, no basta ser plenamente humano; la «desorganización» que significa el hecho de no tener una autoridad central y un lugar claro para cada uno en la jerarquía social resulta inquietante, mientras que la idea de que, aunque sea en pequeña escala, estás ligado a un ser «sobrehumano» o «inmortal» por tu relativa proximidad a la «autoridad central» es algo que resulta confortante.

En los tiempos modernos, y en nuestra cultura, el *superpatriotismo* ha sido a un tiempo rasgo dominante de individuos que acusan firmes características autoritarias y, en mi opinión, el puente por el que han pasado y pasan muchos individuos, cada vez más, del autoritarismo individual al totalitarismo político. Por eso el superpatriotismo puede ser el peligro más grave que se cierne sobre nuestra libertad en este momento y en los años futuros. Puede fácilmente deificarse al posible déspota como encarnación de la democracia, de los intereses nacionales o de la defensa del país, lo mismo que puede pretendérsele vástago del dios Sol. Pero lo cierto es que hoy en día la mayoría de los archiautoritarios (los que manifiestan más rasgos autoritarios en la mayoría de los sectores de su vida) tienden a ser los más firmes partidarios de la consigna «lo primero la patria, con razón o sin ella», que es la esencia del superpatriotismo. Aunque este concepto es peligroso, y ha llevado a muchos a la muerte en guerras injustas en el mundo desde el principio de los tiempos, el autoritario que no cree que pueda poner en entredicho la autoridad del Gobierno (sobre todo en momentos de «crisis nacional») calificará de subversivo y *antipatriótico* a todo aquel que discrepe del Gobierno, dirá que no le preocupa la suerte del país o que es contrario a los intereses de la patria. La gente que desafía la autoridad ejerciendo sus derechos constitucionales en manifestaciones públicas (los estudiantes que se manifiestan en Washington para protestar contra la guerra o el reclutamiento forzoso, las mujeres que desean igualdad de derechos, las minorías que no saben «mantenerse en su sitio»), nunca se considera que *se preocupen lo suficiente* por su patria como para participar en su mejora ni que se esfuercen por intentarlo. Cualquier tentativa de cambiar el país, es para los autoritarios intentar destruirlo, y el deber de todo ciudadano es obedecer a la imagen de autoridad, sin preguntar nunca si los representantes de la autoridad están mintiendo, robando, pisoteando los derechos de los ciudadanos o abusando de cualquier otro modo de su cargo. Uno no debe oponerse nunca a quienes tienen más autoridad, no porque no haya *necesidad* de oponerse a veces a ellos para que hagan lo que tienen que hacer, sino porque el autoritario no está «programado» para salir de su circuito interno de conformismo y sumisión. Lo mismo que el «marido autoritario» no creerá que su esposa le ama de veras salvo que le permita ser el monarca absoluto de la casa, el autoritario no cree que nadie *ame de verdad a su patria* si no sigue ciegamente los dictados de sus dirigentes. El amor *real* a la patria se muestra cantando el himno nacional lo más fuerte posible, alzando al máximo la bandera, menospreciando a los países «extranjeros» y estando siempre dispuesto a acudir a la guerra de inmediato para defender a la bandera y defender a la república, para defender «la patria de los libres y la nación de los valientes».

Pero pensemos que el himno nacional que cantan los autoritarios a voz en grito *termina con un interrogante*. No dice: «Esta bandera estrellada aún ondea sobre la patria de los libres y la nación de los valientes». Formula, en realidad, dos interrogantes filosóficos preñados de esperanza, a todas las futuras generaciones de auténticos patriotas. Unas preguntas que, como «buenos ciudadanos», deberíamos formularnos todos: ¿Qué es la libertad? ¿Qué es el valor?

En la Alemania nazi, a la que se atribuye el carácter de ciudadela de la civilización avanzada y de la cultura superior, una nación entera se embriagó con la idea de que el Führer era el nexo divino para convertirse en una super raza. Los alemanes deberían haber sido capaces de decirse (quizás algunos lo hicieran): «Hacemos esto en beneficio personal de Adolf Hitler (ya sabes, ese tío que antes era pintor de brocha gorda) porque decidimos todos que era el único individuo del país al que queríamos hacer poderoso y famoso. Así que le hemos dado a él todos los derechos y acabaremos haciéndole omnipotente». Pero se lanzaron a gritar delirantemente que hacían todo aquello por la *Patria*, por su gloria y su grandeza, por unas razones *patrióticas* que casualmente encarnaba el Führer.

Y, por eso, poner en entredicho la autoridad de Adolf el pintor equivalía a traición, y cientos de miles de personas muy civilizadas acabaron obrando del modo más abominable e inmoral que la historia registra. Y cuando se celebraron los juicios de Nuremberg, se oyó repetir una y otra vez la misma vieja excusa para justificar los crímenes: «Yo sólo cumplía órdenes».

En Estados Unidos, a principios de los años ochenta, hay al parecer pocos nazis o fascistas declarados, y parece haber un legado democrático lo bastante vigoroso para que haya pocas posibilidades de que caigamos en un totalitarismo directo, por lo menos en un futuro inmediato. Pero lo insidioso del totalitarismo es que puede resultar muy difícil identificarlo, sobre todo en el propio país y, por supuesto, puede estar presente en mayor o menor grado, y de modos muy distintos. Pero si su aparición depende, tal como yo creo, del aumento del autoritarismo en los individuos (de que haya más individuos que muestren los rasgos autoritarios que enumeramos antes), usted debe aportar su esfuerzo para combatirlo *eliminando el autoritarismo en usted mismo*.

El error que ha de cometer la mayoría de la población para que una sociedad totalitaria «sustituya» a una sociedad democrática es el de *ver continuamente amenazas de totalitarismo procedentes del exterior*, el peligro de que lo imponga una potencia extranjera o un «grupo minoritario». Por una característica de la psicología autoritaria que debería resultarnos ya familiar, *el archiautoritario será el primero que vea en todas partes, salvo en sí mismo, indicios y actitudes que califica de «autoritarios»*, será el primero que muestre una paranoia patriótica o etnocéntrica, del tipo que sea, y acuse a los rusos, a los cubanos, a los chinos (antes de que pasaran a ser «nuestros aliados»), al Ayatolaj o a cualquier otro al que pueda calificarse oportunamente de «la mayor (o la única) amenaza a nuestra libertad en este momento».

Es fácil explicar cómo puede llevar esto en concreto al crecimiento interno del totalitarismo. Si las amenazas exteriores no son reales, o son exageradas, lo cual es directa consecuencia de la paranoia, tienen que empezar a decirlo algunas personas. Los autoritarios calificarán entonces a estos individuos de antipatrióticos, subversivos, etc. Si hay suficiente autorización en el conjunto social como para desacreditar o reprimir la crítica (lo que ha de significar el rechazo o la erosión de los derechos individuales de los críticos), el totalitarismo habrá dado «un gran salto adelante».

En Norteamérica —y ello es aplicable a otros muchos países—, este síndrome se manifestó claramente en el período en que estuvo más cerca del totalitarismo directo, cuando surgió el maccarthismo en los años cincuenta. La paranoia del senador Joe McCarthy (que incluía, como suele incluir la paranoia, delirios de grandeza personal) llevó a éste a ver espías comunistas por todas partes, y cualquiera que pusiera en entredicho sus venenosos ataques a individuos inocentes pasaba de inmediato, claro está, a ser también sospechoso. Se pisotearon a diestro y siniestro los derechos constitucionales de los ciudadanos; se violó su intimidad; se llevó a individuos ante los tribunales como en una caza de brujas y hubieron de enfrentarse allí a testigos que mentían o forzaban la verdad porque les habían intimidado amenazándoles que irían ellos después si no colaboraban. Muchos buenos y grandes norteamericanos, inocentes de las acusaciones que se les hacían, perdieron sus puestos de trabajo, fueron marginados e incluidos en listas negras dentro de su grupo profesional. El poder personal del senador McCarthy llegó a adquirir dimensiones inquietantes.

Por suerte, la burbuja acabó estallando. La paranoia de McCarthy acabó hundiéndole. Empezó a formular acusaciones tan ridículas contra individuos que estaban tan evidentemente exentos de toda sospecha que casi nadie pudo dejar de ver ya lo que estaba pasando:

todo aquel que desafiase el poder personal de Joe McCarthy era un espía comunista. Los valerosos ciudadanos que habían intentado oponerse a él, se vieron vindicados en principio cuando el Congreso censuró al senador y se desvaneció el «período del terror», aunque muchos habían sufrido daños ya irreparables.

No habría sido posible el maccarthismo si hubiera habido suficientes norteamericanos menos dispuestos a creer la amenaza de que el totalitarismo iba a serles impuesto por medio mundo, y más dispuestos a identificar los síntomas de su propia sumisión ciega a la voz del superpatriotismo y al dominio de un hombre que pretendía encarnarlo.

Por la misma razón, es muchísimo menos probable que se nos imponga nunca el totalitarismo desde *fuera* si somos fuertes democráticamente *dentro*, por la simple razón de que hasta la mayoría de los dictadores tienen el suficiente sentido común como para no conquistar naciones que saben que no pueden gobernar, y para darse cuenta de que no habrá individuos más difíciles de gobernar que los que tengan más firme respeto a la democracia y sean menos «autoritaristas».

Para un país que sea muy autoritario ya para empezar, puede ser suficiente derrocar el Gobierno, tomar «el palacio» (la capital) y convencer a un número suficiente de representantes de la autoridad jerárquica para que colaboren. Pero en la nación en la que haya pocas cadenas interiores de autoritarismo y sumisión, el conquistador se enfrentaría a una resistencia generalizada: huelgas generales, motines, sabotaje industrial, ataques incesantes a las «fuerzas de ocupación» y, en términos globales, una conquista que traería más problemas que beneficios.

Si un posible conquistador considerase la posibilidad de apoderarse de Estados Unidos, se encontraría con un país inmenso habitado por más de doscientos millones de individuos y con una economía sumamente compleja en la que la alteración de uno o más sectores (agricultura, industria, minería, transporte, comunicaciones, suministro energético, etc.) descontrolaría el funcionamiento de todo el conjunto, y... *¿qué otra nación podría llegar a gobernar ésta si todos nos negásemos en redondo a dejarnos gobernar salvo por nosotros mismos?*

La respuesta evidente es «ninguna», y si mantenemos tal actitud y decidimos todos eliminar el autoritarismo de nuestro *propio* pensamiento y de nuestra *propia* conducta y adoptar la filosofía de que *el cielo es el límite* de una libertad que podemos compartir *todos*, haremos mucho más por asegurar nuestra seguridad nacional y nuestra independencia de lo que podamos hacer nunca fabricando bombas más grandes y mejores.

Si podemos dar ejemplo al mundo de lo que puede llegar a conseguir un país democrático consagrado a «la vida, la libertad y la búsqueda de la felicidad», si de verdad mostramos a los otros pueblos cómo se puede conseguir esto (mientras aprendemos todo lo posible de los intentos por lograr lo mismo que hagan otras naciones), haremos muchísimo más por la paz del mundo y por la prosperidad de la especie de lo que podamos hacer nunca mandando tropas al extranjero.

Pero para hacerlo no debemos dormirnos en la inercia suponiendo, como supone el superpatriota autoritario, que los Estados Unidos de Norteamérica son, en la situación en que hoy se hallan, *por definición*, «la nación más libre del mundo», que representa *ya* la mayor libertad que pueda alcanzar un pueblo, y que nuestra única tarea es defender este bastión de todos esos «extranjeros», «comunistas», etcétera, a los que automáticamente atribuimos la intención de destrozar nuestra organización social.

Hemos de tener en cuenta que, aunque queramos considerar a nuestro país «perfecto ya», en el sentido que esbocé en el capítulo primero, un país es como un ser vivo y, por naturaleza, ha de cambiar, evolucionar, *crecer* si es posible hasta cultivar la capacidad humana máxima de *todos* sus habitantes. Si insistimos en ver el país como una roca o como cualquier otro objeto inanimado que deba permanecer inmutable e inmóvil salvo que le «ataquen» fuerzas externas, acabaremos reaccionando con paranoia autoritaria siempre que haya una «amenaza» de cambio, y caeremos muy probablemente en las garras del totalitarismo.

Supongo que al leer este capítulo se habrá preguntado usted alguna vez qué dosis de autoritarismo hay en su conducta y en su forma de pensar. Quizás haya intentado usted juzgarse según las pautas de autoritarismo que he mencionado. Si es así, probablemente haya identificado con claridad algunas de esas características en su propia persona, quizá muestre parcialmente otras, quizás otras aparezcan pocas veces o ninguna; quizá surjan algunas en determinadas situaciones y relaciones y no en otras, etc. Al leer, probablemente haya identificado usted retratos o instantáneas de personas a quienes conoce y se haya dicho: «Jane y John son exactamente así, pero Mary y Sam son más de este otro modo», etc.

Si cree ahora que su tarea primordial es eliminar el autoritarismo en usted mismo y está dispuesto a volver atrás y repasar todo este capítulo si es necesario para ver qué nivel ocupa usted en la escala autoritaria, habrá captado mi mensaje. Si se contenta con decir: «Sí, esas otras personas son así exactamente, pero yo no lo soy en absoluto», no habrá captado usted mi mensaje o lo habrá rechazado, y en lo que respecta a su intento personal de transformarse en un individuo Sin Límites, es poco probable que inicie siquiera el proceso.

ARCHIE BUNKER: EL MODELO AUTORITARIO

¿Hasta qué punto están preparados los norteamericanos o, en general, cualquier pueblo para identificar y condenar el autoritarismo cuando surge en otros o en ellos mismos? Por suerte, la respuesta parece ser: hay una mayoría notable que está en condiciones de hacerlo, si se le expone como el peligro que realmente es.

En esta era de la comunicación masiva, la *cualidad democrática* de nuestro «arte para las masas» o de los productos de carácter artístico que llegan a la mayoría a través de los medios de comunicación (televisión, radio, cine, revistas y libros del mercado mayoritario) es un buen indicio de nuestra situación en la escala del equilibrio democrático-totalitario.

Es probable que pueda usted identificar en las «programaciones» de los medios de difusión muchos elementos que estimulan el totalitarismo en diversos sentidos. Pero hay algunos puntos luminosos, y entre ellos figuran los espectáculos de televisión que procuran combatir el autoritarismo, *mostrando a los autoritarios tal como son*, a menudo por el procedimiento de reflejar extremos ridículos del autoritarismo en situaciones cómicas.

El personaje más popular de la historia de la televisión norteamericana hasta la fecha puede que sea Archie Bunker. Los escritores de programas como «Todo en familia» y «La casa de Archie Bunker» nos muestran la capacidad constante del norteamericano para reírse de una caricatura del archiautoritario («Archie») creando un personaje cómico que encarna prácticamente todos los rasgos de la personalidad autoritaria que antes describimos. Como el autoritarismo es un fenómeno tan extendido en nuestra cultura, y como la mayoría de los norteamericanos aún pueden identificarlo cuando se refleja en un personaje «de ficción», utilizar a Archie Bunker con el objeto de satirizar el autoritarismo norteamericano contemporáneo fue un rasgo de genio tan notable como la sátira que hizo Charlie Chaplin de Hitler.

Archie Bunker es el autoritario personificado. Ha aparecido en muchas pantallas de televisión de Norteamérica durante una década o más, y la gente, en números sin precedentes, sintonizaba el programa para reírse en número sin precedentes, debido a que hay muchos que o son exactamente igual que él o viven con gente que muestra sus mismas actitudes. Aunque Archie el autoritario resulte divertido y el programa se proponga dar una versión satírica, su popularidad nace primordialmente del hecho de que hay mucho de verdad en lo que muestra el programa.

Hay cientos de episodios de Archie Bunker que muestran a la gente los rasgos de la personalidad autoritaria. En un programa aparece volcando su racismo o su etnocentrismo contra los judíos, los negros, los italianos o cualquier otra minoría. A la semana siguiente, ataca a la seguridad social o a «esos comunistas» que intentan fastidiarnos a todos. A la semana siguiente, aparece adoctrinando a su hija respecto a los artistas, que son todos «maricas», o agitando la bandera delante de su yerno. No confía en nadie, y menos en los intelectuales. Le encantan las películas de guerra, convierte en estereotipos a todas las personas que conoce, y es más inflexible y ciego que nadie respecto a sus propios defectos. Adora el poder, sobre todo el militar. Anda siempre elaborando planes para hacerse rico, y acaban siempre birlándole el dinero por su codicia.

Se retrata a Archie Bunker como la persona más intolerante, más dicotómica y rígida en la forma de pensar, más etnocentrista y reprimida sexualmente, paranoica y superpatriótica que pueda concebirse. Siempre menosprecia las otras culturas y valora a la gente de acuerdo con sus normas autoritarias y personales. Los que no están de acuerdo con él son automáticamente torpes, tontos y cretinos. Su mujer es un ser insulso, una cabeza de chorlito que siempre anda intentando complacer a Archie, pero cuando llega la hora de la verdad (si algo amenaza su sentido humanitario de la justicia y su honradez simple y elemental), Edith siempre logra imponerse a las locuras del pobre y buen Archie.

Tal como se presenta a Archie Bunker, todo el mundo puede reírse de él, de su ignorancia, de su estupidez elemental, de sus incorrecciones idiomáticas, de sus prejuicios ridículos. Pero podemos permitirnos seguir riendo porque Edith, Michael, Gloria, Louise Jefferson o cualquier otro al que el «pobre y buen Archie» esté intentando manipular y explotar en el momento, ganan al final en todos los programas... porque podemos seguir viendo el autoritarismo como una ridícula parodia. El mensaje de fondo del programa de Archie Bunker es un interrogante para todos los espectadores: ¿Cuántos autoritarios, del tipo de Archie o de otros tipos, dejan de reírse al ver el programa lo suficiente para preguntarse si no serán exactamente iguales que él, igual de ridículos en determinados aspectos de sus vidas o en determinadas situaciones? ¿Cuántos autoritarios del tipo de Archie se mueren de risa delante del televisor y le dicen a su mujer o a su marido: «Exactamente igual que Fulano»? ¿Cuántos entienden que en realidad uno se está riendo *de sí mismo*, de que se *ve a sí mismo* en ese programa?

Los programas de televisión del tipo de «Todo en familia» tienen efectos sociales antiautoritarios, sin duda, aunque sólo sea por el hecho de que transmiten la impresión de que el racismo, por ejemplo, no está ya de moda entre las autoridades, en este caso los guionistas, directores, actores y la red de televisión que produjo el programa. La mayoría de los autoritarios, al oír esa risa unánime de públicos vivos o enlatados ante los excesos ridículos de los personajes, empiezan a captar el mensaje de que si bien antes era muy propio lo de ridiculizar a los negros en casi todos los círculos sociales, ahora es impropio, y no lo hacen en público, por miedo a hacer el ridículo.

Pero sólo si todos nos proponemos seriamente ir más allá de la simple reacción ante las presiones sociales y adoptamos una actitud independiente y personal contra el autoritarismo *basada en nuestra filosofía personal de la vida*, habremos captado plenamente el mensaje de «Todo en familia» y otras obras de verdadero arte democrático.

Recordemos, por último, que precisamente debido a que el personaje de Archie Bunker nos resulta divertido y porque se retrata al propio Archie como a un individuo siempre distraído, satisfecho de sí mismo y «feliz como un cerdo en el charco», y porque no tenemos que pensar en ninguna amenaza real de un totalitarismo del estilo del suyo (ya que es ridículamente ineficaz), es muy probable que pasemos por alto el fondo serio del programa de Archie y que no nos lo apliquemos a nosotros mismos como individuos. Es muy posible que menospreciemos el hecho de que Archie sigue siendo una destilación seria de las actitudes o tendencias autoritarias que tantos parecen haber adoptado como filosofía *práctica* de la vida. Es también probable que olvidemos, por el mismo motivo, que los autoritarios, pese a todas sus pretensiones de control y dominio, tienden, en el fondo, a la depresión crónica y son gentes desdichadas que padecen una falta casi absoluta de plenitud humana auténtica, que se dan cuenta en el fondo de que van dando tumbos por la vida persiguiendo algo desconocido e inhumano, y que los demás les toleran, pero nunca les respetan realmente, y sufren una aceptación ciega e inerte de su propio destino.

No creo que *nadie* tenga que sufrir en la sumisión ciega del autoritarismo. Creo que si *alguien* adopta una filosofía autoritaria es porque, de alguna manera, así lo ha querido. Si bien alabo a Abraham

Maslow por su obra revolucionaria sobre la grandeza humana, discrepo de él cuando supone que el autoritario tiene verdaderamente muy pocas esperanzas o pocas posibilidades de elección, que el autoritario está prácticamente condenado a seguir siendo como es. En *Los últimos logros de la naturaleza humana*, Maslow escribe:

> Esas personas obsesivas y autoritarias *tienen* que ser de este modo. No tienen elección. No tienen otro modo de lograr seguridad, orden, de no sentirse amenazadas ni angustiadas, que a través del orden, la previsión, el control y el dominio... Lo nuevo es una amenaza para un individuo así, pero no puede pasarle nada nuevo si puede remitirlo todo a sus experiencias anteriores, si puede congelar el fluir del mundo, es decir, si puede hacer creer que nada cambia.

Creo que todos somos capaces de cambiar si queremos correr los riesgos necesarios y abandonamos los fantasmas del pasado. He visto cambiar por completo a personas tan autoritarias como Archie Bunker porque la idea justa les llegó en el momento justo de su vida, cuando empezaban a cansarse, en realidad, de ser siempre los mismos viejos y aburridos autoritarios de toda la vida.

> El pensamiento es un atributo que me pertenece;
> sólo él es inseparable de mi naturaleza.
>
> René Descartes
> *Meditaciones metafísicas* (1641)

3
Para superar el pensamiento autoritario

Aunque admito que la mayoría de las personas se mantienen inmovilizadas en llanuras que quedan muy por debajo de las cimas que alcanzan los individuos Sin Límites, no puedo admitir ante a mí mismo, de verdad, que ello se deba a que algunos humanos estén más «benditos» que otros por la buena suerte de la herencia. En mi opinión, es sólo cuestión de elección, y *cómo* decida pensar el individuo es una de las elecciones más importantes de la vida. Hay personas que se niegan a admitir que tienen alternativas en la vida, y por eso se conforman con vivir a un «nivel emotivo de subsistencia». Este nivel inferior les permite «funcionar» lo suficiente como para no quedar inmovilizados, y para ir tirando día a día con un mínimo de traumas y para la mayoría de la gente esto resulta aceptable. Es vivir al nivel de «ajuste» del que hablamos en el capítulo uno. El individuo Sin Límites es completamente distinto a este respecto.

Aunque los individuos Sin Límites puedan resolver, en general, casi todos los problemas que se les plantean, sin quedar inmovilizados como la mayoría de la gente normal, no se limitan simplemente a aceptar la vida tal como se la ofrecen. El individuo Sin Límites cree con toda firmeza que tiene posibilidad de elegir y que hay opciones que pueden situarle por encima de lo que se llama «ser normal» o como la mayoría de las otras personas. Los individuos Sin Límites enfocan la vida de un modo personal, y precisamente por esa visión «distinta» pueden ver las cosas muy claramente en lo que se refiere a las opciones que se les presentan, en vez de verse atrapados o sin posibilidad de controlar las circunstancias de su vida.

El individuo Sin Límites actúa a niveles más altos de gozo, felicidad y plenitud porque ha aprendido a pensar y a elegir, cosas que la mayoría de las personas casi siempre se niegan a hacer. Usted puede convertirse en un ser humano que viva cotas de plenitud más altas si está dispuesto a abandonar su promesa de pensar «normalmente», o de comportarse como una persona «ajustada» y opta, por el contrario, por el control personal de las circunstancias de su propia vida. Puede convertirse, si quiere, en el creador de lo que es usted, y no en el resultado de lo programado por otros en su lugar. Puede liberarse de la angustia y conseguir la paz interior si está usted dispuesto a elegir las opciones que pueden permitírselo. Puede usted estar en paz consigo mismo, sentirse feliz y satisfecho renunciando a las opciones opuestas que lleva eligiendo hasta ahora. Todo el proceso se inicia con su voluntad personal de *vigilar sus hábitos personales de pensamiento* y de procurar superar todo pensamiento autoritario que se interponga en el camino que puede llevarle a convertirse en un individuo Sin Límites.

En el último capítulo, las cuatro primeras características de los autoritarios (intolerancia frente a la ambigüedad, pensamiento dicotómico, rigidez de pensamiento y antiintelectualismo) se refieren a formas individuales de *pensamiento,* y la quinta, la antiintrospección, indicaba la decisión del autoritario de *no pensar en sí mismo*. La última característica, el totalitarismo antipatriótico, reflejaba ciertas *enfermedades del pensamiento* muy extendidas entre los individuos, que pueden traer consecuencias sociales desastrosas. En realidad, todas las características de los autoritarios *reflejan su negativa a pensar por sí mismos,* su deseo insistente de dejar que «autoridades superiores» piensen por ellos, y de ahí su tendencia a dividir el mundo entre los que están «con ellos» y los que están «contra ellos».

La capacidad de *pensar por sí mismos* es, en consecuencia, un elemento básico de la vida Sin Límites: para evitar la angustia autoritaria, la paranoia o el pánico que se derivan del hecho de alinear a tantos seres humanos fundamentalmente «contra ti», para llegar a disfrutar al máximo de la propia capacidad personal de pensamiento autónomo.

Muchos filósofos han considerado el pensamiento la esencia misma de lo que *nos hace humanos*. Hace ya varios siglos, René Descartes, a quien se ha considerado fundador de la moderna filosofía, dijo: *Cogito ergo sum* («Pienso, luego existo»). Considero que esto significa que el pensar constituye la naturaleza básica del ser humano, preguntarse sobre las cosas, investigar, ensayar varias soluciones posibles a los problemas; y poner en entredicho, elaborar o rechazar esas soluciones en el proceso consiguiente de elaboración de un *cuerpo de pensamiento* que guíe a cada ser humano en la vida durante todo el tiempo que pueda vivir. En otras palabras, todo ser humano, por su propia naturaleza, ha de pensar para elaborar una *filosofía* de la vida, que es la acumulación de una reserva de instrucciones personales a la que se recurre automáticamente *cada vez que uno hace algo*. En este sentido, todo ser humano tiene ya una filosofía de la vida, y el único problema es, en el fondo, determinar si ese cuerpo de pensamiento, de opinión, de creencias y de valores por los que el individuo rige su vida se desarrolla de modo que la vida resulte cada vez más interesante y que las posibilidades que ofrezca no tengan límites, o si ejerce un efecto paralizador, de modo que no permite más opción que el aburrimiento, la depresión y la desesperanza.

Puede que la premisa básica de este libro sea que *es usted responsable de los pensamientos que tiene en la cabeza en cualquier momento dado.* Puede *pensar lo que decida y prácticamente todas sus actitudes y acciones negativas se derivan del modo de pensar que usted decide adoptar,* lo mismo que sus actitudes positivas de autoplenitud y sus acciones del mismo género, en cuanto aprenda usted a pensar «como una persona Sin Límites».

Sus pensamientos son creación personal suya y responsabilidad suya. En cuanto acepte usted sus pensamientos como clave fundamental de su humanidad toda, estará en condiciones de cambiar todo lo que le impide controlar su vida. Pero, para controlar el pensamiento autoritario y llegar al Pensamiento Sin Límites, ha de aceptar usted que las emociones humanas no son algo que «suceda por casualidad», que las acciones humanas no «ocurren» así, por las buenas. Todos los sentimientos y los actos van precedidos de esos misteriosos fenómenos mentales a los que llamamos pensamientos, y nadie ni nada, ninguna fuerza del mundo, puede hacerle pensar a usted algo que no quiera pensar. Hay un núcleo inalienable de libertad, aunque otros estén esclavizando al individuo a la fuerza, que consiste en la capacidad del individuo para elegir los pensamientos que pueden formarse en su mente. En cuanto el individuo comprenda que todas sus emociones y acciones vienen directamente de sus pensamientos, comprenderá al mismo tiempo que el modo de abordar cualquier problema psicológico o personal es abordar los pensamientos que sustentan las emociones depresivas y las acciones negativas.

Si de veras cree usted que sólo usted puede controlar sus propios pensamientos, y acepta que la vía para la vida Sin Límites pasa por aprender *ahora* a pensar de una forma nueva y distinta y no como pensaba usted antes, si puede usted entender que sus *actitudes,* su forma de enfocar el mundo, son sólo reflejo de sus pensamientos, y no olvida que puede aceptar que la vía para la vida Sin Límites pasa por aprender *ahora* a pensar de una forma nueva y distinta y no como pensaba usted antes, si puede usted entender que sus *actitudes*, su forma de enfocar el mundo, son sólo reflejo de sus pensamientos, y no olvida que usted puede elegir cualquier actitud que desee prácticamente en toda circunstancia, habrá dado el primer paso para cruzar ese puente mental que lleva al pensamiento Sin Límites.

PENSAMIENTO DICOTÓMICO

Si el autoritarismo es básicamente resultado de una enfermedad del pensamiento que tiene como consecuencia la *decadencia del proceso mental*, o que la gente *deja de pensar por sí misma*, yo diría que el *pensamiento dicotómico*, esa tendencia compulsiva a dividir todas las cosas del mundo y todas las personas en pequeñas categorías bien definidas, y a defender la rigidez de esas diferenciaciones cueste lo que cueste, es la causa básica de la enfermedad. En consecuencia, para convertirse en un individuo pleno es imprescindible superar este tipo de pensamiento.

Recordará usted del capítulo dos que lo primero que hace el pensador dicotómico al conocer a una persona es situarla en categorías: liberal o conservadora, joven o vieja, mala o buena, patriota o traidora, religiosa o atea, egoísta o generosa, etc. Luego, utilizará las etiquetas como ventajosas excusas para evitar o condenar a personas que son distintas de él. Asimismo, lo primero que hará al oír hablar de una guerra en algún lejano rincón del mundo, será preguntar: ¿De qué lado estamos *nosotros?*». Como ese «nosotros» somos el pueblo norteamericano o cualquier otro representado por el Gobierno, sabrá inmediatamente, por ejemplo, que estamos favor de los «rebeldes» y contra los soviéticos en Afganistán. Entonces defenderá nuestra posición y apoyará posiblemente la ayuda o la intervención norteamericana (directa o encubierta) en beneficio de «nuestro bando». Extraerá «motivos y razones» para justificar su «suposición» de los medios de difusión, del presidente o de alguna otra fuente. Pero no se molestará nunca en ir a una biblioteca y tomar unas cuantas historias del país o los países involucrados, escritas desde el mayor número de perspectivas distintas, investigar qué dicen al respecto revistas de ideologías completamente distintas, acumular el mayor número de datos objetivos posibles, determinar quién miente y cuándo, aplicar su propia idea personal de la justicia, y determinar si apoya en realidad de modo personal la actitud oficial del gobierno o si cree en realidad que debería cambiar esa actitud. En resumen, ignorará todos los problemas históricos que provocan el pretender resolver un conflicto armado mediante la aniquilación o la derrota total del otro bando (que es lo que en realidad pide: la victoria total de «nuestro bando» en lo que ve como una dicotomía triunfo/derrota, aunque sea discutible que alguien haya ganado realmente alguna vez una guerra).

No, si es usted un pensador dicotómico, nunca dirá lo que diría el individuo SZE si no tuviera tiempo para investigar de modo independiente la situación: «No sé lo suficiente sobre el tema para emitir un juicio». Se apresurará usted a asumir la postura de «nuestro bando», y luego se verá obligado a fingir que sabe de lo que está hablando.

El pensamiento dicotómico permite *pensar menos* porque hay ya un modelo listo cuando surgen situaciones que *exigen* pensar con independencia si se pretende dar una respuesta plenamente humana. La tendencia a dicotomizar impide al individuo ver u oír realmente a las personas a las que juzga, porque mentalmente ya las ha encerrado en una cuadrícula etiquetada como «malo», «enemigo» o «rechazo» y ha decidido que no sacará nada en limpio prestándoles atención. En consecuencia, renuncia a ser abierto y creador y a utilizar su bagaje intelectual en diálogos consigo mismo o con cualquier otro.

El pensamiento dicotómico es la base de la incomprensión entre los pueblos, de las luchas y las guerras, de los estereotipos y de la injusticia social. Pero el auténtico perjuicio personal que se deriva del pensamiento dicotómico es que le impide a usted desarrollarse como individuo y convertirse en un ser humano más plenamente vivo y fecundo. Una dicotomía fijada o rígida es, sin duda, una barrera que le impide pensar más, explorar e investigar, y cuantas más barreras erija dentro de sí mismo, más limitará su capacidad personal de vivir al nivel más alto posible. Todas las dicotomías que utiliza usted para emplazar personas e ideas de modo inmediato en categorías rígidas son obstáculos para su propio crecimiento y desarrollo como ser humano.

Cuando compartimentaliza usted a otros, hace lo mismo consigo mismo: cada vez que divide usted el mundo a cualquier nivel en posiciones antagónicas y dice: «Se acabó, esto es exactamente así», está usted dividiéndose también a sí mismo, limitando con ello su capacidad de apertura a lo nuevo y la posibilidad de unas experiencias que le hagan más pleno y maduro. Pero, sobre todo, cuando sitúa usted a los individuos o a las ideas del mundo en rígidas categorías contrapuestas, enfoca usted el mundo no como es sino *como lo ve usted*, ahora y siempre. Está usted privándose de las maravillas que ese mundo le ofrece, de la emoción de todos sus interrogantes permanentes. Pronto habrá ahogado usted su curiosidad natural y dejará de abrirse al mundo; habrá *dejado de pensar*. En vez de preguntarse, investigar y explorar, se hundirá cada vez más en esa actitud compulsiva que le lleva a dicotomizar según pautas dadas y su desarrollo mental y emotivo quedará bloqueado.

No ejercitar el pensamiento es tan malo para el individuo como no ejercitar el cuerpo, o incluso peor. Dicotomizar no es más que una forma práctica de evitar tener que resolver un problema o una situación pensando en ella. Lleva al individuo a recurrir directamente a la solución rápida y simplista, a querer encontrar alguien o algo exterior a él a quien achacar sus problemas. Por ejemplo, durante la crisis energética que se apoderó de nuestra economía en la última década habrá oído usted quejarse a muchas personas de que «las compañías petrolíferas nos están engañando; los burócratas nos están fastidiando, los países de la OPEP son los responsables; el presidente no toma decisiones». Ésta ha sido la actitud de la mayoría de los políticos así como del público descontento; se tiende a buscar un chivo expiatorio conveniente, en vez de investigar y pensar y analizar las dificultades que se plantean para dar con una política energética coherente.

Es evidente que este tipo de pensamiento dicotómico no contribuye en absoluto a resolver la tremenda crisis energética que nos azota; no hace más que dividir a las personas en categorías y deja a otros la solución de todos nuestros problemas. Los que deben asumir la responsabilidad de *hacer* algo para resolver la crisis quizás estén intentando desesperadamente tratar de forma eficaz con los diversos sectores descontentos de nuestra cultura, y mantener un enfoque sensato sobre la utilización de la energía; pero, por mucho que puedan esforzarse, nunca complacerán a los que están decididos a no hacer más que quejarse, a los que insisten en pasar por alto los problemas reales que exigen ejercitar el pensamiento. Éstos quizá sean de los primeros que reaccionen a la llamada de su país si éste llega a invadir el Golfo Pérsico para proteger nuestras reservas petrolíferas, pero serán de los últimos que respondan si la situación del país exige un pensamiento constructivo y creador respecto a un consumo menor de petróleo o al desarrollo de fuentes energéticas distintas.

Lo que quiero decir es que un mundo que rechace en primer término el pensamiento dicotómico, en el que haya más personas que vean el gris entre las divisiones del negro y el blanco y vean que cada bando en cada conflicto o problema que exige pensar y meditar tiene algo de «razón» y algo de «error», y que la resolución ha de basarse en un toma y daca, en la negociación; un mundo que reconozca el derecho del individuo a que le escuchen (y a que no le dicten), avanzará hacia una cultura de la que todos podremos sentirnos orgullosos. Pero la superación del pensamiento dicotómico y la práctica del pensamiento realista sólo pueden empezar por el individuo. ¡Eso significa usted! En cuanto usted y un número suficiente de individuos autónomos empiecen a mostrarse más abiertos a puntos de vista diversos, cuando manifiesten una menor inclinación al pensamiento dicotómico, nuestras estructuras sociales (formadas todas por individuos) dejarán de torturar a los seres humanos.

El pensar compulsivamente de modo dicotómico envenenará su psique de formas diversas, primordialmente proporcionándole innumerables oportunidades de sentirse inquieto y paralizado. Le lleva a usted, en concreto, a utilizar las diferencias existentes entre usted y otras personas para torturarse. Por ejemplo, si no puede llegar a entender cómo son los muchachos de hoy, si todos los chicos le parecen de una insolencia insoportable y procura por ello evitarlos, se encontrará con que esos mismos niños a los que usted tanto desprecia controlan realmente su vida emotiva. Siempre que vea a un niño actuando de un modo que usted considera insolente, se enfurecerá, se alterará, será incapaz de «pensar a derechas» o de funcionar como lo haría en otras circunstancias. El simple hecho de emplazar a «todos los chicos» en una categoría con la etiqueta de «insolentes», les proporciona un poder sobre usted que le impide ser todo lo feliz que quería. Asimismo, si decide usted odiar a todos los miembros de cualquier grupo, les proporcionará usted un control emotivo sobre su persona. Quieran utilizarle o no, o lleguen a utilizarle o no, ese poder se lo proporciona usted, y usted sabe en el fondo que ha cedido parte de su control sobre su destino, y eso le irrita.

En vez de etiquetar a un grupo como un ente colectivo al que hay que odiar, debe usted cambiar de actitud y empezar a considerar y a escuchar a individuos de ese grupo. Los hombres, los blancos, los judíos, los negros, los asiáticos, los mecánicos, los abogados, los niños, los alcohólicos, los comunistas... todos estos grupos están formados por individuos, y estos individuos son tan distintos entre sí como de usted. En cuanto usted los etiquete a todos con un estereotipo, se hallará en una situación tal que le inquietará y alterará lo que espera que hagan, en vez de lo que cualquiera de ellos es probable que haga en realidad, y le impedirá a usted aprender más sobre unos individuos que piensan en realidad de forma diferente de como piensa usted. Cuantas más barreras alce usted para impedir un diálogo real y constructivo con «otros que son distintos», más se limitará y se impedirá alcanzar su propia capacidad plena.

Espero que ahora comprenda por qué el pensador dicotómico tiene muy pocas posibilidades de lograr la paz interior. Está demasiado entregado a emplazar a todas las personas y todas las ideas del mundo en este o aquel compartimento para tener tiempo o razón para el autodesarrollo. El acto mismo de dicotomizar es una actividad dirigida desde el exterior que sitúa el foco de control de su propia vida en alguien o algo exterior a usted: las normas dictadas por la sociedad que le indican cómo ha de diferenciar a los patriotas de los subversivos (o cualquier otra cómoda dicotomía) y la desconcertante variedad de las gentes del mundo que parecen necesitar que usted las clasifique. Es evidente que no puede usted gozar de paz interior mientras tenga localizados fuera de usted los controles de su vida. Paralizará usted su propia misión en la vida, la de ser feliz y fecundamente vital, si se convierte en un pensador dicotomizante compulsivo, pero si aprende a superar el pensamiento dicotómico, a trascender esos estereotipos de lo blanco y lo negro que tanto contaminan nuestras propias vidas personales y la estructura misma de nuestra sociedad, y si otros siguen el mismo camino, crearemos una sociedad que pueda hacer que este mundo funcione por fin a máxima potencia. Pero, en primer lugar, y antes de nada, debe usted asumir la responsabilidad de hacerlo en su interior, y luego ayudar a otros a hacerlo. Ésta es *mi* misión en la vida en este momento: superar en mí mismo el pensamiento blanco-negro y ayudar a hacer lo mismo a otros. Dentro de poco, podremos colaborar todos en la creación de un mundo de individuos que piensen de modo abierto, de un modo flexible, que se escuchen unos a otros e interpreten preguntas y respuestas como lo que han de ser, sinceras tentativas de crear un mundo más humano para todos. Pero sólo podremos hacerlo si empezamos por nosotros mismos.

PENSAMIENTO HOLÍSTICO (O TOTALIZADOR)

El individuo Sin Límites comprende perfectamente que las dicotomías sólo existen en la mente de las personas. Que son sólo instrumentos del pensamiento inventados para explicar mejor y controlar mejor partes determinadas de nuestros mundos. Pero las dicotomías en realidad se utilizan siempre para dividir algo que estaba unido en un principio. Todos somos *combinaciones* de contrarios. Somos gentes completas que tenemos infinidad de cualidades distintas y de capacidades diferentes, siempre cambiantes dentro de nosotros, según la tendencia y la dirección de nuestros pensamientos y sentimientos. Para pasar del pensamiento dicotómico al pensamiento humano real, debemos ver más allá de los velos que hemos interpuesto entre nosotros mismos y el mundo real. Hemos de recordar el *mundo completo*, que estaba «ahí afuera» mucho antes de que lo dividiéramos en innumerables categorías. Hemos de curar las grietas de nuestras estructuras mentales, creadas con el objeto de clasificar las cosas todas y las personas todas con una etiqueta u otra. Debemos *volver*, en suma, *al pensamiento holístico*. Debemos recordar que antes de que hubiera ovejas o cabras, chicos o chicas, antes de que a alguien se le ocurriera la idea de los números pares o los impares o pensara en llamar a su sociedad «civilización», *había vida*. Debemos tener en cuenta que todos los humanos que vivieron en este planeta antes que nosotros compartieron el mismo sol, alzaron la vista hacia el mismo cielo, pescaron en los mismos mares, cazaron los mismos alimentos. Quizá tengamos incluso ganas de hacer un alto y ver por un instante que nosotros y el resto de los seres humanos somos *la encarnación de la vida humana ahora,* y que todos tenemos algo de pez, algo de mono, algo de genio, algo de tonto, cierta fuerza, cierta debilidad, cierta riqueza, cierta pobreza, que constituyen «partes» de nuestra existencia. Todos somos al mismo tiempo individuos completos, una representación orgánica de la vida entera y una pequeña porción de vida como conjunto.

La idea de ser miembro de una cultura no es un objetivo para los que piensan holísticamente. En realidad, su punto de vista es exactamente el contrario. Lo importante para el pensador holístico es considerarse parte de la humanidad y no de subgrupos especiales, sean naciones, agrupaciones étnicas o camarillas culturales. Rechazan la identificación dentro de límites artificialmente elaborados, y consideran que las fronteras a las que tantas personas prestan fidelidad eterna son, en realidad, motivo de inquietud y de lucha.

El pensador holístico ve el mundo de modo global, lo considera todo de la humanidad, y piensa que hay en él problemas que hay que abordar y resolver. El que haya alguien sin empleo en la India, o muriéndose de hambre en Biafra, es un problema para toda la humanidad, no algo que deban resolver los gobiernos concretos afectados. Debemos agruparnos todos y dar un tratamiento digno a los demás, y los que piensan de modo holístico se oponen enérgicamente a dividir a los individuos en clases, naciones, religiones o cualquier otra frontera.

El pensamiento humanista ha de empezar con el enfoque holístico, con una visión completa del universo y de cómo usted, en tanto que ser humano individual, encaja en el espectro de la vida toda, del pasado y del presente; reconociendo que todos estamos juntos en esta cosa llamada *vida*.

Para pensar holísticamente hay que aprender a *suspender* el juicio, a dejar a un lado, por un instante, todas esas categorías por las que nos hemos visto condicionados a «archivar y olvidar» a tantas personas, ideas, cosas y experiencias posibles antes de considerarlas siquiera, y de vernos nosotros y ver nuestros mundos en su totalidad irreductible y primigenia. Ello supone admitir que hemos estado tan ocupados enumerando todas las diferencias que podían separarnos de los demás que hemos olvidado trágicamente considerar todos los caracteres comunes, las esperanzas, los sueños, tiempos, lugares y situaciones que nos unen. Hemos estado demasiado ocupados diseccionando a la humanidad para imaginar lo gozoso que podría ser actuar todos juntos.

El pensamiento holístico significa, a veces, simplemente retreparse y apreciar cómo crean oxígeno los árboles, «así por las buenas», oxígeno que respiramos todos los humanos, o los milagros de la ecología del medio en general, o de qué modo está casi inexplicablemente interrelacionada toda la sociedad humana, y el hecho de que todas las teorías de la sociología y la conducta humana sean solamente nuestros mejores barruntos en este momento de cómo funciona todo el conjunto. Significa tener capacidad suficiente como para reconocer que el bosque no sólo es la suma de sus árboles; que aunque podamos clasificar de alguna manera, diseccionar o atomizar las cosas en nuestro pensamiento, todavía nos queda el carácter, un último término misterioso, de «el conjunto...» sea éste el conjunto del universo o el conjunto de la humanidad, o bien el de cada individuo.

EL PENSAMIENTO SIN LÍMITES

Lo que llamo pensamiento Sin Límites se inicia con una visión holística del mundo, a partir de la cual es preciso un esfuerzo constructivo del individuo. El verdadero pensamiento Sin Límites quizá sea el arte más excelso de que pueda ser capaz el ser humano. Aunque los individuos Sin Límites funcionan, en general, a niveles patentemente superiores en sus vidas, hemos de describir aquí las cualidades mentales que les separan de otros individuos, sin que parezca que todos los que no sean personas Sin Límites sean, en cierto modo, inferiores o neuróticos. La gente con características Sin Límites parece contemplar el mundo de un modo diferente. Todo lo que ven en él, lo ven como una oportunidad, en vez de verlo como algo a evitar o temer. Toda experiencia les parece una posibilidad de diversión y de desarrollo, y les interesa mucho lo nuevo y lo misterioso. Para el individuo Sin Límites, el mundo es un milagro, y por ello vive asombrado ante el universo. Le conmueven fácilmente cosas que parecen rutinarias a la gente normal. Puede pasarse un día entero caminando por una playa, perdido en la emoción del océano, la arena, las aves, vientos, conchas, sin llegar nunca a cansarse de la experiencia. Para el individuo Sin Límites, cada día es un mundo nuevo completo, y puede ensimismarse en la contemplación de la belleza de algo que ha contemplado antes muchas veces sin tener por ello sensación de aburrimiento o de repetición.

Los que eligen el pensamiento Sin Límites son básicamente seres humanos satisfechos. Sienten que pertenecen al universo y están contentos en todos los aspectos de su vida. Se sienten queridos y son capaces de dar amor sin reservas y sin angustias. Están enraizados en el *presente* en sus relaciones, no obsesionados por la idea de adónde van sus relaciones o cómo han sido, ni se preguntan cómo van a resultar las cosas. Pueden aceptar plenamente a otros seres humanos por lo que son, y negarse a juzgar o a condenar al prójimo, sea éste un extraño o un amigo íntimo. Sus fuertes sentimientos de pertenencia les llevan a adoptar actitudes completamente distintas de las de la mayoría de las personas. Como se sienten en paz con el mundo, no tienen interés en cambiar a otros. Por el contrario, les resulta fácil aceptarlos como seres distintos, porque tienen un modelo para hacerlo; es decir, han aprendido a aceptarse a sí mismos como seres enteros y completos.

Debido sobre todo a esta actitud de aceptación, el individuo Sin Límites no está agobiado por la angustia. Ha decidido pensar de una forma digna, respetándose a sí mismo, y nadie podrá convencerle nunca de que carece de esa dignidad. Este respeto a sí mismo que lo impregna todo, le permite funcionar al más alto nivel tanto para sí mismo como al servicio de otros. Como su amor propio está intacto, y como la fuente de ese amor propio es interna, él y los que son como él no experimentan los efectos paralizantes de las opiniones de otras personas, tanto positivas como negativas. Ellos no deciden cómo van a pensar o comportarse en función de lo que piensen los otros. Han decidido ya ellos mismos cómo van a actuar, y esta sensación de confianza en sí mismos les permite obrar con total independencia de las opiniones de los demás.

La gente Sin Límites piensa desde una perspectiva de *dominio* más que de *ajuste* en sus vidas. Es decir, creen que son ellos los que determinan su destino, en vez de ajustarse siempre a las circunstancias de la vida. Así, son capaces de pensar de modo natural y de actuar espontáneamente en la mayoría de las situaciones, y eso se debe sobre todo a que no les angustian los juicios de los otros. ¿Por qué no les angustia el juicio del prójimo? Porque ellos mismos no se consideran jueces. Son individuos que dicen exactamente lo que piensan, y que perseguirán sus objetivos aunque al hacerlo incomoden a quienes les rodean. No intentan irritar a los demás; pero no les preocupa lo que puedan decir, pues saben que recibirán un millar de opiniones distintas si son un millar de individuos los que han de emitir opinión.

Las personas Sin Límites suelen tener una idea de su propio destino y una sensación de «misión» con respecto a sus propias vidas. Este «sentido de misión» se plasma en un celo y una decisión que la mayoría de la gente normal nunca entiende. Quieren conseguir completar las cosas en el campo que ellos mismos han elegido, y las áreas de trabajo y de investigación son ilimitadas. Lo que hay que entender sobre todo de la gente Sin Límites es que están vitalmente entregados a proyectos y tareas, y que su entrega trasciende sus propios mundos personales. Pueden ser desapasionados respecto a su conducta, y no les afecta que otras personas no entiendan su entrega y su entusiasmo por lo que suele ser la misión de su vida. Si a otros les desconcierta su trabajo, ellos no gastan energía intentando justificar la rectitud de su intención. En vez de eso, actúan, porque lo sienten en su interior. Los individuos Sin Límites, al contrario que las personas autoritarias, no actúan porque necesiten valorar o juzgar a otros de modo negativo. Confían en los signos internos, mientras que los autoritarios se basan casi exclusivamente en signos externos para determinar cómo deben pensar y comportarse.

Mientras los autoritarios no pueden tolerar la ambigüedad, los individuos Sin Límites la aceptan gustosos. El individuo Sin Límites se siente más cómodo en situaciones cuyo desenlace es incierto, y dedica gran parte de su vida a explorar territorios poco conocidos. La idea de conocer a alguien que pertenezca a otra cultura o de ir a una ciudad desconocida o probar un nuevo restaurante de menús exóticos es una fuente de emociones y algo que persiguen activamente en sus vidas. El individuo Sin Límites, en vez de evitar las nuevas experiencias, les da la bienvenida.

Las personas Sin Límites viven sus vidas a un nivel superior, sobre todo porque han aprendido a pensar basándose en el principio de apreciar la vida en vez de criticarla. Para el individuo Sin Límites, la crítica es en gran medida una pérdida de tiempo. Son gente de acción, y están tan entregados a ella que no tienen tiempo ni energías sobrantes para mirar por encima del hombro y valorar su propia felicidad. En realidad, no se entregan siquiera a la valoración; lo suyo es experimentar. No pierden el tiempo preguntándose si lo están pasando bien. Ellos lo pasan bien y dejan que se lo pregunten los demás.

El individuo Sin Límites no es un individuo de «pensamiento enfermo», y tiene poco tiempo o poca paciencia para los que quieren desperdiciar sus vidas discutiendo sus diversos males y estados de inmovilidad. Ellos no piensan en «enfermo»; se entregan, por el contrario, tanto a la vida que tratan su cuerpo de un modo sano. No suelen abusar de su organismo, y saben lo importante que es tener un cuerpo sano capaz de combatir las enfermedades. Respetan su fisiología y son capaces de fundir una actitud positiva con una salud orgánica positiva también. El individuo Sin Límites puede ponerse enfermo, por supuesto, pero su disposición mental interna de no pensar en «enfermo» y no centrarse en la enfermedad ni quejarse continuamente de los diversos procesos patógenos que infectan su organismo, le da una perspectiva sana y completa de la vida. Como no tienen interés en aferrarse a sus enfermedades y como creen firmemente en su capacidad personal de curarse, no están, sencillamente, tan «orientados hacia la enfermedad» como los otros. Llevan una vida sana, se mantienen en forma y no se quejan porque sí.

Lo que quiero subrayar es que el individuo Sin Límites no es distinto por poseer características fisiológicas especiales, sino porque ha *decidido* comportarse en la vida y pensar de un modo más estimulante y satisfactorio. Aunque al investigador o al observador casual pueda parecerle que el individuo Sin Límites es sencillamente más fuerte e independiente, lo cierto es que ha decidido él solo que no va a ser débil y que no dejará que otros le manipulen. Además, tiene plena conciencia de su propia capacidad ilimitada, y un enfoque sensato de la vida, que le mantiene a esos niveles. Sabe que no puede conseguir que todo el mundo esté de acuerdo con él en todo lo que hace, así que no lo convierte en objetivo de su vida. Sabe que preocuparse por la aprobación de los demás, o sentirse angustiado por el rechazo, es una pérdida de tiempo y de energía emotiva, así que se limita a negarse a hacerlo. Sabe que el pasado ha concluido y que el futuro no lo tiene nadie asegurado, así que procura vivir en el presente y agradece lo que tiene. Sabe que tener que hacer cosas desagradables, como lavar platos o sacar la basura o cualquier otra cosa parecida, es una condición necesaria de la vida. Pero decide lo que piensa, y sus pensamientos respecto al lavado de platos son positivos: tener que lavar los platos significa haber disfrutado los alimentos tomados en ellos; tener que vaciar la basura indica que se ha tenido abundante comida, mientras que en muchas partes del mundo hay personas que no tienen ni sobras ni platos. El individuo Sin Límites controla realmente su pensamiento, y en consecuencia sus actitudes, y elige actitudes que permiten ver las cosas pequeñas con perspectiva y que le sean útiles en vez de hacerle desdichado.

EL PASO AL PENSAMIENTO SIN LÍMITES: CÓMO ELIMINAR LAS DICOTOMÍAS

El mejor medio de captar una idea abstracta como el pensamiento Sin Límites es, como siempre, ver cómo puede aplicarse en términos concretos en la vida del individuo. He aquí algunos ejemplos de los tipos de dicotomía más comunes que suelen aplicarse erróneamente con efectos destructivos, junto con ciertas reflexiones sobre las totalidades que hay entre ellas, y sugerencias concretas para que pueda usted superar su imposición autoritaria y pensar con perspectiva Sin Límites en la vida. Mientras lee, pregúntese lo siguiente: «¿Cómo me he torturado a mí mismo o a otro y he paralizado el crecimiento de mi propia filosofía de la vida dicotomizando según estos criterios?». Hallará usted muchos otros ejemplos de dicotomía que podrían añadirse a la lista, y pronto conseguirá ir al fondo del asunto y superar esas dicotomías.

En vez de pensar en dicotomías o divisiones, es mucho más práctico y eficaz empezar a pensar en términos de fusión o eliminación del proceso de fragmentación. Cuando el individuo aprende a enfocar las dicotomías más comunes en términos holísticos de fusión, combinación y agrupación, alcanza una dosis de libertad personal que no había experimentado nunca. Será usted libre porque verá a la gente del mundo como es, en vez de verla como piensa usted que debería estar compartimentada.

Masculino/femenino

No hay duda a este respecto: es chica o chico. En la sala de partos o en el certificado de nacimiento, no hay razones para decir: «Es predominantemente femenina, como muestra el carácter de sus órganos sexuales, pero recordemos que también tiene hormonas convencionalmente llamadas "masculinas"».

El problema empieza en cuanto la criatura sale de la sala de partos: la chica tiene que ser «femenina», y el chico «masculino». A la niña le ponen una toquilla rosa, al niño azul, porque en los niños pequeños suele ser imposible apreciar la diferencia sin tener que mirar debajo de los pañales, y pocos adultos están dispuestos a hacerlo sólo para saber cómo deben reaccionar. Con un niño pequeño deben decir: «¡Vaya, qué chico más guapo! ¡Serás grande y fuerte como tu papá!» y con una niña deben decir: «¡Oh qué linda es! ¡Qué ojos tan bonitos! ¡Son como los de su madre!».

A partir de aquí, todo es cuesta abajo; los chicos bajando por un lado de la colina, las chicas por el otro. Al principio, no entienden siquiera cuando les dicen: «Las niñas pueden llorar, pero los niños no; los chicos pelean, pero las chicas no; las niñas cocinan y cosen, pero los chicos no».

Pero cuando les han dicho el suficiente número de veces que los chicos han de ser «masculinos» y las chicas «femeninas» y memorizan todas las listas arbitrarias de lo que significa cada una de tales categorías, y de lo que pueden y no pueden hacer, se rompen dócilmente la cabeza, para adaptarse a los estereotipos que les han impuesto, y se dedican a imponérselos a su vez unos a otros como venganza («¡Pareces un chico con esa ropa!» «¡Corres como una chica, chaval!»).

Para darse cuenta de lo absurda y arbitraria que es esta dicotomía, basta considerar cómo ha elaborado la comunidad psicológica las pruebas que indican si uno es predominantemente masculino o femenino. Para hacerlo se formularon una serie de preguntas a varones y hembras. Si la mayoría de los varones dicen que prefieren la ducha al baño, y la mayoría de las mujeres que prefieren el baño, pasa a considerarse masculina la ducha y femenino el baño. Si la mayoría de los varones prefieren el atletismo a la lectura, y la mayoría de las mujeres prefieren la lectura, se considera la lectura femenina y masculino el atletismo. La comunidad psicológica ha perpetuado tal absurdo reglamentándolo en pruebas que estereotipan a la gente, clasificando su comportamiento en masculino/femenino. Se considera típicamente masculino ser competitivo, dominante, agresivo, independiente, ambicionar poder y mando y triunfo y el tener interés por la ciencia y las matemáticas. Un equipo de investigadores describía en *Psychology Review* a la hembra «sana» con estas palabras: «Más sumisa, menos independiente, menos arriesgada, más fácilmente influenciable, menos agresiva, menos competitiva, más fácilmente excitable y vulnerable, más emocional, más vanidosa y preocupada por su apariencia, menos objetiva y menos interesada en las matemáticas y la ciencia».*

Hasta el padre del psicoanálisis, Sigmund Freud, consideraba al parecer que la mujer sana «... ha de ser pasiva, resignada a su inferioridad y tener el anhelo de realizarse dando a luz un hijo».**

La firme entronización de esta práctica dicotómica ha llevado a muchos a creer que existen realmente actividades masculinas y femeninas, lo cual tiene el mismo sentido que creer que hay piedras mas-

---

* *Psychology Review*, 1968, n.º 75, pp. 23-50.
** Hilary M. Lops y N. L. Colwell, *The Psychology of Sex Differences*, Prentice Hall, 1978, p. 47.

culinas y piedras femeninas. Pese a todo, partiendo de esa base, el que se aparte del papel sexual asignado pasa a ser considerado como un desviado que necesita tratamiento.

Es obvio que quien entra en este juego dicotómico limita su potencial de experiencia humana a la mitad y que, si decide usted que sólo le agradan los hombres supermasculinos y las mujeres superfemeninas, se separa de muchísimas personas. Ha de «verse» usted objetivamente, y entonces comprenderá que todos somos, en primer lugar, una amalgama de masculino y femenino. El hombre tiene hormonas femeninas, pechos, piel suave y prácticamente todo lo que tiene una mujer, a excepción de los órganos de reproducción femeninos. La mujer tiene hormonas masculinas, y los mismos rasgos que un hombre, a excepción de órganos reproductores masculinos. Hay mujeres más altas que muchos hombres, algunas más altas que la mayoría de los hombres, aunque se considera característica masculina el ser alto y femenina ser «más baja que su hombre». Una mujer puede hacer virtualmente todo lo que haga un hombre, excepto producir esperma, y el hombre puede hacer lo que haga una mujer a excepción de tener hijos.

¿Qué pasa entonces? ¿Cómo se pudo llegar a esta división de las actividades humanas en masculinas y femeninas?

Algunos dirán que el culpable es el machismo. Otros dirán que a la gente le es más fácil dicotomizar y adoptar estrictas normas sociales que rijan su conducta que afrontar la agobiante ambigüedad de admitir que todos podemos hacer lo que decidamos hacer. Pero trascender la dicotomía masculino/femenino significa permitirse ser *lo que usted elija por sí mismo, sin prestar atención al estereotipado papel sexual que le corresponda.*

La mujer que espera que un hombre inicie el contacto sexual cuando desea iniciarlo ella, o que se echa atrás, sólo porque «se da por sentado que una mujer no debe hacerlo», elige seguir viviendo en la dicotomía impuesta por una cultura machista. De igual modo, el hombre que elude tal actitud porque teme parecer «demasiado femenino», está permitiendo que esa misma cultura machista le dicte lo que puede y debe ser *su* vida.

El que a un hombre le guste coser no es «raro», a menos que decida permitir que las estadísticas dicten sus criterios morales. Una mujer que quiere ser camionera o levantar pesos no está manifestando una conducta neurótica debida a traumas infantiles. La gente que no se ajusta a rígidas categorías masculino/femenino no está enferma, sino en la medida en que los demás convertimos en enfermos a esos individuos condenándoles por hacer lo que a ellos les parece natural.

No tenemos por qué poner límites a nuestra capacidad para emprender cualquier actividad que nos interese. Todos podemos disfrutar de nuevos espacios de experiencia que teníamos previamente prohibidos y que se reservaban al otro sexo. Los hombres, cuando procuran ser sinceros, son capaces de admitir que les agrada realmente la suavidad, las flores, un abrazo tierno, hacer una comida, cuidar a un bebé o cualquier otra de las muchas experiencias que los individuos de mentalidad autoritaria han etiquetado como femeninas, en la misma medida en que gozan y disfrutan de cualquiera de sus experiencias «masculinas». Las mujeres pueden, asimismo, disfrutar de su feminidad y no dejar de gustarles por ello jugar al balón, cortar leña, ir de caza, correr, hacer excursiones, conducir un coche de carreras o cualquier otra cosa de las que se han etiquetado como masculinas.

En cuanto el individuo empieza a verse a sí mismo ante todo en el sentido holístico sólo como un ser humano y *luego* en función del tipo de ser humano que desea ser, prescindiendo totalmente de los dictados del papel sexual establecido por la dicotomía artificial masculino/femenino, puede curar esa escisión interior que le domina y que ha establecido tan estrictos límites a lo que imagina que puede disfrutar, y puede verse a sí mismo como un ser total y completo (lo mismo que cuando salió por vez primera de la sala de partos).

Fuerte/débil

Como quizás haya deducido usted ya de mi tratamiento de la antidebilidad del autoritario, no creo que haya ningún individuo que sea simplemente «fuerte» o «débil», y si suele usted clasificar a las personas en esos términos, piense que lo hace basándose en un criterio único de fuerza o debilidad que no tiene absolutamente nada que ver con la realidad.

¿Qué es en realidad fuerza, y qué es debilidad? Se trata, sin duda, de un problema filosófico.

¿Quién era más fuerte, Martin Luther King o el hombre que le asesinó? ¿Adolf Hitler o Albert Schweitzer? ¿El campeón mundial de levantamiento de peso o la mujer que levantó el coche que aplastaba a su hijo (rompiéndose la espalda al hacerlo)?

Es muy posible que después de que haya pensado detenidamente lo que considera *usted* que podría ser *en su mejor nivel* la *verdadera fortaleza humana* y se haya valorado usted según *sus propios* criterios, descubra que es muy fuerte en su relación con su familia, pero que se convierte en un cobarde cuando se enfrenta con su jefe o sus compañeros de trabajo. Puede usted sentirse impotente el lunes y un verdadero león el martes. En realidad, es usted una mezcla de fuerzas y debilidades de todo género, y para lograr el pensamiento Sin Límites, la visión holística, ha de fundir usted todas esas dicotomías y ver cada elemento individual de su conducta como un todo en el que puede identificar vetas de fuerza y de debilidad, si decide pensar en esos términos.

Considere su pasado. Cuando ha actuado usted desde lo que ahora considera que fue verdadera fortaleza, quizá temblase y se sintiese muy débil por dentro. Y otras veces, en que actuó de modo firme y enérgico, y se sintió muy fuerte, quizá se comportase en el fondo como un matón, de un modo que indicaba que en su interior tenía miedo y se sentía débil e inseguro.

Cada vez que vea que alguien se comporta de un modo que le induce a calificarle de fuerte o débil, tenga en cuenta que siempre hay cierta fuerza detrás de la debilidad y cierta debilidad detrás de la fuerza. La visión holística del mundo le permitirá a usted aceptarse como un ser humano que nació mucho antes de que nadie tuviese la idea de que debiera rebajarse porque se consideraba débil.

Cuando uno determina su propio destino según su propio y mejor entender, trasciende su debilidad y controla el curso de su vida según su criterio. Se convierte en capitán de su propia nave, en vez de ser un pasajero en tránsito al que mandan otros. Pero esto no sucederá si no se acepta usted a sí mismo *como humano* ni acepta a otros como humanos, como originaria y permanentemente fuertes y débiles al tiempo.

Madurez/infantilismo

Lo oirá usted continuamente. «¡No puedes ser tan inmaduro! Eres como un niño. ¿Nunca dejarás de comportarte como un bebé?»

Esta dicotomía se utiliza casi exclusivamente para humillar a otros, y casi nunca la utilizan los que tienen verdadera confianza en sí mismos como adultos de pensamiento independiente. De hecho, en nuestra cultura suelen utilizarla los adolescentes para humillar a otros adolescentes. Veamos lo que dice un individuo a quien entrevisté para este libro:

«En nuestro colegio, en quinto, sexto y séptimo curso, las chicas que se consideran más maduras, las que se embadurnaban con maquillaje y llevaban sostenes almohadillados y se olvidaban de pronto de correr, ya no sabían hacerlo, eran las que calificaban a todos los chicos de "maduros" o "infantiles". Durante varios años, parecía que no pensaban más que en clasificar a la gente según su "madurez". El peor insulto que podían lanzarte era "inmaduro" ¿Y a quién decidían calificar de "maduro"? A los mejores luchadores; a los muchachos más altos, más fuertes, más autoritarios y más *superficialmente* maduros.

»Y por la misma causa, los muchachos que adoptaban los aires más machistas, los que eran siempre los primeros en apabullar físicamente a otros más débiles que ellos, los que procuraban demostrar continuamente lo "hombres" que eran, consideraban que las chicas que iban más maquilladas y se comportaban de modo más servil frente al varón eran las *más maduras*.»

Es fácil tener una idea inmadura de lo que es en realidad la madurez humana, sobre todo si no se ha pensado nunca realmente con detenimiento lo que podría significar, a su mejor nivel, la «madurez».

Hay que ver quién es más maduro, el niño que intenta remedar el comportamiento de los adultos, que se hace solemne y reprimido y se aparta de los juegos y fantasías «infantiles» de los que disfrutan sus compañeros más «inmaduros», el que *se niega a aceptarse como niño,* o el niño que piensa: «Por supuesto que actúo a veces de modo inmaduro. ¿Pero qué puede esperarse de mí, en realidad? ¡Sólo tengo diez años! La diferencia entre tú y yo es que yo sé que aún tengo que madurar mucho, y no quiero acelerarlo, quiero disfrutar. No tiene ningún sentido apresurarse en esto. Además, parece que tú piensas que lo de crecer es algo que se produce en un momento y concluye en ese momento. *Sospecho que piensas que ya lo has hecho y que ya no tienes que pensar más en ello*. En fin, de ese modo no madurarás más. ¡Yo tengo la esperanza de seguir creciendo y madurando a los setenta años!».

El primer paso hacia la verdadera madurez, según mi opinión, el único tipo de madurez que merece la pena buscar, es reconocer que no hay nadie que sea nunca totalmente niño o totalmente adulto, y que en realidad sería muy triste que alguien lo fuese. La persona que actúa de un modo caprichoso, estúpido e «inmaduro» unas veces, es muy capaz de reaccionar de modo serio y «responsable» en las circunstancias adecuadas. El adulto controlado, organizado, correcto y entregado a su trabajo, debería ser capaz también de desinhibirse, bromear y ser como un niño pequeño cuando las circunstancias lo permiten. Cuando alguien incita a otros a actuar siempre de un modo determinado rígido, arbitrariamente calificado de «maduro», o se exige a sí mismo el mismo género de vida limitada, demuestra una mentalidad superficial y dicotómica que ignora el fenómeno holístico de que cada uno de nosotros es en principio y siempre en parte niño y en parte adulto, en parte maduro y en parte inmaduro, durante toda la vida. Aferrarse a una forma de conducta que se califica de «madura» es muy limitador; le impedirá a usted probar cosas nuevas e interesantes y, sobre todo, le impedirá preguntarse qué es en realidad la verdadera madurez humana, le impedirá ver su carácter abierto, le impedirá revisar y ampliar constantemente la idea del tipo de persona que quiere *usted* ser y, en último término, le impedirá crecer y madurar del todo.

Civilización / barbarie

Considerar a la gente que es más parecida a nosotros, civilizada y a los que lo son menos, incivilizados, es un ejemplo de dicotomización etnocéntrica del género más destructivo. Todas las culturas de la Tierra tienen ideas propias de lo que es ser «muy civilizado», pero si por eso entendemos propiciar una vida más feliz, plena y creadora para todos, es evidente que ninguna cultura tiene el monopolio de la sabiduría en este campo, y que nosotros tenemos mucho que aprender de otras culturas, del pasado y del presente.

Cuanto más nos abrimos al estudio de otras culturas más vemos que aquellos a los que hemos clasificado siempre como «más civilizados» tenían también costumbres «bárbaras» que nunca consideraríamos civilizadas. No hay duda de que los antiguos griegos nos han legado la democracia, la filosofía, un arte clásico del que es ejemplo el Partenón o las obras de Esquilo, Sófocles, Eurípides y Aristófanes. Pueden habernos dejado también las matemáticas, la física, las olimpiadas, la *Ilíada*, la *Odisea* y otros legados demasiado espléndidos para poder siquiera apreciarlos en todo su valor. Pero tengamos en cuenta que su cultura fue también una cultura esclavista en la que sólo existía el sufragio masculino, una cultura en la que, en algunas ciudades, a los niños no deseados o «débiles» les arrojaban por un despeñadero, una cultura que ejecutó a Sócrates porque hacía demasiadas preguntas.

¿Cómo hemos de medir, en realidad, el índice de civilización de nuestra propia cultura? ¿Acaso llegamos a planteárnoslo realmente alguna vez? ¿Acaso no nos limitamos a decir: «Nuestra cultura es la cumbre de la civilización, y todo lo que sea distinto de ella es simplemente menos civilizado»? Si hacemos esto último, mataremos sin duda cualquier esperanza de mejorar nuestra cultura según criterios humanistas, nos sucederá lo mismo que al individuo que se considera ya lo suficientemente maduro ahogando así su capacidad de crecimiento y madurez personal.

Para trascender esta dicotomía, hemos de formularnos unas cuantas preguntas. ¿Cree usted que arrojar bombas nucleares contra grandes centros de población es civilizado? ¿Cree usted que lo es el uso del napalm y de los defoliantes químicos en la guerra? ¿Cómo puede justificarse que haya tantos niños en las grandes ciudades que salen de los institutos de enseñanza media sin saber leer? ¿O los elevados índices de hambre, pobreza y ansiedad de nuestra «civilizada» cultura? ¿Puede juzgarse nuestro índice de civilización por el número de grabadoras que poseemos, o por las muchas viviendas que poseen instalaciones sanitarias?

Los individuos de naciones menos industrializadas quizá no lleven pantalones a la moda, quizás anden en camello y no en Cadillac, puede que tengan una escasez crítica de rascacielos, televisores en color, automóviles, secadoras, centrales nucleares, artículos de plástico, cadenas de alimentos rápidos y almuerzos de negocios de tres martinis, pero quizá tengan también escaseces críticas de cáncer, depresión, valium, contaminación, atascos de tráfico y accidentes, violaciones y asaltos, asesinatos y suicidios, crisis de energía, días vacíos y noches insomnes. Sus técnicas de supervivencia quizá sean una maravilla que podrían tener en cuenta quienes viven en las naciones que denominamos desarrolladas. Si consideramos las cosas de modo objetivo, veremos que son civilizados en algunos sentidos y bárbaros en otros, lo mismo que debería parecernos siempre nuestra cultura.

En cuanto uno se permite formularse preguntas como éstas respecto a sí mismo y a su propia cultura, puede inmediatamente alcanzar la visión holística del concepto de «civilización», que ha de abarcar todo el campo de la experiencia humana, el pasado y el presente, preguntándose qué es lo que *uno* cree que podría ser «civilización» en su más alto grado. En cuanto elabore usted algunas respuestas posibles a estas preguntas que le permiten valorar del modo equitativo todas las culturas, incluida la propia (el marco de normas más «objetivo» que pueda concebir), verá inmediatamente lo «bárbaros», limitados y etnocéntricos que son la mayoría de nuestros juicios sobre lo que es civilizado y lo que no lo es, y lo mucho mejor que llegaría a ser el mundo entero si dejásemos de llamarnos unos a otros bárbaros e incivilizados.

Cuerpo/mente

Usted es un ser humano completo. Su cuerpo y su mente funcionan juntos desde mucho antes de que les enseñasen a distinguirse entre sí. Si ha llegado usted a creer que su cuerpo y su mente son de verdad dos entidades separadas e independientes, piense que es víctima de una de las dicotomías más alienantes, que puede llevar a una lucha constante por el poder entre sus necesidades «mentales» y sus necesidades «físicas».

¿Ha pensado alguna vez para sí: «Quizá no esté bien conjuntado, pero soy listo», y ha menospreciado las satisfacciones corporales, o ha abusado incluso de su organismo en pro de actividades estrictamente intelectuales o «mentales»? ¿Considera usted su cuerpo la «carta fea» y se *descarta* de él en favor del «as de triunfos» que es su mente?

¿O cree usted, por el contrario, que su as de triunfos es su cuerpo? ¿Se enorgullece usted de su apariencia física, de su capacidad de levantar pesos mayores o de lanzar una pelota de golf más lejos que nadie, pero se considera «no demasiado inteligente», *corto* incluso, y menosprecia su mente basándose en ese estereotipo que se ha impuesto a sí mismo?

Un enfoque holístico de su humanidad le ayudará a superar esta dicotomía y le permitirá llegar a ser un ser humano más completo. Si quiere usted darle a la pelota con el bate, tendrá que adiestrar todo, su mente/cuerpo, para poder realizar la tarea. No puede quedarse allí sin más y ver cómo sale la pelota de la base del bateador sin pensar: «No podré darle. El tanteo es tres-dos, tengo que cambiar». Su mente tiene que mandar sobre su cuerpo, y su cuerpo tiene que trabajar coordinado con su mente. «Dale ahora —piensa usted—. No des con toda la fuerza posible; deja que las muñecas se mantengan sueltas por si varía la trayectoria. Procura darle a la pelota y lanzarla al sitio justo. No necesitas un jonrón, sólo una base para lanzarte...»

El tiro llega desviado pero tú estás prevenido. En el último momento, flexionas la muñeca y el bate golpea con firmeza la pelota.

No tiene que pensarlo siquiera. Sale corriendo hacia la primera base, antes de darse cuenta siquiera de si la pelota va a caer en el sitio justo o si el adversario se le adelantará.

Cuando baja usted corriendo por la primera línea de base con todas sus fuerzas (cuando corre a trabajar o corre por el parque) podría pararse y preguntarse: «¿Es mi cuerpo o mi mente el que hace esto?». Y podría hacerse la misma pregunta cuando está escribiendo una carta, cambiando un sofá de sitio o conduciendo el coche camino del trabajo.

No hay ninguna escisión real entre su cuerpo y su mente. La única decisión es la que han inventado algunas personas para diferenciar actividades «mentales» y actividades «físicas». Puede usted superar esta dicotomía si acepta que en toda acción humana participan el cuerpo y la mente.

Cuerpo y mente... no es posible que se mantenga el uno sin la otra. Cuando el individuo muere, aunque el cerebro, o la mente, desease y pudiese seguir, no es posible si el cuerpo lo impide.

La vida Sin Límites, la vida holística, exige que adiestre usted y ejercite su «yo» completo, cuerpo y mente o sea toda su personalidad. Su mente necesita estímulo y ejercicio con la misma regularidad que su cuerpo, y viceversa. Si puede usted asimilar su unidad básica, podrá alcanzar sin duda el pensamiento Sin Límites, el pensamiento holístico.

Consciente/inconsciente

Esta dicotomía puede que sólo les resulte familiar a los que estén identificados con las teorías psicoanalíticas freudianas o tradicionales, pero ha jugado un papel decisivo en la entronización de un tipo de enfoque dicotómico de la vida que ha ido extendiéndose progresivamente en nuestra cultura.

Algunos psiquiatras le dirán que nuestra psique (espíritu o mente) se divide en tres partes: el *ello*, el *yo* y el *superyó*. Según esta hipótesis freudiana, el pastel de su mente se divide, más o menos, según la siguiente figura:

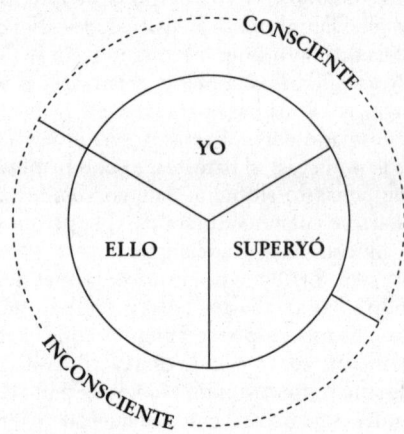

Como puede usted ver, esta teoría afirma que su mente está básicamente dividida entre su mitad «consciente» y su mitad «inconsciente», en suma, *la mitad de la que usted sabe* y *la mitad de la que usted*

no sabe y que es, en consecuencia, impredecible o *indigna de confianza*. Pero la imagen se complica por el hecho de que, según esta teoría, el pastel *básico o* central de su mente está dividido en *tres* partes aproximadamente iguales, el ello, el yo y el superyó, y que el ello, y la mitad, más o menos, del superyó, pertenecen al sector «inconsciente» de la dicotomía básica y el yo y la otra mitad del superyó al sector «consciente».

Los que están de acuerdo con las teorías freudianas le dirán a usted que su *ello* es algo así como «la fuente indiferenciada de su energía animal» y se lo retratarán como una cierta fuerza *inconsciente*, oscura, primitiva, no civilizada, que hay dentro de usted y que le destruiría a usted y a todos los que le rodean si la dejara suelta.

Pero le dirán, también, más o menos, que a su ello lo civilizan su *yo* y su *superyó*.

Luego le definirán su yo como esa parte *consciente* de usted que se ha «derivado del ello a través de los contactos con la realidad, y que coordina sus relaciones con el ello, el superyó y la realidad externa».

Luego le dirán que su superyó es «un sector importante de la psique, sólo parcialmente consciente, que *colabora en la formación del carácter, y que refleja la conciencia paterno-materna y las normas de la sociedad*».

En otras palabras, según el punto de vista psiquiátrico clásico usted está siempre atrapado entre su *consciente* (su yo y parte de su superyó, *aquélla de la que usted puede tener conciencia*) y su *inconsciente*, es decir, su ello y la otra parte de su superyó, sus impulsos animales y las influencias de sus padres y de la sociedad, *aquéllas de las que usted puede tener conciencia*. Dado que se considera que las mitades consciente e inconsciente de su mente *determinan en una medida más o menos igual su conducta*, la conclusión es que *usted sólo puede tener conciencia o control de la mitad de sí mismo*.

Se considera también, sin duda, que puede usted descubrir una cierta parte de su inconsciente, ese tenebroso territorio de su psique desde el que fuerzas misteriosas supuestamente manejan los hilos que controlan sus actos y deseos, consultando a un psicoanalista, cuya formación y «teorías», sumamente complejas, sobre el significado de sus sueños, le diga qué «complejos» residen allí, para que este especialista le guíe un poco por la selva mucho mejor de lo que usted solo podría guiarse nunca. Pero aun así, ha de concebirse usted como un ser *fundamental escindido*, como si su psique viniera al mundo dividida, lo mismo que llega a su mesa la pizza ya cortada, y que siempre estará ahí ese ello «puramente animal», en el que nunca puede confiar. Nunca se sabe cuándo van a salir aullando los salvajes de la selva y arrasar ese pequeño campamento llamado «mente consciente».

Según mi opinión, toda esa pizza que el psicoanálisis ha intentado vendernos es un inmenso fraude al público. *¡El inconsciente, como entidad, simplemente no existe!* Le venden a usted media pizza por el precio de una entera.

El psicoanálisis aporta, como mucho, unas cuantas vislumbres respecto a lo que reside en el interior de cada uno. Desde luego, el individuo siempre tiene ideas y reacciones que son restos de su infancia, y sueños en los que la mente opera de modo muy distinto a como opera durante el estado de vigilia. Pero asignar la responsabilidad de la conducta humana a algo que, por definición, el ser humano no puede conocer ni controlar conscientemente, es facilitar la rendición inmediata cada vez que uno quiere eludir responsabilidades por algo que está haciendo. Además, todo eso induce al individuo a creer que necesita un psiquiatra que le guíe para conocer su propia psique utilizando un montón de categorías teóricas rígidas y de jerga misteriosa. Esto, por supuesto, desecha y ahoga la capacidad del individuo para analizarse a sí mismo en los términos y con la visión del mundo que tienen más sentido para él.

¿Por qué he de aceptar que tengo un sector «enfermo» y un sector «sano», y que en lo profundo de mí mismo habita un monstruo horrible que me devorará si se desmanda? Yo no lo creo en absoluto. Mantengo que en lo profundo de cada cual hay un individuo plenamente humano, sumamente evolucionado y funcionalmente feliz, y que debemos propiciar su salida a la luz. Es un mito creer que somos criaturas que tienen un núcleo originario fundamentalmente enfermo. Toda esta dicotomía es consecuencia de las hipótesis de los primeros tiempos del psicoanálisis, y no tienen ninguna validez en nuestra vida salvo que decidamos creerlo así.

Para superar la dicotomía consciente/inconsciente, hemos de prescindir de esas divisiones de la psique en partes que propiciaron Freud y otros como instrumentos para la investigación, y enfocarnos como un todo completo. Como decía Maslow en 1971: «Sólo ahora estamos convenciéndonos plenamente de que el individuo integrado, el ser humano plenamente evolucionado, la persona plenamente madura, debe tener acceso a sí misma a los dos niveles simultáneamente. No hay duda de que resulta ya anticuado estigmatizar este aspecto inconsciente de la naturaleza humana, calificándolo de enfermo, no considerándolo sano. Así fue como lo concibió en principio Freud, pero ahora hemos llegado a descubrir que no es así».*

---

* Maslow, *The Farther Reaches of Human Nature*, cit., p. 88.

Cuando uno se enfoca con una visión holística, ya no necesita dividirse en su mitad «consciente» y su mitad «inconsciente». El individuo puede pensar, por el contrario, que tiene dentro de sí una personalidad verdaderamente humana, verdaderamente importante, y que su verdadero carácter estriba en desear ser feliz y pleno. ¿Y *por qué no* enfocarse de ese modo, en vez de adoptar una estúpida perspectiva sano/enfermo, consciente/inconsciente? ¿Por qué alzar barreras teóricas innecesarias y artificiales al pensamiento entre uno mismo y la vida Sin Límites?

Seguridad/inseguridad

Ésta es una de esas dicotomías de la «psicología popular» que han pasado al uso común como un medio práctico de olvidarse de los demás, e incluso de uno mismo.

¿Cuántas veces se ha sorprendido diciendo: «Es así porque es una persona insegura», sintiéndose al mismo tiempo muy seguro de su propia seguridad frente a esa persona que ha etiquetado así? ¿Hasta qué punto cree usted realmente que un individuo (incluido usted mismo) es una *persona segura* o una *persona insegura*? ¿Hay espacio en su pensamiento para alguien situado en el medio, es decir, una mezcla de ambas cosas?

Prácticamente, todo lo que hace uno entraña cierta seguridad y cierta inseguridad. Si le planta usted cara a un funcionario insolente un día, puede mostrarse hacia el exterior muy seguro y confiado, pero puede estar temblando por dentro. Si le para a usted un policía por lo que usted considera algo absolutamente injustificado, puede que parezca usted temblar y vacilar por fuera y por dentro, sabiendo que no ha hecho usted nada malo y estar totalmente seguro de ello.

Todos tenemos momentos de seguridad e inseguridad relativa, por lo que cualquier dicotomía que nos etiquete de una u otra forma es una pérdida de tiempo. Además, si se etiqueta usted como «seguro» o «inseguro», eso le impedirá intentar cambiar lo que considera ya como un modo de ser. Si se califica de inseguro, puede muy bien descubrir que se apoya constantemente en otros para que hagan por usted cosas que no tiene suficiente confianza en sí mismo para hacer solo: «George, ¿quieres llevarme el coche al garaje? Ya sabes que en cosas de mecánica no tengo seguridad ninguna». A ese paso, nunca superará usted sus complejos respecto a la mecánica, y ello se deberá exclusivamente a que se ha «archivado y olvidado» a usted mismo o misma bajo esa etiqueta de «inseguridad» (por lo menos, respecto a la mecánica).

El no tener seguridad no es buena cosa, evidentemente, si significa que usted se aferra a un precario asidero que, si cede, le hará caer montaña abajo y hundirse en el pánico. Pero tampoco es bueno sentirse «demasiado seguro», si eso significa valorar demasiado su seguridad. Una insistencia excesiva en la «seguridad» puede llevar a la inercia, el hastío y la depresión lo mismo que una dosis demasiado escasa de seguridad verdadera puede llevar al pánico, la duda incesante u otras desdichas que acompañan a la inseguridad.

Para trascender esta dicotomía, debe usted admitir que tiene que arriesgarse a cierto sentimiento de inseguridad si desea poder llegar a andar por la cuerda floja, hacer esquí acuático, convertirse en escritor, iniciar un nuevo negocio, probar una receta culinaria nueva o hacer cualquier cosa que exija aprendizaje. Ha de prever usted que la vida Sin Límites puede llevarle a situaciones que la mayoría de las personas calificarían de precarias, y debe prever también que habrá otros que digan de usted: «Actúa de ese modo porque se siente inseguro». No hay duda, sin embargo, de que lo que importa, en cualquier situación, es cómo se ve a sí mismo, y cuando experimente esas sensaciones de «inseguridad» debe preguntarse si las siente porque se siente usted de verdad *inseguro en su interior* (si tiene la sensación de que su mente está a punto de hundirse en el pánico), o si sólo se siente inseguro porque ha llegado a considerarse así en este tipo de situaciones. Le sorprenderá comprobar con qué frecuencia esa inseguridad procede de sus propios estereotipos y/o de los de otros con respecto a usted, y con qué frecuencia un poco de tranquila meditación sobre la situación puede liberarle del pánico, si es capaz de dejar de preocuparse por lo «inseguro» que está.

Asimismo, debe usted admitir que el pensamiento Sin Límites le exige que decida por sí mismo *qué tipo de seguridad desea en la vida*, qué tipo de vida (no importa cuáles puedan ser los «riesgos de inseguridad» convencionales) puede proporcionarle más paz interior y más confianza para seguir adelante y asumir nuevos «riesgos» para forjar su propio destino.

Las preguntas que ha de formularse en cualquier situación no son «¿estoy seguro o inseguro en este momento? ¿qué puedo hacer para sentirme más seguro?», sino «¿es eficaz en este momento mi conducta para hacerme feliz, sean cuales sean las etiquetas que puedan adjudicarle otros o que pudiese adjudicarle yo ayer?». Si es usted feliz ahora, ya tiene toda la seguridad que necesita. Si no lo es, que se preocupe mucho de si usted u otros están «seguros» o «inseguros» no le hará ni una pizca más feliz.

Piense por un instante en unos cuantos sectores de su vida en los que usted u otros le hayan calificado como «muy inseguro» y unos cuantos en los que usted se calificaría de «muy inseguro». Piense luego en todos los medios que se le ocurran para que esté o *pueda llegar a estar* seguro internamente en esos sectores que ha etiquetado como «inseguros». Este ejercicio no sólo debería mostrarle lo absurda que puede llegar a ser la dicotomía seguro/inseguro, sino que debería mostrarle también la forma de eludirla. Por ejemplo, si ha empezado pensando usted con

MUY SEGURO
Cocinar para la familia

MUY INSEGURO
Resolver problemas mecánicos del coche

quizás haya pensado inmediatamente, respecto a lo de «cocinar para la familia»: «Ya me estoy cansando de tener que hacer todas las comidas. Preferiría dedicar unas tardes a la semana a hacer algo que no sea preparar la cena, y cuando tengo que cocinar, me gustaría probar algunos platos nuevos». Respecto a «resolver problemas mecánicos del coche», quizás haya pensado: «Estoy por lo menos seguro de saber que puedo permitirme el costo de cualquier reparación que necesite el coche. Me siento inseguro porque no he tratado hasta ahora con problemas de este tipo, no entiendo demasiado de coches y me intimida la gente que pueda hablar del tema con conocimiento de causa. Por eso le pido siempre a George que me lleve el coche al taller. Pero puedo adquirir seguridad interior en ese sector por el simple procedimiento de llevar yo misma el coche la próxima vez y aprender más del asunto de los propios mecánicos». En otras palabras, las inseguridades se eliminan actuando, no limitándose a etiquetarse uno mismo como inseguro.

Si vuelve usted ahora atrás y considera lo que puede hacer respecto a la «inseguridad» (desdicha, aburrimiento, depresión) que ha asociado usted con «cocinar para la familia», descubrirá que sus soluciones al problema de la «seguridad excesiva» guardan una sorprendente semejanza con las que ha concebido como curas para su *inseguridad* respecto a la mecánica, o cualquier otro problema de inseguridad que tenga usted. Quizás haya pensado esto: «Podría divertirme más cocinando si le pidiese a George que cocinara él unas cuantas veces a la semana o trajera uno de nuestros platos favoritos del restaurante, de modo que yo pudiera evadirme un poco de mi rutina, olvidar la cocina unas cuantas tardes y tener tiempo para pensar en nuevos platos y para comprar ingredientes especiales».

La similitud entre estas dos soluciones a problemas «opuestos» estriba en el hecho de que, en ambos casos, ha pensado usted en *lo que puede hacer* respecto a esos problemas, en que ha inventado ciertas *estrategias prácticas*. Esto es lo que yo llamo pensamiento Sin Límites en su grado más pleno. Ha olvidado usted la dicotomía y ha utilizado usted el sistema de pregunta-respuesta para la resolución de problemas, al *pensamiento creador* tal como su propia vida se lo ha ofrecido ahora.

Independientemente del enfoque que haga del asunto, no existe en realidad una persona completamente segura o insegura. Aprender a fundir esta dicotomía y ver a los demás y a uno mismo como combinación ilimitada de seguridades e inseguridades con las que puede trabajar continuamente, le conducirá, sin duda, hacia la verdadera vida Sin Límites.

Profesor/estudiante

Esta dicotomía, junto con la de padre/hijo, jefe/subordinado, maestro/aprendiz y muchas otras inventadas a lo largo de la historia para indicar que una persona debe ser enseñada o adiestrada por otra, es básicamente algo que utilizan las personas mayores o los individuos del «estatus dominante» convencional con los niños o con otros «aprendices», para mantenerles en posiciones de inferioridad. Empieza con una verdad muy simple: por ejemplo, que el profesor de historia ha vivido mucho más que usted, o por lo menos ha estado estudiando historia mucho más tiempo que usted y, en consecuencia, puede ayudarle a aprender más sobre la historia. Pero el problema empieza cuando se da por supuesto que el profesor es el elemento «activo» de la relación y el estudiante el elemento «pasivo», de forma que el profesor pasa básicamente a «actuar sobre» el estudiante, del mismo modo que el médico opera en el paciente, y a «impartir» o «implantar» conocimientos de modo muy parecido a como coloca el médico un marcapasos o trasplanta un riñón. Luego, se considera que el estudiante ha de «mantenerse quieto» en la operación, dejar que el profesor decida cómo debe realizarse, y si el resultado es un éxito el profesor sale de la sala de operaciones para recibir las felicitaciones de todos por su destreza pedagógica, mientras que el estudiante recibe una palmada en la espalda por haberse estado tan quieto y silencioso y se le asciende a la siguiente sala de operaciones. Paf-paf, se ha forjado así otra cadena de autoritarismo y sumisión.

La verdad holística que yace tras esta dicotomía es que todo profesor debe ser *también* un estudiante, tenga cinco años y enseñe a uno de tres a dibujar con lápiz o sesenta y cinco y sea un distinguido profesor de historia. Y además, *nadie puede enseñar realmente nada a otro*, en el sentido de «implantar» conocimientos o técnicas a un estudiante pasivo. El que aprende debe decidir investigar, pensar en la materia o practicar algo por sí solo, porque si no, por mucho que se le enseñe, no asimilará ningún conocimiento. Así pues, la responsabilidad de aprender algo reside en el que aprende, que ha de ser el que decida en primer término convertirse en su propio profesor para que cualquier otro profesor pueda ayudarle.

Todos sabemos que ningún niño aprenderá nada si se niega a participar, por mucho que intentemos enseñarle una serie de cosas. Es necesario *condicionar* al niño a no cruzar la calle solo, por ejemplo dándole un azote, pero condicionar no es enseñar ni aprender en un sentido significativo. Todos sabemos también —todos los que alguna vez hayan intentado enseñar algo a alguien— que lo que uno enseña es siempre una mezcla de nuestra experiencia en el proceso de enseñanza, o de participar en él como estudiantes, y nuestra *demostración* de que intentamos ayudar a nuestro maestro «estudiante».

Tomemos como ejemplo la experiencia de enseñar a un niño a ir en bicicleta. Quizás el niño haya pasado años yendo en triciclo, pero ahora tiene su primera bicicleta. Puede colocarle usted esas ruedas pequeñas que se utilizan durante un tiempo, con el objeto de que se acostumbre a la bici, pero cuando llega el momento de quitar las ruedecillas auxiliares y de que el chico intente mantenerse en equilibrio sobre las dos ruedas, de nada servirá correr detrás de él y sostenerle la bici, ni aconsejarle lo que tiene que hacer para «mantener el equilibrio» ni fingir que no le va a soltar y soltarle luego furtivamente cuando él no mire. O el chico consigue cogerle el truco al asunto a base de tanteos o no aprenderá y habrá que volver a las ruedecillas una temporada. El profesor eficaz debe *demostrar* unas cuantas cosas; por ejemplo, el modo de arrancar con impulso suficiente y de apretar el pedal con suficiente fuerza para poder mantenerse en equilibrio, debe enseñarle a apoyar un pie en el suelo y ladear la bici para parar y no caer si pierde el equilibrio, pero animará al «estudiante» a que sostenga él la bici, a que intente ponerla él en marcha y mantenerse en el sillín el máximo posible y a volver a intentarlo. No debe gritarle instrucciones contradictorias, interrumpiéndole cuando está intentando concentrarse. Si le parece que el chico se pone demasiado nervioso porque está usted allí y no puede concentrarse bien con usted delante, debe irse y dejar al aprendiz que aprenda solo. Por otra parte, puede reflexionar sobre lo que le ha enseñado a usted ese sistema de tanteo que ha utilizado para ayudar al chico a aprender a andar en bici. No dude de que le será muy útil esta reflexión para ayudar mejor a otro la próxima vez.

Cuanto más se fomente la confianza en sí mismo del que aprende durante el proceso de aprendizaje, más eficaz será la enseñanza. Por el contrario, cuanta menos confianza en sí mismo se inculque al estudiante, más degenerará la «enseñanza» en mero «condicionamiento» autoritario. ¿Dónde está pues, la dicotomía? Todo el objetivo de la enseñanza, de la educación, debiera ser ayudar a los estudiantes a convertirse en sus mejores profesores; a asumir pleno control de su aprendizaje. El profesor que aprende a ayudar a los estudiantes a asumir el control de sí mismos, aprende también más con cada esfuerzo de lo que es enseñar, y aprende de los estudiantes.

Yo, siempre que daba un curso en la universidad, aprendía tanto del tema y de cómo piensan y se comportan los seres humanos de los estudiantes, como ellos aprendían de mí, y me convencí de que es una completa estupidez en realidad la dicotomía profesor/estudiante. Después de todo, puede que lo mejor que puede hacer un profesor es enseñar al alumno a serlo. Y, asimismo, *lo mejor que puede hacer un padre es demostrar a los hijos lo que han de hacer para ser sus propios padres*. Lo mejor que puede hacer un jefe es demostrar a sus empleados lo que han de hacer para ser sus propios jefes; y lo mismo puede aplicarse a maestros y aprendices y en todos los demás casos. Para superar esa tendencia autoritaria a pensar que todas estas relaciones son vías de una sola dirección que exigen dominio/sumisión o suponen superioridad/inferioridad basta hacer inventario de todas las relaciones de nuestra propia vida a las que se han adjudicado etiquetas «profesor/estudiante» o similares, e invertir los papeles y ver en qué medida es cierto que los estudiantes son profesores del profesor (o los profesores son estudiantes), en qué medida sus hijos son sus padres o viceversa, etc. Si lo hace usted verá cómo cambian sus ideas, cómo cambia toda su forma de pensar, cómo se suavizan sus actitudes a medida que desaparece la tensión que nacía de su anterior necesidad de representar tantos papeles artificiales de dominio o sumisión. Su conducta en estas relaciones se ajustará por sí misma para adaptarse a las nuevas ideas. El buen humor reemplazará a la angustia; el espíritu de cooperación a la rivalidad o el conflicto, y las cadenas autoritarismo/sumisión se convertirán en una red de verdaderas relaciones Sin Límites. No olvide que todo lo que sabe decidió aprenderlo usted, y que ningún profesor, por mucho talento que tuviera, podría obligarle a aprender algo que usted no quisiera aprender. Somos *todos* maestros y aprendices a la vez, en todos los momentos de la vida.

Trabajo/diversión

Esta dicotomía es una de las más profundas y destructivas de nuestra cultura. Superarla constituye, en varios sentidos, la esencia del pensamiento Sin Límites, quizás el elemento singular de más alcance que pueda servirle para lograr la verdadera vida Sin Límites.

¿Cuántas veces, en cuántos sentidos, ha oído o dicho usted: «Trabajar mucho y jugar poco convierten a Jack en un muchacho tonto». «Trabaja mucho, diviértete mucho.» «Lo único que hago es trabajar, trabajar y trabajar.» «Bueno, se acabó la diversión, volvamos al trabajo.» «Nosotros somos miembros de la clase trabajadora. Ellos son miembros de la clase ociosa.» «Ahora todo es coser y cantar, pero espera que crezcas y verás lo que es el trabajo.»

Concretando, ¿con qué rigidez divide usted su tiempo entre esas cosas placenteras que clasifica como diversión u ocio y la rutina miserable que considera trabajo? ¿Hasta qué punto considera su trabajo primario, su empleo o profesión (sea usted fontanero, ama de casa, ejecutivo, publicitario o estudiante) como algo *que se ve obligado a hacer* porque tiene que ganarse la vida, o algo en lo que desea usted desesperadamente triunfar para poder hacerse rico y retirarse pronto y *no tener que trabajar más*?

¿Hasta qué punto se considera usted *un esclavo del trabajo*, sea éste lavar los platos, segar el césped, construir un puente o escribir un artículo para un periódico? ¿Hasta qué punto ha aceptado usted la idea de que *la diversión es una recompensa por acabar el trabajo*, ya sea usted un estudiante al que han amenazado con no dejarle libre el tiempo de recreo si no acaba los deberes, o un hombre de negocios que *trabaja duro* cincuenta semanas al año, en parte por sus vacaciones de dos semanas? En resumen: ¿Hasta qué punto cree usted que lo que es trabajo no puede ser diversión y lo que es diversión no puede ser trabajo?

Cambiar de actitud respecto a la dicotomía trabajo/diversión supone algo más que el simple etiquetar lo que disfrutamos como diversión y lo que detestamos como trabajo. En realidad, cambiar nuestra forma de utilizar las palabras de nada servirá si no hacemos otra cosa, pero el considerar *si una actividad cualquiera puede llamarse trabajo en su mejor nivel y no puede llamarse también diversión*, eso sí puede llevarnos justamente a la superación de esta dicotomía.

Considere lo que podría significar *hacer su trabajo* al mejor nivel. Puede pensar inmediatamente: «Trabajar al mejor nivel es, por ejemplo, escribir el mejor informe de mi vida, un informe que mi jefe y los clientes digan que es exactamente lo que necesitan», o algo parecido. Puede pensar también: «Eso no tiene nada que ver con el hecho de si me divertí o sufrí muchísimo mientras lo escribía».

Piénselo otra vez. Puede que haya dado usted por supuesto lo siguiente: que «su trabajo» es el producto que usted produce (el servicio que presta, o lo que sea) ¡*y no* la actividad de trabajar! No hay duda de que *parte* de lo que quiere usted decir con lo de «mi mejor trabajo» puede ser «el mejor poema que he escrito en mi vida», o cualquier otra cosa. Pero *el significado de toda la palabra* cuando la aplica usted a su vida, debe incluir su valoración de *lo bien que lo pasó trabajando, o en qué medida su trabajo fue también diversión*. En este sentido es en el que usted dice: «El mejor trabajo que hice en mi vida, realmente... (lo que sea), porque disfruté haciéndolo, disfruté *del trabajo*, me agradaba muchísimo la gente, lo pasé muy bien y me resultó todo muy interesante y muy estimulante».

Si concuerda usted en que «su trabajo» debe significar tanto la actividad como el producto, entonces puede usted ver de inmediato que el trabajo en su nivel mejor o más alto *debe* ser una combinación de trabajo y diversión. Puede usted denominar «trabajo» si quiere a cualquier tipo de rutina o actividad que se haya resignado a odiar, siempre que decida encontrar algún medio de disfrutar de ese trabajo o bien dejarlo. Lo que es decisivo es que *no considere* ninguna actividad como rutina odiosa sólo porque *usted u otros* la hayan etiquetado como trabajo, y no se resigne a padecer mientras lo hace, debido a la etiqueta que se le ha asignado. Si tiene usted verdadero interés por la vida Sin Límites, ha de aceptar que *el único tipo de trabajo que le interesa es el trabajo a su mejor y más alto nivel en todos los sentidos*, y que *primero tiene que lograr ser capaz de hacer que todas sus actividades laborales se conviertan en diversión o juego*.

Y ¿cómo se originó en realidad esta dicotomía absurda? ¿Cómo llegaron a aceptar algunas personas que hay trabajo y hay diversión y que hay que dedicar la mayor parte del tiempo a trabajar para poder gozar del resto del tiempo (siempre que pueda uno permitírselo) divirtiéndose, que la diversión es la recompensa por el «trabajo duro»?

Creo que para la mayoría la cosa empezó ya en la escuela, cuando los padres insistían en que sus hijos tenían que empezar pronto a trabajar «en la casa», les asignaban numerosas «tareas» o «deberes» y les transmitían a la vez la idea de que era horroroso lavar los platos o cortar el césped. Quizá les dijesen a los niños que si querían vivir en familia tenían que hacer su parte del trabajo, justificando esta política sobre la base de que no hacían más que preparar a sus hijos para la escuela, o la vida, «tal como es». Pero para la mayoría es muy probable que todo empezara en la escuela, donde los profesores llamaban a ciertos periodos «períodos de recreo» y procuraban que supiésemos muy bien que cuando empezaba la clase el profesor era otra vez el jefe, y que no teníamos motivo alguno para esperar disfrutar, porque aquello era *tiempo de trabajo*, tiempo en el que se nos condicionaba a la idea de que trabajo y diversión eran muy, pero que muy distintos.

Ahora bien, ¿cuál es la ventaja autoritaria de este tipo de dicotomía (que tanto los estudiantes como los profesores autoritarios aceptan y/o promueven)? Creo que es exactamente que *si la diversión puede separarse del trabajo* de modo que *su diversión dependa de lo bien que actúe usted según el juicio de los que mandan* entonces *los que mandan cuentan con otra recompensa que pueden otorgarle o no a usted a voluntad, y han encontrado un medio más para manipularle.* Es decir, son los que mandan los que le dicen cuándo tiene el derecho de divertirse.

La clave para superar esta dicotomía es tomar conciencia que su *capacidad para unir trabajo y diversión en todo lo que hace es algo que nadie puede quitarle excepto si incautamente lo cede.*

Volviendo a la sección de «compromiso» del capítulo primero, en la que mencionaba la unión de vocación y diversión (otra forma de la dicotomía trabajo/juego), no nos vendrá mal leer de nuevo a Robert Frost:

> Aunque otros acepten su separación,
> mi objetivo en la vida es unir
> la vocación y la diversión...

Lo que el poeta quiere decir aquí es que *vocación-y-diversión eran originariamente una misma cosa,* por lo menos en su pensamiento, y que *algunas personas han aceptado su separación,* o han cedido ante la idea (autoritaria) de que «para el adulto maduro» trabajo y juego deben estar en realidad separados, deben ser incluso actividades que se excluyan mutuamente. Frost quiere subrayar que los que han perdido la visión de la unidad fundamental de «trabajo» y «diversión» en su nivel más alto, *necesitan pensamiento creador y elecciones vitales valerosas para superar ahora esta dicotomía.* No importa si usted recuerda cuando existía una unidad entre trabajo y diversión en su propia historia personal o no, aunque quizá recuerde usted todo lo que tuvo que trabajar para construir aquella cabaña o para hacer aquel maravilloso castillo de arena, y cómo disfrutó y se entusiasmó haciéndolos. Lo que ahora importa es que pase usted a hacer que todo lo que etiqueta como «trabajo» y todo lo que etiqueta como «diversión» se conviertan en la globalidad trabajo-y-diversión en su historia personal *a partir de ahora*. No tiene que alterar su diversión para «convertirla» en trabajo en el sentido en que estoy hablando. Lo único que tiene que hacer es reconocer que trabaja usted siempre cuando en realidad está divirtiéndose.

Por ejemplo, si está usted totalmente entregado a un partido de tenis, ¿no está trabajando como individuo total? (corre usted de un lado a otro, su cuerpo y su raqueta juegan con la pelota coordinados al máximo con el pensamiento. Está aprendiendo y fortaleciéndose y mejorando «su juego» a cada instante. (Siempre que esté pensando en el juego y no preocupándose por él.) ¿Hasta qué punto no está usted trabajando? No está usted «parado», como el reloj que ha dejado de funcionar, del que decimos: «Se ha parado. Tengo que mandarlo a arreglar». Por otra parte, está usted esforzándose al máximo tanto física como mentalmente (si es que quiere usted distinguir entre las dos cosas). Después quizá diga usted incluso: «¡Estoy agotado!». Durante esta actividad que le han condicionado a llamar «diversión», ha hecho todo lo que cualquiera puede asociar con el trabajo.

Asimismo, cuando ha hallado usted el medio de convertir su trabajo diario (o su profesión) en diversión (requiera o no su trabajo mucha actividad física), está haciendo, sin duda, a la vez, todo lo que es característico tanto del trabajo como de la diversión o del juego.

Recordará usted que, cuando hablábamos de «compromiso», dije que afortunadamente la unión de vocación/diversión o de trabajo/juego no depende de la capacidad que tenga usted para conseguir el trabajo que le gusta, sino de su capacidad para disfrutar del trabajo que consiga. Por supuesto, usted desea conseguir el trabajo que a usted le parece que le va a gustar. ¿Qué mejor medio de asegurar que va usted a disfrutar del trabajo que consiga? Pero en cuanto a esos trabajos que *usted ha decidido hacer* (e incluso con los platos sucios, usted decide lavarlos después de utilizarlos; *podría* usted haber comido en la misma cacerola, o haber comprado comidas hechas de las de la televisión), *¿por qué no* ser lo más creador posible en la tarea de convertir esos trabajos en juego y diversión? ¿Por qué aceptar la idea de que de nueve a cinco *tiene* que ser un período aburrido y rutinario porque es un período de trabajo y la diversión viene después? ¿Por qué ir a trabajar cada día con el prejuicio de que se ha acabado ya la diversión? ¿Por qué ser ese basurero hosco que arrastra despreocupadamente los cubos de basura y dejar caer en la calle la mitad porque no puede convertir su trabajo en diversión? *¿Por qué no* ser el basurero que siempre es afable y limpio, al que le resulta fascinante comprobar lo que la gente tira a la basura y piensa en lo que dirán de esa basura los arqueólogos del futuro, ese que habla del nuevo centro de reciclaje de desperdicios?

Sea lo que sea lo que considere usted ahora trabajo «en el sentido negativo» (sea cortar el césped, lavar los platos, entregar el informe a tiempo, sentarse detrás del proyector de cine ocho horas seguidas sin «nada más que hacer» que cambiar los rollos cada media hora) puede hallar un medio de entregarse por completo a esa tarea y de que esa tarea le fascine durante todo el tiempo que está realizándola.

En fin, lavar los platos, retirar la basura, ir a trabajar todos los días, son condiciones necesarias de su vida. *¿Y qué?* ¿Las convierte eso automáticamente en trabajo-y-no-diversión? ¡Nada de eso! Si decide usted sus propias actitudes respecto a todo eso sin permitir que se introduzcan dicotomías artificiales trabajo/diversión, verá que lavar los platos puede ser muy bien «tiempo de diversión», el momento de recordar cuánto disfrutó de la comida que tomó en esos platos; para entregarse a sus pensamientos y reflexiones personales mientras ve cómo fluye el agua y ve sus manos y va limpiando esos buenos y queridos platos otra vez para la comida de mañana; para escuchar su música favorita, charlar con la familia, meditar simplemente o cualquier otra cosa que suponga diversión o recreo. (Otra palabra que define la idea juego-y-trabajo en su más alto grado, pues significa *auto-recreación.)*

Lo maravilloso de la actitud holística renovada hacia trabajo-y-diversión será, en definitiva que cuanto más aprenda usted a divertirse con su trabajo (su profesión sobre todo), mejor serán, lógicamente, los productos de su trabajo *sin que usted se preocupe en absoluto por él*. Es decir, su informe como producto no puede, sin duda, ser peor, y yo creo que será inevitablemente mejor a los ojos de los demás si se permite usted jugar con él, disfrutar escribiéndolo. Sus semanas de vacaciones serán mucho mejores si no tiene usted la sensación de que ha sacrificado un año de duro y gravoso trabajo por ellas, y si no se siente obligado a compensar en ellas a toda costa todo ese año de trabajo.

Por supuesto, quizá tenga usted que rechazar a veces algunas supuestas actividades de trabajo o diversión que otros han intentado ilegalmente imponerle. Puede que su jefe *sea* un autoritario implacable que no le conceda a usted la menor opción de desarrollo y que parezca esforzarse al máximo por convertir su vida en un infierno. Puede que usted no quiera jugar en realidad al tenis esta tarde y que alguien esté intentando arrastrarlo a toda costa a la pista. En ese caso, rechace usted la actividad. Deje su trabajo sean cuales sean los riesgos, o diga: «No, qué demonios, no voy a jugar al tenis esta tarde». Pero sea cual sea su decisión en una situación concreta, si quiere gozar usted del trabajo Sin Límites y de la diversión Sin Límites *en su más alto grado*, ha de recordar que no puede disfrutar de una cosa sin la otra, y que *cuando ha conseguido usted una también ha conseguido la otra*.

El propio Robert Frost explicó lo que quería decir en «Two Tramps in Mud Time». Tenía vocación de «poeta». Su diversión era escribir poesía. Creo que toda su obra poética, todo su legado de pensamientos bellos y veraces, resuena tan profundamente en los oídos de tantas personas razonables sólo por el hecho de que logró captar esa unidad fundamental de juego y trabajo en su propia vida y porque logró *crearla para sí mismo*. Parodiando a otro poeta Sin Límites: «Trabajo es juego, juego es trabajo». Eso es todo lo que aprendes en el mundo y todo lo que necesitas aprender.

Amor/odio

Los autoritarios tienen una firme tendencia a dividir el mundo en cosas y personas que aman, y cosas y personas que odian, desprecian y condenan. «Amo a mi patria; odio a esos miserables que toman lo que la patria les da y luego se niegan a defenderla cuando llega el momento, esos tipos que están contra el reclutamiento.» «Amo a mi familia. Odio a ese tipo que vive enfrente.» «Me gustan las casas antiguas del centro de la ciudad, pero detesto esas otras nuevas que están construyendo.» «Me encanta trabajar en el jardín, pero me fastidia limpiar el sótano.» Esta tendencia refleja la intolerancia del autoritario respecto a la ambigüedad y su necesidad de dicotomizar a toda costa, aunque el resultado suele ser amor superficial y odio ciego que, si no es directamente peligroso, llena al menos al autoritario de contradicciones y le hace parecer con frecuencia un imbécil.

Supongamos que dice usted: «Quiero a mi familia, pero odio a esos tipos que toman todo lo que la patria les da y luego se niegan a defenderla». ¿Qué sucede si su hijo adolescente, del que hasta ahora se siente usted tan orgulloso, y que va a una universidad muy buena, decide de pronto que es contrario al reclutamiento? Usted ha proclamado tantas veces lo mucho que odia a «esa gente» que ahora se ve obligado a odiarle como persona, a retirarle su amor, a menos que logre *hacerle cambiar de idea*. Puede que intente usted por todos los medios hacerle cambiar de actitud, que le diga que no le dará más dinero si no recapacita, si no cambia de idea, pero tendrá muy pocas posibilidades de lograrlo. Su odio categórico va contra él de un modo muy personal y emotivo, y si usted no escucha sus razonamientos,

¿por qué va a escuchar él sus gritos? Además, si cede y renuncia a sus convicciones por las amenazas de usted, ¿cómo va a poder sentirse usted luego orgulloso de él?

Ese odio categórico le encierra a usted en un callejón sin salida. Ya no puede decir: «Bueno, odio a todos esos tipos, *salvo* a mi propio hijo», pues eso sería una falta total de coherencia. El único medio coherente y político de librarse de ese odio categórico y poder discrepar firmemente de él sin sentirse mal, es intentar *razonar con* él lo mejor que pueda, *reconsiderar* los pros y los contras del reclutamiento del mejor modo posible juntos y, en último término, hacer cuanto pueda por llegar a un acuerdo. Aunque tarde diez años, aún puede resultarle divertido intentarlo.

Pero si es usted ya por principio un archiautoritario, tendrá más miedo a cambiar su actitud actual que a romper con esa familia a la que dice querer tanto. Repudiará a su propio hijo, le obligará a abandonar esa universidad de la que se siente usted tan orgulloso, y probablemente causará un disgusto tremendo a su esposa y a los demás miembros de la familia que pensarán que el amor que siente usted por los suyos ha de ser muy superficial si puede convertirse tan fácilmente en odio automático y repudio de uno de ellos.

Precisamente para evitar este tipo de trampa amor/odio, los padres prudentes explican claramente a sus hijos: «Yo siempre te querré, aunque deteste algunas de las cosas que hagas». Con ese amor *no condicionado*, esos padres crean un espacio de maniobra mediante el cual pueden expresar una oposición firme e incluso odio hacia las acciones de sus hijos. («Me mentiste, es mentira lo que me dijiste como disculpa por haber llegado tarde ayer del colegio. Esa conducta me parece detestable», lo que es distinto a decir: «Te detesto a ti».) No cabe duda de que es posible amar al individuo y detestar su conducta al mismo tiempo.

Según mi experiencia, sólo las familias que han adoptado alguna versión de esta actitud básica, esta fusión o conciliación de la dicotomía amor/odio se han mantenido unidas. Las familias en las que se daba por sobrentendido que si detestabas la conducta de una persona en un momento determinado detestabas también a esa persona (le retirabas tu amor) al mismo tiempo, se dispersaron todas como hojas al viento.

Pensando un poco más en la naturaleza del odio, se ve claramente que es fútil odiar a una persona, a cualquiera, y probablemente sea igual de fútil odiar las acciones de una persona, por la simple razón de que el odio en sí mismo es una emoción de *reacción* (y no un estímulo a la acción constructiva) cuyo principal efecto es sepultar al que odia en un torbellino pasional, en la cólera, en la rabia, en la inmovilidad y en la irritación sorda que acompaña a la inercia o en el atolondramiento absolutamente ineficaz que acompaña al pánico.

No cabe la menor duda de que los mejores soldados aliados de la Segunda Guerra Mundial no eran los que estaban obsesionados por la idea de odiar a «todos los alemanes» sino los que decían: «Alemania padece una espantosa enfermedad política, tan espantosa que moriré combatiéndola si hace falta y mataré a los alemanes que luchan por prolongarla si me veo obligado a ello, pero no odio a todos los alemanes, ni siquiera a todos los nazis. Mi misión es tanto salvar a Alemania de esta enfermedad como salvar al resto del mundo, y, en realidad, lucho codo con codo con los alemanes que han intentado oponerse a ella de un modo u otro y han fracasado, a los que sostienen los mismos principios que yo». Ésos fueron los que pudieron salir y hacer su tarea sin que su buen juicio o su eficacia se viesen mermados de alguna manera por los «ruidos parásitos» internos que engendra el odio; los que estaban demasiado ocupados combatiendo la enfermedad o a la gente que la padecía.

El mismo principio de amar a los propios familiares sin condiciones, *como personas*, aun cuando se vea uno obligado a *oponerse sin condiciones* a algunos de sus actos en un momento dado, la han ampliado muchos grandes pensadores religiosos a la idea de amar a *todos los seres humanos* sin condiciones (como si fuéramos todos miembros de una sola familia), aunque se vea uno obligado a oponerse hasta la muerte a lo que puedan hacer algunos en un momento dado. Ésa es la esencia del pensamiento holístico.

La razón es muy simple: si tiene usted esperanzas, si posee una visión clara de lo maravillosa que puede en realidad ser la vida para usted, ¿por qué no mantener la misma esperanza para todos los demás? ¿Cómo puede llegar a alcanzar la humanidad alguna vez su capacidad plena de felicidad general si la gente no sólo abandona toda esperanza respecto a los demás, sino que, al mismo tiempo, prescinde de cualquier esperanza propia, cosa que uno hace en parte cada vez que abandona toda esperanza respecto a otro? ¿Cómo podrá usted ayudar a alguien (ayudarse a sí mismo incluso) si agrupa a una parte de los seres humanos entre los que odia y a otra parte en los que ama? ¿No pueden *todos aquéllos* a los que dice usted amar hacer tarde o temprano algo que detesta usted? ¿No puede hacer usted asimismo algo que los que estima y ama detesten y odien? ¿Querría usted que ellos le odiasen por ello? De este modo, todos los habitantes del mundo muy pronto acabarían odiándose; no sólo se envenenarían todas las relaciones personales (y en consecuencia, nuestras propias vidas), sino que dictadores y tiranos tendrían vía libre para manipular los ciegos odios mutuos de los individuos y desaparecería la libertad humana sustituida por los conflictos interminables del odio. En realidad, llevar a su extremo máximo la dicotomía amor/odio siguiendo las tendencias autoritarias, podría llevar muy fácilmente al exterminio total del género humano.

Pensemos, por ejemplo, en las palabras del apóstol san Pablo:

> El amor es sufrido, dulce y bondadoso; el amor no es celoso, no obra de forma precipitada o temeraria, no es ambicioso, no busca sus intereses, no se irrita, no piensa mal..., complácese en la verdad; todo lo sustenta, todo lo cree, todo lo espera, todo lo soporta.
>
> Sólo el amor perdura eternamente. El amor nunca perece. Las profecías se desvanecerán, las lenguas desaparecerán, la ciencia se acabará. Porque nuestro conocimiento es imperfecto, e imperfecta la profecía. Mas cuando llegue lo perfecto, desaparecerá lo imperfecto.*

Si está usted dispuesto a aceptarse como un individuo *perfecto ahora*, tal como le insté a hacerlo en el primer capítulo, tendrá que permitir usted que «lo perfecto» (la totalidad o la globalidad de su propio *yo*) surja *ahora mismo*, y tendrá que *olvidar su odio paralizante hacia los demás, hacia cualquiera, usted mismo incluido*. Abandonará usted lo «imperfecto»; esas categorías amor/odio, en las que ha emplazado tantas cosas y a tantas personas, «se desvanecerán», por el simple hecho de establecer la relación adecuada entre lo que usted ama y quiere nutrir y cultivar y lo que pueda usted odiar, lo que quiera usted eliminar del mundo, en su propia mente. Para mí, la relación adecuada es: «Puedo detestar lo que hacen los demás, pero no tengo por qué odiar nunca a otra persona. En consecuencia, *amor y odio no están nunca realmente en conflicto en lo que se refiere a otras personas*. Acepto que todo el mundo, incluido yo, hará lógicamente cosas que yo desapruebe en un momento u otro, y que a veces tendré que enfrentarme con ellos para que no las hagan. Pero eso no me impedirá amar básicamente a todo el mundo (incluido yo mismo) *siempre y tener esperanzas* respecto a todos».

La superación de la dicotomía amor/odio en *la propia vida personal* es algo que han propugnado prácticamente todos los pensadores religiosos. «Amarás a tu prójimo como a ti mismo.» Toda la filosofía y la poesía realmente grandes pueden iluminar sin duda con nueva luz el significado del amor cada vez que se analizan. Pero, de momento, yo lo interpreto en el sentido de que «si no puede usted amar al pró-

* Corintios I, 13:1-9.

jimo incondicionalmente (prescindiendo de lo mucho que pueda oponerse), no puede usted amarse a sí mismo sin condiciones». Es decir, *está usted destinado* a amar a su prójimo *exactamente en la misma medida* en que se ama usted a sí mismo, *sin que importe lo mucho o lo poco que sea*. Si odia usted a su prójimo y se comporta de un modo dañino para la vida de ese prójimo, eso es una medida perfecta de lo mucho que se odia usted a sí mismo y de lo autodestructivo que es respecto a su propia vida.

Lo último que he de decir es: la elección ha de hacerla usted mismo. Puede seguir dividiendo todas las personas, actividades, acontecimientos o ideas entre el amor y el odio, o puede superar esta dicotomización interminable en favor de la visión holística, la visión Sin Límites, por el simple procedimiento de decidir amarse y amar a las demás personas cuanto pueda, no dejándose alterar o inmovilizar por el odio a esas personas o sus acciones.

Bueno/malo

Quizá sea ésta una de las dicotomías más frecuentes en el idioma, y, como representa un *juicio* categórico importante en el que la utiliza, da origen a gran número de abusos.

Oímos decir continuamente: «No es buen chico». «Está siendo muy malo.» «Es una buena chica.» El supuesto que hay detrás de estas afirmaciones es el de que la gente puede diferenciarse limpiamente en categorías de bueno y malo, y que las personas que son malas no merecen nuestra confianza, mientras que a las buenas hay que felicitarlas. Pero en realidad no existen personas malas. La idea de *malo* es un juicio moral, y la *mala conducta* de una persona es la *buena conducta* de otra y viceversa. Por tanto, las circunstancias influirán, la mayoría de las veces, en lo que se considera bueno o malo. En época de guerra, es malo evitar matar al enemigo, mientras que en época de paz es bueno evitar matar a toda costa. Pese al hecho de que el acto de matar sigue siendo el mismo en ambos casos, los juicios de bueno o malo están siempre cambiando, según el contexto de la conducta. Así que, según la rectitud de las leyes y de las autoridades legales de la jurisdicción en cuestión, usted, como jurado, por ejemplo, puede acabar extrayendo esta conclusión: «Sí, desde el punto de vista técnico fue un asesinato, porque las leyes de este país prohíben matar a agentes de la Gestapo, sean cuales sean las circunstancias, y este hombre mató premeditadamente a ese agente que iba a llevarse a su familia a un campo de concentración. Pero no puedo condenar a este hombre por hacer eso, así que tendré que prescindir de la definición técnica y votar conforme a mi conciencia: "Inocente"».

Un error básico de la dicotomía bueno/malo, y muy extendido además, es permitir irreflexivamente que leyes externas y convenciones sociales hagan juicios morales por nosotros según las reglas prefijadas. El sistema norteamericano de jurados —así como el sistema judicial de otros países— está organizado lo mejor posible para impedirlo, previendo que el jurado pueda votar lo que quiera sin tener que justificar su voto ante nadie y sin que haya posibilidad de que le llamen a rendir cuentas o de que le castiguen por ello; pero, aun así, muchos jurados y «jueces» de todos los sectores de la vida no tienen, en el fondo, conciencia de ello y votan «culpable» sólo porque el acusado ha violado la ley desde un punto de vista técnico. Así pues, sin que importen cuáles pueden haber sido las agobiantes circunstancias, ellos consideran que hay que defender a toda costa «las leyes», sin considerar un instante que puedan cometerse graves injusticias con los individuos. Para superar este problema concreto de la dicotomía bueno/malo, debe usted recordar que toda persona es un compuesto de conductas buenas y malas, tal como se definen generalmente en nuestra cultura. En realidad, en cada ejemplo de conducta hay una mezcla de lo que llamamos bueno y malo, y aprender a superar esta dicotomía simplona y a examinar el contexto de la conducta es una forma de pensar muchísimo más amplia. Trascendemos la dicotomía cuando somos capaces de ver que bueno y malo son, en varios sentidos, la misma cosa. El delincuente que ha sido detenido por robo con escalo probablemente será calificado de «malo». Pero es necesario que examinemos las circunstancias del delito. Esto no quiere decir que deba quedar impune el hecho, sino simplemente que puede ser decisivo analizar al delincuente para poder juzgar con equidad el delito, como en *Los miserables* de Victor Hugo, en que el culpable roba una hogaza de pan para poder alimentar a su familia hambrienta. ¿Diría usted que los refugiados que cruzan furtivamente la frontera para sobrevivir son todos malos porque intentan conservar la vida y mejorar su vida? Si estuviera usted en su piel, ¿cómo se comportaría? ¿No eran los primeros colonos que llegaron a Norteamérica simples refugiados que penetraban ilegalmente en tierras ajenas (en tierras de los indios)? ¿Eran malos o buenos?

Para trascender la dicotomía debe adoptar usted ese tipo de visión amplia que rechaza la clasificación de los individuos en estereotipos y que le aporta a usted elementos para hacer algo constructivo en la tarea de corregir lo que hay que corregir en nuestra cultura. En vez de limitarse a juzgar a personas y cosas en base a si son malas o buenas, es mucho más eficaz tener en cuenta todos los aspectos y pasar luego a emprender acciones constructivas. La costumbre actual de establecer etiquetas bueno/malo no ayuda más que a mantener las cosas exactamente como están y a crear pequeñas y pulcras categorías de bueno y malo para encerrar en ellas a todo el mundo. En todas las conductas humanas hay una combinación de bueno y malo y lo más eficaz es evitar juicios y decirse uno a sí mismo: «Bueno, quizá me equivoque, así que no adoptaré actitudes taxativas a ese respecto».

Daré algunos ejemplos de juicios tipo bueno/malo que carecen totalmente de sentido: «Hace muy mal tiempo hoy», o «Fue un partido magnífico, pero el de la semana pasada fue horrible», u observaciones similares, en las que se limita usted a proyectar juicios sobre cosas que no son en sí mismas malas ni buenas. El tiempo es el tiempo, y por mucho que lo dicotomice usted, no lo cambiará, así que cuando dice usted que es malo, no hace más que expresar en voz alta su decisión personal de sentirse alterado por él, de permitir que le moleste. ¿Por qué no considerar hermosa la tormenta, adoptar el punto de vista holístico de que si todos los días fuesen claros y soleados la tierra sería estéril, sería un erial, y gozar del tiempo tal como es? Asimismo, quizás haya pensado usted que el partido de la semana pasada fue horrible porque el resultado fue de empate a cero y no hubo jugadas «espectaculares», mientras que el de esta semana fue bueno porque el resultado fue cinco a cero a favor de su equipo, y hubo jugadas espectaculares. Al decir que el partido de la semana pasada fue horrible, lo que dice usted es: «Decido no disfrutar de lo que *podría* saborear del partido de la semana pasada», pues podría haber disfrutado usted de esa pugna constante de los jugadores de uno y otro equipo por lograr lo que no pudieron lograr, marcar un gol, y de la emoción y la expectación que se mantuvieron durante todo el juego, a la espera de ese gol, que no llegó. Sin embargo, usted decidió hacer un juicio dicotómico de malo/bueno, decidió no disfrutar de lo que veía, o sentirse irritado por ello, desde el momento en que estableció ese juicio, pues desde ese momento no pudo gozar de lo que *sucede ahora* ni ver lo bueno en lo que etiquetó ya de forma definitiva como malo.

Por último, es muy importante que pensemos en eso que oímos decir a la gente con tanta frecuencia, en esas etiquetas categóricas de «Fulanita no es buena chica», «Fulano es un buen hombre». Existe un paralelismo entre este juicio, que consiste básicamente en calificar a las personas y no las conductas o acciones, y lo que dijimos en la última sección de la dicotomía amor/odio. Diría, a riesgo de hacer también una cierta dicotomización (recordará usted que ya he afirmado antes que el uso adecuado de dicotomías es esencial para el pensamiento y el lenguaje, que lo que debemos evitar es el uso autoritario de ellas), que tales categorizaciones de los individuos como totalmente buenos o malos *nunca* son necesarias ni están justificadas, y el modo de superar este abuso de la dicotomía bueno/malo es no etiquetar nunca a las personas en sí, sino su conducta en la medida en que sea preciso hacerlo (sin olvidar que toda conducta contiene necesariamente algo bueno y algo malo). Por ejemplo, supongamos que usted dice: «Fulanita no es una buena chica» porque es incontrolable en clase, porque supone un continuo problema de disciplina *para sus profesores*. Pero si lo piensa bien, esa misma característica de incontrolabilidad puede convertirla en el futuro en una gran dirigente o en un genio creador, siempre que la gente no se empeñe en intentar destruirla etiquetándola categóricamente como «mala» en vez de intentar ayudarla procurando encauzarla hacia un fin bueno. Puede ser también que eso sea lo que más le guste a usted ahora de esa chica en determinadas circunstancias. Quizá pensó usted que debía llamarle la atención al ver que replica a ese individuo presuntuoso que siempre anda fastidiándola, y fastidiándole a usted, pero es muy posible que en el fondo se dijese: «¡Ánimo, chica! Ojalá tuviera yo valor suficiente para hacer lo mismo».

Si examina usted meticulosamente esos juicios categóricos de bueno/malo, correcto/incorrecto y otros, podrá superar el mal uso que de todos ellos se hace, rechazando unos como completamente absurdos y otros porque no tiene usted ninguna necesidad ni motivos reales para hacerlos.

Patriótico/antipatriótico

Como recordará usted de los comentarios sobre ese rasgo superpatriótico de los autoritarios, esta dicotomía concreta muy bien puede llevar a consecuencias sociales espantosas de alcance nacional o internacional. Diferencia básica entre esta dicotomía y otras como bueno/malo, correcto/incorrecto, es que mientras estas últimas tienen ciertos usos legítimos, como cuando ha de hacer usted en términos prácticos un juicio moral, es muy difícil ver usos legítimos de ningún género en la dicotomía patriótico/antipatriótico. La verdad es que se trata de una dicotomía artificial. Un individuo puede amar a su patria apasionadamente y aun así pensar que ésta es injusta con sus ciudadanos. Un individuo podría negarse a matar a otros y aun así amar a su patria, o exactamente lo contrario: ir a la guerra y matar al enemigo y aun así ser un traidor a la causa de su patria. En realidad, la decisión de ser patriota o no es una elección, y no se puede condenar a nadie por discrepar vehementemente de la conducta de los dirigentes de su país.

Los países, por otra parte, no son inmutables. Están formados por dirigentes y ciudadanos, que pueden ser honrados y absolutamente inmorales al mismo tiempo. La idea de que hay que defender la patria con razón o sin ella no cabe en el marco vital del individuo Sin Límites. Sólo usted puede contestar por sí mismo a la pregunta de qué significa en su caso el verdadero patriotismo y el verdadero amor al propio país, y cada individuo tiene el derecho inalienable a decidir tal asunto por su cuenta. Por tanto, ¿qué objetivo patriótico serviríamos etiquetando como patrióticas o antipatrióticas las actitudes de otro? Al hacerlo, negamos o conculcamos su derecho democrático a tener opiniones propias. Le aislamos del proceso político *como conjunto*, le desacreditamos *como persona* por pensar como piensa, y procuramos que otros tengan prejuicios contra él, con lo que acentuamos el dominio de la cadena de autoritarismo y sumisión a la que nos hayamos apuntado.

Para superar esta dicotomía, el método más simple es sencillamente no utilizarla nunca... salvo que pueda usted verle alguna utilidad que considere legítima en determinada situación, pero me sorprendería mucho que la encontrase.

A este respecto, quizá le ayude el preguntarse si tiene alguna utilidad práctica para la humanidad en su conjunto esta actitud nacionalista con que los norteamericanos —pero no sólo ellos, como es sabido— dividen hoy mentalmente *a todo el mundo*.

La idea de patriotismo, o *amor al país natal* como valor positivo, depende de que usted reconozca, en primer término, a *su país*, la zona geográfica concreta en la que vive, el sistema político, económico y social, como una entidad importantísima. Al aceptar por ejemplo, la idea «norteamericano» como «identificación primaria» de usted mismo, se verá tentado de inmediato a considerarse americano *como opuesto a* alemán, ruso o japonés.

Quizá no haya peligro alguno en ello y entienda por tal cosa sólo una oposición que entraña una diferencia intrascendente aunque de cierto relieve. El que tenga usted quizás una determinada herencia cultural distinta de la de muchos rusos, o incluso el que vea usted a Estados Unidos empeñados en una lucha con la Unión Soviética, por ejemplo, para ver si nuestra filosofía política «dominante» puede permitirnos vivir mejor a los norteamericanos que a los rusos la suya.

Pero si su identidad fundamental como norteamericano significa para usted que «tenemos que derrotar a esos rusos cueste lo que cueste», si se considera usted básicamente parte de un país cuya obligación es ampliar los dominios del «mundo libre», entendiendo por tal los territorios y esferas de influencia norteamericana, si define usted su patriotismo como amor a su país y «odio a otros países o a sus habitantes», entonces se somete usted a la idea de que todo el planeta y todos sus habitantes, incluido usted, no son más que grandes peones de lo que el letrista de una canción llamó «El juego patriótico», refiriéndose a la carnicería que provocó en Irlanda el patriotismo ciego:

> Venid todos, jóvenes rebeldes, y alistaos mientras yo canto;
> El amor a la patria es algo terrible.
> Borra el miedo con la velocidad de una llama
> Y te mata del todo en el juego patriótico...
>
> Y ahora estoy tendido, el cuerpo lleno de agujeros.
> Pienso en esos traidores que pactaron y vendieron.
> Lamento que mi fusil no haya hecho lo mismo
> con los traidores que se vendieron en el juego patriótico.*

Esta canción, amargamente irónica, nos mueve a preguntarnos qué *es* ese juego del *supuesto patriotismo*. ¿No sirve para hacernos olvidar que antes de que hubiera naciones había personas, *había vida,* y para hacernos aceptar que ahora nosotros, los que estamos en el «mundo libre», y la gente que está allá, en el «submundo», somos en realidad representantes de las fuerzas dicotomizadas del bien y del mal, exclusivamente destinados a combatirse hasta que «nuestras patrias» superen a las suyas, o viceversa?

La ampliación natural de la tendencia a identificarse con la patria en cualquier sentido primario es la tendencia a dicotomizar arbitrariamente el mundo entero en «líneas de combatientes», y a oponerse *en el propio pensamiento* a masas inmensas del resto de la humanidad en algo que, según mi opinión, carece por completo de base real.

En consecuencia, el que se califique usted de patriota es exactamente igual de malo que el que califique a otro de antipatriota, en la medida en que le enfrenta a usted con millones de personas, a las que ni siquiera conoce, sólo porque viven en otros países. Puede que se aferre usted a la idea de que deben imponerse en el mundo su país y los «ideales» de ese país; puede que dé usted por supuesto, también, que todos los demás *son iguales que usted*. Dará entonces por supuesto que el ruso verdaderamente patriota estará tan decidido a

---

* «The Patriot Game», de Dominic Behan, primeros y últimos versos tal como los canta Judy Collins en *Whales and Nightingales.*

propiciar la conquista del mundo por parte de la Unión Soviética y sus ideales, como usted por su patria y los suyos. Da usted por supuesto que los habitantes de los países «extranjeros» están acechándole continuamente, están contra usted.

Todas las grandes revoluciones, incluida la Guerra de Independencia norteamericana, fueron obras de traidores a su propio país. La idea de traición depende claramente de quién establezca la etiqueta. No hay duda de que George Washington y Thomas Jefferson fueron a un tiempo traidores y patriotas. Como con todas las dicotomías, resulta que, en un examen, se descubre que hay cierta verdad en ambos extremos y que para poder ver adecuadamente la realidad hemos de fundir esa dicotomía. El individuo SZE se siente comprometido con verdades internas y nunca está limitado internamente por esas barreras artificiales que llevan a la dicotomía patriota/traidor.

Por tanto, para superar la dicotomía patriota/antipatriota, creo que lo mejor es olvidarla, no utilizarla nunca y, además, olvidar esa terca insistencia en que un norteamericano (o lo que se considere usted a sí mismo) es algo opuesto a un miembro de otra nación o de otra cultura. Concíbase usted como un ser humano entre todos los millones de seres humanos que pueblan el planeta: un individuo global y Sin Límites.

Nosotros/ellos

Esta última dicotomía representa el resultado final de toda la dicotomización autoritaria, que consiste en dividir el mundo en todas esas personas a las que considera «a su lado» y todas aquellas que están «contra usted». Haya usted decidido clasificar a otro como «débil» y considerarse usted «fuerte» o a la inversa, haya decidido usted considerarse «maduro» y considerar a otro «infantil», o haya decidido usted considerar a otros «incivilizados» y considerarse usted «civilizado», la consecuencia de todo acto de *dicotomización de la humanidad* es la separación entre el grupo que usted ama y el grupo al que usted odia. Es colocar a los que etiqueta como «buenos» frente a los que etiqueta como «malos», y eso engendra en general todo género de divisiones artificiales innecesarias, y con frecuencia peligrosas, entre usted y esos otros seres humanos que ocupan con usted este planeta. En suma, cuanto más autoritario se haga su pensamiento, más «encerrará» a las personas en categorías ajenas y negativas.

Cuando opta usted por la dicotomía nosotros/ellos, empieza precisamente en ese momento a pensar del modo siguiente, con todos los prejuicios obvios inherentes a esta actitud:

Yo soy espontáneo	*Tú* eres desorganizado	*Ellos* son holgazanes
Yo soy educado	*Tú* eres pasivo	*Ellos* son tímidos
Yo soy tenaz	*Tú* eres agresivo	*Ellos* son molestos
Yo soy naturalista	*Tú* eres incivilizado	*Ellos* son salvajes

Vea, pues, cómo cambia el tono cuando uno piensa en función de dicotomías. Recurre usted simplemente a un concepto menos halagador para describir el mismo tipo de conducta. Pero la dicotomía produce un tipo de división nosotros/ellos que, en vez de unir a los individuos, los separa.

Puede usted superar la dicotomía nosotros/ellos *incluyendo a todos en un nosotros*, admitiendo el simple hecho de que todos somos partes iguales de la *vida ahora*. Todos juntos, admitiendo que los mendigos de las calles de Nueva Delhi, la gente de las barcas de Malasia, la realeza inglesa, el obrero de Detroit y *usted* (sea quien sea) son *partes iguales de la humanidad ahora*.

Todas las dicotomías aquí enumeradas, y otras que pueden surgir mientras procura usted eliminar este tipo de pensamiento disgregante, son tendencias que llevan a la separación y no a la unidad, a la escisión y no a la integración holística, y que subrayan las diferencias en vez de intentar resolverlas. No es fácil dividir el mundo en dos bloques, en blanco y negro, y los que lo intentan raras veces logran que este mundo sea un lugar mejor para todos. El mundo se mueve siempre en el gris, y si usted pretende diferenciarlo taxativamente, en lo negro y lo blanco, no hará más que engañarse a sí mismo.

Para trascender el pensamiento autoritario y dicotómico y lograr pensar de un modo holístico y Sin Límites en su propia vida, tiene que comprender ante todo que una dicotomía rígida no es más que un instrumento humano artificial. Esas dicotomías las utilizan los autoritarios para provocar conflictos entre individuos y sociedades, o entre los individuos mismos, *con el fin de favorecer los objetivos de una sociedad autoritaria determinada*, o una cadena concreta de autoritarismo y sumisión. Cuantas más dicotomías logre superar y cuantos más medios pueda idear para superarlas, más pasos individuales dará por la vía del pensamiento y la vida Sin Límites.

4
Primero, sea un buen animal

Tomémonos un descanso en el aprendizaje del gran arte del pensamiento Sin Límites y corramos un poco por ahí: subamos a un árbol, por ejemplo, o vayamos a nadar un poco o a jugar con el niño. Si he explicado bien lo que es pensar SZE/Sin Límites, para usted debería ser fácil apreciar el gozo natural que está a su alcance todos los días sólo por su condición de animal entre otros animales en este planeta. Pese al hecho de que muchos de nosotros hemos llegado a menospreciar el «lado animal» de nuestra naturaleza.

Para llegar a ser todo lo plenamente humano que puede ser uno, no puede usted evitar considerar su propia relación con su cuerpo y su biología humana básica. ¿Está usted en paz con su cuerpo? ¿No siente vergüenza de sus cualidades «animales» y acepta usted gustoso esa parte de sí mismo que está más próxima a la naturaleza? ¿O acaso le llena de vergüenza y de sensación de culpa su cuerpo, y procura ocultar esa parte de su humanidad básica? ¿Cree usted que hay una escisión fundamentalmente entre su mundo intelectual (en sentido amplio) y su aspecto más básico, biológico y animal, que le impide verse primordialmente como un ser humano único y unificado, que acepta y disfruta todos los elementos que constituyen su humanidad?

La notable alienación del individuo de su propia naturaleza animal que ha llevado a tantos a menospreciar el cuerpo o a abusar de él, o a prescindir como mínimo de muchos placeres físicos, parece haberse iniciado con especulaciones intelectuales sobre lo que sitúa al hombre por encima de las bestias. Algunos afirman que la capacidad de razonar y de pensar de los seres humanos les sitúa en un lugar aparte de los demás animales. Otros consideran que es la espiritualidad la única característica que nos permite considerarnos superiores a todos los demás seres vivos. Hay cultas publicaciones académicas llenas de referencias a la capacidad humana para superar los instintos, en las que se cita el tamaño del cerebro, la capacidad de inventar y la capacidad de usar herramientas o de crear sociedades complejas y sumamente «avanzadas», como factores clave que nos han permitido dominar la Tierra.

Estas especulaciones pueden ser válidas e interesantes en el contexto adecuado. Pero se utilizan a menudo para demostrar que somos muchísimo *mejores que los animales*... como si estuviéramos tan inseguros de nuestro valor que hubiéramos de enumerar todas las razones por las que somos «superiores» a los perros, las ranas o las amebas. Su principal consecuencia social ha sido escindir a los individuos en dos, desde un punto de vista psicológico, inducirles a reprimir el simple hecho de que, sea cual sea el tipo al que pertenecemos, seguimos siendo animales y debemos respetar y gozar ese hecho innegable.

Enfoquémoslo de este modo: si un caballo pudiera escribir o pensar tan bien como cree hacerlo usted mismo, ¿puede imaginárselo anotando todos sus atributos propio bajo el título «Por qué soy superior a un perro»? La verdad es que creo que el caballo tendría bastante más sentido común que todo eso.

Y el hecho mismo de que parezcamos tan deseosos de negar nuestra naturaleza animal básica, y de que esta negativa provoque tantos conflictos entre los seres humanos y tantas desdichas, debería inducirnos a preguntarnos si somos, en cierto sentido, un poco más torpes que el resto de los animales; si no podríamos quizás aprender más de nuestro perro que lo que pueda aprender él de nosotros.

Nunca he tenido un perro como cliente en todos los años que llevo trabajando como asesor, y no porque algunas personas no hubiesen traído a sus perros al terapeuta si se hubieran vuelto neuróticos. Pero nunca he visto un perro al que le resultase difícil aceptarse como perro; y, además, como exactamente el tipo de perro que es. Jamás he visto a un cachorro de pastor alemán intentando parecer un galgo de tres años. Nunca vi que un perro se considerase torpe ladrando o se deprimiese porque el perro de al lado ladraba mejor que él. Un perro nunca se matriculará en una escuela de perros para aprender a ladrar ni se tirará de los pelos por no sacar un diez en la asignatura de ladridos.

Y los perros no son, por supuesto, los únicos animales no neuróticos. No sé de ningún gato que se sintiera avergonzado por no haber conseguido atrapar a un ratón. El gato aprende sin lamentarse por el ratón perdido. Los antílopes, los osos, las hormigas y las ballenas no parecen tener tampoco conflictos internos. Los periquitos y las serpientes no tienen, al parecer, crisis de identidad.

En realidad, los seres humanos parecen ser los únicos animales capaces de volverse neuróticos por el hecho de oponerse a la evidencia de que son animales, en primer término. Parece ser que son siempre quienes consideramos más «refinados» dentro de nuestra cultura los más deseosos de divorciarnos de nuestro ser animal, afirmando que debemos avergonzarnos de nuestra naturaleza biológica básica; que debemos admitir que no tenemos nada en común con esas bestias que vemos en los zoos o representadas en «Vida Salvaje».

Todo esto, según mi opinión, carece de sentido. Todos somos animales, y si necesitásemos pruebas de ello bastaría que observáramos que todos realizamos actos animales básicos todos los días. Cazamos, dormimos, copulamos, olemos, luchamos, nos aseamos, hacemos nidos, defecamos y orinamos, corremos, lamemos, chupamos, buscamos lugares sombreados cuando hace sol. Hacemos prácticamente, en realidad, todo lo que hacen todos los animales. Hacemos algunas cosas, claro está, de modo diferente a como las hacen otros animales, pero no cabe duda de que procuramos aparentar por todos los medios que estamos en realidad por encima de todas esas criaturas «animales» inferiores, con las que compartimos este planeta.

Nuestros conflictos con nuestra naturaleza animal se manifiestan claramente en nuestra actitud dualista hacia los animales. Es frecuente oír cosas como «es tan grosero, es igual que un animal», o «son repugnantes, se comportan como animales». Luego, esas mismas personas utilizarán comparaciones con animales para expresar el máximo de la capacidad humana: ágil como un gato, corre como un gamo, fuerte como un toro, tiene memoria de elefante, tiene vista de águila, es libre como un pájaro.

Creo que todos nuestros conflictos con el «lado animal» de nuestra naturaleza pueden resolverse sólo con que prescindamos de la primera mitad de esta actitud dualista, con que nos paremos siempre que nos sorprendamos denigrando nuestra propia naturaleza animal, emplazando al resto de los animales por debajo de nosotros (aún más abajo de donde nos emplazamos a nosotros mismos) y dando la espalda a todo lo que podemos realmente aprender de los otros animales respecto a los mejores medios de ser nosotros mismos.

Walt Whitman resumió mis sentimientos en *Hojas de yerba*:

> Creo que podría irme a vivir con los animales.
> Son tan plácidos y autónomos...
> Ninguno es respetable o desdichado
> en toda la Tierra.

No tiene usted por qué avergonzarse en lo que respecta a su «naturaleza animal», sino mucho de qué alegrarse. Todo lo que hace para mantenerse vivo y sano es algo que hacen a diario prácticamente todos los demás animales. Resulta difícil negar que la mayoría de los animales están más en armonía con su naturaleza básica de lo que lo están los humanos.

Cuanto más se para uno a observar y a aprender de los animales, más probable es que tenga una filosofía saludable y sana de la vida. Samuel Butler lo expresó de este modo: «*Todos los animales, salvo el hombre, saben que el principal objeto de la vida es gozarla*». *Si* pudiera conseguir usted que este sentimiento quedara firmemente grabado en su conciencia, sería usted una persona mucho más feliz durante todos los días que le queden de vida. Si abandonase usted las preocupaciones, la cólera, el miedo, la angustia, la planificación del futuro, las limitaciones y represiones, las comparaciones, y todas las demás neurosis *exclusivamente humanas* con las que esta sociedad le ha cargado, y adoptase usted un enfoque más *gozoso* del objetivo de su estancia aquí en la Tierra, en primer término, y decidiese *aprender de los animales,* su situación sería mucho mejor en todos los sentidos.

A veces, quizá disfrute discutiendo sobre la verdadera esencia de la humanidad, intentando determinar los papeles relativos de la herencia y el medio en la conformación del individuo, comparando su capacidad de raciocinio con sus poderes instintivos. Pero otras veces le irá mucho mejor si se limita a olvidar todos esos argumentos académicos y se acepta como lo que es: un animal que está en esta tierra y cuyo «yo» ligado a esta tierra mora en su cuerpo.

Si valora usted sinceramente su situación en esta vida, ¿qué otra cosa puede ser en este mundo si no su cuerpo? No cabe duda de que sin su cuerpo no es usted nada (aparte del legado que deje usted a las generaciones futuras después de morir), y que su esencia misma está en su biología, en ese organismo que es *usted* en el *aquí* y el *ahora.* Aun cuando su «yo real» *fuese* su mente, su espiritualidad o su proceso mental, ese yo real aún sería bastante dependiente de su «yo irreal» (es decir, su cuerpo) en cuanto a la supervivencia, porque cuando su cuerpo está enfermo, se deteriora, mueve, independientemente de lo sano que pueda estar el resto de su «yo real», morirá usted como totalidad sin lugar a dudas.

No tenemos por qué convertir el problema de nuestra «realidad básica» en un problema religioso o metafísico. Se trata de una cuestión de puro sentido común. Durante el tiempo que está usted aquí en este planeta es usted su cuerpo y todo lo que comprende su cuerpo.

Su cuerpo incluye, claro está, ese órgano majestuoso e incomprensible que es su *cerebro.* Como ser humano, posee usted capacidades de raciocinio insondables y dimensiones espirituales también insondables. Pero su yo real es ese organismo maravillosamente perfecto y plenamente desarrollado llamado *su cuerpo*, que es su cerebro, su corazón, sus pies, sus dedos y todo lo demás.

Su cuerpo no es sólo una maleta en la que lleva usted su cerebro de aquí para allá. Su cerebro es, por el contrario, un centro neurálgico, una cabina desde la cual ese misterioso actor que es el *yo* pilota el cuerpo, de acuerdo con sus necesidades básicas como ser humano, según los datos que aportan los sentidos y su idea de adónde desea volar hoy.

Si aprende usted a cuidarse de su cuerpo, a utilizar todas sus gloriosas cualidades, será usted un individuo mucho más eficaz, productivo y feliz mientras viva en este mundo. Después de que el cuerpo muera, ¿quién puede decir lo que es posible? Su espíritu puede sin duda evolucionar más (ésa es mi opinión). Puede usted superar su animalidad (también lo creo). Su esencia total puede ser muy distinta de todo lo que conocemos de este mundo.

Pero durante su estancia aquí su yo real, como el de todos los demás, se identifica con su propio cuerpo, su constitución, su pertenencia a una especie; no hay duda de ello: se identifica con su yo animal pleno, está unido a él.

CONFÍE EN SUS INSTINTOS ANIMALES

Si se para usted a considerar su naturaleza animal básica se dará cuenta de que diariamente, en todo momento, sus instintos animales le empujan o tiran de usted en una dirección u otra. La cuestión que ha de plantearse el individuo SZE es: ¿puedo armonizar mi vida con mis instintos animales de modo que logre establecer una «paz verdadera» con esos instintos y vivir una vida feliz con ellos... en otras palabras, alcanzar la verdadera vida Sin Límites?

Antes de poder contestar a esto, debemos formularnos otra pregunta: ¿Qué *son* nuestros instintos? ¿Y cómo podemos identificarlos cuando los sintamos?

Los instintos son reacciones a estímulos ambientales o externos de carácter hereditario e inalterable, al margen de lo racional. Son reacciones inmediatas del organismo destinadas a *aliviar la tensión corporal* creada por situaciones vitales que exigen reacciones animales básicas.

Dicho de otro modo, si alguien pretende darle un puñetazo, y reacciona usted de un modo instintivo, alzará el brazo para pararlo, o se agachará o se apartará, sin pensarlo siquiera. Si ve usted a alguien que le resulta muy atractivo sexualmente, su cuerpo reaccionará inmediatamente.

No todos los instintos animales están presentes en los seres humanos, por supuesto. No poseemos ese vigoroso circuito innato que permite a los patos, sin adiestramiento alguno, volar en perfecta formación con otros congéneres, o que permite que las abejas, sin estudiar arquitectura, construyan siempre paneles perfectos. Pero tenemos tendencias e impulsos biológicos muy fuertes que existen en los seres humanos desde mucho antes de su aprendizaje a través de métodos de instrucción convencionales, y sin duda podemos contactar de nuevo con esos impulsos y esas intuiciones biológicas si nos lo proponemos. Pero hemos de recordar que no sólo son más débiles nuestros instintos que los de los otros animales, sino que somos capaces de reprimirlos, cosa que los otros animales no son capaces de hacer (podemos, si decidimos hacerlo, quedarnos quietos y aguantar el puñetazo). Reprimen además sistemáticamente nuestros instintos las presiones culturales, las experiencias de aprendizaje y, en último término, nuestra propia actitud defensiva respecto a ellos.

Los restos de instintos animales que poseemos, aunque puedan ser muy débiles en este momento, no son malos, no son algo de lo que haya que avergonzarse. Por el contrario, los individuos que se apoyan firmemente en sus instintos para sobrevivir, para resolver problemas y ampliar su horizonte vital, los que consideran esos impulsos profundos de los seres humanos no como «la parte enferma que tenemos», como tantos especialistas del campo de la salud mental, los psicoanalistas sobre todo, pretenden hacernos creer, sino como las partes potencialmente prometedoras y prácticamente ilimitadas de nuestra naturaleza, esas personas afrontan correctamente sus vidas e incluso las controlan.

Como ya subrayé antes al hablar de la dicotomía consciente/inconsciente, si sondea usted a fondo dentro de sí mismo, no hallará una bestia «incivilizada» y salvaje sin cultura ninguna. No es usted básicamente un barniz de ser humano que, si se lanza plenamente a explorar sus instintos animales más profundos pondrá al descubierto un esquizofrénico gravemente trastornado, un violador, un asesino o un engendro inhumano incontrolable. En realidad, creo que descubrirá usted exactamente lo contrario. En las profundidades de su interior hay un superviviente, un organismo capaz de funcionar con eficacia casi en cualquier medio y de alcanzar los niveles más elevados de perfección. En las profundidades de su interior hay actitudes, capacidades y potencialidades naturales que le ayudarán en todos los sectores operativos de su vida. Pero para hacerlos aflorar debe permitirse confiar en esa reserva de instintos animales que ha guardado usted escondidos dentro de sí mismo, y basarse más en sus capacidades humanas naturales que en todas las normas culturales de conducta que ha aprendido.

Utilizo mucho la palabra «instinto» a lo largo de este libro para designar todas esas cualidades especialísimas que nos permiten actuar de forma básica para nuestra supervivencia, sin tener que pensar previamente lo que vamos a hacer, incluyendo lo que llamamos tendencias, impulsos, inclinaciones o predisposiciones humanas. Démosles el nombre que les demos, no hay duda de que están ahí, de que las tenemos todos, y lo que a mí me interesa es ayudarle a usted a poder recurrir a ellas con más eficacia, a mantener un contacto más permanente con ellas, pues constituyen grandes recursos de fortaleza humana, de paz y de desarrollo humano positivo.

Es tal el carácter de nuestros instintos que no es preciso que hagamos nada (no tenemos que aprender nuevas técnicas, adquirir conocimientos nuevos, ascender a una posición nueva) para volver a establecer contacto con ellos. Lo único que tenemos que hacer es dejar de bloquearlos y expulsarlos de nuestra mente, dejar de discutir con ellos, de reprimirlos y de menospreciarlos.

Aprender a confiar en los instintos no es algo que se inicie intentando hacer cosas concretas, en el sentido de luchar o esforzarse. Si *se esfuerza* usted por volver a establecer contacto con sus instintos, está usted ejerciendo en realidad, innecesariamente, una presión sobre sí mismo, para obligarse a hacer cosas que su cuerpo ya sabe hacer: correr, jugar, copular, respirar, dormitar al sol. Asimismo, cuando intenta usted forzar a su cuerpo a hacer algo que su cuerpo no quiere hacer, como estar sentado diez horas seguidas, o fumar cigarrillos, el cuerpo se resistirá.

¡Su cuerpo es perfecto! Sabe cómo ser un cuerpo, sabe hacer todas las cosas que son capaces de hacer los cuerpos. Sabe hablar, sudar, dormir, eyacular, tener hambre, llorar. Es también un aprendiz excelente. Puede usted enseñarle a nadar, a conducir un coche, a escribir una carta, a tocar la guitarra, a tallar un diamante o a escalar una montaña. Pero mientras está usted enseñándole una habilidad nueva, necesita que le permitan hacerlo según sus propios instintos, sin que se le fuerce ni apresure con programas artificiales, sin que se le presione ni castigue por no hacerlo exactamente como «el libro» dice que ha de hacerse.

Por ejemplo, casi todos los accidentes de esquí en los que se producen roturas de brazos o piernas o algún otro daño grave se deben a que los individuos menosprecian sus instintos e intentan esquiar por laderas demasiado pendientes en las que sus cuerpos no pueden desenvolverse bien sin más práctica o entrenamiento. Los aficionados bisoños que se lanzan por esas pendientes, reciben todo tipo de señales de aviso. Sus instintos les dicen: «Vas demasiado de prisa, la pista es demasiado estrecha y tortuosa, tu cuerpo no podrá desenvolverse en ella, no sabrá evitar la caída, no sabrá frenar e irás adquiriendo velocidad y si chocas con aquellos árboles yendo tan de prisa te harás mucho daño».

En tales circunstancias el individuo SZE se limitará a caer del modo más gracioso posible, sin que le importe que se le meta nieve por las mangas. Cuando sus compañeros más alejados paren y le pregunten qué le pasó, él dirá: «Esta pista es demasiado para mí, no estoy preparado todavía para bajar por ella y la única forma segura de parar era forzar la caída. Creo que me quitaré los esquíes y bajaré por esa loma de la derecha. Ya nos reuniremos abajo».

Lo que el individuo SZE ha hecho para no herirse ha sido ser fiel a sus instintos que en esa décima decisiva de segundo le decían: «¡Tírate al suelo!».

Por otra parte, los que reprimen sus instintos son los que dicen en esa décima de segundo crucial: «No, no quiero que se me meta nieve en las mangas, sería vergonzoso además caer delante de toda esa gente, y además tendría que bajar andando por la otra loma...».

Esa desconfianza de una décima de segundo en sus instintos es la que lleva a los esquiadores a sufrir caídas a velocidades superiores a las que sus cuerpos pueden soportar y a romperse algún hueso... o, en el mejor de los casos, a bajar de mala manera la ladera, con el orgullo intacto pero con el cuerpo diciendo: «Qué estupidez he hecho, Dios santo. ¡Podría haberme matado!».

Confiar en los propios instintos significa simplemente dejarlos actuar, permitir al cuerpo hacer lo que sabe hacer. Significa relajarse, desinhibirse, olvidarse de presiones y no juzgar el rendimiento del propio cuerpo según los criterios de otros. Significa confiar realmente en que el cuerpo va a salir adelante y plasmar todos sus maravillosos milagros instintivos sin un esfuerzo excesivo por su parte, sin permitir que domine una cuestión de «valoración de la tarea» en sus procesos mentales. Si te sorprendes regañando a tu cuerpo por no hacer algo tan bien como lo habías exigido, adoptarás hacia él una actitud que obstaculizará sin duda tu funcionamiento desinhibido y natural prácticamente en cualquier situación que pueda plantearte la vida.

He aquí lo que dijo Ralph Waldo Emerson sobre la confianza en los propios instintos: «Todo nuestro progreso es un desplegarse similar al del capullo de una planta. Tenemos primero un instinto, luego una opinión, luego un conocimiento, lo mismo que la planta tiene raíz, capullo y fruto. Confía en el instinto hasta el final aunque no puedas aportar ninguna razón».

En lo que respecta a la cuestión de cuándo hay que confiar en los instintos animales, lo mejor es plantearse esta pregunta: «¿Cuándo pueden equivocarse mis instintos respecto a lo que es mejor para mí?».

Para responder a ello, hemos de tomar ejemplo de nuestra propia vida. Mi ejemplo favorito de una auténtica conducta instintiva resultará familiar a todos los que hayan tenido hijos. Data de 1967, dos meses después del nacimiento de nuestra hija Tracy. Eran aproximadamente las tres de la madrugada. Yo estaba sentado en la cama estudiando para un examen que tenía al día siguiente. Mi mujer estaba profundamente dormida a mi lado sin que la molestase el ruido que yo hacía al pasar las páginas ni mis movimientos ni el brillo de la luz. El dormitorio de Tracy quedaba en la planta baja, bastante lejos del nuestro.

Tracy tosió. Aunque estaba completamente despierto, yo apenas la oí. Pero mi mujer se despertó de inmediato de un sueño profundísimo por aquel pequeño ruido. Se sorprendió de que yo aún estuviese despierto. «¿Puedes ir a ver qué le pasa a Tracy? —me dijo—. La he oído toser.»

Mi esposa no revelaba poderes sobrehumanos. Dejaba, sencillamente, vía abierta a sus instintos maternales básicos, que habían bloqueado todos los sonidos y luces e imágenes mientras ella dormía salvo los gritos y las toses de su hija. Tan instintivamente conectada estaba la madre a los sonidos concretos de su hija que oyó una tosecita que sonaba en una parte muy lejana de la casa. La hizo despertar de un sueño muy profundo, analizar la situación y («Wayne está despierto, él puede ocuparse del asunto») hacer una pregunta, convencerse de que estaba protegida la seguridad de su hija, y volver a dormirse pacíficamente.

Así como las madres tienen conexiones muy especiales con sus hijos pequeños que ningún razonamiento puede descartar, y que sólo se bloquean si la madre se emborracha o se halla en un estado mental equivalente, *usted sabe que tiene una reserva ilimitada de instintos animales infalibles en su interior*. No es algo aprendido, ni algo determinado por el medio. Nace con usted, y la gata que sabe instantáneamente cuándo necesita ayuda uno de sus gatitos no es distinta de la madre humana que despierta por una tos lejana en plena noche.

¿Cuándo pueden equivocarse sus instintos respecto a lo que es mejor para usted y para sus seres queridos?

Consideremos otra serie de casos clínicos de conducta instintiva, la que nos ofrecen las experiencias de los *supervivientes*; es decir, aquellos que, tal como estudiamos en el capítulo uno, sobreviven a pruebas físicas en las que otros simplemente ceden y mueren.

En el capítulo primero subrayábamos la capacidad que tiene el superviviente para «retirarse» totalmente a vivir el instante presente. El lector entenderá ya a estas alturas que ser capaz de *vivir ahora* es vital para poder confiar en los instintos animales básicos, o para ser un buen animal (y casi equivale a ello).

El superviviente es sobre todo una persona que sabe confiar de veras en sus instintos animales básicos. Cuando la gente normal se ve de pronto en situaciones en que su vida corre peligro, se repite siempre el caso de que los que son capaces de abandonar los razonamientos y ceder por completo a los instintos logran sobrevivir y los otros no.

Erich Maria Remarque, en una de las novelas de guerra más inteligentes que se han escrito, *Sin novedad en el frente*, describe el horror diario de la vida en las trincheras en la primera guerra mundial. Tras sobrevivir durante años en las circunstancias más terribles, el protagonista explica cómo empieza a tener miedo de que su instinto de supervivencia pueda estar abandonándole: «Nos dispersamos y nos arrojamos al suelo, pero en ese momento siento que la alerta instintiva me abandona, y ella es la que me ha hecho realizar siempre, inconscientemente, las acciones correctas bajo el fuego enemigo». El protagonista explica cómo los que abandonaban sus instintos solían resultar heridos, y explica también que los mejores soldados eran los que confiaban totalmente en lo que sus cuerpos les decían que hicieran en momentos de crisis.

Un ejemplo aún más aplicable a usted y a mí nos lo proporcionan los que sobrevivieron al famoso accidente aéreo de los Andes. No estaban especialmente equipados ni entrenados para sobrevivir a temperaturas bajo cero. Eran personas normales, exactamente lo mismo que usted y yo y la lección de su experiencia fue muy simple: los que confiaron en sus instintos sobrevivieron; mientras que los que dejaron que las supersticiones, heredadas de su cultura, se impusieran a sus instintos no lograron sobrevivir. El verdadero mensaje de esa historia fue que los supervivientes volvieron a sus bases instintivas para poder salir con vida. Pero ¿qué fue lo que provocó los titulares en la prensa? El «canibalismo» al que tuvieron que recurrir los supervivientes: esa «horrible conducta animal» a la que se entregaron cuando su instinto les dijo: «Esas otras personas están ya muertas. Sus cadáveres son el único alimento que tenemos en esta montaña. Hemos de comerlo».

¿Se comportaron como animales? ¡Desde luego! Pero como *buenos animales*.

¿A quién perjudicaron en realidad esos supervivientes? No perjudicaron, desde luego, a los compañeros muertos, cuyos cuerpos comieron. ¿Podemos imaginar acaso a una de esas víctimas desdichadas volviendo de entre los muertos y diciendo: «No devores ese cuerpo... lo he dejado, sí, puede que ya no lo necesite, pero quiero que te mueras de hambre para que pueda pudrirse donde está, o para que lo encuentren y se lo lleven a enterrarlo en el cementerio de mi pueblo»?

A los muertos, desde luego, no les importaba. En realidad, es muy probable que hubieran dicho: «¡Pues claro, cómelo! Ya no lo necesito».

Decidir no hacer aquella «cosa horrible y canibalística» en tales circunstancias era elegir la muerte. Era permitir *que lo que podías imaginar* que iba a ser la reacción de la gente que entonces estaba en casas calientes y cómodas a muchos miles de kilómetros de distancia *dictase lo que debías hacer* en aquella situación; significaba permitir que las normas habituales de la sociedad («en fin, no nos comimos al abuelo cuando se murió el año pasado») se impongan a los buenos instintos animales de supervivencia y le maten a uno.

Tomando ejemplos de conducta instintiva como éste, y como otros casos que podrá usted sin duda citar por propia experiencia, podría llegar a la misma conclusión que yo respecto a cuándo sus instintos animales pueden equivocarse sobre lo que es mejor para usted o para sus seres queridos. Yo creo que la respuesta es *nunca, cuando usted los respeta, los cultiva y les presta atención «como un buen animal»*. Sus instintos sólo pueden «equivocarse», sólo pueden convertirse en una amenaza para usted o para cualquier otro, cuando usted los aplasta o los frustra reprimiéndolos, denigrándolos e ignorándolos. Entonces, y sólo entonces, es posible que se vuelvan contra usted en venganza, y le asedien la angustia, el miedo y la contradicción interna, como resultado de la tensión orgánica que *ellos* saben resolver del modo más creador y constructivo posible pero que usted se niega a dejarles resolver como saben. Entonces y sólo entonces se estancarán, replicarán y se convertirán en *tensión*, en esa presión interna destructora que es indicio de un cuerpo-mente dominado por el pánico y la inercia, esas tensiones dinámicas y naturales cuyo aumento y disminución, cuya interconexión e interrelación constituyen la vida.

La solución a este problema es evidente. Debe confiar usted en su cuerpo y dejarle hacerse cargo de usted, aun cuando dude de que sea posible que lo haga. No debe olvidar nunca que esto que llamamos el cuerpo es la maravilla de las maravillas, y que si usted intenta negar sus perfecciones y eludir sus instintos, lo único que hará será ponerse enfermo. Su biología interna velará por usted prácticamente en cualquier circunstancia, con su seguridad y salud intactas, si usted le permite funcionar. Lo básico para convertirse en un buen animal es aprender a confiar en el cuerpo y en todos sus maravillosos instintos innatos, confiar en que puede guiarle por la vida con un máximo de placer y un mínimo de dolor y sufrimiento.

Consideremos, pues, hasta qué punto nos hemos alejado de nuestros instintos animales básicos respecto al dolor, por ejemplo. El dolor es un aviso, y todos los animales, salvo el hombre, harán irremisiblemente cuanto puedan por evitarlo. Pero nuestra formación cultural nos dirá que no sólo debemos esperar cierta cantidad de dolor innecesario en nuestra vida, sino que, en determinadas circunstancias, uno debe, teóricamente, dar la bienvenida a la oportunidad de sufrir un dolor absolutamente gratuito e infligírselo a otros.

Uno de los ejemplos más claros y espantosos de este tipo de actitud es el que nos proporciona lo que ha sucedido con el supuesto deporte del hockey profesional.

Cualquier chico que haya jugado al hockey puede decirle a usted que es posible jugar un gran partido sin que se haga daño nadie, salvo los golpes y rozaduras sin importancia que puede producir un deporte de contacto. Todo el que haya visto al equipo de hockey de Estados Unidos llevarse el título en las olimpiadas de 1980 sabe que los que fueron quizá los mejores partidos de hockey que se hayan jugado no exigieron sangre en el hielo. Más bien todo lo contrario: las normas olímpicas y el espíritu olímpico no permiten sencillamente peleas ridículas que nada tienen que ver con el deporte.

Pero, ¿en qué se ha convertido el hockey «profesional»? No en un deporte sino en una serie obligatoria de peleas, en que el partido es malo si no sale alguien con la nariz rota o descalabrado, y durante la mayor parte del encuentro los jugadores se pelean denodadamente sobre el hielo y llegan incluso a subir a las gradas para pegarles a los aficionados hostiles. La valía de un jugador de hockey ha pasado a ser determinada no tanto por su habilidad para marcar goles o evitarlos como por lo malvado que puede ser en la tarea de causar dolor a los demás, y lo «fuerte y silencioso» que pueda ser cuando los que resultan rotos son sus propios huesos.

¿Y qué es lo que dicen los que se quedan sobrecogidos con este asunto de los jugadores de hockey? Dicen, naturalmente: «¡Son como animales!».

¡Eso es absurdo! No hay animales salvajes en la tierra que elijan el dolor cuando pueden evitarlo, o que causen más dolor a otros animales del necesario para asegurar su propia supervivencia. Los predadores matan con la mayor rapidez y limpieza posibles, y lo hacen instintivamente. El tigre hunde sus colmillos en el cuello de su víctima. Es cosa de un instante. Quizás el gato doméstico que captura a un ratón juegue con él más de lo necesario. Pero es una historia distinta.

Sus instintos han sido ya manipulados, confundidos; en realidad, ya no sabe exactamente por qué lo hace. Pero si pasara hambre durante unos días, no trataría así al siguiente ratón que cazara.

¿Qué piensa el jugador de hockey profesional que sale a la pista sabiendo que es probable que sufra un dolor completamente innecesario? Puede emocionarle la idea de destacar su imagen de macho frente a la multitud. O quizá se haya resignado simplemente a la idea de que eso es lo que el público espera, de que es eso, en realidad, lo que atrae a la gente a las gradas. Quizás hasta maldiga al público porque le vitorea con más fuerza cuando se enzarza en una lucha que cuando marca los mejores goles, y llame a los espectadores *animales*. Pero, piense lo que piense, es poco probable que reconozca que cada vez que sale al hielo para participar en uno de esos partidos que son caricaturas del deporte está violando el más fundamental de sus instintos animales. Es poco probable que piense que cuando pierde el control y empieza a golpear a uno de sus compañeros de «profesión», su cuerpo está, en realidad, rebelándose contra la violación de sus instintos que significa todo ese espectáculo inhumano en el que participa. No está, en primer término, peleando con otro; está, en primer término, entregado a un malévolo combate contra sus propios instintos naturales y animales que se oponen a ese dolor innecesario, tanto para él como para otros.

Se produce también una perversión similar de los instintos en lo que respecta a la inclinación natural animal a buscar el placer. ¿Cuántos pájaros conoce usted que, una vez acabadas sus horas de ajetreo construyendo el nido, se digan: «Ahora no puedo parar, tengo que construir otros tres nidos, o hacer este nido tres veces mayor que el del gorrión de al lado, para demostrar que soy el gorrión *más importante* de todo el barrio»?

El pájaro, por supuesto, no concibe la construcción del nido como un trabajo gravoso que deba realizar para poder ganarse los lujos de un baño, una canción, un gusano, un vuelo de recreo con su novia y sus amigos. En suma, los pájaros no padecen las dicotomías trabajo/diversión, y no tienen capacidad alguna para reprimir sus deseos naturales de placer.

Sólo los seres humanos son capaces de imponerse e imponer a otros la extraña idea de que buscar el placer por el placer es malo, es hedonista y no se debe hacer. Esto va, por supuesto, contra todo lo que sabe el cuerpo. Pero usted hace caso a esos tontos de fuera y el resultado es una vida desdichada.

Hasta el rosal es lo bastante listo como para crecer hacia arriba y hacia la luz del sol. Entre todas las variedades de rosas jamás hubo una que desviase sus ramas hacia el rincón más oscuro y húmedo posible o enterrase todos sus capullos en el suelo. Nadie ha pervertido los instintos de la planta ni le ha hecho pensar: «La luz del sol es mala porque es agradable. Debería darte vergüenza desear esa luz. Ya sé que es agradable, que ayuda a crecer y a estar sano, pero es egoísmo perseguir todos los días la luz del sol».

Sólo los seres humanos son capaces de decirse: «Espera a que seas viejo, ahorra luz, ahorra y espera a disfrutarla de aquí a veinte años. Y, de momento, sufre en silencio y crece hacia la oscuridad, aunque eso te mate».

¡Es evidentemente absurdo! Tus instintos te dicen que te comportes de un modo sano y aprender a oírlos sólo puede ayudarte a ser más eficaz en todo lo que hagas en tu vida. ¡En todo, no lo olvides!

NUEVE VÍAS PARA LLEGAR A SER UN BUEN ANIMAL

Todos nosotros, los animales humanos, tenemos necesidades básicas o instintos o impulsos naturales que nos indican cómo debemos satisfacer esas necesidades. Si escuchásemos atentamente a nuestros cuerpos seríamos perfectamente capaces de comer en concreto lo que necesitamos sin consultar a un especialista en dietética. Sabemos dormir sin necesidad de acudir a una escuela donde nos enseñen a hacerlo. Sabemos encontrar o construir cobijos, obtener oxígeno respirando, sabemos defecar, orinar, menstruar, tener orgasmos, reproducirnos. Nuestras necesidades más elementales y nuestros medios instintivos de satisfacerlas no son algo que podamos cambiar a voluntad; es algo que se nos ha dado como medio natural para asegurar la supervivencia de la especie y nuestra relación con ello es simple: si respetamos nuestras necesidades naturales y hacemos caso a nuestros instintos animales, vivimos. Si no, de un modo u otro, morimos.

He aquí nueve de nuestras necesidades humanas más elementales, y algunas sugerencias para llegar a ser *un buen animal* y reaccionar de acuerdo con los instintos, que le dirán a usted cómo satisfacer mejor todas y cada una de ellas.

Funciones orgánicas

Orinar, defecar, menstruar, sudar y otras funciones orgánicas elementales parecidas, figuran sin duda entre las funciones más naturales y básicas de la vida humana. Si despertase usted una mañana y cayera en la cuenta de que llevaba seis semanas sin hacer de vientre, lo más lógico es que ya no estuviera vivo y bien en el planeta Tierra. Estaría usted muerto y se hallaría en otra parte. Puede que lamentase el hecho, si le gustaba su vida de animal, pero la cuestión es: ¿Se siente usted aliviado por no tener que hacer ya «esas cosas sucias propias de los animales»? Mientras habita usted su cuerpo, ¿considera usted esas funciones algo subhumano, aspectos de su vida de los que tiene que sentirse avergonzado, que hay que considerar lo menos posible, que le degradan incluso? ¿O los considera usted lo que son, la prueba de que aún está vivo y bien en la Tierra, de que su cuerpo aún sigue feliz con sus ciclos de digestión y eliminación, con su capacidad reproductiva, con sus reacciones al frío y al calor, etcétera?

Por absurdo que pueda parecer cuando piensa usted en ello, a la mayoría nos han condicionado a considerar la defecación, por ejemplo, no como un proceso maravilloso por el que nuestro cuerpo, tras haber descompuesto los alimentos en lo que puede utilizarse para nutrirnos y lo que no puede utilizarse con ese fin, devuelve la parte inutilizable a la biosfera (una cosa tan «limpia» como la que más), sino como una forma de «crear basura», una prueba de lo «sucios» que somos.

A algunas personas les da tanto rubor defecar y lo consideran y lo ven como un aspecto tan sucio de su humanidad, que su angustia condiciona al organismo, creando colitis nerviosas (ataques alternativos de estreñimiento y diarreas) u otras dificultades de eliminación, y tienen que recurrir a laxantes u otros medicamentos para intentar restaurar los ciclos naturales que su vergüenza ha destruido. Esto equivale sin duda a «pánico en el tracto digestivo».

Asimismo, muchas mujeres han llegado a considerar la menstruación una «maldición» y a considerarse impuras durante este tiempo. Pueden apartarse de los demás innecesariamente, actuar a la defensiva, retirarse avergonzadas a un rincón, esperando a que termine y, de este modo, aumentar la intensidad de sus molestias o conseguir de otra forma que sus períodos sean mucho más desagradables de lo que tienen que ser.

Muchas personas se vuelven tan paranoicas respecto a la transpiración y a los olores corporales que andan constantemente preocupadas por ello. Evitan actividades que puedan hacerles sudar, y andan echándose siempre sustancias químicas que les impidan transpirar naturalmente o que les hagan oler como cuencos de especias o pinos.

Por supuesto, estos hábitos se ven fomentados masivamente por la industria publicitaria, que es capaz de inculcar cualquier tipo imaginable de vergüenza y sensación de culpabilidad respecto a nuestros aspectos animales para conseguir vender un producto que nos libre de esas cualidades. Como hoy en día «natural» se ha convertido en una palabra que vende mucho, el truco consiste ahora en convencer a la gente de que necesita por lo menos cien productos químicos para «tener ese aspecto natural», para «tener una personalidad natural», etc. ¡Y lo patético del caso es que el sistema funciona! La gente acepta que basta tener un desinfectante con un aroma especial para que el agua del inodoro se vuelva azul, un extractor potentísimo en el baño que se activa automáticamente siempre que tiras de la cadena, tres frascos de pulverizador para refrescar el ambiente, por si acaso, plantillas desodorantes en los zapatos, pastillas de menta para refrescar el aliento en la boca, un pulverizador desodorante para la vagina, etcétera, para cada «enfermedad animal» que los publicitarios han creado a fin de destruirla con un producto.

¡Sin duda reconocerá usted que todos nuestros juicios contra el funcionamiento de su organismo actúan en su contra! Es esencial la aceptación total de su cuerpo perfecto y de todo lo que necesita y quiere hacer para que sea operativo y eficaz en cuanto hace. Avergonzarse de sus funciones orgánicas fundamentales le inhibe en *todas* sus funciones. El sentimiento de culpa le agarrota y le impide ser feliz.

Para liberarse de conflictos respecto a sus funciones orgánicas, debe reconocer, en primer término, la medida en que su repugnancia es resultado de *valoraciones aprendidas*.

¡No tiene nada de natural esa actitud de desprecio hacia el organismo! El porqué se ha enseñado a la gente a considerar de un modo negativo las funciones orgánicas básicas y se han alterado a menudo negativamente esas mismas funciones orgánicas necesarias para la supervivencia, es algo que en este momento no ha de preocuparnos. Lo que tenemos que recordar es que *no tiene usted por qué aceptar la actitud que cualquier otro, o la sociedad en general, quieren hacerle adoptar respecto a esas funciones.* Si lo hiciese, estaría *decidiendo* aceptar obsesiones de segunda mano.

En vez de aceptar lo que le dicen los demás de que sus funciones orgánicas son antinaturales, procure aprender de los otros animales. Ellos aceptan la totalidad de su organismo y aceptan todo lo que deben hacer para sobrevivir como seres normales. Quizá la gata no sepa que su vagina es la parte más limpia de su cuerpo, que sus secreciones naturales y la química de su organismo la mantienen con un nivel de esterilidad que avergonzaría a las salas quirúrgicas de los hospitales, pero, desde luego, jamás se le ha ocurrido pensar que es *sucia*. La naturaleza mantiene la vagina humana en el mismo estado de esterilización, y, sin embargo, muchas hembras humanas llegan al punto de pensar que sus vaginas son sucias. Esto, a su vez, puede llevar a problemas sexuales: esas mujeres pueden considerar el acto sexual algo despreciable porque supone mostrar esas partes tan repugnantes de nosotros mismos. Para hacer menos viles esas partes, pueden dedicarse a saturarlas de productos químicos artificiales, algunos de los cuales pueden destruir el equilibrio químico natural y dejar vía abierta a las infecciones.

Aprenda usted del gato, que nunca tiene que preocuparse de ninguna parte de su cuerpo ni de sus funciones, y pruebe a hacer los siguientes ejercicios:

1. Esté atento mentalmente para identificar de modo inmediato todas sus actitudes de rechazo hacia sus funciones corporales básicas y convertirlas en actitudes de aceptación. Niéguese a valorar como negativa cualquier cosa que haga su cuerpo por sí solo, y no comunique ese tipo de juicios a los demás. No tiene por qué caer en éxtasis pensando en las perfecciones de la naturaleza cada vez que defeca, pero, de todos modos, eso sería muchísimo mejor que pensar que está haciendo algo repugnante.

2. Todos los días, durante unos minutos, mientras está usted duchándose o mientras pasan los anuncios en la televisión, dedíquese a tomar conciencia de su cuerpo y piense en todo lo que su cuerpo ha de hacer para sobrevivir y para *complacerle a usted*.

¿Cuántas veces se ha humillado usted con juicios críticos respecto a su cuerpo y a sus funciones básicas? ¿Cuánto tiempo ha dedicado a aprender a amar su cuerpo y cuánto hace su cuerpo?

¿Ha pensado alguna vez en hacer ejercicios prácticos para estar más armonizado con su cuerpo, por ejemplo a través del yoga o la meditación?

Cuando haya llegado usted a saber más sobre su cuerpo y sobre su funcionamiento, cuando aprecie usted más plenamente todo lo que tan milagrosamente hace su cuerpo por usted, no le restarán sentimientos de aversión hacia ese organismo tan notable.

3. Recuerde que toda actitud negativa respecto a sus funciones orgánicas naturales es un ataque a sus instintos animales básicos. Cada vez que se sorprenda diciendo: «¡Uf, estoy empapado de sudor!», deténgase. No corra inmediatamente a buscar la toalla, la ducha o el desodorante. Dedique tres segundos a pensar lo siguiente: «Algunas personas me dirían que el sudor es repugnante, pero, ¿qué es lo que pasa realmente? Los poros del cuerpo estarán abriéndose para emitir agua que enfríe la piel al evaporarse. Es el sistema natural de refrigera-

ción de la piel, y hasta ahora no he tenido que recurrir a ningún técnico en refrigeración para que lo repare. Siempre funciona según lo previsto».

Es posible que después de esto siga sintiendo ganas de refrescarse. Es algo natural; ganas de limpiarse, de darse una ducha, pero no irá corriendo a la ducha pensando «¡Tengo que librarme de este espantoso sudor antes de que alguien me vea o sienta lo mal que huelo!».

4. Puede utilizar también la misma técnica de pararse y pensar tres segundos siempre que se siente en el inodoro, se cambie una compresa, cada vez que tenga que sonarse, que toser, que estornudar, que vomitar, cambiar las sábanas después de un «sueño húmedo», o cuando tenga que hacer cualquier otra cosa que pertenezca al apartado de funciones orgánicas.

Para ser un buen animal, ha de tener siempre presente que los individuos pueden hacer cosas horribles consigo mismos o en todo caso con otros, pero que sus funciones orgánicas elementales nunca figuran entre esas cosas horribles. Por el contrario, si acepta usted de una manera absoluta su naturaleza animal y aprecia la capacidad de su cuerpo para mantenerle en forma y para desarrollarse en cada momento de su vida, puede convertirse en el *animal Sin Límites*.

La comida

¿Cómo son sus hábitos de alimentación comparados con los de los animales salvajes, que se basan únicamente en sus instintos para determinar lo que deben comer y cuándo?

Lo más probable es que sus hábitos alimenticios sean muy inferiores a los del atún medio.

Cuando el atún va nadando por el océano, ¿cómo decide lo que ha de comer y cuándo?

La respuesta es muy simple: no lo decide en absoluto, por lo menos no lo decide por adelantado. Lo que hace el atún es simplemente darse cuenta de que tiene hambre, entonces mira lo que hay en la cocina (en este caso el océano), come lo que quiere en ese momento y luego sigue haciendo su tarea habitual, que puede ser, por ejemplo, nadar hacia el norte porque se acerca el verano.

¿Engordan alguna vez excesivamente los atunes? ¿Tiene acaso que decirle su madre a un atún: «Ay, querido, qué flaco estás, estoy tan preocupada»? ¿Tienen alguna vez los atunes deficiencias vitamínicas porque se olviden de ingerir su dosis diaria de uno u otro alimento?

Al parecer, de un modo u otro, el atún mantiene un tipo perfecto durante su vida sin necesidad de seguir una dieta cara, atenerse a un programa de ejercicios o a otras prácticas similares que prometen alargar la vida; le basta seguir sus instintos animales básicos respecto a lo que debe comer y cuándo, por dónde debe nadar y la rapidez con que ha de hacerlo. La ingestión de alimentos está estrictamente regulada por sus instintos, que le indican lo que su organismo necesita o desea en el momento.

En lo que se refiere a la alimentación, nuestro organismo sabe tan bien como pueda saberlo el organismo de un atún las cosas concretas que ha de comer para mantener su peso a nivel correcto y para mantener el equilibrio nutritivo correcto. No le gusta en absoluto que le sobrealimenten, y lo indica de modos diversos. Si se sobrealimenta usted, su cuerpo reaccionará acumulando gases molestos, o con una indigestión, con retortijones, con ahogos cuando suba usted las escaleras, o acumulando grasa y engordando.

Su cuerpo le pide que le deje comer sólo lo que él quiere para estar bien alimentado y tener un peso normal, pero si tiene usted «mentalidad de obeso» o «mentalidad de flaco» permitirá que su aparato mental se imponga a los instintos saludables y naturales de su cuerpo.

Es posible que haya sobredosificado usted su cuerpo con azúcar a pesar de que proteste con la caída de los dientes, con granos, con un exceso de grasa en la piel o con capas de depósitos grasos. Es posible también que haya privado usted a su organismo de los minerales, vitaminas, proteínas y otros nutrientes comiendo con menos sabiduría que un animal normal. Puede que se haya pasado usted la vida consumiendo productos que han trabajado contra su cuerpo, en vez de dejar que él le dijera lo que necesita para mantenerle a usted sano. Si ha hecho cualquiera de estas cosas, y ha hecho engordar en exceso a su cuerpo en consecuencia, o le ha privado de alimentos necesarios, o ambas cosas (muchas personas gordas están subnutridas en lo que respecta a proteínas, minerales, vitaminas y otros elementos vitales), yo no creo que necesite usted seguir ningún programa dietético especial para corregir sus deficiencias alimentarias. Creo que si se limita a establecer contacto de nuevo con sus instintos alimentarios, su organismo le indicará la dieta perfecta para usted. Puede ser, claro está, que se halle en este momento tan alejado de sus instintos alimentarios básicos que necesite los servicios de un especialista para que le diga que necesita usted tantas zanahorias, espinacas, patatas, tantos gramos de carne o de ensalada para la semana, pero en lo que se refiere a sus hábitos alimenticios (como en lo que respecta a sus otros hábitos autodestructivos) *todos están en el pasado*, y si quisiese usted convertirse en un buen animal sano *ahora* en sus hábitos de alimentación, le aconsejo que considere lo siguiente:

Coma sólo cuando tenga hambre. No coma nunca ajustándose al horario de otros. Rechace ideas como: «Es la hora de cenar, creo que tengo que comer algo». Consulte a su organismo. ¿Tiene hambre *él*? ¿Querrá esperar una hora, querrá quizá tomar un baño antes? *¡Si no tiene usted realmente ganas de comer, no coma!* Escuche a su cuerpo. Nunca le dejará morirse de hambre. Piénselo bien, ¿ha visto alguna vez en la naturaleza un animal gordo?

Coma usted sólo hasta que esté lleno... y no más, sean cuales sean las circunstancias. En vez de llenar su plato de comida, pruebe a servirse menos comida de la que crea que va a comer. Coma eso y luego consulte a su cuerpo unos segundos. Si su cuerpo está satisfecho, no tiene usted por que comer mas.

Su cuerpo puede preferir comer quince veces al día en porciones pequeñas cuando usted sienta hambre, en vez de atracarse unas cuantas veces al día.

Tenga una mentalidad abierta respecto a los alimentos que ofrece a su cuerpo. Dele abundancia de sabores sanos entre los que pueda elegir. Si nunca prueba el bróculi, las zanahorias u otras verduras ricas en hierro, no sabrá con qué satisfacer el hambre cuando tenga deficiencia de hierro. Si piensa usted sencillamente que el bróculi, las zanahorias, el hígado o cualquier otro tipo de alimento nutritivo «no le gustan» quizá se deba a que le obligaron a ingerir esos alimentos cuando su cuerpo no los necesitaba y cuando a usted no le *apetecían*.

—¡Cómete las zanahorias, hijo!
—¡Me dan náuseas!
—Pues tienes que comerlas. ¡Tu cuerpo las necesita!
—¡Me dan asco!

Estas son las situaciones que provocan pesadillas en los niños respecto a las zanahorias y a otras «cosas que son buenas para ti». No debe chocarnos, pues, que se refugien luego en los «alimentos basura».

Esas zanahorias sabrán *completamente distintas* de las que le daban náuseas hace veinte años. Tal vez le sepan estupendamente o quizá no le sepan a nada, pero no le harán daño y se habrá liberado por fin de su miedo a las zanahorias. Cuando su cuerpo necesite las cualidades especiales que éstas poseen, le preguntará a usted: «¿Por qué no haces un plato de zanahorias según esa receta para cenar?».

Trate usted a sus hijos como a usted mismo. No les obligue a comer cuando no quieren, y no les haga tragar nada que hayan probado y rechazado. Limítese a ofrecerles una variedad de alimentos sanos para que ellos elijan. Deje de armar escándalos en las comidas y permita a sus hijos comer lo que les indiquen sus cuerpos. Olvide los postres, las recompensas de azúcar refinada por haberse comido esas horribles zanahorias. Deje de llenar la casa de alimentos basura y verá muy pronto cómo sus hijos buscan y piden alimentos sanos y comen regularmente. Si refuerza usted los hábitos alimentarios perniciosos y no instintivos no se sorprenda luego si sus hijos no quieren comer alimentos sanos. Si se les tienta constantemente con comida más sana y apetitosa que los alimentos basura, dejarán de consumir éstos.

La bebida

Intente recordar el día de más calor de su niñez... aquel día en que notaba la garganta seca y tenía que correr otro medio kilómetro bajo un sol abrasador para poder beber. Quizá fuese una vieja bomba de agua manual de una granja cercana. Su cuerpo paladeaba ya el agua del pozo antes de llegar allí. Apenas si podía esperar mientras accionaba con su amigo la bomba con todas sus fuerzas y oía el gorgoteo del agua que empezaba a salir.

La alegría que experimentó al beber aquel agua, al saborear todos los matices del agua concreta de *aquel pozo* (o fuente, o arroyo), probablemente sea lo que llamaría usted «la mejor experiencia de su vida» en cuanto a beber se refiere. Era una reacción a la necesidad de su cuerpo, y como reaccionó usted inmediatamente satisfizo a su cuerpo y se consagró inmediatamente a saborear el agua. Quizá no olvide usted nunca el sabor de aquel agua que tomó aquel día.

Compare esto con la reacción de su organismo la primera vez que tomó alcohol. Lo más probable es que reaccionara violentamente. Puede que le diesen náuseas, que se marease, puede que vomitase usted. Pero siguió adelante pese a ello, consumiendo sustancias que eran venenosas para su organismo porque otros decían que era un comportamiento «adulto» o «elegante», que no se sabe muy bien por qué razón le colocaba por encima de «esos animales que son incapaces de disfrutar de un trago».

No quiero decir que tenga usted que ser abstemio. Hay incluso pruebas médicas de que un trago de vez en cuando puede beneficiarnos. Lo que le digo es que no beba alcohol por puro formulismo social. No beba automáticamente lo que beben los demás cuando están bebiéndolo. Escuche a su cuerpo.

La próxima vez que beba algo pregúntese esto: ¿Lo desea realmente mi cuerpo? ¿Lo recibirá como el agua del pozo en un día de calor sofocante? ¿Desea ansiosamente mi cuerpo las vitaminas que contiene esta bebida? ¿Por qué bebo esto ahora? ¿No preferiría mi cuerpo cualquier otra cosa?

Beba sólo cuando su cuerpo tenga sed, y sólo hasta que su sed natural quede saciada. Tenga una mentalidad amplia respecto a lo que se ofrece usted a sí mismo para beber. Si está acostumbrado a beber tres tazas de café, dos sodas, un güisqui y tres cervezas al día, intente beber una cosa distinta por lo menos al día: zumo de papaya, un batido de leche, sidra... cualquier cosa que represente un cambio de su rutina actual y que pueda apetecerle a su organismo. Si su cuerpo desea cualquiera de esas otras bebidas que ha probado, concédaselas. Quizá no sea usted capaz de prescindir de los tres martinis de antes de la comida por «pura fuerza de voluntad», pero si se concede permiso para probar cosas distintas y deja decidir a su cuerpo cuál de ellas quiere y cuándo, los tres martinis de antes de la comida serán fácilmente cosa del pasado.

La respiración

¿Qué recuerda usted de su niñez respecto a la respiración? Es posible que en determinado momento tomara usted conciencia súbita de que sus pulmones trabajaban continuamente, segundo a segundo, día y noche, y se asombrase de este milagro que le mantenía vivo. Tal vez recuerde un claro día de primavera en que iba camino de la escuela y el aire era tan claro y diáfano y fragante que resultaba maravilloso el solo hecho de aspirarlo. Puede que recuerde otras ocasiones en las que corrió hasta quedarse sin aliento y entonces se detuvo y le impresionó el ritmo firme de sus pulmones que restauraban rápidamente el equilibrio de oxígeno de su cuerpo.

Compare esos sencillos gozos animales con la tremenda reacción de su organismo cuando introdujo en él tabaco por primera vez. Tosió, le lloraron los ojos, se mareó. Puede que incluso vomitase. ¿Se obligó usted a ignorar esos avisos y forzó a su cuerpo a aceptar el tabaco? ¿Es usted «adicto» a él ahora? Si lo es, no necesito explicarle lo que significa para su salud y la de quienes le rodean; lo importante que es que lo deje usted. Pero quiero subrayar el conflicto interno que ha creado entre usted mismo y su organismo. Su cuerpo *ya no confía en usted* y, en cierto modo, está luchando contra usted continuamente.

Los animales son demasiado inteligentes para incurrir en algo semejante. Acerque un cigarrillo a la nariz del gato. Se encogerá y hará una mueca, cerrará los ojos, sacudirá la cabeza y cruzará como un tiro la habitación, volviendo la vista y mirándole resentido como si fuera usted el marqués de Sade.

Ningún animal inhalará voluntariamente humo de tabaco ni ningún otro humo tóxico. En realidad, los únicos animales que fuman, que yo sepa, son los perros, que se ven obligados a hacerlo, ¡para proporcionar datos experimentales sobre los peligros que entraña el fumar para los seres humanos! No sólo aplastamos nuestros propios instintos animales si abusamos de ellos, sino que además abusamos de otros animales, lo que me parece una práctica horrorosa y en la que nadie habría pensado jamás si los seres humanos no hubiéramos violado nuestros propios instintos animales.

No pretendo exponer aquí un curso breve para dejar de fumar. Existen muchos métodos para lograrlo, y si usted necesita uno, elíjalo. Pero fume usted o no, he aquí un par de sugerencias para recuperar el contacto con sus instintos respiratorios:

Párese un momento y saboree el aire una o dos veces al día. ¿Cómo sabe? ¿Puede usted oler los pinos o las flores o la yerba recién cortada? ¿Desean sus pulmones aspirar profundamente una bocanada relajante, hacer una «inspiración» de aire vital? ¿O huele usted los humos de los escapes de los automóviles o los de una fábrica cercana? ¿Acaso dicen sus pulmones: «Deseo lo menos posible de esto», y reducen automáticamente sus «aspiraciones»? Solamente con hacer esto, aprenderá una vez más a apreciar y respetar todo lo que sus pulmones hacen por usted continuamente.

Si está a punto de encender su primer cigarrillo o su cigarrillo número diez mil, acuérdese del gato: no olvide que su yo animal se encoge, hace una mueca, da un salto y cruza como un rayo la habitación. Pregúntese cuándo le dejará volver.

Haga usted o no ejercicio de modo regular, procure hacer todos los días un poco, procure hacer algo que le fuerce a respirar vigorosamente. Siéntese luego y aprecie cómo regulan sus pulmones de modo totalmente automático la ingestión de oxígeno necesario.

El yoga, la meditación y otras disciplinas de origen oriental proporcionan medios maravillosos para recuperar el contacto con la respiración. Si desea usted un contacto profundo con ella pruebe esos sistemas.

Resumiremos lo más importante de lo dicho en esta sección:

Si sabe usted que algo de lo que come, bebe o inhala es perjudicial, suprímalo. Sencillamente niéguese a introducir alcohol, drogas, tabaco, azúcares y otras sustancias dudosas en su organismo hoy, durante este día, esta hora, este minuto o este segundo, mientras su cuerpo lo siga rechazando (quizá lo rechace siempre). Si acepta usted el hábito instintivo de dejar a su organismo *conservar la salud*, pronto abandonará esos malos hábitos, eliminará esos kilos que le sobran, suprimirá esos tres martinis, esos cigarrillos. No olvide nunca que estar sano es natural e instintivo. Sólo cuando ignora los avisos de su cuerpo y cede a las presiones culturales socava los buenos y sanos instintos de su yo animal.

El sueño

Usted sabe dormir. Su cuerpo sabe exactamente el descanso que desea, y cómo trasladarse al país de los sueños, abandonando completamente las preocupaciones y cuidados del mundo, mientras su mente se repara y refresca con la máxima eficacia.

Aun así, puede dormir demasiado por no saber llenar todas sus horas de vigilia, o por haberse dejado dominar por torpes rutinas, por el aburrimiento o por la inercia.

No cabe duda de que la mayoría de la gente pierde mucho más tiempo del necesario durmiendo o intentando dormir. Esa rígida norma que establece de ocho a diez horas de sueño como la normal —según los países— es un hábito torpe que a su cuerpo no le agrada gran cosa. Y el cuerpo reacciona ante el exceso de sueño con torpeza mental, dolores de espalda, rigidez e incluso mareos. Si insiste en irse a la cama a las once todas las noches y levantarse a las ocho (salvo los fines de semana, en que seguramente puede usted dormir hasta el mediodía), está obligando a su organismo a una rutina artificial que, sin duda, dificultará su sueño.

El insomnio sólo se convierte en un problema cuando usted no confía en su cuerpo. Si se va usted a la cama antes de que su cuerpo quiera dormir, estará allí tendido dándole vueltas a todos sus problemas, o *intentando* dormir. Su cuerpo no cooperará en la tarea. Cuando su organismo está listo para dormir, se relaja, tranquiliza la mente y se queda usted gozosamente dormido sin tener que ejercer sobre sí mismo la menor presión.

Además de que la mayoría de nosotros pasamos demasiado tiempo durmiendo de modo irregular y superficial, hay algunos que se niegan a sí mismos el sueño que necesitan: el estudiante que permanece en vela cuarenta y ocho horas seguidas preparando un examen, el camionero que tiene que llegar al punto de destino por la mañana, por cansado que esté, el publicista que no puede dejar el trabajo porque tiene que entregarlo en el plazo previsto y ha de trabajar noche y día. No hay duda de que todas estas personas que intentan ignorar que *sencillamente deben dormir* según las necesidades de su cuerpo para funcionar a nivel óptimo, deben servirse del café, las anfetaminas u otras sustancias artificiales para ahogar sus instintos de sueño. Pero nada puede eliminar los efectos de la falta de sueño en el organismo: nerviosismo, irritabilidad, trastornos intestinales y todo un espectro de efectos psicosomáticos que, en último término, pueden llevar al «derrumbe»: el estudiante se desmorona y garrapatea absurdos en el examen; el camionero se queda dormido y se sale de la carretera; el ejecutivo contrae úlceras y colitis nerviosa, y llega incluso a la «crisis nerviosa».

En realidad, las investigaciones psicológicas han demostrado que se puede volver locos a los animales por el simple procedimiento de no dejarles dormir interrumpiendo continuamente sus pautas de sueño por el procedimiento de *provocarles insomnio*.

Quizá haya advertido usted ya que *el insomnio*, que es la incapacidad prolongada y «anormal» de dormir bien y bastante, tiene dos caras. Una es nuestra tendencia a dedicar demasiado tiempo a intentar dormir, que es el resultado de la inercia en el conjunto de nuestra vida. Está comprobado que la gente muy ocupada, muy animosa y muy entregada a la vida no suele excederse en el sueño como lo suelen hacer las personas cuya vida es aburrida y tediosa. Dormir en exceso es insomnio en el sentido de que su sueno es inadecuado, porque obliga a su cuerpo a estar en la cama más horas al día de las que él desea estar echado. Es posible que su cuerpo prefiera correr por el parque, pero tiene que estar allí atado a la cama. Por tal razón, se rebela e impide el sueño. Con lo cual necesita usted aproximadamente el doble de tiempo para lograr un verdadero descanso.

La otra cara de la moneda del insomnio aparece cuando la angustia producida por determinadas situaciones de la vida alcanza el nivel crítico (siempre al borde del pánico), y nos negamos el tiempo necesario de sueño. Tomamos drogas, forzamos al cuerpo. Si logramos dormir, despertamos a las cuatro horas con un sudor frío de angustia; interrumpimos las pautas de dormir —y— soñar; y, al final, nos desmoronamos.

Si atiende a sus instintos animales éstos le guiarán impecablemente permitiéndole eludir esos dos tipos de insomnio y llevándole a las mejores pautas de sueño en cualquier situación y en cualquier momento. Para lograr establecer de nuevo contacto con esos instintos y ser un buen animal en lo que a hábitos de sueño se refiere deberá usted *confiar en su reloj biológico interno*.

Sabe perfectamente que tiene en el cerebro un reloj tan preciso y perfecto como el mejor reloj suizo, y con garantía para toda la vida.

Funciona del siguiente modo: usted sabe que tiene que levantarse a determinada hora para acudir a una cita o tomar el tren; cuando se va a dormir, su cuerpo tiene conciencia de lo importante que es que se despierte a tiempo, y pone el despertador para despertarle a la hora precisa. Y con toda seguridad, cinco minutos antes de que suene el despertador, usted se despierta.

Esto no es coincidencia. Sucede siempre. Y sin embargo, sigue usted poniendo el despertador mecánico exterior todas las noches. ¿Por qué? ¡Porque tiene miedo a no conceder a su cuerpo tiempo suficiente para dormir y que, debido a ello, no se despierte solo! El paso siguiente es que se olvida de su reloj interno y confía en el despertador externo para regir sus rígidos hábitos de sueño. Pronto tendrá que decirse: «Tengo la sensación de que debería haberme ido a la cama hace dos horas. Tendré que poner el despertador para estar seguro de no perder el tren».

Cuando vuelva a sorprenderse poniendo el despertador, deténgase. Consulte su despertador interno. Si él sabe que tiene usted que levantarse a las seis, le indicará exactamente cuándo ha de ir a la cama para poder dormir tranquilo y despertar fresco exactamente a las seis. No sentirá sueño ni un momento antes ni un momento después de lo necesario. Si es usted capaz de apreciar la increíble precisión de su reloj interno, se irá a la cama cuando él se lo diga, y dormirá usted «como un tronco».

Y deténgase también cuando se sorprenda *intentando* dormir. ¿Está usted cavilando y considerando lo cansado que estará mañana si no se duerme inmediatamente; cavila usted sobre lo mucho que le cuesta dormirse?

Relájese un segundo. Si deja de esforzarse tanto en dormir, verá cómo desaparece el insomnio. Si no puede dormir, levántese. Lea un libro, ponga su disco preferido, lave los platos. Confíe lo suficiente en su cuerpo para creer que aunque tarde otras dos horas en irse a dormir funcionará perfectamente mañana... pero deje también abierta la posibilidad de que su cuerpo desee dormir dentro de un cuarto de hora.

La próxima vez que *se sienta cansado*, deténgase. El estar cansado no tiene nada en común con tener deseos naturales de dormir. Estar cansado significa tener agotada la fuerza física y/o la paciencia, o estar absolutamente hastiado y aburrido.

¿Ha advertido usted alguna vez lo mucho que se cansa cuando tiene que hacer algo desagradable? El *cansancio* nace básicamente del aburrimiento, la impaciencia y la angustia, más que del agotamiento físico. Si está usted cansado mentalmente, es probable que el insomnio sea al mismo tiempo una causa y un síntoma. Quizá tenga que reestructurar su vida para curarlo, según las directrices que propongo en el conjunto de este libro. Pero en lo que se refiere a aprender a dormir según los instintos animales básicos, es importante que aprenda *a distinguir cuándo está cansado* (fatigado por preocupaciones, normalmente por cosas que ha de hacer mañana o el año que viene) *y cuándo tiene sueño* (cuando su reloj interno le indica que debe dormir un poco o dormir toda la noche).

Recuérdelo: cuando está usted *cansado*, pero no tiene sueño, la solución no es irse a la cama e intentar huir de sus preocupaciones procurando dormir. ¿Nace su insomnio de que cree que ha retrasado lo que consideraba una tarea desagradable? ¡Aborde tal tarea y hágala! Desaparecerá el cansancio y podrá pagar usted las facturas, lavar los platos, escribir esas cartas o lo que sea que le impide dormir. Si está dispuesto a la vez a dejar de escribir una carta cuando va por la mitad, y echar un sueñecito si tiene ganas (si su reloj biológico interno le avisa), estará en el buen camino y podrá reintegrar el sueño en su naturaleza como un buen animal.

La curación

Su cuerpo posee una capacidad natural de curación que en el campo de la medicina nadie puede pretender entender. Si se rompe usted un hueso, el hueso se cura solo. Lo único que hace el médico es colocar bien todas las piezas para que la curación siga su curso normal. Si se corta usted, el cuerpo sangra, la sangre se coagula y se forma una costra bajo la cual desaparecerá la herida.

Observe a un animal enfermo o herido. Advierta cómo descansa, bebe agua y procura hacer poco ejercicio. De algún modo sabe cómo curarse. Pero usted no debe ser tan listo como esos seres «inferiores». Cuando sabe que está enfermo o herido, quizá se fuerce más allá de los límites tolerables. Quizás se niegue usted a descansar o a comer adecuadamente, o simplemente no conceda a su organismo el tiempo necesario para recuperarse de una enfermedad grave o de una herida importante.

Puede incluso haberse convencido a sí mismo de que está enfermo. Quizá se ha convertido usted en un hipocondríaco, centrándose en su enfermedad imaginaria, preocupándose tanto por su salud física que ha llegado a enfermar por ello.

¿Le habla usted siempre a todo el mundo de este o aquel problema de salud que tiene ahora, y espera que las cosas empeoren? ¿Espera anhelante a pillar la última gripe que anda por ahí? ¿Se preocupa constantemente por su salud física *porque en el fondo sabe que lleva mucho tiempo abusando de su cuerpo y se pregunta cuánto tiempo podrá aguantar?*

Si está usted siempre preocupado por su salud, o por la capacidad de su cuerpo para curarse y seguir viviendo, equiparando cualquier problema que surja casi con una herida mortal o una enfermedad incurable, piensa usted de un modo malsano... esperando que sus problemas de salud empeoren, e ignorando las señales que le transmite el cuerpo y que le permitirán curarse sea cual sea la enfermedad o dolencia que padezca. Si quiere usted confiar en su cuerpo para estar sano, olvide sus obsesiones y deje de ser una persona enfermiza y escuche a su organismo cuando intenta decirle lo que necesita para recuperarse plenamente. Pruebe algunas de estas sugerencias:

La próxima vez que esté enfermo o lesionado, conceda usted a su organismo la capacidad de curarse. Confíe en sus instintos. No se base exclusivamente en los médicos o en las medicinas. Procure evitar toda dependencia de sustancias químicas y no se someta a ellas sólo por el hecho de que quiere pasar por el proceso de curación sin interrumpir su programa diario. Si está enfermo o lesionado, puede usted confiar en que su cuerpo se recobrará si le concede el tiempo necesario, si le proporciona *usted los* cuidados precisos... entre los que muy bien puede figurar buscar los servicios de un médico que le imponga un tratamiento. Si lo hace, vaya a un médico que no se limite exclusivamente a recetar medicamentos, que crea en la capacidad del organismo para resolver sus problemas. Busque servicios médicos cuando los necesite, pero no se enamore de sus medicinas, ni crea que los medicamentos pueden curar sus enfermedades. Todas las medicinas se basan en la capacidad del organismo para curarse a sí mismo, y todo médico digno de tal título le dirá que lo mejor que puede hacer para ayudar a su cuerpo a ayudarle es respetar sus propios instintos curativos animales.

¡Deje de pensar de un modo malsano y negativo! ¡Prescinda de la idea fija de que su salud empeorará inevitablemente! ¡Empiece a creer que puede usted evitar la mayoría de sus enfermedades sólo con cambiar radicalmente de actitud. Si piensa usted en que va a empeorar, si habla constantemente de su enfermedad, no hace más que convertirse en su propia víctima. Si piensa usted de modo *saludable* (es decir, respetando las necesidades de *curación* de su cuerpo en determinadas situaciones y de *estar sano* el máximo tiempo posible de la vida) padecerá menos «enfermedades humanas normales» como jaquecas, catarros, dolores, calambres o hipertensión.

Recordando lo que dije en el capítulo primero sobre la supersalud, no limite su idea de la capacidad de curación de su organismo a la de que puede restaurar su salud normal tras una lesión o una enfermedad.

Piense además que esta capacidad de su cuerpo puede ayudarle a lograr la *supersalud*. No se preocupe sólo de que desaparezca la herida bajo la costra, sino de curar toda deficiencia que haya podido causar usted a su organismo, desde las deficiencias vitamínicas a la obesidad o a la debilidad del tono muscular o a los dolores de cabeza o de estómago producidos por la tensión, siguiendo sus instintos animales. Piense que puede usted llegar a ser una persona Sin Límites respecto a toda su salud física y mental, sólo con preguntarle a su cuerpo: «¿Estoy en conflicto contigo en este momento? ¿Te doy el tiempo suficiente y los cuidados que deseas para curarte y para alcanzar tu perfección?».

Esa capacidad milagrosa del cuerpo para *curarse a sí mismo* es la llave maestra para ser un buen animal. Si sabe usted apreciarla en su justo valor, si sabe confiar en ella, su capacidad natural de curación le permitirá satisfacer todas sus necesidades animales y le llevará a una vida mucho más plena, le hará experimentar una vitalidad que no sentía desde la niñez.

Juego y ejercicio

Sabe usted perfectamente que sus instintos le impulsan a hacer ejercicio, que su cuerpo necesita actividad. El cuerpo desea estar en la mejor forma posible. Heredamos estos instintos de nuestros ancestros más «primitivos», de cazadores que tenían que correr para conseguir alimento o para evitar que les devorasen a ellos, cuyas vidas dependían de su fuerza, su capacidad de resistencia y su coordinación. El tipo de vida y el medio han cambiado radicalmente en los últimos milenios, pero no así nuestro carácter animal esencial: todos los niños nacen con un vigoroso instinto para el ejercicio, y desde que empiezan a abrir y cerrar los puños, a descubrir cómo funcionan sus dedos y a aumentar sus fuerzas, hasta que se ponen de rodillas y empiezan a gatear, y hasta que corren enloquecidos por la casa o en el patio del colegio, siguen fielmente esos instintos. El ejercicio es juego, el juego es ejercicio. Los niños corren, gatean, pelean hasta que se cansan. Cuando vuelven a tener ganas de hacerlo, lo hacen otra vez.

Pero ¿qué sucede luego? El niño «crece», se convierte en adulto, empieza a hacer un trabajo de nueve a cinco, se sienta a una mesa o repite los mismos actos todo el día, y de pronto se siente demasiado cansado o hastiado para hacer ejercicio o para jugar. El cuerpo se deteriora, deja de estar en forma. El adulto se ahoga, le cuesta trabajo respirar. Se hace a la idea de que «jugar» es para los niños, que los ejercicios de «adultos», como hacer treinta planchas todas las mañanas, son aburridos, le duelen inexplicablemente los músculos, le duele la cabeza... todo son simples excusas para no seguir sus instintos que le impulsan a hacer ejercicio.

Los instintos nunca desaparecen. El cuerpo está allí sentado ante la barra o la televisión, pero se irrita y se enfurece por esa esclavitud artificial.

Es posible que el médico del adulto diga por fin: «Tiene usted que hacer algo de ejercicio». Y es posible que le imponga un régimen. Puede que lo siga, aunque a regañadientes y con desgana. Puede que lo deje al cabo de un tiempo. O quizá, en el mejor de los casos, advierta que se siente mucho mejor, ceda a sus sanos instintos de hacer ejercicio y jugar y ejercite su cuerpo de formas distintas, hasta que por fin recupere del todo *la forma* y alcance la supersalud.

Cuando está físicamente en forma, todo funciona mejor. Cuando hace ejercicio regular no siente ganas de comer en exceso. Siempre tiene energías, no está fatigado. Sus procesos digestivos funcionan con más eficacia. Tiene el corazón más sano. El bazo, el hígado, los pulmones, las arterias, todo se beneficia y también, claro está, su mente: el cerebro recibe más oxígeno, la circulación es mejor y está usted en una relación armónica con sus instintos, en vez de estar en conflicto continuo con ellos. El ejercicio prolonga su vida, le proporciona el equipo físico necesario para superar mejor las enfermedades, le proporciona vigor para combatir el agotamiento. Es, en suma, la esencia de su supervivencia, y ésa es concretamente la función de los instintos: ayudar al organismo a sobrevivir del modo más sano posible.

Si confía usted en su cuerpo y le permite elegir a él sus actividades de ejercicio y juego, verá que su cuerpo hace milagros. Si le permite usted caminar, correr, nadar, jugar al golf o a balonvolea o al tenis cuando quiere, se convertirá en un modelo de fuerza, resistencia, coordinación y, sí, atractivo físico, si le concede usted el tiempo preciso para ello. Si le permite usted ir a su propio ritmo, confiando en que parará cuando haya tenido suficiente, y si le permite ejercitarse un poco cada día, muy pronto estará en condiciones físicas excelentes. Su cuerpo se controlará por sí solo. Pronto deseará caminar o correr mayores distancias por iniciativa propia, aumentando él mismo la velocidad, practicando un tiro determinado, fortaleciendo determinados músculos, librándose por sí mismo de esa grasa que sobra. ¡Limítese a seguirle! Le llevará a usted adonde tiene que ir sin aburrirle ni causarle daño.

Por otra parte, si inicia usted un régimen predeterminado de ejercicios con su actitud habitual orientada hacia el rendimiento, y establece límites, y decide de antemano cuántas planchas «tiene que hacer» o cuantos kilómetros debe correr, obligándose a mejorar día a día, al poco tiempo estará usted cansado y harto de ese régimen. Será «trabajo y no juego». Y casi una imposición a sus instintos tan gravosa como menospreciar por completo el ejercicio y el juego. Experimentará usted un dolor y una frustración innecesarios. Es probable que exceda la capacidad de su cuerpo y se lesione, lo cual, claro está, le mantendrá al margen de cualquier tipo de ejercicio durante un tiempo y quizá le dé una excusa para decir: «No merece la pena hacer ejercicio, me perjudica».

Si quiere usted volver a establecer contacto con las tendencias instintivas naturales de su organismo y alcanzar una buena salud física, pruebe lo siguiente:

Destine una parte del día a hacer ejercicio, pero no decida de antemano lo que va a hacer (salvo que haya decidido hacer ejercicio con otra persona). Procure que el ejercicio no sea excesivo para no cansarse de él antes de alcanzar el nivel adecuado de forma física. Corra sólo hasta que lo juzgue suficiente, y luego corra un poco más cuando recupere el aliento. Si decide hacer esto mismo todos los días durante dos semanas, sin intentar superar sus marcas anteriores, *sin ningún tipo de presión temporal*, seguirá usted el camino correcto.

Cuando corra, por ejemplo, recuerde que ¡nadie le persigue! Quizá sus ancestros primitivos tuvieran que correr para evitar que les devorasen, pero usted no. Usted corre sólo por placer, *como si fuera un juego*. No tiene por qué correr en línea recta y a una velocidad constante. Imagínese que está usted en un gran camino abierto, viendo a los niños que juegan a perseguirse. Corren en línea recta, hacen un giro, corren hacia otro lado. Luego se sientan y descansan. ¡Puede usted correr también así si quiere!

O imagine que está recorriendo el campo, avanzando a trotes rápidos, como un indio, corriendo por un camino que no conoce demasiado bien, por un sector de la ciudad o una zona de bosque que nunca ha visto, dando una vuelta cuando ve algo que desea examinar de cerca, parando cuando quiere descansar y contemplar determinada pieza arquitectónica o un viejo roble. También puede correr así si quiere.

Considere su ejercicio como aventura y como juego, no como una tarea agotadora que tiene que realizar para satisfacer los deseos de una autoridad externa. Recuerde que correr *no es aburrido*. No podemos decir que ir a dar un paseo o nadar un poco sea aburrido. Lo que pasa es que uno utiliza el aburrimiento como excusa para no correr, porque resulta doloroso y molesto superar tantos años de inactividad.

Admita que todas sus actitudes negativas respecto al ejercicio y al juego proceden de su necesidad de defender su vida adulta «normal» de inactividad, y admita lo anormal *que es esa vida desde el punto de vista de su cuerpo.* Admita la verdad de que *estar físicamente en forma es agradable y placentero,* que tendrá usted más vigor y más fuerza, más energía y menos enfermedades si se permite alcanzar una buena forma física. Confíe en su cuerpo, vaya con él en vez de contra él, y concédase tiempo suficiente para superar los dolores, molestias y fatigas que padece por llevar toda una vida ignorando sus instintos.

Cuando haga ejercicio, procure dejar vagar la mente por el cuerpo. Observe cómo se mueven sus piernas, paso a paso. Intégrese en la majestuosidad de su aliento, en sus latidos cardíacos. Siéntase satisfecho con su cuerpo, unido a él, y pronto se sentirá tan maravillado de tener un organismo tan fantástico que no tendrá tiempo para torturarse con las preocupaciones cotidianas ni para aburrirse.

Usted ya sabe que tiene poder para pensar como quiera. El objetivo rejuvenecedor del ejercicio y el juego se alcanza, en parte, dejando que el pensamiento abandone un rato «los cuidados del mundo» y vuelva a centrarse en los elementos básicos de la existencia humana. Si no es usted capaz de dejar de preocuparse por otras cosas cuando hace ejercicio o juega, sigue siendo esclavo de las creencias y normas de la sociedad, aún sigue dejando que alguien que no es usted mismo controle su centro de pensamiento. Pero si deja usted que quienes ejerzan el control sean sus propios instintos animales, pronto gozará de la supersalud y de la vida Sin Límites.

La sexualidad

Piense en la gente que le rodea. Piense en los millones de individuos que viven hoy en este planeta. ¡Ninguno de nosotros estaríamos aquí si la naturaleza no hubiera hecho tan placentero el sexo!

Las actividades sexuales nos incluyen a todos. Todos sabemos instintivamente cómo funcionar en este campo. Nadie tiene que ir a la escuela a aprenderlo. Es algo natural, sensacional, excitante, hermoso... salvo que reprimamos nuestra sexualidad o le impongamos limitaciones externas, salvo que caigamos en la trampa de pretender que estamos *por encima* de la sexualidad.

Que a los seres humanos les guste copular es algo natural. Les encanta besar, tocar, palpar, lamer, acariciar. Pero podemos impedir a nuestros cuerpos una actividad sexual perfecta si empezamos a juzgar nuestras actividades sexuales según criterios sociales de «normalidad», si nos preocupamos demasiado por lo sexual, y creamos con ello conflictos innecesarios con nuestros instintos.

Cuando inicia usted por vez primera una relación sexual, ésta puede ser perfecta. Si está usted totalmente entregado a ella, los cuerpos reaccionan normalmente porque los que participan se lo permiten. Si sienten ustedes libremente amor y pasión mutuos, sus cuerpos harán de modo automático lo que saben muy bien que han de hacer. Se humedecen sin que usted tenga que incitarles a hacerlo. Experimentan sensaciones, escalofríos, respiración acelerada, erecciones, períodos de estabilidad y de estimulación intensa y orgasmos y eyaculaciones, ellos solos, por su cuenta.

Su cuerpo es un instrumento sexual perfecto «en principio», porque no le interpone usted ningún tipo de obstáculo. Pero después de llevar un tiempo de relación, es posible que permita la intromisión de pensamientos o preocupaciones exteriores. Quizás esté usted preocupado por la reunión de negocios del día siguiente. Puede que le preocupe que les oigan los niños, o quizás esté pensando en la fiesta del viernes que viene, o en otra persona con la que preferiría hacer el amor; o en el hecho de que no ha eyaculado, o cualquier otra cosa, incluidas las grietas del techo.

Cuando su pensamiento se aleja de las actividades sexuales de su cuerpo, el cuerpo deja de comportarse como debe en las relaciones sexuales.

La cosa puede ser aún peor, puede avergonzarle a usted su sexualidad, pueden avergonzarle sus «partes íntimas», ya para empezar. La sexualidad puede parecerle a usted una cosa «sucia» (lo mismo que puede parecerle una cosa sucia orinar, defecar, sudar, etc.). Entonces, puede convertirse en un individuo impotente, «sexualmente inactivo». Ya no experimentará esos escalofríos ni esa respiración acelerada, ni orgasmos. Se sentirá, por el contrario, frustrado. Adquirirá el hábito de reprimir las cosas que más ansía su cuerpo: que le acaricien y le amen sexualmente. Y, claro está, esta frustración de su instinto sexual, esta «inercia sexual», la pagará con aumentos progresivos de tensión, depresión y quizá con todo tipo de trastornos psicosomáticos.

Si su vida sexual se encuentra en ese estado de pánico o inercia, sólo puede hacer una cosa: ¡Despertar! Empezar a aceptar su sexualidad como un buen animal.

¿Ha visto usted alguna vez un animal que esté copulando con su cuerpo y que tenga el pensamiento en otra parte? Claro que no. Los animales están en lo que están, gozan de sí mismos *ahora*. No les inquieta que pueda sentirse celoso el perro de la casa de al lado. No les preocupa la inflación ni los plazos de la hipoteca. No tienen jaquecas. Nunca piensan que lo están haciendo por obligación. Se entregan por completo a lo que hacen. Les da igual incluso que usted esté mirando. Ellos no se avergüenzan de sí mismos. Si le da vergüenza a usted de ellos, si les separa y les persigue y les echa, quizá les dé rabia, pero se irán corriendo a otro lugar y lo harán allí.

Todos podemos aprender de los animales. No tenemos por qué copular en las calles; hay, por supuesto, sitios más cómodos y más románticos. Pero si cultivásemos en nosotros mismos los mismos instintos animales a los que se entregan ellos para integrarse completamente en el acto mientras lo hacen, eliminaríamos muchas interferencias y obstáculos que ha emplazado la sociedad en el sendero de nuestras reacciones humanas naturales.

No cabe duda de que los seres humanos parecen *por naturaleza* más fijados en las experiencias sexuales que los otros animales, más predispuestos a convertir las actividades sexuales en un arte. Ello se debe quizás a que los seres humanos figuran entre el escaso número de animales que parecen tener instinto de «unirse para toda la vida», para ver cómo sus hijos crecen, para cuidarlos, para cuidarse unos a otros en la vejez, juntos. Así pues, junto con esa capacidad humana de reprimir la sexualidad natural como ningún otro animal puede hacerlo, figura la capacidad para apreciar las maravillas de la sexualidad como quizá no pueda hacerlo ningún otro animal. Para *llevarla al límite* de su inmensa capacidad de inspiración, de intimidad y de *profundidad justo ahora*.

Quizás el elevado arte *muga* de hacer el amor sea sobre todo asequible a los humanos debido a su gran capacidad para cuidarse y preocuparse de otro miembro de la especie durante largos períodos de tiempo. Es posible que ésa sea la causa de que los humanos sean capaces de pasar horas estableciendo contacto, jugando, subiendo, caminando por lisas llanuras de estabilidad, y de alcanzar las cimas de estimulación intensa, orgasmos mutuos, de bajar de nuevo, de descender de las cumbres cogidos de la mano... porque sus instintos les dicen que toda experiencia animal es una imagen de toda su vida unidos, toda su vida juntos, una afirmación de lo que han sido y serán el uno para el otro, una celebración del hecho de que como animales están *casados para siempre*.

O puede que gente que no tenga ningún deseo de unirse para toda la vida pueda satisfacer sin problemas sus instintos sexuales por el simple procedimiento de reaccionar a ellos cuando surgen de modo libre y auténtico, cuando no se interponen en el camino de su vivir y amar ahora consideraciones morales o éticas.

Pero ya proceda esa increíble capacidad humana para convertir el amor y la sexualidad en una plasmación artística del vivir el instante presente de la institución humana del matrimonio (en el sentido de un compromiso para toda la vida de cuidarse mutuamente), o ya proceda simplemente de la capacidad humana innata para consideraciones y cuidados insólitos en toda situación, *todo ser humano que busque el amor Sin Límites puede alcanzarlo a través de sus propios instintos animales básicos.*

Pero, tanto si desea usted volver a la relación erótica original con su pareja de cuarenta años, como si tiene veinte años y esté aún tanteando el terreno, tanto si es de clase alta como de clase baja o clase media, puede usted lograr la paz mental en el terreno sexual y cultivar sus experiencias sexuales hasta el máximo de su capacidad como ser humano si tiene en cuenta lo siguiente:

Libérese de sus ideas rígidas de cuándo, dónde o cómo han de tener lugar las relaciones eróticas. Deje de intentar planearlas. Acepte que cualquier lugar, cualquier momento o situación es perfecto si se sienten atraídos y están de acuerdo en que es un buen momento y es un buen lugar. Si ritualiza usted sus relaciones sexuales, limitándolas únicamente a cuando están los niños dormidos, sólo por la noche o en una habitación determinada, limita usted sus impulsos libres y espontáneos.

¡Hágalo en el coche, en la cocina, donde le apetezca! ¡Si necesita intimidad absoluta, deje que sus instintos no preparen su cuerpo hasta que su cuerpo sepa que tiene la intimidad que usted desea! No considere malo nada que sienta y tenga ganas de hacer mientras sus instintos le digan que no perjudica a nadie con ello.

Cuando se sorprenda usted hablando solo o hablando con otro de sus proezas o hazañas sexuales, deténgase. Si habla y presume constantemente de sus actividades sexuales ejercerá una presión sobre sí mismo, obligándose a ser fiel a ese estatus sexual imaginario, o a esa imagen sexual que intenta usted proyectar hacia otros, en vez de satisfacer sus instintos sexuales internos según su mejor idea personal del tipo de animal que es.

Si lleva usted algún tipo de inventario mental de los hombres o mujeres que ha «conquistado»... Libérese inmediatamente de él. Considere más bien su vida amorosa pasada como una serie de películas en las que ha intervenido. Conserve en la memoria las películas que le gusten; paladéelas y saboréelas. Aprenda de ellas. Las que no le gusten olvídelas de una vez.

Sólo hay un inventario de su vida sexual en este mundo, y es, según mi opinión, su propio inventario de si ha gozado usted de su sexualidad animal, cuándo y cuánto.

Revise sus tabúes personales respecto a la sexualidad. ¿Vacila usted a la hora de acariciar a otros seres humanos? Acariciar es un instinto del que no hay por qué avergonzarse. ¿No se atreve a mostrar afecto sexual por su marido cuando los niños están delante? ¿Le da miedo que ellos la vean besarle, acariciarle o abrazarle? ¿De qué otro modo podrían aprender ellos?

¿Qué otros tabúes tiene usted?

Un tabú es una actitud que ha adoptado usted que indica que ciertas áreas de su posible experiencia le han quedado prohibidas sólo porque otros, un grupo de individuos «más importantes» (los sumos sacerdotes, hechiceros, etc.) han decidido que esa zona es sagrada, que está impregnada de un cierto poder sobrenatural y *maligno* del que sólo pueden liberarle ellos si desea disfrutar de sus frutos prohibidos.

Si permite usted que los publicitarios, los psiquiatras o cualesquiera otros le dicten los tabúes sexuales que ha de tener, olvidará usted que en su mundo sexual personal y privado no existe nada que no sea aceptable o que sea incorrecto. Todo lo que parezca bueno, todo lo que ambos disfruten y gocen, es perfecto.

Si inicia usted una relación sexual, asegúrese de que deja de pensar y de esforzarse. ¡Láncese simplemente a *hacer! Si* su pensamiento está centrado en el puro amor sexual hacia la otra persona en ese momento, podrá usted alcanzar cumbres elevadísimas en su experiencia sexual.

Deje libre a su cuerpo. Déjele hacer lo que él sabe perfectamente hacer.

Vagar, viajar, explorar

Puede que le sorprenda ver estas necesidades agrupadas con las otras ocho que he enumerado. Quizá resulte obvio por qué las otras necesidades biológicas fundamentales corresponden a una conducta instintiva, pero se preguntará usted sin duda si existe en realidad una necesidad humana básica de vagar, viajar y explorar. Irse de vacaciones, por ejemplo, es sin duda agradable, pero ¿no es más un lujo que una necesidad? ¿Nos indican realmente nuestros sentidos que hagamos eso?

Piénselo de nuevo. Considere toda la historia de la evolución de la vida en este planeta. Es una larga historia ininterrumpida de seres vivos en movimiento: aventurándose en medios nuevos, explorándolos, adaptándose a ellos, abandonándolos de nuevo. El oso sube a la montaña a ver lo que puede ver; la semilla recorre quinientos kilómetros antes de caer en la tierra y echar raíces; Colón zarpó hacia el Nuevo Mundo, pese a que muchos pensaban que se despeñaría cuando llegase al límite de la Tierra.

Raras veces ha habido —si es que ha habido alguna vez— una cultura de seres vivos que se haya limitado a trazar un círculo alrededor de su hábitat y haya dicho: «Esto es todo, a nosotros no nos interesa lo que pueda haber fuera de ese círculo. Vamos a mantenernos aquí eternamente». Y el homo sapiens está dotado de más curiosidad natural y de más deseos y ansias de vagar y de viajar que ninguna otra especie.

Sabe usted perfectamente que a los seres humanos nos encanta viajar, nos gusta vagar por la Tierra, explorar nuestro medio, nuestro planeta, e incluso los otros planetas del universo. ¡Somos exploradores instintivos! El explorar es algo natural y emocionante. Nos convierte en animales buenos y atractivos y más plenamente vivos.

La mayoría soñamos una u otra vez con «partir», con «lanzarnos a la carretera», durante un período indefinido, simplemente por viajar; soñamos con cruzar las montañas o simplemente recorrer kilómetros sin ningún destino concreto; soñamos con visitar nuevas ciudades y nuevos países, conocer nuevas culturas, vagar simplemente, sin destino, «para ver lo que haya que ver».

Si les hablamos a los niños de exploraciones y viajes quedan inmediatamente fascinados. Si le dice usted a un niño que le gustaría llevarle a la selva para que viera lo que hay allí, seguro que se sentiría entusiasmado de inmediato. Fíjese en que los niños cuando van de acampada apenas si pueden esperar a que la tienda esté instalada, están deseando lanzarse de inmediato a recorrer el lugar, examinarlo, seguir ese sendero y bajar por la orilla del río y subir las laderas llenos de entusiasmo y de ansias de moverse y de ver.

No he conocido a nadie que no se sintiese, al menos en secreto, emocionado ante la perspectiva de vagar, viajar y explorar. Pero, por desgracia, he conocido a muchos que ahogan o rechazan sus instintos de vagabundeo. Vemos incluso a muchos adultos que se aferran tan rígidamente a la rutina de su vida casa-y-trabajo que van siempre a los mismos sitios y siguen siempre las mismas rutas, que nunca ven nada nuevo ni nada insólito, nada que no les sea ya conocido y familiar. Si se van de vacaciones (en vez de quedarse sencillamente en casa), van al mismo lugar año tras año, a lugares que se parecen lo más posible a su medio normal, a su mundo de siempre. Ni que decir tiene que estos tipos suelen ser archiautoritarios, suelen ser la gente menos tolerante y la más deprimida y la más desdichada.

Es frecuente oír a gentes de veintitantos o treinta y tantos años decir: «No sé cómo mis padres aguantan. ¡No van nunca a ningún sitio! Tienen dinero suficiente para permitirse unas magníficas vacaciones, pero tienen la mentalidad de los años de la depresión: piensan que viajar es un lujo frívolo y que no hay nada como la propia casa. Me temo que se van a volver cada vez más gruñones, a medida que envejezcan».

John Steinbeck expuso de forma muy clara ese hábito que muchos tienen de reprimir los instintos de vagabundeo y viaje en *Travels with Charley*, cuando explica cómo hace el equipaje y sale con su perro a ver lo que puede ver por el país.

> Y entonces vi lo que llegué a ver tantas veces en el viaje... Un mirada de añoranza...
> —Me gustaría poder irme, señor.
> —¿No te gusta estar aquí?
> —Se está muy bien aquí, pero me gustaría poder irme.
> —No sabes siquiera adónde voy.
> —Me da igual, me gustaría ir a cualquier sitio.

Si descubre usted que ha estado reprimiendo sus instintos nómadas, quizá porque tenga miedos irracionales a lo desconocido, o porque equipare cualquier entrega a esos instintos a la irresponsabilidad, quizás esté usted eliminando esa serie de instintos para los que puede que se hayan forjado todos los demás: su posibilidad de salir al mundo y moverse en él y de descubrirlo en toda su gloria y su vida Sin Límites y en todo su misterio.

Puede usted vagar, viajar y explorar de diversos modos. Puede hacerlo a pie o con un equipo de bucear, con un microscopio o con un telescopio, con un libro de historia o con una revista de ciencias naturales. Puede hacerlo en su propio pueblo o ciudad, en las selvas de África, en la superficie de la Luna. Puede llevarle a usted a descubrir la ciudad perdida de Knosos o un restaurante húngaro magnífico en la calle de al lado. Pero, sea como sea, ¡hágalo!

Si ha llegado a acostumbrarse a acallar esa voz de intrigada curiosidad cuando diga «me pregunto qué habrá al final de ese camino, nunca he ido por ahí», piense en cambiar sus actitudes y conductas respecto a la satisfacción de su instinto ateniéndose a lo siguiente:

Dedique unos cuantos minutos al día a fantasear sobre cómo vagaría, viajaría o exploraría usted, si pudiera. Si le resulta difícil hacerlo, porque se diga que es una irresponsabilidad querer vagabundear por este planeta, deténgase. Recuérdese que es importante favorecer esos instintos para su plenitud personal, que es tan vital como comer o dormir. Necesita ver lugares nuevos. Necesita usted olfatear territorios nuevos. Si otros deciden llamarle «vagabundo» porque anda siempre de un lado para otro, no es problema de usted sino de ellos. Su solución es tomarse en serio sus fantasías exploradoras. ¿Cuál de ellas puede seguir? Puede que no le sea posible en este momento viajar con una nave espacial dando una vuelta al sol, pero puede ir de acampada, o puede usted lanzarse al campo y recorrerlo hasta que encuentre un lugar donde estén preparando sidra y la vendan en jarras junto a la carretera. Puede ver cómo funcionan las prensas, cómo se hace la sidra según los métodos tradicionales, apreciar el aroma intenso de las manzanas prensadas y el olor del zumo, hablar con el campesino un rato sobre las manzanas o la sidra o cualquier otra cosa.

Puede usted decidir concederse diez minutos más y volver a casa desde el trabajo por una ruta distinta, o ir de vacaciones este año a otro sitio, un sitio que le gustaría explorar.

Sean cuales sean sus fantasías, entréguese a ellas siempre que pueda. Si utiliza su imaginación, descubrirá que sus fantasías de exploración y sus posibles experiencias en este sentido son prácticamente ilimitadas.

Recuerde que explorar no significa sólo viajar; significa *abrirse a todo tipo de variedades en el conjunto de la vida*. ¡Ningún animal desea hacer las mismas cosas día tras día! Nuevos alimentos, nuevas amistades, nuevas aficiones, deportes, música, arte o lo que sea, todo eso satisfará sus instintos animales básicos de vagabundeo, de viajar y explorar. ¡Cambiar constantemente de medios y ambientes en todos los sectores de su vida no le hará a usted inestable! Le dará, por el contrario, la variedad y la emoción que anhela usted por imperativos naturales, le dará una idea más definida y más plena de los objetivos de la vida humana... más plena casi de lo que usted puede imaginar.

Si ha considerado usted en serio su actitud hacia estas nueve necesidades animales básicas, y los instintos que las acompañan, que son sin duda los más importantes de la naturaleza humana, si ha considerado en serio cómo puede *hacerlos actuar en beneficio suyo* por el simple procedimiento de abrirse a ellos y permitir a su cuerpo ser el animal que desea ser (evitando el *esforzarse denodadamente* y liberándose de todos los juicios negativos respecto a su cuerpo) estará en condiciones de permitir que su cuerpo opere del modo perfecto que es natural en él en todas las situaciones de la vida. Cuando uno aprende el secreto de respetar su cuerpo y de confiar en que él haga lo que debe hacer, se verá conectado con una de las satisfacciones básicas que entraña el hecho de ser un individuo Sin Límites, la satisfacción de ser sencillamente un buen animal.

> *Hubo un tiempo en que prado, bosque y arroyo,*
> *la tierra y todas las cosas corrientes,*
> *me parecían*
> *adornadas de luz celestial,*
> *de la gloria y la frescura de un sueño.*
> *Mas hoy no es ya como ayer;*
> *vaya donde vaya*
> *de noche o de día,*
> *las cosas que veía entonces no las veo ya.*
>
> William Wordsworth
> *Intimations of Inmortality from*
> *Recollections of Early Childhood* (1807)

5
Sea niño de nuevo

Nos habla aquí el poeta de una época que todos hemos conocido: los momentos mágicos de la niñez en que la vida parecía buena y maravillosa, en que nuestros mundos nos tenían totalmente fascinados, completamente entregados a su exploración, ajenos a las tragedias o al duro trabajo que pudiesen caer sobre nosotros en el futuro.

Yo comparto ese entusiasmo de Wordsworth por el modo de vivir de los niños. Creo que los niños son, en conjunto, mejores animales que la mayoría de los humanos. Yo suelo volver la vista con ternura y asombro a las experiencias más intensas del «vivir ahora» de mi propia niñez. Pero, considerando mis propias ideas y experiencias vitales, sé que el adulto humano no tiene por qué idealizar al niño, o desear encarecidamente poder ser niño otra vez *en edad* para alcanzar un estado infantil de existencia: para alcanzar un estado de conciencia en el que la tierra y todas las cosas corrientes parezcan «adornadas de luz celestial».

Pocos dirán que no envidian a los niños en muchas cosas. Pasamos por el patio de una escuela y vemos y oímos jugar a los niños, y percibimos lo plenamente entregados que están a sus juegos, cómo saltan y corren y ríen y disputan, ajenos a problemas futuros que son tan reales para ellos como los suyos para usted. Tienen que volver a clase pronto, tienen que hacer ejercicios y exámenes, tienen que aprobar cursos, tienen amigos por los que están interesados o preocupados, profesores que les fastidian y muchas, muchas más dificultades que afrontar en sus jóvenes vidas, pero lo cierto es que poseen esa capacidad mágica de dejar en suspenso sus problemas y simplemente dejarse ir; darse a sí mismos permiso para ser libres, y para entregarse totalmente a sus juegos. Aún no han interiorizado, en suma, *esa futurización* de que hablábamos hasta el punto de no poder entregarse del todo a su tiempo presente. Aún no han perdido la capacidad de saber *vivir ahora*. Y sin embargo, nosotros, la mayoría de los adultos, nos vemos obligados a sospechar que hemos perdido ya esa capacidad, y quizá creamos que, sólo por ser adultos, no podemos recuperarla nunca. Puede que pasemos por eso junto al patio escolar murmurando: «Cuando yo era niño, hablaba como un niño, razonaba como un niño; al convertirme en hombre, he abandonado los hábitos de niño»,* o alguna otra consideración sabia y amarga que racionalice el hecho de que estamos resignados ya a no divertirnos nunca. Tenemos envidia de los niños e incluso podemos llegar a detestarlos por esa envidia, pero, ¿qué hacemos al respecto? He estado observando durante muchos años a niños que van con sus padres a los restaurantes. Los padres parecen estar mayoritariamente de acuerdo en que los restaurantes son lugares donde los niños no deberían ser niños, sino más bien «portarse como adultos». Lo más normal es que se haya advertido con firmeza a los niños antes de entrar en el restaurante que no deben hacer «niñerías». Y eso es como si le dijésemos a un perro que no fuera perro cuando le sacamos al parque; nunca resulta, claro. En consecuencia, los padres no pueden disfrutar de la comida, porque creen que deben estar controlando continuamente todos los aspectos de la conducta de sus hijos. «Vuelve a ponerte la servilleta ¡Deja de mover las manos! No te rías tan alto. No molestes a esos señores. Come las espinacas o no tomarás postre. Corta uno o dos trozos de carne, deja el cuchillo y cambia el tenedor a la otra mano. ¿Cuántas veces he de decírtelo?» Los padres, al estar regañando sin parar, suelen alentar imprudentemente al niño a que «se pase de la raya» para llamar más la atención incluso. De cualquier modo, suele acabar sucediendo siempre una de estas cosas:

Si los padres son sumamente rígidos y obligan a los niños a portarse como robots, llega un momento en que los niños no pueden aguantar más y se «pasan de la raya» con demasiada frecuencia. Esto suele desembocar en que los padres dejen la servilleta en la mesa furiosos y saquen a los niños del restaurante a rastras, dándoles de azotes incluso, quedándose a veces todos a medio comer. Cuando hacen

---

* Corintios I, II.

de sí mismos grandes espectáculos y demuestran que exigen a sus hijos ser unos pequeños adultos perfectos, suele oírseles decir a esos hijos: «¡Ésta es la última vez que te traemos a un restaurante!». Ante lo que uno casi puede oír pensar al niño como respuesta: «Gracias a Dios. ¡No soporto los restaurantes!».

Por otra parte, algunos padres son muchísimo menos rígidos en los restaurantes y en otros lugares en los que se come en público. Después de pasarse media comida pendientes de ellos, cuando se convencen de que sus hijos no van a comer más y ya no hay manera de controlarles, quizá les dejen corretear un poco, ir a los lavabos, por ejemplo. Los niños pueden hacer entonces nuevas amistades, explorar el restaurante en la medida en que se lo permitan. Hablarán con clientes simpáticos, con camareros o camareras afables, curiosearán en la cocina y puede incluso que lleguen a hacerse la idea de que los restaurantes pueden ser lugares absolutamente fascinantes, después de cumplir todas las condiciones a las que has de someterte para ir a ellos. Entretanto, los padres se retrepan en sus asientos y se dedican a beber, a fumar, a hartarse de comida y se entregan a menudo a conversaciones intrascendentes, sin perder de vista a los niños para cerciorarse de que no molestan a nadie, pensando que la conducta de sus hijos es aún inmadura (y la suya perfecta y refinada), pero resignados al hecho de que es imposible hacer que los niños actúen como adultos *todo el tiempo*.

Si los padres son mucho menos rígidos no dejarán, desde luego, a sus hijos correr por el restaurante y molestar a los demás comensales, pero puede que actúen en el restaurante como si se tratase de un banquete en el comedor de su propia casa: una situación con la que los niños ya están familiarizados. Las normas de corrección en la mesa no se vuelven de pronto más estrictas, el niño no tiene por qué sentarse y no moverse cuando normalmente se le permite levantarse de la mesa. Los niños reaccionan, en general, con calma, y eso es lo más que puede esperarse de ellos en público. Exhiben los mejores modales que conocen. Si se dan una vuelta entre las mesas, perciben con toda claridad ante qué adultos merece la pena pararse y a cuáles han de evitar. Descubren a los adultos a los que les gustan los niños y que les entienden, a los que no les importa nada dejar un momento de comer y beber y decir: «¡Vaya! Hola. Mira a quién tenemos aquí. ¿Vienes a hacernos una pequeña visita?». En realidad pasa lo mismo que en casa: la gente a la que le gustan los niños acaba dedicándoles un rato y los menos tolerantes con ellos no suelen hacerles caso.

Si los padres tienen una mentalidad SZE, no les inquietará la idea autoritaria de que haya que obligar a los niños a actuar como adultos siempre y se darán cuenta de que si pensasen de otro modo los desconectados de la realidad serían ellos, no los niños. El padre SZE sabe que los niños hacen lo que mejor saben, es decir, ser niños, pero que los adultos que esperan que los niños sean adultos, deben reconsiderar sus propias ideas sobre los adultos y sobre los niños. La persona SZE se da cuenta de que si pudiera aprender del niño y pudiera adoptar él mismo esas actitudes infantiles (aprender a ser curioso, hacer nuevas amistades, eludir conversaciones intrascendentes y aburridas, no excederse comiendo ni bebiendo sustancias venenosas) quizá descubriese también que salir a comer fuera era una experiencia mucho más agradable.

El individuo Sin Límites es, en suma, el individuo SZE que sigue esos instintos infantiles que tanto ha admirado en los niños. En los restaurantes, se ve a veces a padres que están totalmente entregados a su comida y a sus hijos, indiferentes a todo lo demás. Los niños se quedan quietos en la mesa y comen y charlan con sus padres o con la gente de alrededor que se muestra receptiva, igual que en casa. Cuando los niños acaban de comer y quieren moverse un poco, los padres van tras ellos, relacionándose con la gente a la que le gustan los niños y que establece contacto con ellos. Puede que corran detrás de la camarera y que ésta acabe llevándoles a la cocina para que se den una vuelta por allí. Hagan lo que hagan, es evidente que se contentan con dejar a sus niños ser niños, y que se sienten felices de poder ser niños ellos de nuevo por un rato.

En un viaje que hice hace poco a Denver, di un paseo hasta el edificio del Capitolio del estado y vi que había allí un grupo de padres con sus hijos viéndolo. El guía se puso a farfullar un montón de datos aburridos y de estadísticas con su lenguaje enlatado y monótono, preparado claramente para adultos, pero carente de cualquier sentido de los dramas históricos que pudieran haber tenido lugar allí y carente de toda espontaneidad y emoción respecto al tema, y la mayoría de los niños se alejaron de él y se dedicaron a pasear por una zona de yerba próxima y a jugar. Era evidente que los adultos se aburrían muchísimo pero, aun así, siguieron todo el ritual. A ninguno se le ocurrió librarse de aquel tostón e irse con los niños.

Los niños no tienen problemas para saber pasarlo bien, para hacer que resulten divertidas hasta las peores situaciones. Pero el adulto que hay en nosotros no se pondrá a jugar en la yerba... ¿por qué?

Dentro de cada uno de nosotros hay un niño maravilloso al que le encantaría retozar en la yerba, no preocuparse de si ensucia la ropa o no, ni de lo que pensarán los demás.

No quiero decir que haya que echarse rodando por una ladera en traje de noche. En realidad, quizá James Kavanaugh, con su bello poema «Te echo de menos, niño», pueda volver a ponerle en contacto con lo que siente por aquel niño que vive aún dentro de usted.

Te echo de menos, niño, con tu pronta sonrisa y tu ignorancia del dolor.
Entrabas en la vida y la devorabas, sin nada más que nubulosos objetivos por compañía.
Tu corazón latía con fuerza cuando cazabas ranas, y capturaste una tan grande que no te cabía en una mano sola.
Vagabas con tus amigos por bosques silenciosos donde de pronto os asustaba un puerco espín furtivo.
Las cerillas eran un misterio que encendía fuegos y devoraba hojas con un hambre feroz.
No había tiempo para significados: un caramelo los aportaba en la punta de un palo.
Una navaja en el bolsillo te proporcionaba tranquilidad cuando se habían ido los amigos.
Una flor en los bosques tapada por un viejo tronco arrugado; un perro que bailaba y te lamía los dedos y te mordisqueaba los pantalones, un partido de fútbol inesperado, un vaso de sidra, el canto de un grillo.

¿Cuándo perdiste la vista y el oído, cuándo dejaron tus pupilas gustativas de temblar?
¿Cuándo se inició esta torpeza, este miedo creciente, esta disputa con la vida, exigiendo significado y contenido?
La enloquecida búsqueda es el premio del ocio.
El dolor que te prohíbe ser niño.

Si ve que echa de menos a ese niño que lleva dentro, quizá pueda empezar a establecer contacto con él reconociendo que, en realidad, no está muy lejos. En realidad, lo único que le inhibe es su propia resistencia a reconocer y aceptar a ese niño.

Aprecie lo divertido que es andar con gente que es capaz de ser como los niños. Suelen ser la gente más feliz, la que mejor funciona, la que no ha olvidado que es posible ser dichoso y ser responsable al mismo tiempo, que sabe un poco más que la mayoría dejar que salga el niño que hay en su interior, que no temen lo que piensen los otros; gente que puede sumergirse a veces por completo en lo fantástico, lo mismo que cuando eran niños. Esa gente sabe que «la vida real» no es trabajar siempre y no jugar ni divertirse nunca, sino que es saber madurar a base de combinar continuamente la seriedad y el juego en la mayor cantidad. Son gentes que retienen una especie de inocencia y de curiosidad infantiles por el hecho de estar vivos y que saben, por tanto, ser buenos adultos sin dejar de apreciar y cultivar a los niños que llevan dentro. Ésas son las personas que creo que pueden servir mejor de modelo a los demás, o los adultos a los que yo llamaría personas Sin Límites.

¿LE GUSTAN A USTED LOS NIÑOS?

> Dejad que los niños se acerquen a mí,
> pues de ellos es el reino de los cielos.
> MATEO, 19: 14

> Un hombre que odie a los niños y a los cachorrillos no puede ser malo del todo.
> W. C. FIELDS

¿Qué le parecen a usted los niños? *Cualquier* niño, el suyo, el de otros o, sobre todo, el niño que siempre llevamos dentro. ¿Le gusta estar donde haya niños? ¿Le dan conciencia acaso de las posibilidades ilimitadas de la vida? ¿O se siente usted irritado, ofendido e incluso celoso cuando está con ellos?

Todos conocemos gente que dice que no le gustan los niños; que no pueden soportar esa exuberancia constante de los niños, su inagotable energía. Todos sabemos del viejo que está sentado todo el día junto a la ventana esperando sólo cazar a los niños de los vecinos en su patio trasero o en su jardín para poder reñirles y echarles; la joven pareja a cuya casa no se atreve uno a llevar niños por lo meticulosamente decorada y ordenada que está, gente tan estricta respecto a las cosas de su casa que habría que reñir continuamente a los niños y controlarles para evitar que rompieran algo de valor. Puede que haya oído usted decir a esas personas: «Lo primero que hará cualquier niño, sea el que sea, es tomar la cosa de más valor que haya a su alcance y destrozarla». O bien: «El problema de los niños es que no tienen mandos con control de volumen» o chistes similares que subrayan lo superiores que se sienten a los niños. El colmo de esto lo acuñó W. C. Fields, ese gran satírico de quienes odian a los niños que, cuando le preguntaron: «¿Cómo le gustan los niños?», contestó: «Estofados».

Por otra parte, todos conocemos gente que quiere y entiende a los niños, que establece una relación inmediata con ellos, que puede penetrar en su mundo en un instante y hacerles sentirse cómodos y fascinados. Todos conocemos al viejo que se sienta en el porche y saluda a los niños que pasan camino del colegio, que contesta cuando los niños llaman a su puerta, que les enseña el huerto y les dice: «Eso es una tomatera. ¿Tú sabes lo que es un tomate? Bueno, pues esos brotes, en un mes o así, se convertirán en tomates». Todos conocemos a la pareja joven que dice: «¡Traed a los niños, por favor! En diez minutos pondremos todo lo que puedan romper fuera de su alcance; no os preocupéis por eso. Llevamos seis meses sin ver a Ginny. ¡Cómo debe de haber crecido!».

Si hace usted un repaso de sus amistades y examina sus actitudes hacia los niños, descubrirá que la gente a la que le gustan los niños, que les acepta y disfruta con ellos, que son «buenos con los niños», suelen ser también los que están más en paz consigo mismos... mientras que aquellos a los que no les gustan los niños suelen ser los llorones crónicos, los que protestan por todo, los pesimistas; suele ser, en general, la gente más desdichada que usted conoce.

Recordará que en el capítulo primero rechazábamos enérgicamente el modelo «enfermedad» de la psique humana, según el cual es en cierto modo «natural» que los individuos estén cuando menos un poco neuróticos y sean desdichados. En lugar de eso, yo creo que es básicamente natural que las personas sean felices, vigorosas y sanas y tengan vitalidad creadora. Creo que nacemos todos con una salud mental perfecta, y que aprendemos a ser desdichados e inseguros sólo por las presiones culturales, y que llegamos a caer, por ellas, en el absurdo de que es normal estar angustiado, deprimido y triste como nuestra actitud habitual.

Si aceptamos la premisa de que la felicidad es *instintiva*. de ello se deduce que todos los individuos desdichados, neuróticos, deprimidos y trastornados que conocemos pueden volver a recuperar la felicidad *únicamente* observando a los niños a los que la «educación» no ha deformado aún, que aún no han tenido posibilidad de aprender a ser neuróticos y desdichados, y aprendiendo a ser más infantiles ellos mismos. Las personas que insisten en que no les gustan los niños manifiestan una zona errónea que les separa del ámbito de la vida SZE/Sin Límites antes incluso de que tengan la posibilidad de apreciar lo que es. Se niegan a tomar en consideración a los niños que *actúan de modo natural,* los que no han sido aún deformados, los que no aprendieron aún a ser desgraciados, los que hacen lo que a ellos les parece correcto sin consultar manuales ni recurrir a los consejos de los especialistas, que sólo confían en sus propios instintos e impulsos para ser *felices ahora*: en suma, los que no han caído bajo la influencia de esos modelos neuróticos de «madurez» que ven en sus familias, en el colegio, en la televisión y prácticamente en todos los demás sectores de la sociedad.

Antes de que se adueñen de él por completo estas influencias, el niño es un ser maravilloso que se encuentra en su elemento entre los seres humanos más maduros y evolucionados, y que personifica en varios sentidos lo que es en realidad el individuo Sin Límites. Tengo la esperanza de que, sean cuales sean su edad y su experiencia, comprenda usted que lleva dentro un niño que ansía escapar de la cárcel que ha construido para él. Y si a usted no le gusta él o los demás niños, lo siento por usted: ese niño jamás alcanzará la libertad. No puede usted abortar y acabar con él. No puede ofrecérselo a otros para que lo adopten. Puede usted, claro está, menospreciarlo y olvidarlo. Puede negarse usted a atenderle cuando llore, puede no dejarle salir a jugar nunca, no contestar nunca a sus «ingenuas» preguntas («¿Por qué es azul el cielo? ¿Qué hay al final de ese camino?») Pero si lo hace, será, y se sentirá en secreto, tan culpable de desatender a ese niño como el padre que deja solo en casa a su hijo de dos años y se va a un bar... para siempre.

Si a usted no le gustan los niños o, más concretamente, no los *quiere*, e incluso si no le gusta todo lo que hacen, lo más probable es que tampoco le gusten los adultos sanos y felices. Le resultan amenazadores porque usted no es de ese modo. Le es más fácil aceptar a la gente cuando sabe que tiene algún problema, cuando hay desdichas o debilidades evidentes sobre las que pueda usted murmurar; le es más fácil aceptarla cuando puede usted explotar sus fragilidades y disfrutar sintiéndose superior a ellos, que aceptar a personas que funcionan plenamente, frente a las que se siente amenazado porque le resulta difícil encontrar campos en los que pueda considerarlos inferiores a usted. Es natural, pues, que el sistema habitual que tienen los que menosprecian a los niños consista en sentirse superiores a la gente infantil calificándola de «irresponsable», «inmadura» o incluso «demasiado feliz». Las cualidades infantiles que aseguran la salud de los adultos son objeto de burla, burla originada por la envidia, la envidia de los que han de acudir a consideraciones de madurez para sentirse seguros ellos mismos. Las «travesuras tontas», la espontaneidad, la capacidad de reír y divertirse y otras cualidades «infantiles» similares de los adultos Sin Límites constituyen algo que les gustaría tener a todos los adultos, pero que pocos saben alcanzar. Por ello, resulta más difícil ridiculizar y burlarse que aprender de los niños y de los adultos infantiles.

Partiendo de aquí, es fácil ver cómo se perpetúan por sí solos sin la sociedad de ciclos destructivos del menosprecio de los niños y de todo lo infantil. Si la actitud infantil es continuo objeto de burla, puede resultar más fácil comportarse siempre como un «ser maduro». El padre que sermonea continuamente a sus hijos con frases como: «¿Por qué no te portas como corresponde a tu edad? ¿Cuándo vas a ser una persona adulta? ¡Deja de ser tan infantil!», está inculcándoles que el joven debe abandonar al niño que hay dentro de él. Cuando se han impuesto esas actitudes «adultas» queda vía libre para las actitudes y conductas autoritarias descritas en el capítulo dos y el niño queda absolutamente controlado, rechazado, inmovilizado, racionalizado y se convierte, en fin, en algo antinatural. El individuo menosprecia su deseo innato de seguir siendo joven y espontáneo. Empieza a exigir a sus hermanos y hermanas más pequeños y a sus compañeros de juego y de estudios una madurez artificial, y de esta forma, el ciclo continúa.

La gente se ha pasado la vida diciéndome cosas como éstas: «¡Nunca crecerás, Wayne, siempre serás un niño!» «Wayne, tú estás loco, ¿por qué no te portas como una persona de tu edad? ¿Cómo puedes ser tan tonto con tu educación y tu experiencia? No puedo creer que te vayas a jugar al balón con los niños cuando tenemos tantas cosas *importantes* que hacer».

Mientras siga oyendo a la gente «normal» decirme que soy demasiado infantil, sé que estoy haciendo bien las cosas. La verdad es que disfruto como un niño siempre que puedo. Me gusta tener niños alrededor, niños de cualquier clase, siempre. Si me meten en una habitación llena de adultos, siempre acabo buscando un niño o un animal que pueda haber allí. Me gusta bromear, jugar, ser un poco «loco», explorar, hacer todas esas cosas típicas de los niños pequeños. No me paro a analizarlo. Ni siquiera puedo decir por qué me gusta ser de ese modo, sólo puedo decir que es algo instintivo, pero sé, desde luego, que eso me hace mucho más feliz en este mundo. Es muy sencillo, los niños pequeños me parecen tan sinceros y tan poco reprimidos, tan libres de la necesidad de impresionar a los demás, tan capaces de jugar libremente sin fanfarronear ni intentar demostrar que son superiores, que resultan tan agradables y reconfortantes como el agua fresca del pozo en un día de calor. Sé también que todos mis clientes, lectores o conocidos a los que he ayudado a ser más infantiles se sienten mejor y conocen una vida más plena por ese motivo, y que todo el proceso se inicia cuando llega uno a la conclusión de que *quiere realmente* a ese niño que hay dentro de él.

LO INFANTIL Y LO PUERIL

En la sección anterior mencioné que la forma habitual de menospreciar y rebajar a los adultos «infantiles» y a los niños es calificarles de «pueriles».

Ser *pueril* y ser *infantil* son cosas completamente distintas, pese al hecho de que estas dos palabras se utilicen a veces indistintamente. Ser pueril significa para mí ser un niño y actuar como un niño, lo cual es perfectamente válido, o ser un adulto y actuar como un niño de modo que indique que su crecimiento y su desarrollo se han paralizado años atrás, y que el individuo se ha estancado desde entonces, lo que, claro está, no es sano en ningún caso. Lo que quiero decir es que los adultos «pueriles» e «infantiles» son *polos opuestos*, no sinónimos, que en las dos citas del principio de esta sección, W. C. Fields satirizaba una actitud *pueril* hacia los niños (y sobre todo hacia el niño que llevamos dentro) y Jesús mostraba una actitud verdaderamente madura e *infantil* hacia los niños. Ser infantil significa en esencia *ser inocente* de todas esas ideas autoritarias y extrañas de lo que ha de ser la madurez, de lo que otros han intentado imponernos; ser *confiado* en el sentido de no caer en una paranoia autoritaria que lleve a desconfiar de los demás sin ninguna razón sólida. Y ser *ingenuo* o *directo,* y «sin sutilezas» en las relaciones con los demás y en nuestra visión del mundo.

Lo esencial de esto es que no tenemos por qué dejar de ser adultos para ser más infantiles. No tenemos por qué hacernos pueriles y mucho menos aún irresponsables para volver a convertirnos en niños en el sentido al que me refiero. La persona plenamente integrada es capaz de ser adulta e infantil al mismo tiempo. Para lograrlo, ha de aprender usted a *regresar voluntariamente de modo positivo*. Lo importante aquí es lo del carácter *voluntario* del asunto, ya que los que regresan a su infancia sin saber por qué lo hacen, sin controlar su vida adulta, se exponen a que los encierren en un manicomio.

Cuando se hace voluntariamente, el regreso positivo a un estado infantil no es tan difícil como pueda parecer. Basta para ello soltarse un poco, hacer un poco el tonto, reírse, contar chistes, cultivar su personal sentido del humor respecto a sí mismo, ser un poco loco, saber jugar. Significa abandonar las máscaras de la edad adulta para divertirse y gozar, no tener que ser *siempre* solemne, coherente, serio y digno. Significa recordar su emoción desorbitada ante el mundo y su valoración espontánea de él y de todas las cosas y todas las personas que lo habitan; sentirse maravillado y sobrecogido ante este maravilloso universo en que vivimos; entregarse a la curiosidad infantil y natural *hasta el límite y* descubrir que lo que puede descubrirse no tiene límites. El filósofo francés Maurice Merleau-Ponty aplicó un nombre a la esencia de la actitud infantil de que estoy hablando. Le llamó «maravillarse ante el mundo». Según él, ese estado mental primitivo fue el que dio origen a la forma de pensamiento más grande, más humana y más auténticamente madura y adulta. Yo pienso lo mismo, en realidad, pero considero ante todo que ese infantil «maravillarse ante el mundo» es sencillamente divertido.

Después de haber leído hasta aquí, quizá se diga usted: «Por supuesto, me gustaría volver a ser niño de ese modo, pero es muchísimo más fácil hablar del asunto que llevarlo a la práctica». Puede sorprenderse defendiendo su posición «adulta» actual con ideas como: «Por supuesto, me encantaría volver a ser niño y no tener preocupaciones. Pero tengo que mantener una familia, tengo muchísimas responsabilidades en que pensar, problemas financieros y de otro tipo. ¿Cómo puedo armonizar el dedicar tiempo a ser niño y seguir siendo un adulto responsable? Eso no tiene sentido».

Este tipo de argumentos indican que no le interesa a usted en realidad la vida Sin Límites. Cuando discute consigo mismo de ese modo, discute *por* sus problemas, y lo único que sacará de ese esfuerzo es perpetuar sus problemas. *¡Una de las cosas más responsables que puede hacer como adulto es hacerse más parecido a un niño!* Si decidiera usted que puede y debe ser niño y adulto al mismo tiempo (superar las pautas de pensamiento dicotómicas y autoritarias que han divorciado artificialmente al niño del adulto en usted en favor del pensamiento *holístico* que identifica al niño primigenio y al adulto), puede disfrutar usted de todas sus tareas diarias en vez de vivir resignado a que esas tareas le machaquen. Puede abordar *todos* sus problemas más directamente y con menos seriedad, con una actitud menos lúgubre; y puede conseguir que todas sus responsabilidades le resulten más divertidas sin ignorarlas por ello en absoluto. Sólo si elige usted defender su posición de tener que ser siempre un adulto, de tener que ser siempre hosco y serio, seguirán igual sus problemas, y se multiplicarán incluso.

Si descubre usted que se ha convertido en el adulto obsesivo que, para ser «adulto» y digno, renuncia siempre a su capacidad de ser infantil y divertido, si ve que ha perdido la capacidad de ser original y espontáneo, de correr riesgos sociales que le ayudarán, en último término, a saber resolver mejor los problemas, descubrirá que necesita ejercitar la voluntad para eliminar algunos de esos controles «adultos» artificiales que le han impedido volver a ser niño todos estos años. En mi opinión, dos de los *controles clave* que debe usted eliminar son *aplazar la gratificación* y *las influencias destructivas de su educación formal*.

EL ABSURDO DE APLAZAR LA GRATIFICACIÓN

Cuando los estudiantes universitarios que empiezan entran en contacto por primera vez con la «psicología del niño», una de las primeras cosas que se les enseñan es que los niños aún no han aprendido a *aplazar la gratificación*, mientras que los adultos han aprendido esta valiosa técnica. Profesores de todo el mundo le dirán a usted que el niño al que se le ofrece un chupachup o un caramelo hoy o tres mañana, cogerá siempre el de hoy. Generaciones de estudiantes de psicología elemental se han «graduado» muy satisfechos de lo superiores que son a los niños por tener el buen sentido adulto de elegir los tres chupachups de mañana. (Lo que significa, en realidad, para muchos adultos, no gozar nunca de un chupachup.) Esta pueril idea de la «psicología infantil» nos ha alejado a millones de seres humanos de nuestro yo infantil.

Mientras fui terapeuta en ejercicio estuve años atendiendo a innumerables niños «trastornados» o «problemáticos» enviados por asistentes sociales bien intencionados, asesores escolares, psicólogos y profesores. Los informes seguían siempre la fórmula «gratificación pospuesta» como definición del desarrollo adulto: «Johnny debe aprender a dejar de abordarlo todo tan frívolamente, debe dejar de ser tan impulsivo. Su problema básico es que es incapaz de posponer la gratificación. Parece no darse cuenta de que no puede hacer todo lo que quiere justo cuando quiere...».

¡Es como si enviara a un niño al terapeuta a que le enseñe a perder esa misma cualidad que le distingue de tantos adultos desdichados!

Naturalmente, los niños que me enviaron con aquellos informes para «adoctrinarlos en el aplazamiento de la gratificación» solían estar por «detrás» de otros de su grupo de edad en las categorías convencionales de «madurez», como maquillarse y llevar «relleno» en el sostén y pasar de pronto a no saber correr. Solían ser los pillastres, los graciosos de la clase, aquellos a los que les resultaba casi imposible mantenerse sentados y quietos como adultos durante horas seguidas. Pero para mí eran los niños más estimulantes de su grupo de edad, a menudo los más auténticamente maduros. Quizá no siempre prestasen atención al profesor. Quizás estuvieran haciendo aviones de papel para tirarlos en cuanto el profesor les diera la espalda, o se estuvieran pasando notas entre sí. Pero también solían ser los mejores estudiantes, los más «inteligentes» de su clase. Porque, cuando centraban la atención en su trabajo escolar, no lo enfocaban como una tarea penosa a la que había que resignarse, del mismo modo que se resignan los adultos a sus trabajos, sino como un reto a su curiosidad «ingenua», lo que les permitía lograr una concentración mucho mayor de la que podían lograr sus condiscípulos más «maduros». Solían ser los que volvían locos a todos los demás niños, porque sentados en las escaleras de la escuela y rodeados de un caos absoluto, eran capaces de hacer en un cuarto de hora antes de que empezara la clase los mismos deberes que a los otros les habían supuesto dos penosas horas de trabajo en casa. Eran los que hacían pruebas y rellenaban cuestionarios contestando bien a todas las preguntas y luego se ponían a tamborilear con el lápiz en la mesa o a hacer aviones de papel mientras los demás seguían trabajando angustiados. Por eso les calificaban de «exhibicionistas», que era otro modo de decir «inmaduros».

Yo siempre traté con el mayor respeto a los «Johnies» o «Juanitos» que llegaron a mi oficina, remitidos por rígidos adultos que querían que colaborase en la eliminación de sus chispas vitales. Procuré aprender de ellos todo lo que pude y también ayudarles a aferrarse todavía más a la idea de gozar de sus vidas ahora, en el momento justo en que se vive, en vez de posponer perpetuamente el goce. Yo les decía a veces que lo de posponer la gratificación era un disparate, una inmensa pantalla de humo que alzaban los adultos que planeaban toda su vida por adelantado para descubrir más tarde que no sabían disfrutar de nada cuando por fin se materializaban todos y cada uno de sus planes. Procuraba apartarlos de los círculos viciosos de la planificación y la idealización extrema, alimentados por los síndromes «adultos» de futurización compulsiva. Al mismo tiempo, debido a que muchos de ellos estaban en profundo conflicto por el hecho de «no conseguir controlarse», y sufrían verdaderamente por las reprimendas de sus padres, sus compañeros, sus profesores y todo tipo de símbolos de autoridad, procuré ayudarles a hallar medios de eludir «el sistema» que preservasen sus cualidades infantiles y no provocasen, sin embargo, tantas condenas. Un ejemplo típico para un niño de quinto a octavo grado, sería:

YO: ¿Te gusta leer?
JOHNNY: Algunas cosas. Novelas de aventuras, cuentos de la frontera. Hay unos cuantos autores que me gustan mucho...
YO: ¿Y por qué cuando te aburres en clase no abres un libro de ésos y te pones a leer en vez de dedicarte a tirar aviones de papel?
JOHNNY: Me encantaría, pero no me dejaría la profesora.
YO: ¿Porque sería un mal ejemplo para los otros, o porque no sabrías de lo que estaba hablando ella cuando te preguntara?
JOHNNY: No sé. Sólo sé que no me dejaría.

Una conversación posterior con la profesora:

YO: A Johnny no le pasa nada. Su único problema es que se aburre mucho. En vez de intentar conseguir que posponga la gratificación, ¿por qué no le deja hacer algo gratificante? Si la clase no le interesa, déjele leer una novela que le guste.

PROFESORA: No puedo hacer eso. Sería un ejemplo horrible. Se pondrían a leer todos los demás también, y no me harían caso. No conseguiría enseñarles nada. Sería convertir a Johnny en un caso especial, un ser privilegiado.

YO: Pero me ha enviado a Johnny porque ya es un caso especial. Su informe dice que interrumpe constantemente la clase, hace chistes y bromas, contesta a gritos a las preguntas antes de que tenga usted tiempo de formulárselas a otro. ¿Cree usted que si estuviera leyendo tranquilamente interrumpiría más la clase de lo que la interrumpe?

PROFESORA: Quizá. Su mesa queda en la parte delantera de la clase, porque tengo que vigilarle continuamente, y toda la clase se daría cuenta.

YO: Pues póngale al fondo. Haga un trato con él: puede leer en cuanto se aburra. Usted no le molestará a él y él no la molestará a usted.

PROFESORA: Pero cuando le pregunte algo no sabrá lo que le he estado explicando. ¡No aprenderá nada!

YO: Tengo entendido que Johnny sacó nueves y dieces en las últimas notas. Sólo suspendió en aplicación y en conducta.

PROFESORA: Sí, es muy buen estudiante cuando quiere, pero no ha aprendido a portarse bien.

YO: En realidad, uno de sus problemas es que sabe todas las respuestas antes de que usted haga las preguntas, y no tiene paciencia para esperar a los otros alumnos. Por eso hace lo de contestar en voz alta sin que le pregunten.

PROFESORA: Eso es, sí. Es un exhibicionista terrible.

YO: No estoy de acuerdo. Póngale al fondo de la clase y déjele leer cuando quiera y no le pregunte cuando vea que está leyendo. O, si lo hace, ha de estar dispuesta a repetir la pregunta cuando alce la vista y diga: «¿Qué?». Y, si yo fuera usted, no me preocuparía por los otros chicos. Si todos pueden sacar las mejores notas (nueves y dieces) y estar leyendo al mismo tiempo novelas a escondidas durante la mitad de la jornada escolar aproximadamente, mejor para ellos.

PROFESORA: Pero, ¿y si empeoran las notas de Johnny? Sus padres...

YO: Incluya eso en el trato que haga con él de dejarle leer en clase. Dígale que sólo podrá hacerlo si las notas siguen siendo buenas. ¡Haga el experimento! Estoy seguro de que Johnny no tendrá ningún problema. Saber que puede hacer lo que quiera durante el tiempo de clase, será sin duda un estímulo positivo en su formación escolar. Y leer novelas no le hará ningún daño, ni a su vocabulario ni a sus cualidades ni a ninguna otra cosa. Ya hablaré yo del asunto con sus padres, les diré que creo que deberían intentarlo, al menos durante el próximo trimestre. Lo que les interesa a ellos por encima de todo es que Johnny se porte mejor y además saque buenas notas. Estoy seguro en que estarán totalmente de acuerdo en que merece la pena probar.

Cuando se ensayan técnicas como ésta, suelen resultar muy positivas, pero la clave está en que los símbolos de autoridad admitan que el «problema de Johnny» no es que no sepa aplazar la gratificación; su problema consiste en que sabe demasiado bien, *por instinto*, que alguien está intentando inculcarle una especie de pensamiento futurizante al que tiene que oponerse. Si los padres, los profesores y los asistentes sociales estuvieran dispuestos a intentar la experiencia, nueve de cada diez niños leerían más libros en la escuela de los que leerían en casa, sacarían mejores notas, alterarían muchísimo menos el orden en la clase y, sobre todo, serían mucho más felices y se sentirían más seguros en su vida. (Aunque no hay duda de que se persigue también a muchos *malos* estudiantes por no «posponer la gratificación», el razonamiento sigue siendo el mismo. Si se les permitiese vivir la escuela de un modo que les interesase *ahora*, en el momento presente, sus notas y su conducta mejorarían también notablemente en la mayoría de los casos.)

Examinemos con más detenimiento de dónde proceden esos «problemas de aplazamiento de la gratificación» de Johnny. Es básico a este respecto el hecho de que muchos adultos consideren a los niños seres humanos incompletos, que aún no se han convertido en seres humanos verdaderos (adultos), son para ellos algo así como «aprendices de personas». Este modo absurdo de razonar lleva a los niños a considerarse incompletos, no integrados del todo en la «vida real», no del todo en este mundo. Esta idea puede llegar a convertirse en algo permanente. Así, cuando el niño alcanza la edad adulta y descubre que no se siente más completo que antes, mira hacia el futuro, hacia los treinta años, como la época en la que podrá al fin gozar de la vida. Cuando alcanza esa edad, la «madurez», la «plenitud vital», pasa a trasladarse a los cuarenta años, etcétera. Por último, uno ve a personas de edad madura preguntándose qué ha sido de sus vidas, por qué no han alcanzado nunca esa sensación mágica de plenitud como individuos.

Es otra vez la historia del «luchar-pero-nunca-llegar-al-objetivo», y la única solución es admitir que somos *siempre* seres humanos plenos y completos. Independientemente de la edad o de las supuestas etapas de madurez; considerar *siempre* que hemos llegado, y considerar nuestro momento presente un momento que hay que vivir y gozar con toda plenitud. Sólo si libera usted al niño que lleva dentro, podrá superar el juego del aplazamiento de la gratificación.

Virginia Woolf escribió lo siguiente: «¿Puede haber algo más encantador que un niño que aún no ha empezado a cultivar su inteligencia? Da gusto mirarles; no presumen; comprenden el significado del arte y de la vida de modo instintivo; gozan de la vida y hacen gozar de ella también a otras personas».

El adulto que hay en usted cuando excluye esa capacidad del niño para gozar el presente, es su *enemigo*. Recuérdelo, esos niños a los que tanto admira por su capacidad para disfrutar de la vida, no son criaturas extrañas a usted. Hay uno de esos niños en su interior. La cuestión es si le dejará usted salir o si se sentirá tan amenazado como para procurar hacer cambiar a los niños reales que hay a su alrededor para que se parezcan más a usted, para que también ellos pospongan la gratificación, para que se sientan tan incompletos como pueda sentirse usted. En realidad, convertirse en una persona Sin Límites significa exactamente eso. Liberarse de esos límites que usted mismo se ha impuesto y que van implícitos en el hecho de posponer la gratificación. Vivir plenamente ahora significa vivir Sin Límites, mientras que posponer el goce es una grave limitación a su máxima plenitud humana.

Resulta irónico que muchos de los profesores que me envían niños para que les enseñe a posponer la gratificación «enseñen» al mismo tiempo los poemas de Robert Frost:

> *Oh, sí, danos placer hoy en las flores;*
> *y danos no pensar tan lejos*
> *como la incierta cosecha; manténnos aquí*
> *sencillamente aquí, en la primavera del año.**

PARA SUPERAR LAS DEFICIENCIAS DE LA EDUCACIÓN

Su educación formal o académica no estaba proyectada precisamente para ayudarle a usted a convertirse en una persona Sin Límites. En realidad, salvo que fuera usted muy afortunado, le habrán educado cuidadosamente para ser exactamente lo contrario: un autoritario. La educación debería haberse centrado sobre todo en una auténtica formación intelectual, en potenciar su capacidad para formularse proble-

---

* «A Prayer in Spring», de *Country Things and other Things*.

mas que le fascinaban y hallar o deducir las soluciones mejores. Pero los métodos a los que estuvo usted sometido fueron, en general, los medios menos eficaces para ayudar a alguien a aprender algo. Le obligaron a aprender de memoria listas de datos para poder soltarlos luego en los exámenes, aunque usted no entendiese qué podían significar aquellos datos para su vida o para las vidas de los otros. El resultado fue que, en cuanto terminaron los exámenes, usted olvidó aquellos datos y pasó a aprenderse los siguientes, que carecían igualmente de sentido. (¿Cree usted que podría aprobar hoy un examen de álgebra? ¿O un examen de historia universal?) Su educación no seguía las vías que seguía su curiosidad infantil e innata. Si lo hubiese hecho (si le hubiesen puesto en contacto con la historia de su país o con el sistema circulatorio de la rana y le hubieran dejado luego formular *sus propias preguntas* al respecto, por ejemplo) recordaría *naturalmente* todo lo que aprendió hasta hoy.

Pero la triste verdad es que la mayor parte de nuestra educación académica se dedicó a enseñarnos a complacer a profesores y directores. Muy pocas veces, ninguna quizá, le habrán impulsado a pensar por sí mismo, a escribir de modo original y creador, a dibujar con libertad, a abordar problemas desde su propia perspectiva personal. Le impusieron un programa, le enseñaron que sobre todo debía adaptarse a las reglas de ese programa... porque si no le «expulsarían» como alborotador incorregible. Le enseñaron que la sumisión producía a la larga más gratificación que la originalidad, que complacer al profesor era el medio más seguro de tener éxito en la escuela y en la vida. Le regañaron por pensar por su cuenta, por ser distinto o por desafiar a la autoridad. Le enseñaron a adaptarse al sistema, más que a crear un sistema propio o a preguntar por qué el sistema no podía cambiar sólo un poco para satisfacer mejor las necesidades de los individuos. Fueron forzándole cuidadosamente a ser un *buen* chico. Le privaron de su capacidad natural y espontánea de «maravillarse ante el mundo» con preocupaciones por un posible fracaso en su propósito de ingresar en la universidad, y con otras conductas de zona errónea. Aprendió usted que obtener buenas notas era más importante que comprender de verdad un principio pedagógico. Su búsqueda de aprobación superando exámenes, obteniendo determinadas notas, ganándose la aceptación de los profesores y de otras personas ajenas a usted, quizá se convirtieron en las «fuerzas motrices» de su vida estudiantil. Pero, como la vaciedad de todo esto hizo que el niño que hay en su interior se opusiese con todo vigor a la educación formal, como sabía usted en el fondo que muchos de sus profesores eran farsantes, que en realidad usted no les gustaba y que no le aceptaban tal como era, que no se entregaban del todo a *su* trabajo, el estar sentados en un aula y el que le tratasen «exactamente igual que a cualquier otro» le pareció una experiencia degradante.

De niño, sabía usted que en cuanto había dominado la división por más de un número, era una pérdida de tiempo seguir allí sentado y esperar que el profesor se decidiera a pasar a explicar otra cosa para toda la clase. Se daba cuenta de que algunas cosas le resultaban más fáciles que a los demás, y que esperar que todos tuvieran la misma facilidad para dominar un tema sólo porque recibían las mismas lecciones era ridículo. En algunas cuestiones iba usted «por delante» de sus compañeros de clase y en otras iba usted «por detrás», pero siempre le trataban como «uno más de la clase», uno de aquellos «aprendices de persona», a los que los profesores consideraban todos iguales en vez de considerarles individuos con deseos, capacidades e instintos especiales y propios. Usted sabía que la competencia artificial que les había impuesto el sistema educativo a usted y a sus condiscípulos no era más que una inmensa indignidad que esgrimían los profesores para mantenerles a raya. *Todos* ustedes sabían lo mal que se sentían cuando se exhibían o se leían en voz alta las notas y algunos tenían insuficiente en una asignatura sólo porque no estaban tan predispuestos hacia esa asignatura en ese momento como otros, o no estaban tan interesados. Quizá se haya preguntado usted por qué, pese al hecho de que el estudiante suspenso podía aprender la materia suspendida de unos cuantos meses, ya que no todo el mundo aprende a la misma velocidad, el suspenso había de quedar con él *para siempre*.

Le molestaban aquellas comparaciones rígidas y aquel espíritu de competencia implacable de su educación académica. Usted sabía perfectamente que tanto usted como todos sus amigos eran individuos, y que cualquier persona o sistema razonable le trataría a usted como a tal, en vez de tratarles a todos como soldados destinados a alinearse en uniformes hileras autoritarias, sin permitir a nadie el menor individualismo. Pero probablemente siguiera usted sometido a todo esto porque «el sistema» parecía ser la única vía. En consecuencia, es muy posible que le enseñaran a usted a odiar la educación y los estudios, y que se haya convertido en un anti-intelectual autoritario.

El niño que hay en usted sabía bastante más que eso, y sigue sabiéndolo. Superar las influencias dañinas de su educación formal significa reavivar su curiosidad natural infantil frente al mundo y seguirla adonde le conduzca. Significa aceptar que ya no tiene usted por qué competir con otros para sacar mejores notas, que tiene libertad absoluta para descubrir más sobre lo que desea saber su curiosidad infantil (sea la historia de la Revolución rusa o de la Guerra de Independencia norteamericana, o aprender a arreglar el coche) sin que tenga que haber alguien (sobre todo el adulto autoritario que lleva usted dentro) atisbando por encima de su hombro y regulando sus actividades de formación personal y de aprendizaje.

Si quiere superar su educación formal y convertirse en un individuo Sin Límites, procure recordar a esos escasos y magníficos profesores de profunda vocación que tuvo en la escuela y que se interesaban realmente por usted y querían mejorar su vida, que se consagraron a satisfacer la curiosidad infantil y natural que usted sentía. Olvide que esos profesores fueron una pequeña minoría, y que se les calificaba, igual que a usted, de alborotadores o detractores del sistema, cuando intentaban responder a las necesidades de los estudiantes individuales en sus enseñanzas y en sus tareas de clase. Recuerde sólo cómo le ayudaban aquellos profesores especiales, y recuerde también que ahora tiene usted libertad absoluta para seguir sus ideales y modelos de lo que puede ser la educación si quiere.

Yo, que he sido profesor y funcionario de la enseñanza durante varios años, he tenido relación con miles de educadores de todo tipo. Los profesores capaces de llegar a casi todos sus estudiantes y de estimular su curiosidad intelectual natural, los más profesionales en el cumplimiento de su deber y los más populares entre los estudiantes eran, sin excepción, los que manifestaban menos rasgos autoritarios. Solían ser sobre todo los que menos *dicotomizaban* sus clases según pautas «convencionales». Nunca supe que ninguno de estos profesores de gran nivel pedagógico clasificase a los estudiantes en buenos y malos, inteligentes y tontos, maduros e inmaduros, problemáticos y bien adaptados, o cualquier otro tipo de clasificación ideada por conveniencia de los profesores. Estos educadores superiores eran algo excepcional, y he conocido a muy pocos, desde luego, pero existían, y todo estudiante que haya estado un tiempo dentro del sistema educativo de nuestro país, tiene que haber tenido unos cuantos profesores más o menos parecidos a éstos. Eran los que nunca favorecían a ningún grupo de estudiantes frente a otro. Estos profesores Sin Límites parecían más bien abiertos a todos los estudiantes, fuese cual fuese su nivel de desarrollo. Los estudiantes de élite y los que estaban continuamente oponiéndose al sistema consideraban a estos profesores favorables a su causa. Los estudiantes con problemas de asistencia les consideraban sus defensores. Lo mismo los que sacaban sobresalientes y matrículas. Los miembros del consejo estudiantil charlaban con ellos después de clase y también lo hacían los alumnos más revoltosos. En otras palabras, estos profesores destacados parecían tener la cualidad infantil de estar abiertos a todo. En consecuencia, todos los estudiantes, independientemente de sus aficiones, sus ideas o sus tendencias, seguían a esos profesores y les consideraban amigos especiales.

El don infantil de estar abierto a diferentes puntos de vista, de mostrarse tolerante con las diferencias de otros, adultos o niños, y negarse a clasificar a la gente en categorías, significaba, claro está, que estos profesores excepcionales habían superado el pensamiento dicotómico y autoritario y enfocaban básicamente el mundo de un modo abierto y holístico.

Puede que haya pasado usted por un sistema educativo «normal» sin grandes problemas, pero aun en el caso de que tuviera usted mucho «éxito», apuesto a que jamás creyó realmente en él; a que solía usted sentirse aburrido y asustado por la posibilidad de ser un «revoltoso» al que jamás escuchaba y sometía y reprimía diariamente un sistema que premiaba la conformidad y castigaba el individualismo. Aun en ese caso, fuera de su experiencia escolar, tiene que haber adquirido usted *alguna* idea del gozo que significa aprender y pensar por uno mismo, probablemente debido a alguno de los pocos profesores Sin Límites que le tocaron. De ellos debe haber aprendido, si lo piensa con detenimiento, que convertirse en una persona Sin Límites supone *superar* gran parte de su educación formal y enfocar sinceramente *lo que realmente le importa en la vida*. Significa aceptar que las escuelas no están sencillamente organizadas para enseñar a los niños a ser todo lo plenamente humanos que puedan llegar a ser. Significa reconocer que en el sistema escolar ideal no deberían existir notas, ni niveles mínimos ni engaños. ¿Cómo iba usted a engañar si aprendiese para sí mismo en vez de aprender para competir con otros? ¿Cómo iba usted a hacer trampas si su objetivo fuese llegar a ser lo más culto y sano posible? Nadie que pudiera ayudarle a usted a aprender, nada que pudiera hacer usted para convertirse en una persona más culta, podría hacerle a usted un «mentiroso». Las notas, los exámenes, los niveles mínimos y otras medidas externas de «éxito» no tendrían sentido en un sistema de orientación humanística en el que los individuos se interesasen por aprender a ser felices, espontáneos y originales y a desarrollar plenamente su vida. El trabajo de curso en un colegio ideal estaría destinado a enseñar a los alumnos a pensar por sí mismos, a no temer el fracaso, a llegar a ser capaces de hacer cualquier cosa, en vez de especializarse rígidamente en hacer una u otra, a no hundirse en la neurosis; en suma, a ser un ser humano feliz. Las escuelas ideales considerarían como misión primordial la educación integral del niño. Los profesores impulsarían a los niños a convertirse en todo lo que pudiesen convertirse, en vez de obligarles a ser reprimidos, conformistas o «adultos» en su carácter.

Las escuelas no tienen por qué ser lugares permisivos con actitudes o ambientes completamente liberales, sino que deben convertirse en lugares de interés y de trabajo, con profesores que comprendan que enseñar a los individuos a estimarse a sí mismos, a considerar positiva su curiosidad natural y a controlar sus propias vidas, debe merecer la misma atención por lo menos que la geometría, la gramática o cualquier otra asignatura que la tradición emplaza exclusivamente en el sector intelectual o *académico* de la educación.

«Pero —quizá se diga usted— no hay ningún colegio ideal como ese del que habla usted en ninguna parte del mundo, y probablemente no lo haya nunca. Esos profesores Sin Límites... recuerdo algunos que eran así, pero eso fue hace mucho tiempo.»

Alto. Ese colegio ideal del que hablo está en su propia cabeza. *Ahora* es usted plenamente humano. *Ha llegado* a este mundo como una persona completa, sea quien sea y tenga la edad que tenga. Esté usted aún en algún tipo de escuela o no lo esté, puede empezar a superar *hoy* los efectos destructivos de su educación formal, admitiendo que no le servirá de nada sentarse ahora a lamentar lo que le hizo «el sistema» cuando era niño. Lo que puede *hacer* ahora es no seguir dejando que esas antiguas experiencias negativas le aplasten, superar los efectos acumulativos empezando hoy y recordar a esos escasos profesores Sin Límites y recordando el tipo de educación que *ellos* propiciaban. No olvide que aún hay en su interior un niño que *sobrevivió* a esas terribles presiones, a esas tácticas abusivas y a las represiones artificiales que le impuso aquel sistema. Y como ese niño superviviente tiene conciencia ya de los elementos negativos además de tenerla de los beneficios, en lo que respecta a la educación escolar, combatirá con más fuerza que nunca esos elementos negativos e insistirá en que *quiere aprender*, pero sólo dejándose guiar por su propia curiosidad natural y por su voluntad y su conveniencia. El niño sabe que usted no puede alterar el pasado, sólo puede decidir no continuar reprimiéndose a sí mismo tal como le enseñaron a hacer en otros tiempos. Si se esfuerza por volver a ser aquel niño, sólo que esta vez dejándole actuar desde la fuerza y no desde la debilidad, ello le enseñará a encauzar sus emociones, a pensar por sí mismo, a formular y responder preguntas que son importantes para *usted* o que le fascinan, de modo que pueda vivir eficazmente en cualquier situación, y pensar y sentir de modo positivo en su vida. Podrá usted entonces vivir el resto de su vida como un individuo verdaderamente cultivado y feliz.

LA FUENTE DE LA ETERNA JUVENTUD ESTÁ DENTRO DE USTED

La mitología ha sostenido siempre que hay en algún lugar del mundo un manantial mágico, o un arroyo, o un estanque, cuyas aguas devuelven la juventud y mantienen a los seres humanos eternamente jóvenes. Pero el sentido común nos indica que «uno es lo joven que piensa que es», y que esa abuela de ochenta años que ha cultivado sus cualidades infantiles y sabe disfrutarlas puede ser, en el fondo, muchísimo más joven, más vital y más viva que el muchacho de veinticinco que se abre camino a duras penas, triste y apesadumbrado, en la facultad de derecho hacia los primeros puestos de la clase, camino de posibles crisis nerviosas y úlceras y de un puesto en una empresa importante al cabo de diez o quince años, y quizá de un profundo odio hacia la vida.

El verdadero sentido de los mitos del manantial de la juventud puede ser el de señalar el absurdo supersticioso de esa búsqueda de la juventud perdida bajo las piedras, «al otro lado de la montaña», en un sorbo de agua, en un frasco de cosmético, en el consejo de dirección de una empresa... en cualquier cosa externa a usted. Ese mito puede que sirva para recordarle su sentido común, que le dice que tiene en su interior una fuente de juventud ilimitada a la que puede recurrir en cualquier momento, siempre, por el simple procedimiento de permitirse ser niño de nuevo.

LAS SIETE VÍAS PARA LLEGAR A LA FUENTE

Hay un antiguo himno religioso que dice que hay «doce puertas para entrar en la ciudad». Hay muchas más vías para llegar a la fuente de la juventud; en realidad, hay tantas como las que pueda imaginar en toda una vida ese niño que lleva usted dentro explorando. Pero he aquí siete que quizá desee explorar en principio:

¡Ríase!

Al niño que hay en usted, como a todos los niños, le encanta reírse, estar con personas capaces de reírse de sí mismas y de reírse de la vida. Los niños saben por instinto que cuanto más riamos en la vida, mejor. Se esforzarán por relacionarse con cualquiera que les haga reír, que sea capaz de seguir sus chistes y sus bromas. Se reirán histéricamente de cosas que el adulto serio, concienzudo y siempre ceñudo dice que «No son divertidas»; aquellos chistes tontos e «inmaduros» del colegio, incluso cuando se ponían la pantalla de una lámpara en la cabeza. A veces se reían sin motivo, sólo por pura alegría vital, o porque sus instintos les decían: «¡Es hora de reír!».

¿Recuerda usted a los profesores en cuya clase disfrutaba usted realmente y aprendía más? ¿Acaso no eran ellos los que tenían más sentido del humor, aquéllos en cuya clase había un ambiente menos hosco que en el resto del colegio? ¿No eran acaso ellos los que bromeaban con usted, le contaban anécdotas divertidas de la historia o explicaban cómo se había vuelto loco el ordenador del banco y había enviado cheques de un millón de dólares a todos los clientes? ¿No eran precisamente ésos los mismos profesores que tenían la habilidad de saber ayudarle a usted a *aprender por sí mismo*?

Todos buscamos de modo natural el humor y la risa, porque es una «cura natural», y asequible, para erradicar la depresión, la inercia y hasta el pánico. Uno no puede estar deprimido, angustiado o nervioso mientras se ríe. Un animoso despliegue de sentido del humor y una carcajada saludable unas docenas de veces al día son la mejor garantía contra la neurosis y la desdicha. Por otra parte, las carcajadas son gratis, no hace falta receta médica y no tiene que ir a comprarlas a la farmacia.

Todos conocemos a alguien de quien pensamos: «Su principal problema es que se toma demasiado en serio». Son las personas más rígidas e intransigentes. Son incapaces de reírse de sus propios errores y, en realidad, raras veces son capaces de admitirlos, porque están tan angustiados por su futuro personal que temen la menor desviación de sus programas vitales actuales y desprecian cualquier excepción a sus rígidos sistemas de valores. Es el único grupo respecto al cual pueden hacerse auténticas generalizaciones, y suelen ser «los primeros de la clase» en todos los rasgos autoritarios, y resultan muy frustrantes para los demás porque pueden ser muy hábiles en la actividad con la que se ganan la vida y poseer muchas cualidades atractivas. Lo que resulta frustrante es que otros vean que podrían ser mucho más felices y pasarlo mejor sólo con que supieran «alegrarse» y alegrar al resto del mundo. «Sería completamente distinto —dice la gente—, sólo con que tuviera un poco de sentido del humor, con que mirase la vida con cierta perspectiva.»

Piense en la gente que conoce que tiene sentido del humor y una visión amplia de la vida, y en lo feliz que es esa gente debido a ello. Luego pregúntese en qué medida se ajusta usted a esa pauta y en lo feliz que es *usted*. ¿Cuántas veces se ha reído usted hoy y de qué?

¿Puede recordar las cosas que le parecieron realmente divertidas esta semana o la semana pasada? ¿Se ha reído usted últimamente de errores «tontos» suyos? ¿O se ha reído sólo de lo tontos, inmaduros e inferiores que son otros, criticándolos y rebajándolos? ¿Es su vida una rutina triste o está llena de todas las risas y toda la alegría que puede desear? ¿A cuántas personas aproximadamente ha hecho reír *usted* últimamente?

Si descubriera que anda escaso de risa en su vida y que le gustaría recuperar el sentido infantil del humor, podría intentar las siguientes estrategias:

Haga reír a otra persona hoy, y mañana, todos los días. Descubrirá que eso no supone *intentar ser gracioso*, que no es más que otra forma de «esforzarse». Supone sólo relajarse un segundo y ver lo que «le parece divertido» sobre el tema del que esté hablando o en el que piense usted, o que se permita recordar algo que le ha parecido divertido últimamente o lo comparta con los demás. Si ha sido siempre serio, abandone esa actitud sobria de una vez, y compruebe que se siente mucho mejor en la vida. Permítase reír *una vez por hora* durante un día entero, solo o en compañía, y pronto descubrirá que ser un *creador de alegría*, de verdadero humor, es una vía primordial para la vida Sin Límites.

Busque un niño o un grupo de niños (cuanto más pequeños mejor) con los que pueda estar como mínimo dos veces por semana, con el propósito de no hacer nada más que disfrutar de su compañía. Olvídese de controlar su conducta, de corregirles, de educarles según los criterios de la conducta «adulta», y de adoctrinarles. Limítese a *estar con ellos* por lo menos media hora unas cuantas veces a la semana. Si está con niños pequeños manteniendo una actitud mental Sin Límites abierta, la risa y la alegría pronto se convertirán en la norma de su vida, en vez de ser raras excepciones en ella. Descubrirá que es muy fácil hacer reír a los niños y que a ellos también les es muy fácil hacerle reír a usted. Siempre que se separe de ellos, pregúntese: «¿Cuál fue el punto álgido de este día: hacer todo aquel trabajo o divertirme con aquellos niños?».

Procure recordar de vez en cuando experiencias de su infancia que fueron tristes entonces y que ahora resultan cómicas. ¡Ríase recordándolas!

Un amigo me explicó esta historia:

> Cuando estaba en el grado octavo, me echaron del colegio por unos días, por tirar guisantes en el comedor. Yo me proponía conseguir una beca en una academia privada en la que deseaba ingresar con todas mis fuerzas, así que

volví a casa muy deprimido, desesperado, pensando: «Bueno, lo he estropeado todo. Nunca darán la beca a un niño como yo que tira guisantes en el comedor, aunque Ricky me los tirara primero. Será un disgusto terrible para papá y mamá». Tenía la sensación de que mi vida carecía ya de sentido. Lo había estropeado todo y no había solución. Era el final.

Y entonces, una extraña vocecita interior me dijo: «¿De quién pretendes burlarte? Sólo tienes trece años, y crees que el que te hayan expulsado por unos días del colegio es el fin del mundo. Y además por tirar guisantes en el comedor. Estate seguro de que de aquí a diez años te reirás a carcajadas de ello... ¡Es sencillamente ridículo!». Y en ese mismo momento, me eché a reír, dejé de lamentarme y me reí a carcajadas, porque habría cubierto de guisantes toda la escuela si hubiera podido.

En fin, cinco años después, ingresaba en la prestigiosa Universidad de Yale, y una magnífica noche de primavera estaba cenando tranquilamente cuando de pronto empezaron a surcar el aire guisantes y patatas y hamburguesas y alguien gritó: «Lucha de comida», y en cinco minutos había más verduras por el aire en aquel comedor de las que pudiera haber lanzado yo en cien años de escuela primaria.

Ahora, permíteme que te pregunte: ¿Te reíste entonces? ¡La misma conducta que había causado mi expulsión temporal del colegio no podía causar mi expulsión de Yale! Se aceptaba simplemente que una vez al año, habitualmente en primavera, todos se entregaran a una lucha de ese género. ¡Era un *ritual aceptado*! Los estudiantes podían cubrir la universidad de guisantes si querían... aunque tenían que limpiarlo después; luego tenían que fregar el suelo y demás, porque nadie quería andar por un pantano de guisantes para ir a desayunar... Sí, me reí, y lancé mis verduras como el mejor, y me reí una vez más de aquel ridículo sistema de la escuela pública, de donde me habían expulsado temporalmente por tirar guisantes en el comedor. Pasé luego una hora limpiando todo aquello, pero me sentía muy feliz.

No tiene usted por qué tirar guisantes para recordar los momentos más tristes o embarazosos de su infancia y reírse ahora de ellos, al igual que no tiene por qué tirarse dando volteretas por una ladera en traje de noche para practicar lo que yo explico de ser niño de nuevo. Si quiere usted enviar su traje a la tintorería o limpiar los guisantes del suelo, adelante, tírese por la ladera y lance los guisantes. Pero, llame usted de ese o de cualquier otro modo el niño olvidado que lleva dentro, recuerde: Ese niño puede *reírse* de muchas de las experiencias tristes del pasado y *quiere* eliminarlas de su visión actual de la vida riéndose de ellas.

Con el mismo espíritu, la próxima vez que pase algo que le inquiete o le enfurezca o le haga pensar «esto es el fin del mundo», deténgase y pregúntese: «¿Seré capaz de reírme de esto de aquí a un tiempo?». Si es así, lo mejor que puede hacer quizá sea empezar a reírse ya.

Deje que la fantasía vuelva a aparecer en su vida

A los niños les encanta soñar, crear historias, utilizar la imaginación... y también le gustaría a usted si se lo permitiese. Recuerde cuando era joven, cuando era pequeño, recuerde que su habitación estaba llena de elfos o duendes, los bosques llenos de indios o de tramperos con gorros de piel, recuerde que una ramita se convertía en una varita mágica y un palo de escoba en un caballo. ¿Recuerda que sus compañeros de juego imaginarios eran para usted tan reales como cualquier otra persona? ¿Recuerda cuando jugaba a disfrazarse y el sombrero de su padre le convertía en un funcionario de banco, y que un poco de dinero que ustedes mismos fabricaban convertía a un compañero de juegos en cajero, un cuaderno se convertía en talonario de cheques y convertía a otro compañero de juegos en un cliente? ¿Recuerda lo que le gustaba dibujar, hacer versos y canciones, oír cuentos, inventar juegos, vagar en sus excursiones imaginarias con cualquiera que estuviera dispuesto a jugar o a participar?

Esa vida infantil tan rica en fantasías no sólo era muy divertida, sino que además era uno de los aspectos más saludables de su vida. Le proporcionaba un escape muy necesario en la dura tarea de madurar y de formarse; eliminaba en un instante el aburrimiento; y lo más probable es que cuanto más se entregase a ella y más la alentase, más original y creador será hoy.

En su vida adulta puede permitirse usted el mismo lujo de fantasear y soñar, con los mismos beneficios en cuanto a salud mental y con las mismas posibilidades de divertirse. Además, pronto descubrirá que algunos de esos sueños que se inician como pura fantasía acabarán convirtiéndose en realidades.

Las mejores realidades de la vida empiezan siendo fantasías «infantiles». Los grandes viajes de vacaciones empiezan con fantasías. Antes de poder construir en la realidad la casa de sus sueños, la vislumbra usted en sus ensoñaciones. Conseguir un nuevo trabajo, trasladarse a una nueva localidad, iniciar una nueva relación amorosa, todo lo que es valioso para usted como individuo empieza primero con una fantasía. Cuanto más se permita usted ensoñar y fantasear, más capaz será de cambiar su vida en un sentido positivo. Debe usted recordar, por supuesto, que ha de disfrutar de sus ensoñaciones mientras las realiza, y únicamente como tales, en sí, *sin futurizar* (si lo hiciese, destruiría sus fantasías, limitándolas a cosas que piensa lograr o hacer algún día) y preocupándose luego de si sus sueños se harán o no realidad alguna vez. Pero cuando elude usted esta trampa, puede descubrir que si permite al niño que lleva dentro escapar de vez en cuando a su mundo fantástico propio suavizará y eliminará sus actitudes rígidas y negativas, aliviará muchas presiones psíquicas que pesan sobre usted y abrirá nuevos territorios de posibilidades personales.

Para volver a entrar en contacto con su vida fantástica, podría intentar lo siguiente: *Cuando encuentre usted niños con los que pueda divertirse y jugar, anímeles y anímese usted mismo a fantasear todo lo posible, a ser lo más creadores y «absurdos» que puedan.* Si juega usted a algo, procure que se aleje lo más posible de la realidad. No imponga normas o reglas «adultas»; deje paso a la experimentación, la exploración y la imaginación. Olvide la idea de imponer una serie de normas. Cuando los niños descubran que son necesarias esas normas, déjeles aplicarlas; manténgase a un lado y admíreles mientras elaboran sus soluciones. Descubrirá que, incluso cuando establecen reglas, los niños son sorprendentemente espontáneos y originales.

Sean cuales sean las fantasías de los niños (pueden estar en una nave espacial camino de la Luna, huyendo de la bruja malvada del Oeste), déjeles que le guíen ellos a usted. Si dicen que este botón es «el "zapofricador" que aparta meteoritos para poder aterrizar en la luna», no les interrumpa preguntándoles qué es un «zapofricador» y cómo aparta los meteoritos. Haga como ellos: acepte sus propias imágenes fantásticas de lo que puedan ser esos objetos. Puede que le expliquen sus ideas o puede que se limiten a apretar el botón. Puede que el «zapofricador» no funcione y que haya graves problemas con los meteoritos.

Además de apartar los meteoritos con el «zapofricador» para que no alcancen a la nave espacial, debería usted quizás ir de vez en cuando a ver películas u obras de teatro para niños, a ver una sesión de marionetas o a un circo o asistir a una lectura de cuentos para niños en una biblioteca próxima. Toda una generación de jóvenes marginados de la era de la guerra de Vietnam se ayudaron a conservar la salud mental y a renovar la fe en la vida acudiendo a ver el clásico de Walt Disney de la era de la Segunda Guerra Mundial, en este campo, que sólo podía haberse titulado como se tituló: *Fantasía*.

Los cines de barrio podían pasar la película todos los años a finales de los sesenta y principios de los setenta y llenar el local semanas seguidas con chicos de la universidad y de los institutos de enseñanza media que quizás el día antes se habían manifestado ante una oficina de reclutamiento y al día siguiente podían acabar en la cárcel por oponerse a él. Se podía oír decir a aquellos «niños de las flores», como se les llamó: «¡Han vuelto a poner *Fantasía!* La he visto cuatro veces, pero volveré a verla. ¿Quieres venir?».

Fantasía y otras películas del mismo género ayudaron a los adultos jóvenes a mantener vivo su yo niño, y gracias a ella son hoy más sanos. En su caso, podía ser *Peter Pan*, *El Mago de Oz*, un rodeo, una feria, cualquiera de esos «grandes espectáculos» que más placeres han proporcionado a los «niños de todas las edades» a lo largo de los años. ¡Cuando vuelva a enterarse de que puede ver uno de esos «clásicos», muévase y vaya! (Y lleve consigo a todos los niños que pueda.)

Cuando vuelva a pasar por un sitio donde haya niños jugando, deténgase. Imagine que es otra vez niño. Pregúntese qué podía hacer entonces que no puede hacer ahora en todo lo relativo a su cuerpo.

Entre en el lugar donde juegan los niños. ¿Su cuerpo desea columpiarse? Eso puede hacerlo cualquiera a *cualquier* edad. Si tiene ochenta años, quizá sólo desee columpiarse unos centímetros en uno u otro sentido, pero, de todos modos, puede columpiarse, puede ser tan niño como lo era cuando su madre le puso por primera vez en un columpio y le empujó sólo un poquito.

Si tiene treinta y cinco años, puede que su cuerpo desee columpiarse con toda la fuerza, o que quiera recorrer el laberinto. Esté seguro de que puede hacer todo lo que su cuerpo desee realmente, si olvida que quizás otros piensen que hacerlo es infantil e impropio de una persona de su edad. Si se considera usted tan viejo y tan achacoso, sólo el entrar en un parque y preguntarse si es más viejo ahora el *niño que hay en su interior* que cuando tenía usted diez años, puede quitarle más años de encima de lo que pueda imaginar.

Si tiene usted una familia con niños de cualquier edad aún en casa, procure tener de vez en cuando reuniones familiares en las que todos digan libremente lo que más les gustaría hacer en el mundo, o simplemente despliegue sus fantasías favoritas de la semana tal como las experimentó. Pronto descubrirá que sus fantasías no son en absoluto sueños imposibles y absurdos. Son creaciones libres y originales de su imaginación infantil: la base misma de la vida. Una vez expuestas y expresadas esas fantasías, quizá descubra que puede hacer realidad muchas de ellas y que el correr algunos riesgos sin cuidarse lo más mínimo de los juicios de los «adultos» sobre usted le ayudará y ayudará a su familia a realizar todas las fantasías posibles de ese género que merezcan realmente plasmarse en la realidad. En cuanto a las fantasías que son sólo relatos del sueño que tuvo usted anoche o de un ensueño que tuvo esta tarde, vuelos libres de la imaginación sobre el amigo imaginario que ocupaba el asiento vacío de al lado en el autobús, sean lo que sean, compartirlas con su familia enriquecerá toda su vida familiar.

Tome la decisión de hacer realidad algunas de sus fantasías. Si ha deseado siempre ir por el río en balsa, vagar solo por el bosque todo un día, participar en una maratón, ir en bici hasta el estado limítrofe, visitar Bulgaria, escalar una montaña en el Canadá, dejarse barba, presentarse para diputado, salir en televisión, cualquier cosa, hágalo.

Siéntese ahora mismo y haga una lista de veinte cosas que hace mucho que desea hacer. Táchelas siguiendo el orden de lo poco prácticas que sean, de las pocas posibilidades que tenga de hacerlas *inmediatamente*. ¡Acabará encontrando por lo menos una que pueda usted realizar hoy! Dé los pasos necesarios para hacer tal cosa... pero conserve la lista, para poder hacerse idea de lo que podía hacer una vez haga realidad sus fantasías «más realistas».

Yo he disfrutado haciendo muchas cosas que carecían por completo de sentido para los demás. Por ejemplo, una vez vi a gente haciendo surf. Me imaginé haciéndolo; me dije: «¿por qué no?», y sencillamente lo hice. Lo eliminé de mi lista de «fantasías que pueden hacerse realidad», y me sentí mejor por lograr un objetivo personal, en vez del objetivo de cualquier «adulto» viejo y rancio que hubiera en mí. Tuve que recordar, consciente e instintivamente, que no necesitaba explicar a nadie mi conducta, y si alguno pensaba que era tonto por no actuar en consonancia con mi edad, lo único que podía hacer era desearle buena suerte y dejarle que pensara lo que quisiera. Hacer realidad mis fantasías me ha inspirado muchas veces para conseguir cosas que podría no haber intentado nunca de otro modo, y sé que si no me hubiera permitido aquellas fantasías infantiles en primer término, nunca habría podido hacer realidad tantos sueños.

¡Concédase todos los sueños posibles!

¡Sea un poquito loco!

No hay duda al respecto: todos los niños, incluso el que usted lleva dentro, son un poquillo locos. Actúan «a tontas y a locas» la mayoría de las veces.

Todos los niños recuerdan que lo que los adultos condenan como «loco» en los niños es la mar de divertido. El niño que hay en usted le dirá que puede haber eliminado todos esos momentos «locos» de su vida en favor de ser más «maduro y sensato» siempre, y que la idea de ser un poco juguetón e impredecible de vez en cuando puede parecerle una tontería... pero el niño disfruta realmente llevando ropas raras a las fiestas, yéndose a nadar a las cuatro de la mañana, jugando «a policías y ladrones» o cualquier otra cosa que haga exclamar a otro: «¡Qué loco estás!».

Hay, por supuesto, un tipo de «loco» que nadie quiere ser, ese grado de locura en el que uno pierde por completo el control de su vida, se aterra y acaba en un manicomio. Pero yo no me refiero a ese tipo de locura. Me refiero al tipo de locura que puede permitirse si se entrega a una conducta disparatada de vez en cuando y ríe y se divierte «como un crío».

Estar «loco» en este sentido significa eliminar algunos de los controles que encorsetan su vida. Puede ser usted serio en el trabajo, puede ser maduro en su modo de afrontar sus responsabilidades, abordar con sensatez los problemas que exigen actitudes directas y sensatas, y aun así relajarse de vez en cuando y hacer locuras. No sólo se divertirá más. Todos se animarán en la oficina, y todo el mundo será más eficaz cuando llegue el momento de la seriedad.

Podría ensayar usted alguna de estas propuestas si le atrae la idea de ser niño y hacer «locuras» de vez en cuando:

Pregunte a sus familiares quiénes son sus personajes favoritos. Compruebe si los favoritos de sus familiares (sobre todo los de los niños) son aquellos que pueden ser un poco más locos y más alegres y animados que la mayoría. Pregúnteles si creen que pertenece usted a ese grupo, que es usted de ese modo, o si les gustaría que fuera más de ese modo. Cuando compruebe lo mucho que disfrutan los demás teniendo al lado a gente «un poco loca», le resultará mucho más fácil hacer locuras, y que esas locuras formen parte regular de su vida: tirar bolas de nieve, jugar, llevar a casa un pastel de cumpleaños cuando no es el cumpleaños de nadie, hacer todas las locuras que se le ocurran.

Cuando oiga a alguien decir (o se sorprenda diciéndolo usted mismo) que la conducta de otra persona es «una locura», deténgase y piense a qué clase de «locura» se refiere. Ese individuo ¿es incapaz de controlarse y hace desgraciados a los demás y se hace desgraciado a sí mismo por ello? En tal caso, la solución es ayudarle, no condenarle. ¿O es simplemente un individuo abierto al tipo de alegría infantil de la que estoy hablando y es más feliz precisamente por eso? En tal caso, olvídese de condenarle y procure emularle. Tiene usted tanto derecho a su libertad como él a la suya, y si dejara usted de juzgar, se sentiría más inclinado a divertirse y a ser más alegre. Cuando le inquieta que otros se diviertan y hagan locuras, se está inquietando usted en realidad por algo que hay dentro de usted mismo. Si se tratara sólo de que no aprueba la conducta de esas otras personas, se limitaría a ignorarlas, pero al decidir usted inquietarse por ella, es que está luchando contra algo que le recuerda lo que en realidad le gustaría hacer. Y en vez de admitirlo y cambiar, se limita usted a recurrir a esa maniobra, a juzgarles y a no permitirse caer en la tentación de ser feliz también.

Propóngase hacer una «locura» todos los días, durante una sema-

na; una o dos veces en casa, una o dos veces en el trabajo, y las demás veces donde le apetezca. Tenga confianza en sí mismo y piense que tendrá el suficiente buen sentido para no gastar bromas pesadas ni hacer algo que pueda herir o molestar a otro, y observe cómo reaccionan los demás. Si alguien le condena porque le parece «infantil» lo que hace usted, allá él. Peor para él. Pero comprobará que el noventa por ciento de las veces la gente reacciona con más entusiasmo del que imaginaba usted y que las reservas estaban más que nada en su propia mente.

Sea espontáneo

Observe que los niños están dispuestos a probar cualquier cosa inmediatamente. El niño que lleva usted dentro desea ser impulsivo y aventurero y no tener que hacer siempre planes por adelantado. La espontaneidad es, en varios sentidos, la clave de toda conducta infantil. Esa capacidad de pararse de pronto en la carretera cuando se ve algo interesante, y tener el mismo interés y sentir la misma emoción por las cosas nuevas con que te tropiezas que tenías cuando eras mucho más joven, lleva directamente a la inmediatez infantil y a «maravillarse ante el mundo». Es también una de las cosas que más fácilmente ahogan en sí mismos y en sus hijos los individuos «importantes» e insensibilizados, recordando constantemente a los niños que han de tener cuidado y que han de ir siempre preparados, gritándoles: «¡Volved aquí!» cuando se alejan por un sendero poco conocido, en vez de seguir el «paseo previsto» de los adultos, y mediante otras tácticas adultas utilizadas para inculcar temor a lo desconocido en los niños y eliminar la curiosidad natural que sienten por la vida.

Algunos niños no pierden nunca esa cualidad de la libertad personal; por mucho que uno se esfuerce, es imposible anular sus impulsos espontáneos y originales. Si quieren explorar un nuevo sendero, huirán corriendo de usted de un modo u otro (mental, físicamente o de ambos modos) en cuanto puedan correr más de prisa que usted.

Esos niños pueden ser coleccionistas espontáneos de cualquier cosa y de todo. Pueden venir a casa con caracoles, orugas, lagartijas, flores, llaves de tuercas viejas, clavos, monedas, todo lo que llame su atención. Si «reprime» usted este tipo de recolección instintiva e impetuosa que da tanto gozo a estos niños, tal vez acabe enseñándoles *a fingir* creer que el tener la casa limpia y ordenada es mejor que «tener toda esa basura por ahí amontonada»; pero la curiosidad infantil y el impulso espontáneo que les lleva a coleccionar cosas raras seguirá siempre vivo dentro de ellos. Y si se convierten algún día en felices arqueólogos o en encargados de museo, o en coleccionistas de arte o en botánicos o en vendedores de antigüedades, o en chatarreros, habrán tenido que superar a ese adulto que intentó una vez imponerles: «¡No, no quiero eso en casa!».

La espontaneidad del niño que hay dentro de usted es tal, que puede llegar a divertirle con cualquier cosa en cualquier momento. Puede coger piedras, trozos de tiza o una pelota vieja y fascinarle a usted con cualquiera de esas cosas durante horas. Quizás haya aprendido usted a reprimir esos impulsos que le llevan a desviarse del camino y leer la placa que hay debajo de ese roble de doscientos años, pero el impulso y el deseo siguen vivos en su interior. Si lleva una vida totalmente planificada, con todos sus objetivos formulados y si sabe adónde va y adónde ha de ir en cada minuto, si está obsesionado con la organización, la limpieza y el orden en todo cuanto hace, deténgase. Se ha olvidado de ser niño.

Para reactivar su espontaneidad infantil, podría intentar lo siguiente:

Eche un vistazo a su agenda para ver los compromisos de las próximas semanas. ¿Está usted tan comprometido y tiene el tiempo tan ocupado ya que no podrá disponer *nunca* de diez minutos para salirse espontáneamente del camino trazado? En caso afirmativo, ¿cuántas de las actividades previstas puede eliminar usted para concederse tiempo para vagar a su antojo? Programe un período de tiempo para entrar en el coche y enfilar hacia el norte, sin mapa de carreteras, con la única decisión de ir por donde le parezca adecuado. O, si lo prefiere, juegue al juego que inventó un niño que yo conozco: en cuanto dude respecto al camino a seguir, pare y échelo a cara o cruz. (Este niño se reía a carcajadas en una ocasión en que la moneda le hizo dar cuatro veces la vuelta a la manzana. Dice que a cada vuelta, la manzana le parecía un poco más fascinante, y que cuando la moneda le sacó de allí, no se fue del todo a gusto.)

Deje de imponer rígidas exigencias en la organización y planificación de la vida de otro. En su lugar, estimule su espontaneidad infantil. Recuerde que lo que usted llama una habitación o una casa ordenada no es «mejor que» la «habitación desordenada» de su hijo, que está «atestada» de lo que usted considera «porquería». Cuando un amigo le proponga hacer algo juntos «sobre la marcha» y empiece usted a decir «es que no puedo...», deténgase. Pregúntese si puede usted decirse «sí» a sí mismo y a otros siempre. Por mucho que pueda «dañarle» decirse: «Bueno, no segaré el jardín hoy como tenía planeado», ¡olvídese de sus planes una mañana de sábado! ¡Vaya al mercado de artículos viejos con su espontáneo amigo! Si reacciona usted a una propuesta sobre la marcha y comprueba lo divertido que puede ser, pronto recibirá más propuestas de este tipo y hará algo bueno para usted mismo.

Dése una oportunidad de emocionarse espontáneamente con lo que hace. No debe pensar que se aburrirá si va a un partido más de fútbol por el hecho de haber visto otros antes. Libérese de esa actitud considerando que cada nuevo partido es una experiencia única, porque, además, lo es; no ha visto usted nunca *el partido* de *ese día.* Asimismo, si va a ir a una fiesta o a otra celebración social, primordialmente por acompañar a su esposa o por cierto sentido de obligación social, puede que le diga a ella: «Sé que será una fiesta aburridísima y, pase lo que pase, no quiero estar allí más de una hora». Este tipo de actitud previa negativa sin duda será una especie de profecía que se cumplirá inevitablemente a menos que la elimine usted permitiéndose decidir *después* si la fiesta ha sido divertida o no: si se da usted una oportunidad de disfrutarla y se confía a la decisión de irse cuando le apetezca.

En conjunto, aprenda a distinguir entre cosas que necesita decidir ahora, o que puede decidir mejor ahora y cosas que pueda decidir después igual o mejor. Por ejemplo, suponga que hay un partido de fútbol al que le gustaría ir el próximo sábado, pero, por otra parte, piensa que quizá le apeteciera ir a pescar, o a una galería de arte de su barrio. Aunque ninguna de estas cosas exija una planificación previa, el autoritario que lleva usted dentro podría querer decidir ahora qué hacer en concreto, eliminar la inseguridad. El niño que hay en usted, por otra parte, dirá: «No tengo por qué decidirlo ahora. Ya veré lo que me apetece el sábado por la mañana, puede que antes surja algo mejor, además».

Escuche siempre que pueda al niño, tanto en las cosas serias como en las que no lo son. Si le cuesta mucho esfuerzo tomar una decisión, cambiar de trabajo, por ejemplo, casarse, o lo que sea, puede deberse únicamente a que el niño que hay en usted sabe que en realidad no tiene que decidirlo ahora, que está intentando acelerarlo artificialmente, ignorando el hecho de que tendrá más información y/o sentimientos más claros luego, en el momento en que tenga que tomar la decisión (si es que hay un plazo fijo) y que será mejor una decisión espontánea tomada más tarde, que una decisión forzada ahora. Puede usted perder muchísimo tiempo y sufrir muchísimo sin necesidad, e incluso hacer sufrir a otros, por intentar predecir sus sentimientos, por intentar saber de antemano qué va a sentir en el futuro, futuro sobre el que en este momento no tiene datos suficientes. ¡No decida ahora si no *tiene* que hacerlo! Deje un margen a su espontaneidad infantil.

No tema cometer errores

De niño, no le intimidaba cometer errores. Estaba usted dispuesto a intentar cualquier cosa, y si no lo hacía muy bien al principio, era como el gatito que no consiguió atrapar sus cincuenta primeros ratones: fue haciéndose cada vez más listo y más rápido a medida que intentaba cazarlos en vano, hasta que al fin logró dominar la técnica. Hasta que al fin logró dominar la técnica de patinar en el hielo, coser o hacer sopa. En realidad, si aprendió a patinar sobre el hielo, lo primero que su cuerpo se imaginó fue cómo debía *caer* en el hielo sin hacerse daño: aprendió a relajarse y a encoger las piernas o a dar una vuelta o a resbalar de modo que no se rompiese la cabeza o una pierna, de forma que pudiera levantarse riendo siempre, dispuesto a probar fortuna de nuevo. El «fracaso» no era algo de lo que hubiera que avergonzarse o que hubiera que evitar. En realidad, lo recibía usted animosamente porque sabía por instinto que para aprender algo hay que estar dispuesto a fallar al principio. Así pues, de niño era usted un *investigador* nato, aceptaba que nadie sabe tirar una pelota, nadar donde hay mucha profundidad, ir en bici o cualquier otra cosa hasta que lo intenta, hasta que se cometen errores y se van corrigiendo en sucesivos intentos. Si los niños estuvieran hechos de forma que temieran probar cosas nuevas por miedo al fracaso, nunca saldrían de la cuna. Asimismo, los adultos que temen el fracaso se limitan a vegetar. Para quienes nunca intentan nada nuevo, el miedo al fracaso se convierte en miedo al éxito.

Los niños dejan de intentar hacer cosas sólo cuando aprenden la idea neurótica de que en cierto modo son inferiores y fracasan en algo, o la de que han de comparar su actuación con la de individuos que han pasado ya por el proceso de tanteo y error, hasta controlar lo que el «principiante» aborda por vez primera.

¿Por qué tan pocos adultos que no aprendieron a nadar siendo niños logran aprender de mayores? Porque creen que es humillante que les «clasifiquen como principiantes» *en cualquier cosa*, mostrar en público la torpeza de las primeras etapas del aprendizaje. Ahora bien, si el adulto deja libertad a ese niño que lleva dentro puede aprender a nadar con la misma facilidad o más que un niño, porque su cuerpo tiene la ventaja de la perfecta coordinación adulta. Es sólo esa angustia en la ejecución, esa sensación de que está allí para quedar lo mejor posible delante de los demás, en vez de captar la sensación del agua y aprender a avanzar en ella, lo que le hace, a él e incluso a los adultos que van a clases de principiantes, mucho más torpe que la mayoría de los niños, y le hace perder mucho más tiempo del necesario para aprender a nadar.

Pregúntese si, al hacerse mayor, aprendió a evitar cada vez más cosas que podrían suponer «fracasos». Si aprendió usted a buscar «buenas notas» en todos los campos y siempre, si aprendió a valorarse como una *mala persona* si quedaba «de la mitad para abajo de la clase» en algo. ¿Ha aceptado usted que no debería hacer nada salvo que supiera ya hacerlo bien, y ha debilitado así sus impulsos infantiles natos de probar cualquier cosa que excite su fantasía? Si es así, si aún teme cometer errores, puede superar ese temor admitiendo que está evitando lo único que puede enseñarle, es decir, el fracaso. Si le gustase recuperar la aceptación infantil de los propios errores, podría intentar lo siguiente:

Haga una lista de las actividades que ha evitado porque podría «hacer mal papel» en el aprendizaje. ¿Ha renunciado usted alguna vez a jugar a los bolos, al golf, cantar, tocar la guitarra, pintar, hacer crucigramas, cualquier cosa, por miedo a que sus amigos, que son realmente buenos en tales actividades, le miren por encima del hombro? *¡No tenga miedo y adelante, inténtelo!* Si alguno de sus amigos le menosprecia por sus esfuerzos de novato, si el que canta bien o sabe tocar bien la guitarra dice: «Oh, qué espanto», y le desanima afirmando su propia superioridad, es evidente que en realidad no debe ser un gran amigo suyo. ¡Rechace la opinión de todo aquel que se preocupe por si fracasa usted o no! Si lo hace, eso que tanto teme usted, es decir, la opinión negativa de los demás y sus juicios despectivos, pasarán a ser intrascendentes, y sólo se ocupará de los «maestros» que verdaderamente desean ayudarle a aprender.

¡Recuerde que puede usted fallar en cualquier cosa *de este mundo sin ser un fracasado como persona!* No confunda lo que hace, o lo bien que lo hace, con su mérito como ser humano. Su mérito como persona nace de dentro, del hecho mismo de que es usted tan persona como cualquier otro, y tiene lo que yo llamo valor en sí, que es tan parte de usted como pueda serlo el corazón o el cerebro. Su valor en sí mismo no nace de su puntuación en ninguna actividad.

Al mismo tiempo, *no tema admitir ante los demás* haber cometido un error cuando lo ha cometido. Si ha hecho mal el balance de su cuenta o ha juzgado erróneamente a una persona, no intente taparlo, negarlo o racionalizarlo (una típica reacción autoritaria). Limítese a decir: «Metí la pata», y rectifique luego. Descubrirá que suele respetarse mucho a las personas infantiles que están dispuestas a admitir sus errores.

Deje de adjudicar tanto valor al hecho de alcanzar un éxito en todo lo que intente usted o intenten sus hijos. Permita al niño que lleva usted dentro y permita a sus hijos «fracasar rotundamente» en determinadas cosas.

Suponga, por ejemplo, que intenta usted arreglar el coche sin conseguirlo, o suponga que su hijo suspende el francés en el bachiller. Quizá no quiera usted perder más tiempo con el coche y puede que su hijo haya suspendido el francés porque no le interesaba tal como se lo exponían, pero si es usted un «perfeccionista» inveterado, no llevará nunca el coche al mecánico ni dejará decidir a su hijo que no le apetece repetir el francés en el próximo curso; tal vez prefiera elegir otra asignatura. Usted seguirá combatiendo sus propios impulsos espontáneos, y los de su hijo, de considerar ese asunto «un latazo» y olvidarse por ahora de él.

«Si al principio no lo consigue, inténtelo, inténtelo otra vez», es un buen lema sólo si sigue interesándole lo que intentó la primera vez. Si lo ha probado usted y no se interesa por ello (sea la ópera, el póker, el arreglo del automóvil o el francés), ¿qué sentido tiene insistir en lograrlo?

Lo irónico del asunto es, por supuesto, que si se presiona a sí mismo para «triunfar en todo lo que intente» acabará cayendo en la misma vieja trampa de intentar sólo aquello en lo que sabe que puede triunfar.

Pero, en fin, quién sabe... si cesa usted en sus tentativas de arreglar el coche diciendo: «Insisto en esto porque no puedo soportar el fracaso, y eso no es, ni mucho menos, un buen motivo», quizás en el futuro quiera usted *intentar* arreglar el coche otra vez con el mismo sobrentendido: Si usted «fracasa» de nuevo, volverá a llevarlo al mecánico... qué más da, en realidad.

Pero si sigue insistiendo en algo que ya no le proporciona placer, sólo porque lo inició, y siente una necesidad compulsiva de *triunfar en todo lo que emprenda...* acabará intentando cada vez menos cosas de las que podrían satisfacer al niño que lleva en su interior.

Acepte el mundo como es

Cuando el niño llega al mundo, no se le ocurre que el mundo pueda o deba ser distinto de lo que es. Se limita a abrir los ojos maravillado y fascinado ante lo que hay allí fuera y se abre camino en ese mundo lo mejor que puede.

A medida que el niño se desarrolla, va aprendiendo poco a poco a controlar ciertas cosas: aprende a beber de un vaso, cortar el césped, a hacer ciertas amistades o a influir en determinadas personas; y ahí es probablemente donde empieza el problema. El «adulto joven» que adopta una rigidez autoritaria respecto a *cómo debieran ser las cosas* probablemente se enfurezca con el mundo por el hecho de que éste no se adapte a sus expectativas o exigencias, lo que desemboca en el síndrome del joven airado, en que los individuos *se sienten frustrados por su incapacidad para controlar lo que, en realidad, no puede controlar ningún ser humano.*

Consideremos, por ejemplo, las actitudes de la gente hacia el tiempo, un claro ejemplo de fenómeno natural que no podemos controlar. Los niños aceptan que el tiempo *es como es* en sus cambios misteriosos, y que por mucho que cavilemos no podremos cambiar el tiempo en ningún sentido concreto. Los niños aceptan las tormentas de nieve como fenómenos naturales del invierno y, en realidad, les dan la bienvenida, disfrutan con ellas, mientras que los adultos no paran de decirse: «¡Qué tiempo tan asqueroso!» y se inquietan y se irritan porque ven obstaculizados sus planes.

Si se sorprende pensando: «Claro, los niños no tienen que ganarse la vida, pueden disfrutar con una nevada porque no pierden un día de trabajo», eso significa que ignora usted el hecho evidente de que, por mucho que se irrite, la tormenta de nieve no va a invertir su curso y a devolver otra vez la nieve al cielo porque usted lo desee. Su cólera no va a resolver el problema de perder el día de trabajo; lo único que hará será estropearle el día. Al niño que lleva usted dentro le gustaría salir sencillamente de usted y disfrutar de la nieve, pero el adulto puede insistir en pensar neuróticamente al respecto y mantenerle dentro de casa maldiciendo a los cielos.

No hay duda de que, en lo que respecta a su mundo personal inmediato, puede usted hacer todo lo posible por cambiar las cosas que no le gustan: puede usted ayudar a combatir el racismo en su pueblo, en su ciudad, en su estado, en su país; puede esforzarse más por detener la carrera mundial de armamentos, por alimentar a los hambrientos, por cuidar a los huérfanos o a los enfermos, por salvar ese viejo y bello edificio de la esquina, o cualquier otra cosa que le interese. *El truco reside en hacerlo sin enfurecerse con el mundo porque el hacerlo le plantee problemas*; piense, además, que esa cólera no hará más que alterarle y hacerle desgraciado.

Hay un viejo refrán que dice: «Señor, dame fuerza para cambiar lo que puede cambiarse, *paciencia* para aceptar lo que no puede cambiarse y sabiduría para distinguir entre una y otra».

Ese niño que lleva usted dentro sabe aceptar lo que no se puede cambiar, sin considerar que el mundo sea fundamentalmente malo por ello; sabe no dejarse inmovilizar intentando hacer lo que nadie puede hacer y hundirse luego en la inercia o en el pánico porque no se puede hacer. En suma, sabe por instinto y de modo inmediato «establecer la diferencia», y esa sabiduría no es, por tanto, algo nuevo que haya de aprender sino una sabiduría olvidada que sólo tiene que recordar recurriendo a ese niño perdido que hay dentro de usted.

Considere las actitudes de los niños hacia las personas que han hecho cosas que les han herido o les han ofendido. Los niños están dispuestos al aceptar eso, la gente es así, la gente se hace daño entre sí de vez en cuando, es algo parecido al tiempo, que a veces nos empapa con una lluvia gélida cuando volvemos a casa del colegio. Por tanto, están dispuestos a olvidar y perdonar en unas horas, mientras los adultos depresivos pueden pasarse toda la vida cavilando sobre sus agravios. Ese niño que hay dentro de usted sabe sin pensarlo que aferrarse a esos agravios es doloroso y negativo, y por eso olvida y perdona automáticamente... salvo que gane la partida ese adulto rencoroso que hay en usted, en cuyo caso, seguirá odiando eternamente, por muy penoso que sea para usted.

Esa aceptación del niño que hay en usted puede ayudarle en todas sus experiencias humanas. Él tomará las cosas tal como son, las tratará según lo que parezca más razonable en el momento. Cuando era niño, se limitaba, en principio, a aceptar todas las cosas y a todas las personas como lo que eran, sin reprochar a las nubes la nevada, a su madre el impedirle caerse al río, a la inflación no dejarle comprar este año un televisor nuevo. Ser capaz de volver a ese estado de aceptación maravillosamente ingenuo le ayudaría sin duda a eliminar muchas causas de desdicha de su vida. Si quisiera recuperar parte de esa capacidad infantil para aceptar el mundo tal como es, y enfocar sólo en esa base lo que podría ser capaz de ayudar a cambiar para mejor (aceptando sobre la marcha los fracasos inevitables), quizá le conviniese lo siguiente:

Haga una lista de cosas que suelan irritarle, o por las que se ha sorprendido quejándose últimamente. Empiece por unas pocas, las que en principio le vengan a la cabeza. Quizá se haya estropeado el horno ayer, o esté muriéndose un árbol del jardín y tenga que cortarlo, o han vuelto a subir los precios de la gasolina, o su hijo de tres años acaba de tirar los fideos de la sopa en el comedor y *siempre* está haciendo cosas parecidas; o quizá le guste muchísimo esquiar y no haya habido casi nieve este año, y está usted furioso por ello. Sea lo que sea, anótelo y ponga la lista a un lado. Luego procure añadir una o dos cosas que le molesten mucho en los próximos días. Esté atento, y siempre que se sorprenda protestando, convierta el tema en candidato a la inclusión en la lista. Puede que quiera colocar la lista junto a la televisión y reseñar sus propias reacciones a las noticias de la noche. Quizá desee usted preguntar a otros de qué le oyen quejarse con más frecuencia.

Hágalo como lo haga, en cuanto tenga veinte o treinta temas, repase la lista e indique en cada caso si podría hacer algo por *cambiar la situación actual* si lo desease (no puede usted evitar ya que se haya estropeado el horno, o que el árbol esté muriéndose o que estén subiendo los precios de la gasolina; *podría* usted ocupar a su hijo de tres años en cosas menos destructivas; usted no puede hacer que nieve); y, por otra parte, piense si puede usted hacer algo por *cambiar la situación ahora* (tiene usted que conseguir arreglar el horno y tiene que cortar ese árbol, quizá pueda plantar otro; respecto al precio de la gasolina, nada puede hacer más que apoyar soluciones a largo plazo a la crisis energética, pero puede decidir ahorrar gasolina, utilizar el coche con más eficacia y/o comprar otro que gaste menos combustible, caminar o utilizar transportes públicos siempre que pueda, etc. Puede hacer todo lo posible con su hijo de tres años hasta que crezca y se haga mayor; y, en cuanto a la nieve, *olvídelo...* busque otro medio de diversión este invierno).

Ahora examine la lista. ¿Cuántos temas hay que ha de desechar con lo de «olvídalo»? ¡Olvídelos por muchos que sean! La próxima vez que se sorprenda inquietándose por estas cosas u otras similares, pare y elimine sus preocupaciones riéndose de ellas: así son las cosas en este mundo.

En cuanto a las cosas que usted *podría* cambiar de algún modo, elija aquellas que le preocupen lo bastante para dedicarles cierto tiempo y para pensar en ellas un poco, y obre en consecuencia cuando tenga oportunidad y ánimo, si los tiene. En cuanto a las demás, añádalas a la columna del «olvido», al menos por ahora.

En cuanto a aquellas sobre las que puede y quiere usted hacer algo, bien por el procedimiento de alterar la situación original o bien por el de modificar la situación actual (arreglándola), procure hacerlo por todos los medios; pero no se le ocurra enfadarse porque se estropee el horno o porque se muera el árbol, etc. ¡Las cosas son como son y así es el mundo!

En realidad, si examina usted su lista y se pregunta por qué motivos *debería* sentirse usted deprimido o inmovilizado, descubrirá que la respuesta es: ¡Ninguno! No quiere decir esto que no deba usted sentirse nunca, de modo espontáneo, furioso o frustrado por ciertas cosas. Si no fuera así, sería usted un robot. Pero la cuestión es la siguiente: ¿Cuánto tiempo va a estar en ese estado, y con qué frecuencia se sitúa usted innecesariamente en él sólo porque no puede aceptar el mundo tal como es?

Olvide el estatus social y las pautas externas del éxito cuando esté usted juzgando su mundo y cuánto desea aceptar de él y cuánto desea cambiar de él. Permítase disfrutar más cosas por lo que son en vez de preocuparse por si se adaptan o no a normas culturales impuestas. Procure suspender *todos* los juicios negativos acerca de sí mismo, por lo menos durante un breve período, todos los días, apoyándose en su aceptación del mundo como es (¡con usted en él!) para eliminar todas esas ideas de lo que los otros dicen que ha de ser. Si repasa cuidadosamente todo rechazo de sí mismo y de su propio mundo personal, descubrirá que casi todo procede de fuentes culturales externas. (Pregúntese cuántos de esos sentimientos de culpa y de desajuste tenía a los dos años de edad.) Lo que usted desea cambiar en sí mismo por su propia gratificación interna resultará ser todo lo que quiere encauzar de nuevo por la vía infantil en la que necesita estar.

En lo que respecta a los juicios sobre otras personas, enfóquelos exactamente como los niños. Los niños no conocen los prejuicios porque aceptan plenamente a cualquiera hasta que (o a menos que) las personas se muestran persistentemente desagradables con ellos. No mantienen expectativas de tipo negativo respecto a nadie y, mientras no son lo bastante mayores para que les influyan estereotipos o prejuicios y murmuraciones de gente «más madura», se limitan a aceptar todo el mundo tal como es, sin preocuparles si se trata de un blanco o un negro, de un individuo culto o inculto, de un demócrata o de un republicano, de un rico o un pobre, de alguien poderoso o de un ser desvalido, etc. Lo que les preocupa es sólo lo divertida, lo interesante y simpática y comprensiva que pueda ser la persona en el momento. No se inquietan pensando que los negros deberían ser blancos o que las mujeres no deberían «actuar como hombres», ni ninguna otra de esas ridículas obsesiones «adultas». Confíe en sus impulsos infantiles, sea quien sea el que se cruce en su camino, y verá cómo pasa a ser una persona mucho más satisfecha y feliz.

No sea desconfiado

La próxima vez que tenga oportunidad de hacerlo, observe detenidamente a niños que establezcan contacto por primera vez. Quizás inicien su relación con cierta timidez, hasta que se compenetren un poco, pero si esa compenetración se produce (y es lo que suele suceder con casi todos los niños pequeños), en cinco minutos estarán relacionándose como sólo lo hacen los adultos tras una amistad de toda la vida. Confían uno en otro completamente *en principio,* y si uno de ellos resulta ser un poco agresivo, el otro suele limitarse, incluso, a aceptar que ese chico es así simplemente, y aprende en seguida a «olvidarlo» o a oponerse a ello hasta que el niño agresivo se da cuenta, o a enfocarlo de cualquier otro modo que permita que todos se diviertan en la medida de lo posible ahora. En fin, los niños casi siempre establecen en una hora relaciones de intimidad que a la mayoría de los adultos les costarían meses.

Compare ahora esto con su actitud respecto a los desconocidos con los que establece un primer contacto. ¿Cuánto se prolonga el período de «timidez inicial»? A los niños suelen bastarles unas miradas y unas palabras para salir corriendo y convertir un rincón del dormitorio en una nave espacial y tres minutos para empezar a activar el zapofricador. Pero cuando usted establece un primer contacto con otra persona, puede que tema «ser demasiado expansivo» o iniciar «una relación» siendo así que ya tiene usted demasiadas relaciones de que preocuparse, demasiados compromisos en marcha. O quizá recele por una u otra razón de las intenciones del otro individuo. Puede usted mostrarse por ello «frío» (una palabra que tiene muchos significados), o distante, prefiriendo matar el tiempo con la típica charla intrascendente del adulto en lugar de procurar tratar de inmediato a esa nueva persona como trataría a su mejor amigo y disfrutar lo mismo con ella.

Si su actitud con la gente a la que le presentan o ante los desconocidos con los que establece una relación, sea del género que sea (puede incluso tratarse del empleado de la gasolinera que le llena el depósito e intercambia con usted unas frases), es generalmente «fría» significa muy probablemente que padece usted de una cierta paranoia autoritaria que ha deformado sus instintos infantiles, que le impulsan a confiar espontáneamente en los demás, y le ha hecho desconfiar de la gente *por principio*. Si sospecha usted de *todas* las personas por principio, no hay duda de que *recela usted de sí mismo en primer término* (puesto que está incluido, en realidad, en «la gente») y, en consecuencia, la mayor parte de esa desconfianza hacia los demás, probablemente nazca de desconfianza en uno mismo, que es una dolorosa fuente de conflictos internos.

Pero si se deja usted guiar por el niño que lleva dentro y confía en que sus instintos animales le dirán (a la luz de toda su experiencia de la vida) cuándo su candidez puede originarle «problemas reales» (lo más probable es que nunca), puede liberarse usted de ese doloroso punto de conflicto y aprender a establecer relaciones agradables y satisfactorias con casi *todas* las personas que conozca.

Hablo en primer término de conocer a *personas nuevas*, al referirme a lo de ser menos desconfiado, porque comparar sus reacciones al conocer a nuevos individuos con las de los niños (o la del niño que hay en usted) es uno de los medios más rápidos y seguros con que cuenta para determinar qué cantidad de su ingenio infantil o *confianza innata*, conserva usted y cuánta ha «barrido» la paranoia autoritaria. Por otra parte, su actitud hacia las viejas amistades o los antiguos conocidos, sus relaciones familiares o profesionales son importantes igualmente y, en realidad, su desconfianza indicaría en este caso, aún con mayor firmeza, que debería preguntarse si desconfía usted básicamente de sí mismo o si no habrá marginado, menospreciado y reprimido en gran medida al niño que lleva usted dentro.

Puede que piense de pronto: «Claro, me encantaría ser de nuevo tan confiado como un niño. No me *gusta* desconfiar de los demás. Pero esa actitud de la que él habla es lo que lleva a la gente infantil a perder los ahorros de su vida a manos de un estafador, a pagar reparaciones de sus coches que no hacían falta o que no se han hecho siquiera, y a otras mil cosas parecidas».

Si piensa usted así, le diré que no tiene razón. Cualquier policía veterano le dirá que confiar ciegamente en desconocidos (cosa que no es en realidad lo que propongo yo, pues no debe hacer usted nunca nada a ciegas) no basta para que los estafadores nos saquen el dinero, porque las estafas se basan fundamentalmente en *la codicia de la víctima*, que se engaña a sí misma pensando que puede de veras duplicar su dinero en un abrir y cerrar de ojos, lograr algo sin dar nada. Si no adopta usted esa actitud de antemano, nadie le sacará sus ahorros con ningún plan fantástico. En realidad, el tipo de confianza infantil de que hablo le defenderá a usted mejor de los estafadores, por la simple razón de que si desconfiase usted automáticamente de la mayoría de la gente, si considera usted a todo el mundo prácticamente un ladrón, habrá eliminado su capacidad instintiva de olfatear a un verdadero ladrón cuando aparezca. Aunque sus instintos intenten advertirle, puede usted menospreciarlo en su codicia diciendo: No hay ninguna razón para pensar que este tipo sea más ladrón que ningún otro, y entregarle los ahorros de su vida. Y lo mismo puede decirse del taller de reparaciones o del vendedor a domicilio.

La capacidad de confiar en uno mismo y de confiar en los demás, es, en realidad, una cuestión de desarrollo de una actitud. Si cree usted que el mundo es un lugar asqueroso y que la mayoría de la gente va a cazarle y engañarle, no sólo será más probable que los verdaderos estafadores le engañen, ya se habrá engañado usted mismo separándose innecesariamente de toda la gente honrada y sincera que le rodea. Si deja usted que su confianza infantil predomine, y mantiene una actitud positiva respecto a su capacidad para resolver prácticamente cualquier problema que se plantee, su misma actitud afirmativa le permitirá en general superar cualquier situación. Para dar vía libre a esta actitud confiada y practicar activamente la confianza, puede usted ensayar estas estrategias:

La próxima vez que conozca a una persona, fíjese en sus reacciones. ¿Se muestra usted frío, distante, procura hablar de cosas intrascendentes para que no se establezca una intimidad? ¿Se siente usted un poco incómodo, sin saber bien si desea «intimar» con esa persona, desconfía de ella incluso pensando que no sabe «detrás de qué andará»?

En tal caso, baje la guardia y confíe en que ya la subirá de nuevo si es necesario realmente.

Pregúntese: «¿Qué puedo perder?». Si teme «intimar», recuerde que su relación no tiene por qué prolongarse más allá de esa reunión si usted no lo desea. Déjese guiar por los niños, que pueden divertirse muchísimo juntos aunque sepan que no volverán a verse nunca, pero que no temen ganar algo por miedo a perderlo. Esté dispuesto a admitir que ese nuevo individuo es simpático y divertido, o busque algún otro medio de hacerle sentirse cómodo. En cuanto él descubra que usted confía en él de modo inmediato y que le respeta, que no le juzga, verá cómo también él baja la guardia. ¡Recuerde que antes de que pasen tres minutos deben lanzarse ya a activar el zapofricador!

Haga lo posible por conocer a una persona nueva por lo menos esta semana, una persona que sea muy distinta de usted. Si fuese usted profesor, contacte con un camionero, o párese a charlar con el tipo que vende periódicos en la esquina... cualquiera que le parezca simpático. Confíe en que los dos sabrán abordar bien la situación. Si recela de usted al principio, si percibe usted que él está pensando «¿Qué querrá de mí este tipo?», tendrá usted ante sí un ejemplo perfecto de esa desconfianza innecesaria de que he hablado, porque usted sabe que no tiene ningún motivo oculto, que no está intentando aprovecharse de esa persona en ningún sentido. Pero, al mismo tiempo, habrá un niño en esa otra persona que percibirá su franqueza sincera (siempre que usted se sienta a gusto consigo mismo). El truco, pues, no está en dejar que el niño que lleva usted dentro se convierta en un profesor y el que hay en el otro se convierta en un camionero, porque eso impide que los niños sientan confianza mutua.

La próxima vez que sospeche usted que le han engañado, o que se está metiendo en una situación en la que teme que podrían engañarle, piense sólo en el mejor medio práctico de descubrir si realmente le han engañado o si están a punto de hacerlo y qué puede hacer usted para impedirlo.

Son millones las personas que llevan todos los años sus coches al taller. Sobre todo, personas que no entienden mucho de mecánica, que en general dejan el coche en el taller, piden un presupuesto del coste de la reparación, pagan luego la factura (aunque a veces sube más del cincuenta por ciento de lo que le calcularon en principio, porque el coche tenía otros problemas adicionales), y se van con alguna explicación técnica que no entienden resonándole en los oídos y mascullando: «Estoy seguro de que me han engañado».

En tales casos, los estudios realizados demuestran que la gente que cree que la han engañado en el taller mecánico, suele estar en lo cierto la mitad de las veces. Pero *eso no significa que tenga que abordar su próxima relación con la gente del taller mecánico con un actitud de recelo y desconfianza.*

En realidad, hay un cincuenta por ciento de posibilidades, por lo menos, de que la gente del taller al que va usted sea tan honrada como usted mismo (por muy honrado que usted pueda ser). Empiece, pues, otorgándoles el beneficio de la duda, que también se concede a sí mismo. Si le angustia la idea de que puedan engañarle, pruebe a ser franco respecto a sus temores. Podría decirle, por ejemplo: «Tengo verdadero pánico a los talleres, no me gusta llevar el coche a cualquier sitio cuando he de arreglarlo. Se oye cada cosa. Supongo que usted es honrado, lo mismo que supone usted que lo soy yo, porque confía en que voy a pagarle el trabajo que haga. Quizás pudiera usted ayudarme a acabar con este miedo a los talleres concediéndome unos minutos y explicándome, en este caso, por ejemplo, cómo puedo *saber* que no me engañan. Si este coche fuese suyo, por ejemplo, y tuviese el mismo problema en un pueblo en el que no conoce a nadie y entrase usted en el primer taller que viera, ¿cómo sabría que el precio era justo, o si le cargaban un trabajo que no habían hecho, o cualquier otra cosa parecida?».

Si su mecánico no se propuso en ningún momento engañarle, manifestará sin duda su furia contra esos otros mecánicos que engañan a la gente y dan mala fama a todos los profesionales, él incluido. En tal caso, quizá le entusiasme tanto ese deseo sincero que manifiesta usted de acabar con los sinvergüenzas que hay en el ramo, que llegue a dedicarle mucho más de lo que le pide usted: un curso rápido de media hora sobre trabajos de válvulas, o reparaciones del radiador o cualquier otro problema específico que tenga, con referencias detalladas a los planos del manual, a las listas de precios de las piezas, por qué lleva tres horas hacerlo, la conveniencia de estar pendiente del tipo que lo hace mientras lo hace, y, cuando se paga la factura, un montón de piezas defectuosas sacadas de su vehículo y que son suyas y que puede llevarse, junto con una descripción del defecto de cada una, y la sugerencia de que si tuviera usted alguna duda sobre la necesidad de su sustitución, podría mostrárselas a cualquiera que realmente entendiese de automóviles y pedirle su opinión.

Pueda o no permitirse su mecánico dedicarle tanto tiempo, procurará si es honrado, ayudarle a distinguir a los mecánicos honrados de los estafadores... lo mismo que podría usted hacer (si es usted honrado) en su propio campo profesional. Él reaccionará a su pregunta infantil con el orgullo infantil de su propia honradez y agradecerá la posibilidad de introducirle en su mundo de válvulas, bielas y radiadores. Al cabo de media hora, pueden estar hablando como si fueran amigos de toda la vida.

Pero si el mecánico elude lo que le plantea usted, si no le da importancia e intenta quitárselo de encima, percibirá usted de inmediato que no le gustan los clientes que hacen demasiadas preguntas, o que no confían a ciegas en «los especialistas», y sabrá entonces que es hora de cambiar de taller.

Lo importante aquí es que, si recupera usted su capacidad infantil de confiar en los demás en principio y de ser sincero con ellos respecto a sus preocupaciones, siempre puede dar con un medio de saber si pretenden engañarle o no, en caso de que sus instintos le digan que quizás estén intentándolo. Lo peor que puede hacer es entrar en la estación de servicio o en cualquier otro lugar pensando «estoy seguro de que me van a engañar» y salir pensando «estoy seguro de que me han engañado». Si lo hace así, *elige* conservar su recelo paranoico e infundado, en vez de descubrir por sí mismo si está justificada realmente la desconfianza en este caso. Cuanto más «seguro» esté usted de *saber* que otros quieren engañarle, más les verá como culpables hasta que demuestren ser inocentes. El niño que lleva usted dentro tiene una idea mucho mejor de la justicia: «Todo el mundo es inocente mientras no se demuestre que es culpable»: ésta es la única forma posible de actuar para un individuo Sin Límites.

Los «siete senderos para llegar a la fuente» de que hemos hablado creo que se encuentran entre los medios más evidentes y fácilmente asequibles para iniciar la empresa de reunirse con ese niño perdido que hay en su interior... pero quiero subrayar que hay innumerables medios de recuperar esa juventud gozosa.

El niño que lleva usted dentro sabe con toda precisión cuál es el medio más eficaz y satisfactorio y gozoso de tratar con todas las cosas y todas las personas con que uno tropieza en este planeta, porque a ese niño no le encadenan imposiciones culturales ni conductas aprendidas ni valoraciones paranoicas respecto a la actitud más adecuada en cada momento. Es muy posible que el mensaje esencial de todo este capítulo sea que si se permite usted recuperar esa esencia infantil de su personalidad podrá mantenerse «eternamente joven en el corazón».

Esas preciosas cualidades infantiles que pueden ayudarle a usted a disfrutar de su vida todos los días y cada uno no están más lejos de usted de lo que lo están los dedos de sus propias manos. Esas cualidades de que hablo constituyen una parte inalienable de usted mismo. Si intentara reprimirlas, si insistiese en menospreciar al niño que lleva en su interior, no haría sino ponerle más grilletes de los que podría ponerle nunca un traficante de esclavos. Pero si ama realmente usted a su yo niño, y le interesa realmente *ser de nuevo un niño* en el sentido al que me refiero, estará en paz consigo mismo.

Cuando se tiene paz interior, se puede hacer prácticamente cualquier cosa. Concédase más paz interior infantil de ese tipo hoy, permitiéndose ser de nuevo aquel buen niño alegre y retozón de antaño, y no echará más de menos a aquel niño perdido. O, como dijo Schiller: «Mantente fiel al sueño de tu juventud».

6
Confíe en sus señales internas

Una de las finalidades básicas de este libro ha sido, hasta el momento, determinar en qué medida se reprimen de modo sistemático y se pervierten con frecuencia, por ese autoritarismo imperante en nuestra sociedad, los impulsos naturales de los individuos en pro de la felicidad, la madurez y la creatividad, los impulsos que llevan a lo que yo llamo vivir Sin Límites. Una de las características del autoritarismo es su insidiosa capacidad de enviciar a la gente a la persecución interminable de recompensas externas: riqueza, prestigio, ascensos, que otros aprueben el estilo de vida que lleva uno, honores protocolarios y símbolos de estatus de todo tipo. Para mantener a los individuos persiguiendo estas «zanahorias», contamos con guías, normas, costumbres, tradiciones y etiquetas de todo género. Nos vemos bombardeados continuamente por la propaganda y por instrucciones y directrices que provienen de una hueste desconcertante de *fuentes externas* destinadas a que persigamos esos objetivos con todas nuestras fuerzas para sentirnos satisfechos. La terrible lección es que cuantas más recompensas externas acumulamos, más satisfechos de la vida *deberíamos sentirnos*.

Parte de la atracción que ejercen esas recompensas externas en los individuos que piden medios cuantitativos o numéricos para valorarlo todo es que tales símbolos les facilitan la tarea de calibrar su mérito como individuos y su posición relativa en la escala social. Por ejemplo, si sigue usted al pie de la letra a alguien como Emily Post, puede sentirse seguro de que tendrá «buenas maneras», y se sentirá superior a todos esos palurdos que no conocen a Emily Post y, por tanto, no saben ser «finos» con la gente. Si tiene usted tres coches, nadie podrá decir que no está triunfando.

Frente a los signos externos que le animan continuamente a correr más y más de prisa tras lo que esos mensajes se proponen venderle, tiene dentro de sí mismo numerosas fuentes de *señales internas* que compiten con las externas por el control de su vida. Esas señales internas le asaltan como pensamientos o sentimientos, y entre sus fuentes están sus instintos animales y la voz del niño que hay dentro de usted, a lo cual añadiría yo la voz de sus «necesidades más altas» como ser humano (por lo que entiendo, necesidades cuya satisfacción puede «elevarle a las más altas cimas») y su propio sentido de finalidad o misión en la vida, que se expondrá en los dos capítulos siguientes.

Pero antes de pasar a pensar en profundidad sobre estas necesidades superiores, así como sobre ese objetivo o misión, es básico que se pare usted a determinar en qué medida deriva su capacidad de conocerse a sí mismo de haber aprendido a consultar esas señales internas, en vez de basarse primordialmente en todas esas directrices que otros intentan darle. Se trata de una de las etapas más difíciles para la mayoría de la gente en la vía que lleva al vivir Sin Límites, porque nos han condicionado a todos en tal grado a responder a órdenes externas y hemos adquirido tantas capas de seguridad que estamos literalmente enterrados bajo ellas. Pero confiar en sus señales internas también puede ser el paso *más importante* en su objetivo personal de llegar a ser todo lo plenamente activo y creador que pueda.

Algunos investigadores han utilizado el término «lugar de control» para distinguir entre los individuos «internos» y los «externos». Si su vida está predominantemente controlada por señales procedentes del exterior, tendrá, según estos investigadores, un *lugar de control externo*. Los psicólogos afirman que el setenta y cinco por ciento de los individuos del mundo occidental tienen un control primordialmente externo; en consecuencia, es evidente que muchos de nosotros tenemos que hacer un gran esfuerzo para lograr que nuestros centros de control dejen de ser predominantemente externos y pasen a ser básicamente internos. Pero, en fin, todos somos *perfectamente libres* a la hora de decidir cuánto control queremos ejercer sobre nuestro propio destino y cuánto deseamos ceder a esos sistemas externos de señales que pretenden encauzarnos y dirigirnos por nuestras sendas vitales. Si hace usted algo tan insignificante como comprar una pieza de tela porque piensa que algún otro con mejor gusto o con mejor «vista para la moda» lo aprobaría (en vez de porque sea cómodo, barato y le guste cómo le sienta), no hay duda de que está convirtiendo a otros en dictadores de lo que debe usted vestir. Lo mismo podemos decir si decide usted que el gabán que más le abriga es demasiado pobre para ir con él a una fiesta elegante una noche fría y acaba usted tiritando sólo porque no se atreve a dar una impresión «pobre» a los demás.

Cuando los controles externos le dictan decisiones más serias, por ejemplo la forma de educar a sus hijos, su forma de ganarse la vida, dónde va a vivir y, sobre todo, cómo va a disfrutar de la vida, las consecuencias pueden ser devastadores conflictos con esas señales internas que su propia mente está constantemente reprimiendo. Puede convertirse literalmente en esclavo de cualquier manipulador que elija... y usted sabe de sobra que no existen esclavos bien adaptados.

Por otra parte, la confianza en el continuo combinarse de todas las señales internas, puede proporcionarle verdadera seguridad, paz mental y alegría. Cuanto más opere usted desde una perspectiva de confianza en sus señales internas y menos se base en esas claves externas omnipresentes, más aprenderá a centrar el punto de control sobre su propia vida en sus propias manos, que es donde debe estar.

Antes de analizar con más profundidad los modos de llegar a confiar más en las señales internas, quizá le sea útil recordar que todos tenemos siempre algún «centro de control» interno y alguno externo, y que ciertos días o en ciertas circunstancias podemos ser más externos que internos o viceversa. Puede ser usted mucho más sensible a las señales de carácter externo de su jefe que a las de su vecino o su esposa, y, claro está, no debería considerarse controlado externa o internamente en todo lo que hace, durante todos los días de su vida, o intentar clasificarse o clasificar a otros como «externos» o «internos», que es otro ejercicio inútil de dicotomización que en realidad no lleva a ninguna parte. Lo importante es impedir que esas señales externas bloqueen sus impulsos internos en situaciones que puede reaccionar de un modo externo, de forma que pueda asumir el máximo control de su vida, y ser lo más independiente posible de las opiniones ajenas y tomar el máximo número de decisiones importantes por sí mismo.

No cabe duda de que es imposible eliminar *algunos* centros externos de control. Todos vivimos integrados en esta cultura y hemos de tener sistemas que puedan respetar todos para que funcione nuestro sistema social, y sobre todo para que funcione al máximo nivel. Un ejemplo básico de ese «control externo» necesario y legítimo son las señales de tráfico. Nadie en su sano juicio dirá: «Esa señal de tráfico externa, ese semáforo, está en rojo, pero mi luz interna está en verde», y se saltará el semáforo sólo para demostrar lo independiente que es de todo control externo. Hay que hacer, claro, ciertas concesiones a los controles externos legítimos, y tendrá que aprender a reprimir sus impulsos externos de vez en cuando. Pero si confía en sus señales internas, sabrá muy bien que jamás le dirían que se saltase un semáforo en rojo sin una buena razón para hacerlo. Podrían decirle que se lo saltase en una emergencia, pero no sin cerciorarse de que no se pone en peligro por ello ni pone a otros, en cuyo caso, sus controles internos podrían «darle luz verde».

Otro obstáculo para llegar a estar más dirigido desde dentro es *superar esas señales externas que le dicen que es un egoísta si controla demasiado su propia vida.*

Todos sabemos muy bien lo que es el egoísmo. Los egoístas están excesiva o exclusivamente pendientes de sí mismos, siempre procuran tener más ventajas que los demás, por cuyo bienestar no se preocupan y pisotean en general los derechos o las libertades ajenas. El niño «egoísta» era el que, cuando se abría la bolsa de caramelos en la fiesta, se metía todos los que podía en la boca, se enfurecía cuando otro quería más, daba dos a cada niño y se guardaba los demás.

De todas las críticas que han hecho a mis anteriores libros y a mis teorías, la más destacada ha sido la de que estimulo el egoísmo. Desde luego, nunca he dicho ni escrito que crea que la gente tenga que ser egoísta a expensas de los demás, y en realidad he procurado decir exactamente lo contrario. Pero, parece ser que muchas personas que captan que quiero que la gente piense por sí misma, que consulte sus impulsos internos y logre ser capitana de su propia alma, no pueden evitar interpretar mis palabras como un estímulo al egoísmo generalizado.

Permítame que siga mi propio consejo del capítulo anterior y suponga que usted, el lector, y yo, el autor, nos estamos aproximando a ese mundo abierto que he llamado vivir Sin Límites, con un deseo sincero e infantil de entendernos. Si es así, yo debería empezar por decir que quizá la mitad o más de este malentendido entre esos críticos que me acusan de estimular el egoísmo y yo es culpa mía. Quizás en mis escritos anteriores no consiguiese expresarme con claridad, no logré explicar lo que quería decir de modo que nadie pudiese interpretarlo como un estímulo al egoísmo.

Por otra parte, desearía que mis críticos me hicieran el favor de volver a leer *Tus zonas erróneas* y *Evite ser utilizado* y preguntarse si no habrán leído en ellos cosas que yo nunca escribí. Me gustaría en particular que usted, lector de este libro, se preguntase si ha leído ya algo en él que le haya hecho pensar: «Está diciendo que *deberíamos* ser más egoístas». Si es así, no era eso lo que yo quería decir, desde luego. Y ahora, esta pregunta para usted: ¿Utiliza la palabra «egoísta» para indicar a alguien que sigue sus señales internas más que usted, y es quizá muchísimo más feliz, en consecuencia, *aunque nunca se aproveche de los demás ni abuse de ellos?* En tal caso, quizá pueda estar utilizando mal la palabra «egoísta», esgrimiéndola para condenar a individuos que no se adaptan a la idea autoritaria que tiene usted de cómo deberían ser, utilizando el término para dominarles, lo mismo que se deja usted dominar por otros.

Pero sea cual sea la respuesta que dé a esa pregunta, permítame que exponga con toda claridad cuál es mi punto de vista respecto al egoísmo. Yo no pretendo impulsar a nadie a ser desconsiderado o abusivo con los demás. Considero, por el contrario, que el individuo Sin Límites es precisamente el que ama y/o acepta instintivamente a otros del mismo modo que a sí mismo y, en consecuencia, es *más considerado* con los demás, por el simple hecho de que si no lo fuese estaría reprimiendo y menospreciando sus propias señales internas, que intentan siempre llevarle al gozo infantil de ver a los demás como iguales, como «amigos de toda la vida» o como «compañeros de juegos».

No puedo aceptar, por otra parte, el juicio de quien me diga que es egoísta el que usted o yo orientemos nuestras vidas según nuestros criterios personales. Yo no creo que sea egoísta que usted se estime a sí mismo y se trate como una persona que posee mérito propio y dignidad innata, que no es egoísmo desear el tipo de vida que es más importante y más satisfactorio para usted.

Para liberarse del error de permitir a otros hacerle a usted sentirse mal llamándole egoísta cuando sus señales internas (en este caso *su conciencia*) le dicen que su conducta es perfectamente válida, sólo tiene usted que recordar que si sabe que su propia conciencia está segura que no ha perjudicado en ningún sentido a otra persona, aquel que califica su conducta de «egoísta» debe estar intentando, por alguna razón, que se adapte usted a una serie de valores externos y autoritarios, debe querer *rebajarle* en la escala social.

Lo que pretendo decir es que confiar en las señales internas es algo que nada tiene que ver con el egoísmo *en sí*, sino con la libertad de elegir. Si alguien le acusa de ser egoísta, tiene usted una opción: acepte lo que le dice y altere su conducta adaptándola a sus deseos sin pensar más en el asunto, o deténgase a revisar su conducta según su propia conciencia y altérela si llega a la conclusión de que la otra persona tiene razón en realidad. Dejo a su elección decidir qué actitud surge de un origen interno y tiene más sentido.

Con estos tres sobrentendidos, que todos estamos continuamente controlados en parte por señales externas y en parte por señales internas, que hay ciertos controles externos que son necesarios y legítimos (aunque sólo sus señales internas pueden indicárselo), y que el hecho de que confíe en sus señales internas nada tiene que ver con el egoísmo, creo firmemente que cuantas más decisiones pueda usted tomar basándose en sus señales internas, y cuanto más aprenda a ignorar las presiones externas que constantemente intentan manipularle e inmovilizarle, mejor nos irá *a todos* en la vida. Toda la cultura se beneficiará de la existencia de individuos fuertes y dirigidos por sus señales internas, sean éstos dirigentes o ciudadanos normales. Una ciudadanía que piense por sí misma, un país en el que la gente se conozca a sí misma y confíe en sí misma a nivel individual, sería prácticamente inmune a cualquier manipulación de dirigentes sin escrúpulos. En las familias en las que los individuos se conocen a fondo y confían en sí mismos, donde hay confianza y conocimiento mutuos y se siguen las señales internas, lo que une e integra es el respeto recíproco y no las jerarquías de autoridad. Y en las relaciones individuales, el que los individuos que se relacionen sean capaces de confiar en sus propios impulsos internos será la mejor garantía posible de que no intentarán manipularse unos a otros y de que habrá, en consecuencia, muchas más posibilidades para unas relaciones cordiales y perdurables.

DE LO EXTERNO A LO INTERNO

El primer paso para aprender a confiar en las señales internas es que examine su pensamiento y su conducta con el fin de determinar en qué áreas de su vida ha ido usted «demasiado lejos» en su sometimiento a controles externos. Incluyo a continuación un gráfico que creo que puede ayudarle. Es una versión revisada de otro gráfico que utilicé en un libro del que soy coautor, titulado *Técnicas efectivas de asesoramiento psicológico* (Grijalbo, Barcelona, 1980, página 69).

ESTADOS EMOTIVOS Y DIMENSIONES DE CONTROL
INTERNO Y EXTERNO

FELICIDAD Dominio	*Declaraciones que indican causas externas de estados emotivos*	*Declaraciones que indican causas internas de estados emotivos*
	1. El mundo es un lugar excelente.	1. Considero que el mundo es un lugar excelente.
	2. Mis padres son buenos conmigo.	2. Amo y respeto a mis padres.
	3. Mis amigos me tratan bien.	3. Me gustan mis amigos.
	4. Las cosas van bien.	4. He conseguido situarme bien en la vida.
Ajuste	5. Nadie me molesta.	5. No permito que nadie me moleste.

Pugna	1. Mis padres me tratan mal	1. Permito que mis padres me fastidien.
	2. Mis amigos me tratan mal.	2. No tengo buenos amigos.
	3. Todo va contra mí.	3. Lo estropeo todo.
Inercia	4. Cualquiera puede dominarme.	4. Insisto en permitir que otros me dominen.
Pánico	5. El mundo es un lugar detestable.	5. No sé arreglármelas.

DESDICHA

Ahora bien, todos utilizamos explicaciones de ambos tipos para indicar por qué nos sentimos como nos sentimos y unas y otras suelen estar íntimamente relacionadas. Por ejemplo, si sus padres se portan mal con usted, si cree usted que no le quieren en realidad y que simplemente le utilizan como alguien a quien poder dominar y dar órdenes para satisfacer sus propias ilusiones de poder, le resultará muy difícil decir que les respeta (pueda o no decir que les ama).

Si es usted un individuo que piensa con una orientación más bien externa, se dirá, sin embargo: «En fin, mis padres me tratan mal, me hacen desgraciado, eso es lo que pasa», y soportará su desdicha. *La desdicha que tiene una causa externa es un callejón sin salida y la única salida que puede usted procurarse pasa por la ruta interna.* Si achaca usted sus desdichas a sus padres, sus amigos, el mundo o cualquier otro factor externo, si insiste en que *ellos* son los únicos responsables de lo que siente *usted*, no tendrá más remedio que esperar a que *ellos* decidan cambiar de conducta y sólo entonces podrá sentirse bien.

Sólo buscando las *causas internas* de sus sentimientos, o «traduciendo» las afirmaciones «causa-externa» en afirmaciones «causa-interna» puede encontrar el medio de mejorar su situación. Es evidente que los individuos con una dirección interna experimentarán más emociones negativas, pero asumirán la máxima responsabilidad posible respecto a tales sentimientos y a su superación, y, en consecuencia, tendrán muchas más posibilidades de liberarse de esas emociones que los que se sientan a esperar y desear que el mundo cambie y les haga más felices.

Si se ve usted de modo predominante encerrado en esa estructura mental de felicidad de origen externo, su primera etapa para salir de ella está a su alcance inmediato. Puede empezar diciendo: «*Detesto* a mis padres *porque* me maltratan». Con esto, centra usted en su propio odio una parte, al menos, de lo que le produce tantas desdichas. Por supuesto, si su padre está borracho siempre y le zurra simplemente porque le da la gana, nada puede hacer para eludir ese dolor físico si no se libera de la causa externa, hallando algún medio de evitar las zurras. Esto puede significar huir de casa, recurrir a alguien que pueda controlarle a él y le proteja a usted, o cualquiera de toda una serie de posibilidades. Pero dése cuenta: no puede usted llegar nunca a la felicidad de orientación interna sólo porque sea capaz de decir: «Amo y respeto a mi padre porque es bueno conmigo», pero puede llegar a ella por una combinación de pensamientos como: «No dejo que nadie me amedrente (o abuse de mí)», «No permitiré que el odio que siento hacia mi padre me inmovilice», o bien: «Voy a hacer todo lo posible por ayudar a mi padre a superar su problema para *poder* así amarle y respetarle».

Si le parece que suele acabar usted en la columna «externa», si puede encontrar siempre veinte razones que expliquen su desgracia pero le resulta difícil hallar unas pocas incluso que «le hagan feliz», le apuesto lo que quiera a que la mayoría de las razones que ha enumerado como causa de sus desdichas son de origen «externo». Tenga razón o no, espero que considerará muy en serio la posibilidad de utilizar *algún* método para determinar si ha ido demasiado lejos en la cesión del control de su felicidad, dejándose atrapar por «desdichas de origen externo», y que pensará en medios de liberarse de esa disposición mental convirtiéndose en un individuo más internamente controlado, que es, en mi opinión, el *único medio* de controlar la propia vida.

PARA LLEGAR A SER VERDADERAMENTE SINCERO CON UNO MISMO

> Esto sobre todo: sé veraz contigo,
> y a eso seguirá, como la noche al día,
> que ya no podrás ser falso con ninguno.
> POLONIO A LAERTES,
> *Hamlet*, acto I, escena III

«Sé veraz contigo...» La segunda etapa para llegar a confiar en las señales internas es *convencerse de que son dignas de confianza, o cultivar la propia conciencia*, hasta el punto en que pueda confiar en sus propios juicios morales (cuando se le haga necesario decidir cómo va a actuar *usted personalmente)*, prescindiendo de los signos externos que le están bombardeando, que intentan influir en usted en un sentido o en otro.

Quizá le parezca que ser veraz consigo mismo sólo asegura que «No podrá ser falso con nadie», o que *no podrá* usted hacer nada inmoral, desconsiderado o abusivo para ningún otro *si tiene en principio conciencia*. Quizá se esté usted diciendo más o menos esto: «El pistolero de la Mafia es absolutamente veraz consigo mismo. Su problema es que su yo concreto no tiene conciencia».

Pero en este caso yo le diría exactamente lo contrario: que el pistolero de la Mafia y todos los demás seres humanos de este planeta *nacen con* una conciencia cuya «semilla» quizá sea la percepción infantil de que para estar en paz con uno mismo ha de tratar uno a los demás como le gustaría que los demás le tratasen a uno. El problema de ese pistolero es que ha *reprimido y marginado su conciencia*, ha ahogado sus señales internas, permitiendo que quien rija su conducta sea la Mafia, una de las «sociedades» más rígidamente jerárquicas y autoritarias que pueda imaginarse; es decir, está engañándose, en primer término, a sí mismo.

Ser sincero con uno mismo significa ante todo ser *totalmente honesto con uno mismo*. Significa volver a ponerse en contacto con los instintos humanos básicos de justicia y equidad consigo mismo y con todos los demás. Significa identificar las defensas que ha erigido usted contra su conciencia y todas las demás fuentes de señales internas que le han impedido ser todo lo que puede llegar a ser, y liberarse de todo pensamiento defensivo (o paranoico) y de la fabricación de excusas en la que ha acabado apoyándose para explicar por qué es tan desdichado.

Lo que quiero decir, en cuanto a la conciencia se refiere, es que una conciencia «buena» o «clara» sólo puede nacer de la *armonía de sus señales internas y externas,* o, en otras palabras, de la *integridad personal*: la *integración* de su yo completo, en todas las áreas, desde sus instintos animales a su sensación de tener un objetivo en la vida. Recuérdelo: *Sólo usted puede ser el creador de su propia integridad*. Sólo usted puede dirigir su propia sinfonía interna.

Pero no lo olvide: si acepta usted plena responsabilidad en la dirección de la sinfonía de *todas* sus señales (pensamientos y sentimientos), tendrá usted que *atender a toda la orquesta*. No puede desfilar sólo al ritmo de tambor de las órdenes externas. Tiene que escuchar también las voces de su conciencia, la voz de ese niño que hay dentro de usted y todos ese concierto de voces de origen *interno* que tiene usted el privilegio de dirigir.

Una de las mejores imágenes populares de la conciencia es la que encontramos en un cuento clásico de niños: *Pinocho*, que la mayoría de la gente quizá conozca en la versión cinematográfica de Walt Disney. *Pinocho* era una marioneta convertida en niño, con la carga especial de que su nariz crecía y se hacía muy larga cada vez que mentía. Sin embargo, para superar este terrible obstáculo y poder entrar en el mundo adulto, se le otorgó una conciencia clara y encantadora (en la versión de Disney en la forma de *Pepito Grillo*, un grillo que le seguía a todas partes y que silbaba siempre que Pinocho estaba a punto de violar su conciencia). Lo importante de la historia es que si uno no es sincero consigo mismo, si no escucha a su *Pepito Grillo* y opera «sobre todo» desde su propio lugar de control interno, será y se sentirá en el fondo como un robot artificial más, monstruoso incluso.

Como dijo un moralista francés del siglo XVII, La Rochefoucault: «Si no tenemos paz dentro de nosotros, de nada sirve buscarla fuera».

Cómo empezamos a engañarnos a nosotros mismos

Creo que el autoengaño que a tantos nos margina de nuestras señales internas, se inicia en realidad con tentativas de engañar a otros. Es evidente que el niño muy pequeño carece de capacidad para engañarse a sí mismo o engañar a otros. Al no conocer prácticamente impulsos externos, actúa siguiendo casi exclusivamente sus señales internas. Sólo cuando se hace patente el sistema externo de señal-y-recompensa surge la tentación de intentar «burlarlo», de embarcarse en un pensamiento y una conducta autolisiantes, intentando engañar a otros para que piensen que somos algo que no somos: concretamente, transmitir «señales falsas» a fin de manipular a otros, para poder sentirnos superiores, según pautas «externas». Estos pensamientos y comportamientos negativos pasan luego a incluir prejuicios sin ninguna base real, falso orgullo, pretenciosidad y falsedad, hipocresía (sobre todo condenar a otros por hacer el mismo tipo de cosas que solemos hacer nosotros) y el recurso frecuente a la cólera, la falsa humildad, la turbación fingida, la susceptibilidad extrema, la arrogancia, etc., en nuestros intentos de utilizar en provecho propio el sistema de señales externas.

Nuestra sinceridad con nosotros mismos puede medirse en gran parte por nuestra voluntad de desviarnos de nuestro curso para convencer a otros de que somos algo que en realidad no somos. Todos conocemos personas capaces de alquilar lujosos coches y chóferes para de esta manera impresionar a otros con su riqueza cuando en realidad no pueden permitírselo, o que llegan a extremos muy parecidos haciendo «exhibiciones externas» de sí mismos. Conocemos individuos que fingirán ser abiertos y carecer de prejuicios si las circunstancias externas les indican que es aconsejable obrar así. Y luego, se dan la vuelta y hablan en situaciones más íntimas de los italianos o los judíos que están destrozándoles la vida. Otros clamarán y vociferarán sobre los interminables males que tiene esa joven generación que fuma yerba mientras ellos toman sus quaaludes o «píldoras de dieta» u otras cosas para animarse.

Cuando se pregunta usted asombrado: «¿Pero a quién intentan engañar?», reconoce usted que esos individuos empezaron intentando engañar a otros como usted y al poco tiempo acabaron engañándose a sí mismos, extraviándose. Se dieron cuenta de que tenían que defender las falsas señales que habían transmitido al exterior, o vivir de acuerdo con las imágenes falsas de sí mismos que habían proyectado. Y, como había sido el sistema de señales externas el que había proporcionado en primer término las «falsas imágenes», intentar atenerse a ellas llevó inevitablemente a una dependencia mayor de las señales externas en la orientación vital del individuo, a más represión de las señales internas.

Engañarse a sí mismo significa en el fondo convencerse y convencer a otros de que uno es algo que no es, *desconfiar* de las señales internas que en realidad están intentando decirnos quiénes somos. Significa en realidad hacer un mamarracho de usted mismo frente a sí mismo, y, cuanto más se ridiculice y se engañe, más desprecio por sí mismo irá acumulando, tenga o no la honradez de admitirlo.

Un ejemplo muy real de las consecuencias internas de este tipo de autoengaño procede de mi propia vida. Esa experiencia me llevó a decidir ser distinto, e indica que usted quizá tenga que pasar por algunas experiencias de falsedad consigo mismo para poder sentir lo que es y luego prometerse eliminarlo de su vida.

Yo estaba jugando un partido de tenis con un adversario que en realidad era mucho mejor que yo, lo cual significaba que tenía que superarme a mí mismo para poder ganarle. Pero quise ganarle del peor modo, y el tanteo iba muy igualado cuando él lanzó una pelota que yo me di cuenta de que no podía devolver. Supongo que lo que pasó por mi cabeza cuando la pelota se acercaba fue algo así como: «¡Esa pelota *tiene* que salir fuera!»; grité: «¡Fuera!» una fracción de segundo antes de que mis señales internas me dijeran: «Fue casi fuera, pero, repasando la imagen, he de decir que dio justo en el borde interno de la línea». En una décima de segundo, tuve que decidir entre decir lo contrario de lo que había dicho y renunciar al tanto, o mantener mi postura. Mi adversario no tenía ni idea de si había sido fuera o no, porque yo le había impedido verlo al intentar coger la pelota.

La cuestión es que me mantuve en mis trece y me apunté el tanto, y gané, pero me sentía muy mal por lo que había hecho, y, debido a mi mala conciencia, ya no pude dar pie con bola. Perdí los tres juegos siguientes, el set y luego el match, aunque había estado en posición de adelantarme y ganar.

Lo que sucede es que sentía exactamente lo mismo que *Pinocho*, mi nariz crecía por minutos, y tomé la decisión en aquel momento, allí mismo, de que nunca volvería a hacer nada semejante, fuese cual fuese la importancia «exterior» del partido o fuesen cuales fuesen las circunstancias.

No sentí necesidad de explicar a mi adversario por qué se había desmoronado mi juego. Mi propia sensación interna de repulsa de mí mismo fue suficiente para enseñarme la lección que necesitaba: que la integridad personal y ser sincero conmigo mismo tenía que ser mucho más importante para mí que ganar un partido de tenis.

En realidad, he estado en la misma situación varias veces desde aquel importante día, y unas cuantas me he cazado incluso gritando: «¡Fuera!» cuando no lo era. Pero ahora digo siempre de inmediato: «No, un momento, no fue fuera, dio dentro de la línea... ¡fue un tanto perfecto!». Y, al hacerlo, descubro que puedo seguir jugando bien después, porque estoy en paz conmigo mismo.

Ser sincero con los demás y veraz consigo, no sólo le ayudará a sentirse mejor ante sí mismo como ser humano, sino que aumentará su capacidad de «jugar bien», haga lo que haga. De *gozar de sí mismo* y de su propia integridad personal interna realmente; estoy seguro de que si decide usted controlarse siempre que sus señales internas quieran advertirle que está usted siendo falso consigo o con otros, puede usted eliminar el autoengaño en su *punto de origen*, deteniéndose y preguntándose: «¿A quién intento engañar?».

Para llegar a ser sincero consigo mismo

Si ha decidido usted preguntarse a quién está engañando con esos pensamientos y esa conducta controlados externamente, y ha llegado a la conclusión de que es un error intentar engañar a *alguien* respecto a lo que es usted, va por el buen camino hacia lo que yo llamo *autosinceridad total*. Quizás haya empezado ya a identificar parte de las defensas y falsedades que ha utilizado hasta hoy. En tal caso, el paso siguiente para llegar a ser verdaderamente sincero consigo mismo no es ir a confesarse o sentirse culpable por algo que ha hecho en el pasado. Significa simplemente aceptar que ha estado haciendo ciertas elecciones autoengañosas, y luego ha pasado a oponerse a ello por el procedimiento de estimular y cultivar su capacidad de confiar en sus señales internas.

Autosinceridad significa liberarse de la necesidad de valorar los propios méritos en términos externos y, en vez de analizarse lo más objetivamente posible, procurando sobre todo vivir más del modo en que *usted* quiere vivir *ahora*, en vez de ser primordialmente fiel a «su modo de ser de siempre». Significa mirarse cara a cara en el espejo y sentirse a gusto porque *hoy* desea ser sincero consigo y con todos los demás, y aunque pueda resultar costoso desde el punto de vista externo (aunque pueda incluso costarle su trabajo, su matrimonio, su mejor amigo) le proporciona más paz interior que ceder a la presión externa y obligarse a ser lo que no es.

La autosinceridad exigirá que valore usted sus fuerzas y debilidades de modo realista, que identifique esas defensas que ha erigido contra sus señales internas y procure eliminarlas de su vida diaria.

No tiene por qué hacer declaraciones públicas ni explicar a otros su programa si desea lograr la autosinceridad. Basta con que se comprometa interiormente a ser todo lo que puede ser, y reconocer que *ningún otro puede darle a usted la verdad ni la autosinceridad*. Debe usted enfrentarse a sí mismo y descubrir la verdad que hay en su interior, por sus propias luces, porque está convencido de que es importante. Puede decidir usted seguir enviando señales externas falsas para engañar a otros respecto a sí mismo, pero, aunque lo hiciese, por lo menos, puede empezar ya a ser sincero totalmente *consigo mismo*. Si ha entendido usted lo que he dicho hasta ahora, sabrá de lo que estoy hablando. Usted sabe que tiene su propio Pepito Grillo, sus propias voces internas, que le interrumpirán para mantener breves diálogos consigo mismo siempre que esté a punto de sucumbir al autoengaño. «¿Por qué lo hago? ¿Cuándo voy a dejar de intentar fingir que soy algo que no soy? Sé que me resulta más fácil ser arrogante que ser sincero, pero intentaré cambiar.»

Estos diálogos consigo mismo son las sesiones internas de preguntas y respuestas a las que habrá de entregarse si desea llegar a ser más sincero consigo mismo, desprendiéndose de todas las máscaras que se ha puesto para disfrazarse frente a sí mismo y frente al mundo. Si quiere seguir llevando las máscaras ante los demás durante un tiempo, adelante; pero si se afronta usted con una valoración sincera de lo que es y por qué se porta como se porta, y con una decisión de cambiar todo lo que es falso en relación consigo mismo, pronto no necesitará usted llevar máscaras para los demás. El asunto es que lo hace usted por sí mismo, porque vivir en paz consigo mismo es la esencia de la autosinceridad; si puede usted confiar en que sus señales internas le guiarán lo mejor que puedan en *su* vida, de ello se seguirá, naturalmente, que usted confíe en ellas al tratar también con los demás.

Hay otro ejemplo de mi propia vida que tal vez ilustre bien hasta qué punto es básico confiar en las señales internas para lograr la paz mental y para tratar honradamente con otros.

Cuando presenté el manuscrito de mi primer libro, el equipo editorial me hizo algunas críticas, junto con peticiones de que hiciera algunos cambios que hubiesen modificado fundamentalmente el mensaje del libro. Aunque yo estaba deseoso de hacer cambios que mejorasen la calidad del manuscrito, mis señales internas me decían con toda claridad que me negase a hacer cambios que violasen mis intenciones originales al escribirlo.

El editor, los correctores, los agentes e incluso algunos buenos amigos me dijeron que debía aceptar los cambios propuestos porque, si me negaba, la editorial se negaría a publicar el manuscrito y no tendría siquiera libro. Pero lo cierto es que había tomado una decisión y ningún argumento ni amenaza la alteraría. Mi libro diría lo que yo quería que dijese. Iría a otro sitio, estaba dispuesto incluso a publicarlo yo mismo, antes que renunciar a este principio.

Pese a todas las señales externas que me pedían que recapacitase, que cogiera el dinero y saliese corriendo, que siguiese, que aceptase, me afirmé más en mi decisión. Envié una larga carta al editor detallando mi postura, y cuando él entendió cuál era mi actitud, el libro se publicó tal como yo quería, diciendo exactamente lo que yo quería que dijese.

Muy pocos entendieron mi obstinada posición en este asunto. La mayoría hubiesen preferido verme ceder a las presiones externas. Pero mis señales internas me dijeron: «Sólo puedes llegar hasta ahí, y esos cambios no puedes siquiera tomarlos en consideración». En tal caso, al contrario de lo que me sucedió la vez que intenté engañar a mi adversario en la partida de tenis, me di cuenta de inmediato de que tenía que vivir conmigo mismo y no estaba dispuesto a comprometerme con presiones externas aunque los demás intentasen convencerme de que seguir la corriente y aceptar era una vía mucho más fácil.

Y, en realidad, era evidente que aceptar en ese caso no hubiera sido más fácil a la larga. Habría sido desastroso. ¿Cómo iba a poder hablar yo de este libro con mis colegas, utilizarlo con los clientes, hablar de él en público, si hubiese accedido a decir en él cosas con las que no estaba de acuerdo?

Pero, aunque parezca absurdo, editores y escritores se plantean continuamente problemas de este tipo, y los editores dicen cosas como: «Si lo hace así, nunca se venderá» y respecto a las diversas fórmulas para escribir un libro, ya consagradas, o señalando el último éxito de ventas y diciendo: «Debería usted hacerlo como *ése*», o enseñándole el último informe de estudios de mercado que dice qué es lo que compran ahora los lectores y lo que quieren leer para que pueda usted escribirlo... y, a menudo, le recuerdan a uno, al mismo tiempo, de paso, que el lector medio es un individuo torpe y superficial, y que por ello debería siempre escribir para el mínimo común denominador y no forzar demasiado al lector.

Quizá se pregunte usted para qué puede servir un libro que no hace más que copiar el éxito de ventas del mes anterior, que le dice a usted lo que ya piensa y que le obliga a ejercitar la mente al mínimo... Ése es también mi punto de vista. Por suerte, tras la primera experiencia, supe ya lo bastante para dejar las cosas claras con los editores desde el principio, y para aceptar únicamente a los que estaban en principio de acuerdo en que no se dictarían normas o fórmulas externas de ningún género respecto a cómo habrían de ser mis libros. Siempre he disfrutado, desde luego, de ayuda editorial, gracias a la cual mis libros han sido más claros, y he recibido consejos positivos de todo tipo, pero con el sobreentendido de que yo no aceptaría ningún cambio que violase mi integridad personal, y que sólo mis señales internas determinarían dichos cambios, sin discusión posible al respecto. Creo firmemente que el único motivo de que mis libros hayan alcanzando los primeros puestos de las listas de éxitos de ventas es que he rechazado todas las directrices externas respecto a cómo llegar allí, y me he basado exclusivamente en mis propias directrices internas asumiendo el control absoluto de lo que mis libros deben decir.

LA CREATIVIDAD Y LAS SEÑALES INTERNAS

El ejemplo anterior me lleva a mi último punto en relación con la confianza en las señales internas, que es que lo que ha venido en llamarse «creatividad» depende, evidentemente, de que estemos dispuestos a utilizar nuestros propios recursos internos (concretamente, la *imaginación*) y a emprender cualquier tarea con un enfoque exclusivamente individual y personal.

Recordará que yo decía antes que no hay ni puede haber fórmulas para elaborar obras, originales, ideas o cualquier otra cosa, y que no se puede predecir cuándo, dónde o de quién surgirán. Los grandes artistas, músicos, escritores, poetas, arquitectos, científicos, inventores (todos los verdaderos innovadores de nuestro mundo) han sido sin excepción aquellos que, sobre todo, no sólo aprendieron a confiar en sus propias señales internas, en cuanto a cuál iba a ser la tarea de su vida y cómo debían actuar exactamente respecto a ella, sino que se negaron además a permitir que ningún otro les dictase normas y se atuvieron a sus propias ideas originales y a sus propios proyectos. En otras palabras, la Fuente de la Inspiración (o la creatividad), lo mismo que la fuente de la juventud, está dentro y no fuera de nosotros.

La mitología nos dice que «la musa» es la que sopla en el individuo la inspiración poética. Ese mito es magnífico siempre que se sepa que «la musa» no es ningún ser externo que tenga que «entrar volando en usted» para que pueda crear algo (pues eso le dejaría a usted inmovilizado escrutando los cielos y murmurando: «Ojalá aparezca la musa para poder crear algo»), sino que representa más bien *el destapar el pozo de sus propias señales de creatividad interna*. Es cierto que sólo aquellos a los que el pozo les resulta tan fascinante que nunca logran volver a taparlo se ven lo bastante arrastrados para consagrar su vida a ello y acabar alzando «partenones» o ideando teorías matemáticas de la relatividad. Pero *todos tenemos dentro un pozo de profundidad infinita*, en el que se encierra más creatividad potencial de la que podamos imaginar. La única razón de que muchos mantengamos cerrados nuestros pozos es, como ya hemos dicho, el temor al fracaso por comparación con aquellos a los que otras entidades externas, la «sociedad» o la «historia», han considerado «los más grandes». Por ejemplo, oirá decir con frecuencia a la gente cosas como «me encanta escribir canciones, pero soy muy poco original en realidad. No tengo esos grandes arrebatos de inspiración que tienen los grandes artistas».

¡Absurdo! ¿Cómo cree usted que lo hacen los grandes artistas? Ellos no pueden permitirse pensar: «¿Dirán los demás que esto es genial?». Los grandes artistas nunca perdieron las señales internas infantiles que de algún modo componen canciones, poemas, lo que sea, en todo tipo de ocasiones. Nunca perdieron la confianza en su propio gusto, porque sólo se preocupaban de si les gustaban a ellos o no sus propias canciones, y deseaban recordar y cantar muchas de ellas, *para ellos mismos*, para sus mejores amigos, o para cualquier otro que pudiera desear escucharles en el futuro.

Podrá usted recordar sin duda que cuando era niño hacía canciones para usted; «cancioncillas tontas», puede que se diga. Pero yo respondo: «¿Y qué?». ¡Vuelva a establecer contacto con esas señales que tiene en su interior y que desean componer nuevas canciones, idear nuevos inventos, recetas, teorías científicas o lo que sea, y deles vía libre! Y, además, recuerde que si lo que hace usted *tiene sentido para usted*, si todas sus señales internas, sus instintos animales y su conciencia y su imaginación y su capacidad de raciocinio le dicen, en una doceava o una veinticuatroava parte o una veintiochoava parte, que *le encanta a* usted lo que está haciendo ahora, que cree realmente que está creando una vida bella y Sin Límites para usted mismo, ¿cómo pueden equivocarse? (Y, si desea usted componer una canción para expresar y conmemorar lo que siente respecto a la vida *ahora*, ¿cómo va a componer usted una mala canción?)

Todo el mensaje de este capítulo se reduce a esto: usted y todos los demás que habitan este planeta «nacieron libres», nacieron con libertad para cultivar todo el potencial creador interno y vivir en paz con la propia conciencia. Pero sólo puede usted afirmar esos derechos de nacimiento si está dispuesto a correr los riesgos sociales o «externos» que conlleva el ignorar todas las presiones exteriores que nos mueven a hacer las cosas como otros dicen que «deberíamos hacerlas».

Los individuos que se rigen siempre por sus impulsos internos no sienten nunca el más mínimo respeto por el sistema de recompensas o señales externas cuando significa comprometer aquello en lo que creen realmente. Quizá los individuos Sin Límites sean escasos en este mundo por lo escasa que es realmente esa *dirección desde dentro*. Un filósofo de la antigüedad griega, Pitágoras, lo decía a menudo a sus discípulos y seguidores hace aproximadamente dos mil quinientos años:

«Respetaos a vosotros mismos por encima de todo».

Si decide seguir usted tan sabio consejo, dará entonces un paso que puede ser gigantesco hacia la vida Sin Límites.

ESTRATEGIAS PARA CONFIAR EN LAS SEÑALES INTERNAS

Usted (sí, usted y cualquier otro) pueden empezar a forjar una personalidad más internamente dirigida sin necesidad de años de terapia o de discutir consigo mismo que no puede, en realidad, cambiar porque lleva muchos años siendo una persona externamente controlada. Si desea disfrutar de ese gozo interno real de saber que es usted verdaderamente usted mismo, si quiere que su paz interior sea más importante para usted que cómo le juzguen otros o cómo se adapte a normas externas, y si las recompensas externas que ha estado persiguiendo tantos años le parecen cada vez más insignificantes y despreciables, puede usted literalmente *dar la vuelta al partido* optando por un pensamiento y una conducta nueva dirigidos más interna que externamente.

A continuación enumero algunas cosas concretas que puede usted ensayar hoy, algunos cambios de actitud que puede iniciar en este momento, si *usted* (no un *ellos* o un *ello*) decide que pase lo que tiene que pasar entre usted y su voz interior:

Establezca claramente sus objetivos. Procure eliminar las explicaciones externas de su conducta, sus circunstancias vitales, sus ideas o sus sentimientos en la medida de lo posible. Por ejemplo, en vez de decir: «Tengo un ataque de angustia», como si una flota de aviones enemigos le hubiera atacado de pronto con bombas de angustia, procure traducir esta afirmación por: «Estoy reaccionando con angustia en este caso». O en vez de decir: «Mi esposa me provocó una manía persecutoria», lo cual es ridículo, diga: «Dejé que las opiniones que tenía mi esposa sobre mí fueran más importantes que mis opiniones sobre mí mismo». En vez de decir: «Me da miedo la altura», pruebe a decir: «Me asusto cuando estoy en sitios altos, aunque sepa que no corro ningún peligro». Luego procure «traducir» esas frases en verdades sobre usted mismo que reflejen una felicidad de origen interno:

«Reacciono con angustia en este caso, porque tengo miedo de que al jefe no le guste mi trabajo, pero ha sido una reacción absurda porque él ni siquiera lo ha visto aún. Estoy asustándome a propósito con la peor posibilidad. Así que voy a decidir no preocuparme del asunto. Aun en el caso de que *no* le gustase, ¿de qué me sirve estar angustiado? Lo discutiremos, decidiremos lo que hay que hacer y puede que aprenda algo. ¡Lo peor que puedo hacer es mostrarme defensivo con él al respecto! Si decide ser agresivo e intenta angustiarme, es su problema, yo no estoy dispuesto a caer en ese juego. ¡Hago el trabajo lo mejor que puedo según mi buen entender y es lo más que puedo hacer, en realidad!»

«He decidido no permitir que mi esposa me manipule condenándome por cosas que son perfectamente válidas según mis señales internas.»

«He descubierto que me daba miedo la altura porque me imaginaba que caía cuando no corría ningún peligro *si no decidía saltar al vacío*. Pero, en realidad, lo que me daba miedo era perder el control de mí mismo y saltar de verdad. Resolveré el problema decidiendo *confiar en mis* instintos animales, e imaginar que soy un gato siempre que esté en un sitio alto. ¿Miraría por el borde un gato? Desde luego. *¿Saltaría alguna vez por el borde?* Jamás. Intentaré ser un gato en varios sitios de mucha altura, empezando a subir progresivamente hasta que llegue el momento en que pueda subir al edificio más alto de la ciudad y seguro que resultará. Dejaré de tener miedo a las alturas.»

Examine cuidadosamente dónde y cuándo intentan otros realmente controlar su vida de modo ilegítimo, y sabrá así a qué o a quién debe enfrentarse directamente. Si considera usted que sus padres se pasan de la raya en el control de su vida, la mejor salida de ese callejón de desdicha de origen externo en que está metido quizá sea sentarse con ellos y tener una charla concreta detallando y explicando que sus señales internas rechazan esos intentos de controlarle. Si le obligan a asistir a unas clases de piano que a usted le resultan insoportables, le dicen que a los dieciséis años no se puede ir solo de acampada, o le obligan a estudiar medicina cuando usted sabe *lo que* quiere ser, después de unas charlas sinceras con ellos, o con cualquier persona a la que usted haya permitido convertirse en su manipulador externo, si se muestra usted firme y tranquilo (animado incluso), verá cómo se tranquilizan y le respetan más. Recuérdelo, toda vez que sienta que esa recompensa externa o esas señales externas le controlan y chocan dolorosamente con sus señales internas, ello *ocurre sólo porque usted ha permitido que ocurra.* ¡Nadie puede engañarle sin su consentimiento!

Puede que lo más importante sea que tome conciencia de que *no debería ser usted jamás un individuo que se limita a reaccionar a su medio cuando puede ser usted un innovador;* que no tiene por qué limitarse a tomar lo que le da la «vida» si lo que le interesa es otra cosa. Si se recuerda usted a sí mismo que está atascado en uno u otro sector de su vida sólo porque permite que su historia pasada, su trabajo actual, su familia o lo que sea dicen que debe usted mantenerse allí atascado, y si, cuando todas sus señales internas intentan mostrarle la salida, decide usted correr algunos riesgos «externos» para lograr un cambio, empezará a crearse un medio propio en vez de limitarse a reaccionar a lo que recibe de fuentes externas. En cuanto decida usted *apoyarse en sí mismo* para salir de sus estancamientos, descubrirá que las oportunidades se multiplicarán tan rápidas y furiosas como los taxis de la ciudad de Nueva York. Puede usted considerar todas las situaciones de su vida oportunidades de crecimiento y desarrollo, basta que se prometa ser fiel a sus señales internas y correr los riesgos que supone seguirlas hacia nuevas posibilidades de felicidad.

Examine la siguiente lista de cosas externas de las que nuestra cultura nos alienta a depender para nuestra felicidad. Pregúntese sinceramente hasta qué punto puede usted confiar en ellas y apoyarse en ellas y hasta qué punto le impiden convertirse en un individuo internamente dirigido.

Pastillas, alcohol, tabaco y «drogas sociales»

Somos un país —y no el único, por supuesto— de individuos controlados externamente y obsesionados con la idea de que para curar nuestros males o sentirnos bien hemos de recurrir a «sustancias comerciales».

Seguro que muchas veces se ha dicho usted últimamente: «No puedo quitarme solo este dolor de cabeza, así que intentaré que esta pastilla lo haga por mí»; «No puedo dormir»; «No puedo estar despierto»; «No puedo con los niños»; «No puedo aliviar toda esta tensión»; «No puedo controlar esta diarrea/este estreñimiento/este mareo/estos dolores menstruales/este constipado/este pequeño dolor muscular/pero puedo tomar una de estas pastillas o comprimidos». Son los productos comerciales anunciados que invaden a diario su vida por la radio y por la televisión y en los que ha acabado por creer.

El mensaje que está transmitiéndose a sí mismo cada vez que toma una de esas «pastillas mágicas» es: «No puedo hacer nada solo, así que confiaré en que este producto lo haga por mí», y cada pastilla que se traga le ayuda a creer más en las pastillas que en sí mismo.

No quiero decir que no deben tomarse nunca pastillas. Es evidente que son necesarias para diversos tipos de tratamientos médicos. Lo que quiero decir es esto: antes de tomar la próxima pastilla, pregúntese qué podría hacer, qué están intentando decirle que haga sus señales internas, para resolver el problema *sin* pastillas. Sus señales internas pueden estar intentando decirle lo siguiente: «Dese un baño caliente para aliviar esa jaqueca. Ponga música suave, vaya a dar un paseo por el parque», o cualquier otra cosa que sus instintos animales de curación o cualquier otra de sus señales internas consideren la solución a su problema. *¡Y olvídese de la pastilla!* Ensaye lo que le indican sus señales internas. Le asombrará cuántas enfermedades cotidianas *saben eliminar sus señales internas*; cuántos dolores de espalda pueden curarse con ejercicios adecuados (aunque pocos médicos lo digan), cuántos casos de diarrea crónica o de estreñimiento se pueden resolver con una dieta adecuada, sueño y ejercicio. Como ya dije antes, cuando tenga que ir al médico procure buscar uno que crea que su trabajo es *ayudarle a usted a controlar su problema*, con el máximo respeto a la capacidad natural para curarse de su propio cuerpo y el mínimo apoyo en ayudas externas.

En lo que respecta a las sustancias externas que *nunca* es necesario médicamente tomar, el cóctel para relajarse, el cigarrillo para ayudar a aliviar la tensión, la marihuana para animarse y poder disfrutar de sí mismo, son *todos* productos tóxicos e innecesarios que ha decidido usted tomar en vez de asumir plena responsabilidad de su propia capacidad para animarse o relajarse. Cada vez que se apoya usted en una de esas sustancias da un paso más en la pérdida del control de su vida y lo emplaza en un sistema de señales externas a usted. Sus señales internas, si confía en ellas, no le dejarán nunca envenenar su vida con pastillas, alcohol, tabaco o drogas sociales, pese a las muchas presiones externas que intenten imponerle esas cosas.

La indumentaria como símbolo de prestigio

¿Cuántas veces ha gastado usted dinero en ropa que no le entusiasmaba gran cosa en realidad porque no podía sentirse importante si no llevaba la firma del diseñador adecuado, o no iba según «la moda actual»? Por muchas veces que lo haya hecho, cada vez ha depositado usted la responsabilidad de su estima de sí mismo y de su importancia en manos de diseñadores cuyo trabajo es hacer creer a la gente que sus productos de esta temporada son la moda y todos los demás no, gústele la moda de esta temporada o no a usted personalmente, necesite o no en realidad esas nuevas prendas. Puede usted conceder a la indumentaria y a sus códigos un enorme sector de control sobre su vida si lo desea, y si no puede sentirse a gusto consigo mismo sin su aprobación (sean quienes sean esos que aprueban o rechazan), no hay duda de que le tienen en sus manos, aunque usted se resista a admitirlo.

Párese ahora mismo un segundo y piense en su guardarropa. ¿Cuánto hay en él que ha comprado usted para adaptarse a esos códigos, por «moda», y cuánto sólo porque sus señales internas le decían: «Compra eso, te gustará llevarlo»? ¿Qué fue lo que sus señales internas le dijeron que comprase después? ¿Un par de zapatos nuevos para sustituir otros, a sus favoritos, que están ya muy viejos, o unos zapatos nuevos para sustituir a esos otros que ahora están «pasados de moda» pese a que aún pueden durar mucho más?

No quiero decir que deba usted procurar violar los códigos de la indumentaria. Ir a la ópera con un traje de hombre-rana de color rojo chillón, por muy divertido que pueda parecer teóricamente, sería tan inconveniente e innecesario (quizá) como tener que comprar cuatro trajes nuevos todos los años en primavera para seguir la moda o para adaptarse a la «imagen» que tenga uno de sí mismo. Lo que digo es lo siguiente: considere en qué medida rigen su vida esos códigos externos de la indumentaria como base del prestigio y decídase a reducir al mínimo ese control consultando sus señales internas en cuanto a lo que le apetece ponerse o comprar y cuándo.

Normas de etiqueta y de urbanidad

¿En qué medida permite usted que las señales externas dicten cómo ha de conducirse en las relaciones sociales? ¿Se basa usted en sus señales internas y confía en que ellas le digan cómo ha de hacerlo para ser realmente cortés o considerado con alguien con quien se encuentra, o cree que tiene que consultar a las autoridades en la materia antes de decidir cómo debe coger el tenedor, cómo debe contestar a una invitación, cómo debe reaccionar en su próximo encuentro con otra persona?

¿Recuerda usted al niño al que describí vagando por el pasillo del restaurante en el capítulo cinco? Ese niño, decía yo, *utiliza los mejores modales que conoce,* y confía en que los demás hagan lo mismo. Pero, por otra parte, ese niño no siente la menor necesidad de consultar libros de etiqueta para determinar cómo puede ser cortés con la gente.

Si usted, siendo adulto, ha decidido adoptar una actitud *infantil* hacia la verdadera cortesía, puede conocer todas las reglas de todos los libros de etiqueta que se han publicado, o puede no conocer ninguna de ellas, pero *eso no importa.* Lo que importa es si puede sentirse usted cómodo consigo mismo y hacer que se sientan cómodos los que están con usted en cualquier situación.

Hay varias anécdotas clásicas que ejemplifican cómo los individuos más verdaderamente corteses y educados han «prescindido del código de normas de urbanidad» cuando llega el momento de hacer que se sientan a gusto los demás, pero mi anécdota preferida procede de un amigo:

> Hace poco asistí a la boda de un amigo. El novio y la novia pertenecían a la alta sociedad y sus familias habían organizado una ceremonia con mucha etiqueta y mucho protocolo. Pero el padrino, compañero de habitación del novio en la universidad procedía de una humilde familia campesina de Arkansas. Era un gran tipo, pero se hundió al verse en medio de todo aquello, al enfrentarse a tantas cosas que se regían por libros de etiqueta, así que en el ensayo del banquete, en el que sirvieron pechugas de pollo a la brasa con salsa de crema, hizo lo que hacía siempre en casa: cogió el pollo con los dedos y así se lo comió.
>
> En fin, había que ver las miradas de horror de los demás comensales; todos aquellos fanáticos de la etiqueta cuchicheaban por lo bajo... hasta que la madre de la novia, que era por cierto una de las damas más distinguidas de la ciudad, advirtió lo que pasaba y cogió de inmediato el pollo también con los dedos.
>
> El padrino no se dio cuenta siquiera de lo que pasaba. Siguió tranquilamente siendo él mismo, cordial con todo el mundo, disfrutando de

la comida, mientras los otros invitados que estaban tan preocupados por las buenas maneras olvidaron también sus cuchillos y tenedores y los que aún tenían la cabeza bloqueada por las normas de etiqueta se quedaron perplejos sin saber qué hacer ni cómo comer. Quizás aún se pregunten hoy qué dirían esos que establecen las normas de etiqueta qué se puede hacer cuando la madre del novio coge el pollo con los dedos en el ensayo del banquete nupcial.

El mensaje de esta anécdota me parece obvio: las normas de etiqueta y otros códigos de modales de formulación externa, son sólo útiles en el sentido en que nos indican cuáles son las normas aceptables en un determinado sector de la sociedad *externamente orientado* en un momento determinado. Puede usted conocer a la perfección los «modales» de los esquimales del siglo XIX, o los «buenos modales» de los norteamericanos del siglo XX, tal como los explican esta o aquella autoridad, pero sólo sus señales internas podrán decirle cómo tener siempre buenos modales, cómo sentirse cómodo y hacer que se sientan cómodos los que están con usted.

Si se respeta usted a sí mismo y confía en que sus señales internas le indicarán los «mejores modales» siempre descubrirá que sus *modales naturales* son muy superiores a cualquier idea de cortesía humana que pueda sacar jamás de un manual o un libro.

Normas externas del gusto

Cuando prueba usted un vaso de vino, reacciona ante una película o una obra de teatro o un programa de televisión, o decide si le gusta o no una canción, ¿está consultando, ante todo, sus señales internas, prescindiendo de lo que le digan fuerzas externas que ha de pensar sobre ello? ¿O está valorando el vino por el prestigio de la marca o por el precio de la botella, o prejuzgando la obra según lo que los «críticos» dijeron ya al respecto?

Hay un refrán francés que dice: *Chacun à son goût.* («Cada uno según su gusto.») Lo que significa en esencia que, en cuestiones de gusto, *sólo usted* es y ha de ser el juez de lo que le satisface. Si ha bloqueado usted sus señales internas hasta el punto de que su propio gusto depende de lo que se diga que ha de decir o finja que le gusta algo cuando no es así, puede volver a contactar con sus propios gustos personales ensayando alguno de los experimentos que siguen:

La próxima vez que esté a punto de pedir un licor de marca en un bar, pídale al camarero que le traiga una copa de ese licor y otra de la marca barata que suele tomar, sin que le diga cuál es uno y cuál es otro. Pruebe los dos y decida cuál le gusta más. Si no puede distinguirlos, ¡decídase por el menos caro! Si descubre que prefiere en realidad el más caro, disfrútelo por su sabor, no por el estatus que teóricamente le proporciona consumirlo.

La próxima vez que visite usted un museo de arte, la casa de un amigo que tenga cuadros en las paredes, o cualquier otro lugar en que haya obras de arte que usted vea, *determine qué obras de arte le satisfacen*, basándose en su propia valoración interna de la satisfacción que tales obras le producen *a usted*, antes de ver quiénes son los autores y cuánto cuestan las obras. Si a otros no les gustan las cosas que a usted le parecen atractivas y les encantan otras cosas que a usted no le dicen nada, o incluso le llaman inculto porque no está de acuerdo con lo que dicen «los especialistas» que ha de gustarle, puede limitarse a ignorar esos juicios sobre usted y sobre las obras de arte, porque sabrá que ellos, por su parte, sólo hacen caso de lo que piensan otros... y si es así, ¿por qué debería *usted* prestar atención a lo que piensan ellos? Lo irónico de este ejercicio es, como comprobará, que los que estaban más preocupados por disfrutar intentando adaptarse a sus normas externas le respetarán, sin lugar a dudas, mucho más por confiar en sí mismo; mucho más de lo que harían si supieran que en el fondo usted se limitaba a seguir ciegamente a los especialistas o a los críticos y que era un farsante como ellos.

Los mensajes publicitarios

Siempre que vea usted anuncios o mensajes publicitarios, sean del tipo que sean, recuerde que son propaganda destinada a convencerle de que las opiniones de otros individuos son más importantes que sus propias opiniones sobre usted mismo. Recuerde que esos mensajes intentan sobre todo condicionarle externamente más que internamente. Sea lo que sea lo que tales mensajes intentan transmitir, lo que intentan venderle, desde perfumes que volverán loco a su esposo a desodorantes para los pies que garantizan que su perro dejará de andar siempre olisqueándole los pies malolientes, los mensajes publicitarios están destinados casi todos a destruir su confianza en sí mismo y a crearle «adicción» a cualquier tipo imaginable de «recompensa externa» que puedan convencerle que le hará a usted feliz sólo con comprarla. El mensaje universal es que lo que otros *puedan* pensar de usted es tan importante que debe usted asfixiar sus propias opiniones internas para estar seguro de que complace a otros.

La próxima vez que lea u oiga un anuncio, pregúntese: «¿Qué información real saqué de eso que pudiera ayudarme a decidir si ese producto podría ser bueno y útil para mí y cuánto del anuncio fue sólo pura petición (o exigencia) de que compre ese producto porque si no lo hago *otros me criticarían?*».

Si examinase usted a esta luz el suficiente número de mensajes publicitarios, pronto le dirían sus señales internas que podía reírse de casi todos ellos y rechazarlos... y le dirían también cómo poder diferenciar los pocos que realmente le ofrecen algo bueno o algo que podría serle útil.

Burocracias

Nuestras burocracias podrían volvernos locos a todos si se lo permitiésemos. Nuestros múltiples niveles de gobierno, nuestros grandes negocios, nuestros servicios públicos, nuestros sindicatos y todas las superorganizaciones viejas y rancias que se han convertido en inmensas burocracias son, primordialmente, *centros establecidos de control externo* que están *intentando siempre* regularnos y regimentarnos más allá de lo razonable. Ésa es la pretensión de las burocracias: controlar las vidas de masas de individuos a través de «los canales adecuados», para que los individuos se adapten al mayor número posible de normas (para hacerles más «fácil» la vida, menos dolorosa y trabajosa, a los burócratas o a los ordenadores). Así, cuanto más logre una burocracia tenernos haciendo cola una hora, perder otra media rellenando un formulario, pagar el precio que nos dicen, olvidar nuestro caso especial porque el ordenador no puede resolverlo, ver al hombre del fondo del pasillo (que le enviará a usted a otro hombre que hay al fondo de otro pasillo), más podrá hacer pasar a través de nuestras duras cabezas el mensaje de que no somos personas sino objetos destinados a que la burocracia los manipule, y más burócratas intentarán controlarnos estrictamente a todos.

La cuestión es la siguiente: ¿Cómo «lidiar» con eso?

Evidentemente, lo primero es no dejar que nuestras burocracias nos vuelvan locos, y lo segundo evitar acosos y molestias burocráticos cuando podamos oponernos a ellos y oponernos cuando nuestras señales internas nos digan que debemos. Sólo cuando un número suficiente de individuos decide «no voy a aguantarlo más», decidirán nuestros burócratas que es más «fácil» tratar a la gente con dignidad y respeto individual que como ganado que hay que meter en este o aquel corral según dicta «el sistema».

La próxima vez que se sorprenda maldiciendo esos impresos fiscales incomprensibles, maldiciendo las largas colas que debe hacer para sacar el dinero del banco, o cualquier otra molestia burocrática que le ha impuesto un sistema monumental de normas externas, pregúntese: «¿Qué me dicen *mis señales internas* que haga en este caso?».

Descubrirá que tiene tres alternativas: 1) soportar las molestias y pasar por ellas con el mejor humor posible; 2) librarse de algún modo de esas molestias, o 3) armar un escándalo y protestar por esas molestias innecesarias a que le somete la burocracia... es decir, *resistir*.

Entra ahora en juego su felicidad interna: ¿cómo puede usted acabar en el lado «felicidad» del tablero *sea cual sea* la alternativa (o combinación de alternativas) que elija?

Para satisfacer su objetivo de hacer el mayor número posible de entradas en la columna felicidad-de-origen-interno de su vida, procurará rápidamente ensayar una de estas tres alternativas básicas en el caso, por ejemplo, de que esté usted haciendo cola, con cuarenta personas delante, para sacar el dinero del banco:

1. Dígase a sí mismo: «Esperaba una cola así en el banco y ya tenía previsto tiempo suficiente. Además, me he traído un libro».

2. Dígase a sí mismo: «Esta cola es ridícula. Veré si puedo hacer efectivo un cheque en otro sitio».

3. Dígase a sí mismo: «Este banco está cada vez peor. ¡Pretenden que haga media hora de cola por el privilegio de depositar mi dinero con ellos y luego sacarlo otra vez si puedo permitirme perder el tiempo necesario y pasar por todas estas molestias! Voy a explicarle claramente a ese tipo cuáles son mis derechos como cliente, me llevaré el dinero a otro sitio si no me dan explicaciones suficientes y romperé el talonario de cheques y tiraré los pedazos aquí mismo», o cualquier otra cosa parecida.

Lo importante, sea cual sea la estrategia que elija en este o en cualquier otro lío burocrático, es cerciorarse de que ha seguido usted sus señales internas de modo *que pueda sentirse feliz y a gusto con cualquier estrategia que esas señales internas hayan elegido para usted en el momento.*

Si sus instrucciones internas le dicen que acepte una larga cola en el banco con el mejor ánimo posible, quizá quiera leer el sexto capítulo del libro mientras hace cola, o bromear con otros sobre las largas colas y lo poco que el banco se preocupa por sus clientes, pero aun puede eliminar esa sensación de «pérdida de tiempo» diciéndose: «*Utilicé ese tiempo* de espera en el banco del mejor modo posible, y no me aburrí en ningún momento».

Si sus señales internas le han dicho que siga la segunda opción y salga de esa situación imposible lo más de prisa que pueda, tal vez se haya dicho: «Hay una vía rápida de burlar al banco, y es hacer efectivo el cheque en la tienda de ultramarinos». En ese caso, se sentiría usted muy satisfecho sin duda pensando que un paseo rápido hasta la tienda será más agradable que una espera en el banco, e irá silbando muy contento camino de la tienda.

En tercer lugar, si sus señales internas le han dicho, por ejemplo, «¡ya está bien!» y le han inducido a inclinarse por la tercera opción, la de la resistencia, también debería decidir usted pasarlo bien. Opte por romper el talonario de cheques y salir corriendo y riéndose del banco, o tenga una charla acalorada con un empleado protestando por el mal servicio del banco y diciendo que va a sacar su dinero de allí y llevarlo a otro sitio si no le atienden o consiga que los otros que están haciendo cola canten al unísono: «¡Estamos ya hartos, no aguantamos más!». *¡Podrá descubrir entonces que hasta la resistencia puede ser divertida!*

Mientras sepa *usted* que tiene una reclamación legítima contra una burocracia que está exigiéndole cosas absurdas y robándole tiempo, y le resulta a usted agradable protestar y ver cómo reaccionan «los ordenadores del mundo», ¿por qué no hacerlo? Después de todo, las burocracias quizás estén intentando decirle que tiene usted que soportar quiera o no sus sistemas absurdos y descomunales de control externo, pero, en ese caso, tiene usted igual derecho a decirles que también ellas deben soportar a individuos furiosos que zancadillean el sistema de vez en cuando y que si no saben aguantar una broma, peor para ellos.

Grados y rangos

Parvulario, primer grado, segundo grado... Novato, primera clase, «Aguila»... primera fila, segunda fila, soldado, comandante, general... Somos parte de una cultura obsesionada por los grados, los rangos y las jerarquías de todo tipo: son estructuras externas a través de las cuales podemos valorar el «progreso» o «estatus» de cualquiera, incluidos nosotros, en cualquier sector posible de nuestras vidas.

Si nos detenemos a pensar en el asunto, veremos inmediatamente que aunque se nos ha condicionado notablemente a aceptar como necesarios todos esos grados y rangos y a defenderlos diciéndonos unos a otros que la sociedad no podría funcionar sin ellos, hay muchos, en realidad, que son completamente innecesarios, e incluso aquellos que nos parecen legítimos nos los tomamos demasiado en serio, con efectos destructivos, devastadores la mayoría de veces, sobre nuestras propias posibilidades de felicidad.

Por ejemplo, ¿por qué demonios hay que organizar a un grupo en tres clases de boy scouts, o exploradores, con uniformes y alfileres y enseñas y cintas y toda clase de artilugios que indican rango, y dividirlos en «patrullas» y convertir a algunos en «jefes de patrulla» para salir de acampada con ellos? No es necesario, desde luego. Pero algunos adultos parecen pensar que un chico nunca aprenderá a montar una tienda si no se le da una medalla por ello, mientras que otros sostienen que, aunque nada de eso sea necesario *ahora*, el objetivo es iniciar a los chicos en el funcionamiento del mundo adulto.

Este segundo argumento tiene tanto sentido para mí como la idea de un sostén de entrenamiento, pero es más insidioso porque admite que el objetivo de los boy scouts, en este caso, es condicionar a los niños a reaccionar ante sistemas externos de «señal-y-recompensa», y reprimir sus propias señales internas, si intentan decirles que todo eso es estúpido. Y eso lleva muy pronto a regimentar hasta a los niños pequeños en grupos de aprendices de explorador, cosa necesaria para iniciar a los chicos en el funcionamiento de los boy scouts.

Según esto, es un milagro que no tengamos seis grados de bebés exploradores, con medallas por los méritos en el aprendizaje del control del pis y la caca prendidas en los pañales. Después de todo, ¿no sería un perfecto medio de iniciar a los bebés en el funcionamiento del mundo de los aprendices de explorador? (Aunque los boy scouts proporcionen una magnífica base de instrucción para que el individuo confíe más en sí mismo y yo apoyo enérgicamente, desde luego, esos esfuerzos, la excesiva insistencia en lo externo, si no se controla, puede echar por tierra el objetivo mismo del propio entrenamiento.)

Por muy ridículo que pueda parecer el ejemplo anterior, es en realidad la lógica seguida por todo nuestro sistema «educativo», en el que casi todo el mundo está de acuerdo en que hay que empezar con notas en el primer grado (¿cómo saber si no quién pasará al segundo?) y así sucesivamente, hasta ocho o doce o más grados de educación, con las inevitables notas en cada etapa del camino (¿cómo iban a saber si no en la universidad si pueden admitir a un candidato o no, o cómo va a saber el patrón si contratar o no a un empleado?).

Desde luego, estos sistemas de notas y grados no colaboran gran cosa a que el individuo aprenda, como ya vimos en el capítulo cinco, en el apartado «Para superar las deficiencias de la educación». Su objetivo básico es convertirle a usted en un ser humano externamente orientado, conseguir que acepte usted que la parte más importante de su educación queda valorada por las notas que le dan los profesores y por otras recompensas externas. El sistema educativo está destinado, todo él, a hacerle pasar por un laberinto externo de señales de grados, más que a enseñarle a apreciar los gozos intrínsecos o *internos* del aprendizaje. Y una vez que le han condicionado en la escuela a aceptar la persecución de matrículas de honor en todo y a intentar que le pasen al grado siguiente (instituto, universidad, escuela de graduados) como medida de su «éxito», estará en condiciones de iniciarse en el «mundo de los adultos», donde todos los que han sido condicionados de igual modo conspiran para convertir en una profecía que se cumple a sí misma la tan cacareada necesidad de grados en la sociedad.

Enfóquelo de este modo: el «jefe de patrulla» de los boy scouts reclutará a otros muchachos para que ingresen en la organización, porque ha invertido mucho (y sacrificado muchísimas cosas a las que sus señales internas le indicaban que debía entregar su juventud) para lograr ese rango realmente intrascendente. Él sabe que no podría ni siquiera fingir que el rango significa algo si no hubiese «exploradores» a los que dirigir en su «patrulla». (¡Se vería limitado de nuevo a dirigirse sólo a sí mismo, Dios mío!) Así que procura moverse y convencer a unos cuantos novatos y la comedia continúa. Lo mismo puede ocurrir en cualquier otro sector, desde las agrupaciones sociales (por ejemplo, ¿es usted ya masón de tercer grado?) hasta la escala laboral. ¿Teniente? ¿Catedrático?

En fin, el rango de teniente o el de catedrático no son nada malo *per se*. Un ejército que combate tiene que tener redes de mando claramente definidas, y una facultad universitaria debe estar organizada, por lo menos lo suficiente para proteger las libertades académicas. Las cuestiones que creo que debemos plantearnos en lo que respecta a grados o rangos o a nuestras posiciones en las jerarquías en cualquier momento dado son: «Si consiguiese una matrícula de honor en esto, y luego me ascendiesen a aquello, ¿sería porque unas señales externas me dijesen que tenía que subir el siguiente escalón en esa escala? ¿O me dicen mis señales internas que debería gozar más del aprendizaje en esa materia y que el sistema externo me da este grado o este ascenso sólo porque el sistema funciona de ese modo extraño, proporciona trozos de papel llamados «títulos» y todo género de enseñas distintas de mérito (dinero incluido) cuando uno aprende cosas nuevas o se hace verdaderamente experto en ellas?».

En otras palabras: ¿llega el grado o el ascenso en realidad por accidente? (usted no lo pretendía pero el sistema sencillamente se le ofreció), o ¿llegó porque usted se esforzó en lograrlo?

Haga una lista que incluya todas las formas en las que está usted «graduado» externamente en este momento. Puede ser jefe de departamento, un masón de tercer grado, un miembro del equipo de primera de su liga de bolos, el duodécimo de la clase... Anote el máximo número de grados o rangos o posiciones en la jerarquía en que pueda incluirse.

Luego, junto a cada uno de ellos, con la máxima sinceridad y honradez consigo mismo, ponga una A si obtuvo esos «grados» primordialmente como resultado de perseguir algo que sus señales internas le decían que deseaba usted hacer, de todos modos, y una F si los ha conseguido (y aspira a «grados superiores» en el mismo sector) sólo porque deseaba usted ahogar sus señales internas y perseguir esos grados o rangos externos al precio de muchos sacrificios en su vida actual.

La lista le dará una idea clara de lo que ha invertido en los sistemas externos de grado-y-rango, y de cuáles no son necesarios en realidad o chocan con sus señales internas. Decídase a resolver todos esos conflictos en favor de sus señales internas, superándose al máximo.

Si quiere usted reírse un poco, vuelva a repasar su lista o sus experiencias pasadas de «graduación» y *ponga notas a todos esos sistemas externos que se la han puesto a su actuación en el pasado basándose en lo útiles que le hayan sido a usted como individuo.* Por ejemplo, ¿qué nota le pone usted a su educación en la escuela primaria por el interés que haya podido despertar por los estudios y el aprendizaje? Si puede usted ponerle un aprobado, me sorprendería.

Piense en sus antiguas notas. ¿Cómo calificaría usted a los profesores que le calificaron? Si fuese usted sincero consigo les pondría tantos suspensos como los que ellos le pusieron a usted o más.

¿Recuerda cuando ponían sus notas en el mural para que todos las vieran? ¿Recuerda usted todos aquellos títulos honoríficos, y los premios y los castigos que reseñaban públicamente como cosa normal todos aquellos creadores de grados? Puede que un ejercicio de la fantasía le ayude a eliminarlos riéndose de ellos. Por ejemplo, yo he imaginado muchas veces que entraba en la escuela y hacía una encuesta en la que los estudiantes calificaban a sus profesores según su actuación y que colocaba luego los resultados a la puerta del colegio. Por supuesto, los profesores que hubieran sacado malas notas y las vieran allí expuestas para que todo el mundo las viese, tendrían un centenar de razones para calificar de ilegítimo este sistema de calificación: a los estudiantes no les gustan los profesores «duros» que quieren imponerles *disciplina* (para que saquen buenas notas); carecen del criterio «adulto» necesario para calificar a sus profesores; ponen mejores notas a los profesores que les dejan divertirse; y, sobre todo, «no se puede calificar a todos los profesores siguiendo el mismo criterio, porque cada profesor trabaja de un modo distinto».

Si fantasea usted «calificando» a todas las personas e instituciones que le califican y gradúan a usted del mismo modo público que lo hacen ellos, tendría ocasión de reírse mucho y tendría una perspectiva *interna* mucho mejor de todos los grados, rangos y jerarquías externos.

También podría ayudarle a percibir que con los sistemas de aprendizaje, en los que se dan notas según normas artificiales y arbitrarias, se esfuma el impulso de autosuperación. Por ejemplo, si conseguir una matrícula de honor es la recompensa por su participación en una clase de educación física, y el profesor establece un sistema arbitrario, según el cual la matrícula de honor son cincuenta «planchas», el sobresaliente cuarenta, y treinta el notable, el aprobado veinte, y diez el suspenso, la mayoría de los estudiantes intentarían llegar a las cincuenta planchas y luego pararían. Muy pocos mostrarían interés por hacer cien planchas o ciento cincuenta. ¿Qué sentido tendría? Obtendría usted la misma nota que los que hacían cincuenta. El mismo efecto de «limitación del estímulo» que tienen los grados lo tiene cualquier sistema de aprendizaje. Si su objetivo es sólo un ascenso, es muy probable que no haga más que lo suficiente para lograrlo. Sólo cuando sus motivaciones son internas en principio, y persigue usted los beneficios intrínsecos de hallar un sistema aún mejor de hacer lo que hace, de convertirse en un individuo más inteligente y más sensible, o lo que usted quiera, se hace ilimitado el impulso de desarrollo y de crecimiento. En consecuencia, el individuo Sin Límites, por definición, no puede preocuparse por grados externos y por sistemas de rango externos, pues esos mismos sistemas imponen límites a las ansias de superación.

Estatus familiar

¿Qué rango o qué grado ocupa usted en su familia? ¿Es usted el varón de más edad, es usted el padre o el abuelo? ¿O es sólo «uno de los chicos»? ¿Es usted el «gran éxito» o la «oveja negra» de la familia? ¿Le preocupa mucho su rango en la familia? ¿Hasta qué punto permite usted que este aspecto de su estatus externo rija su vida?

La familia en sí puede organizarse en nuestra cultura de acuerdo con rangos y grados externos, o jerarquías autoritarias, en vez de seguir las líneas más acordes con la felicidad interna de todos los miembros. Se sigue así la tradición de que la familia como conjunto debe responder sobre todo teóricamente (ha sido condicionada a hacerlo), a los sistemas externos de «señal-y-recompensa» sobre todo, lo que convierte a la «familia autoritaria» en piedra angular del sistema de señales externas. Por eso las familias rechazan con tanta frecuencia el pensamiento independiente y castigan a los miembros que se apartan demasiado de lo previsto por las normas externas. «Pertenecer a la familia» pasa a ser más importante que pensar por uno mismo, que a veces llega a considerarse una violación de la responsabilidad familiar. Los que se rebelan siguiendo las directrices de sus señales internas, lo harán a riesgo de la crítica familiar y hasta del ostracismo. Salvo en las familias más sanas, se considera un acto de traición confiar en las señales propias del individuo. Todo miembro de la familia recibe instrucción minuciosa en la tarea de reprimir sus propios puntos de vista en favor de la «lealtad a la familia», y suelen oírse cosas así: «¿Por qué no puedes parecerte más a tu hermana? ¿Cómo puedes pensar sólo en ti sin tener en cuenta a toda la familia? Si no haces las cosas como quiere tu padre que las hagas, se enfadará. Recuerda que como eres el hijo mayor, tienes ciertas obligaciones. ¿Quién si no va a heredar el negocio de la familia?».

Si considera detenidamente cuántos nos vemos forzados a dejar a un lado la propia individualidad por respeto a sistemas familiares de orientación externa, y hasta qué punto pueden forzarnos nuestros «rangos» familiares a abandonar el individualismo para «interpretar los papeles» que nos ha adjudicado nuestro estatus familiar, quizás empiece a comprender por qué se está desmoronando la familia como institución tradicional. (O por lo menos eso es lo que *dicen* los científicos sociales.)

Si su familia está sometida a una gran tensión, o se está desmoronando incluso, es básico que reconozca usted que *sólo cuando los individuos se clasifican y gradúan mutuamente según normas externas de jerarquías familiares*, sólo cuando hay alguien que está imponiendo rangos a otros, intentando forzar a otros a reprimir sus propios impulsos y adaptarse a categorías de valores y a conductas impuestas externamente en nombre de la familia, estallan el resentimiento y la hostilidad. Si le resulta a usted imposible «controlar» a su hijo adolescente, es probable que se deba a que sigue usted insistiendo en que su rango como padre o madre debería darle derecho a dictar las señales internas de sus hijos, cosas que a éstos tiene que irritarles forzosamente, porque sienten que intenta usted ahogar su desarrollo. La solución es olvidar por un momento el «estatus familiar», sea usted la madre, la hija adolescente, el tío rico, el primo pobre o la oveja negra, en cualquier situación. Limítese a tratar a todos los miembros de la familia y a tratarse a usted mismo como si fueran todos de un mismo estatus o rango, y muy pronto descubrirá que el mejor medio de generar respeto, amor y responsabilidad «interna» en una familia es alentar a cada uno de sus miembros para que piense y actúe con la mayor independencia posible.

Lo he visto una y otra vez: en las familias que están más preocupadas por su estatus en la sociedad como unidad familiar, y son más rígidas en lo de los rangos y papeles de cada miembro, los hijos suelen escaparse en cuanto pueden y vuelven lo menos posible. Por otra parte, en las familias en las que se ayuda a los hijos a salir del nido y a volar lo antes posible en la dirección elegida por ellos mismos, en las que *todos* se sienten más libres de las trabas «de estatus familiar» impuestas desde el exterior, los hijos vuelven con más frecuencia a casa y son las más unidas en épocas difíciles.

Su psicología

Una de las cosas más tristes de la psicología académica y profesional de hoy es lo mucho que estimula el pensamiento orientado externamente, a través de las teorías filosóficas, rechazando la posibilidad de ayudar a la gente a volver a contactar con sus propias señales internas y a aprender a *confiar en ella misma*. Los psicoterapeutas suelen llevar a sus clientes a depender aún más de ellos y de su aprobación de lo que dependían de sus padres, esposas, hijos, jefes o cualquiera otras personas, y transmiten a sus clientes la idea de que nunca serán capaces de resolver del todo sus problemas.

Los terapeutas no lo hacen deliberadamente y, en realidad, suelen hablar muchísimo de problemas de «transferencias» y de la dependencia. Creo que lo que les pasa es que no se dan cuenta de hasta qué punto sus teorías, nombres y etiquetas para definir el estado de sus pacientes, todo el aparato externo de la psicología como disciplina investigadora, impiden al cliente recuperar esa confianza en sus propias señales internas que podría permitirle lograr una verdadera integridad y la salud mental o la «supersalud». En vez de enseñarles a interpretar su agitación, sus aspiraciones, sus fantasías e incluso sus sueños *por sí solos*, se impulsa a los clientes a creer que no pueden descubrir la verdad *real* sobre sí mismos más que si un psicólogo especialista interpreta para ellos sus señales internas; o, estudiando psicología durante años, graduándose y convirtiéndose también en psicólogos (e incluso los que siguen esta ruta, raras veces dicen que su disciplina les haya ayudado *a ellos* a convertirse en individuos verdaderamente felices).

En casos extremos esta interposición de las teorías de la psicología entre el cliente y sus propias señales internas puede obligarle a ir al terapeuta semana tras semana, durante años y años, gastando quizá mucho más dinero del que puede permitirse (otra causa de angustia), lo cual debería por sí sólo ser clara prueba de que el terapeuta está fomentando de algún modo una dependencia externa dañina. Si es así, cuando el paciente piensa en abandonar la terapia o tratamiento, puede producirse una conversación como la siguiente:

CLIENTE: Creo que me gustaría dejar el tratamiento. Llevo ya años con él.
TERAPEUTA: Me da la sensación de que se siente usted irritado y decepcionado.
CLIENTE: Sí, me siento un poco decepcionado: son muchos años y no veo ningún beneficio.
TERAPEUTA: Está usted irritado conmigo, ¿verdad?
CLIENTE: Sí, supongo que sí. En realidad, lo que pasa es que quiero dejarlo. Me gustaría intentar resolver mis problemas solo.
TERAPEUTA: Eso demuestra que no está usted aún en condiciones de dejarlo, ya que no puede controlar su irritación. Habría que resolver ese problema de transferencia antes de abandonar el tratamiento.

Quizás esto parezca ridículo, pero es la grabación auténtica de una sesión en la que una cliente hablaba con su terapeuta de abandonar la terapia después de siete años de sesiones semanales, una cliente que se sentía completamente atrapada, pues sabía que deseaba abandonar el tratamiento y confiar en sus propias señales internas, ¡pero no era capaz de hacerlo sin el permiso de su terapeuta! Cuando habló conmigo del asunto, le dije que no me parecía que tuviera ninguna obligación con su terapeuta y que si creía que no necesitaba tratamiento era motivo suficiente para que lo dejara, que bastaba una llamada telefónica o una carta informándole de su decisión.

Pero ella se mostraba reacia, asustada, porque si su terapeuta no lo aprobaba era sin duda porque debía saber algo de ella que ella ignoraba, y eso la asediaría en el futuro si cortaba antes de que él dijese que estaba en condiciones de hacerlo.

Este tipo de tratamiento que fomenta la dependencia es muy corriente entre las «psicologías» de nuestra cultura externamente orientada, y la idea de que es preciso que nos ayude a resolver nuestros problemas un terapeuta profesional impera hasta tal punto que muchos individuos no tienen libre voluntad de dejarlo cuando se plantea la disyuntiva de si necesitan o no uno, y llegan a creer que les *deben* algo a los terapeutas aparte del tiempo y el dinero que han gastado con ellos hasta el momento.

Los terapeutas pueden estimular el pensamiento externo y la conducta externa en todas las áreas de sus sistemas de diagnóstico y de tratamiento, apoyándose a menudo en exceso en datos de pruebas psicológicas de carácter externo, cuya validez es de lo más dudoso. Si quieren convencerle de que las causas de sus problemas tienen sus raíces en que es hijo único, o en que es el primero o el segundo, en la conducta de sus padres, en su infancia o en su estatus social o económico, en la personalidad de sus progenitores, en la rivalidad con sus hermanos o en cualquier otra fuente externa a usted mismo; si le dicen que se dedique a vagar por su pasado pero que sólo un terapeuta especializado puede guiarle por él y ayudarle a desenredar la compleja maraña de influencias destructivas de ese pasado que sigue influyendo en usted; entonces, están enseñándole a ser ante todo un individuo más externa que internamente dirigido, y haciéndole adicto al tratamiento en vez de animarle a asumir la responsabilidad de cuanto le pasa, y a asumir el control de su vida.

Piense que no necesita usted para nada un terapeuta que estimule la dependencia y le haga a usted esclavo de su «psicología». La psicología externamente orientada impera tanto en nuestra cultura que puede acabar «psiquiatrizándose» usted mismo. Le enseñarán a buscar fuentes externas a las que achacar sus problemas o a analizarlas en términos de complejos de Edipo, complejos de inferioridad, compulsiones, etc. Es por tanto vital que no se lance usted a buscar automáticamente salvación psicológica en una dirección que no sea la de sus propias señales internas. Si está usted en tratamiento, y si su terapeuta no le ayuda a erradicar su dependencia de esos «determinantes» externos mientras intenta liberarle del tratamiento de las píldoras y para que pueda hacer elecciones nuevas dirigidas internamente, le recomiendo que lo deje o que busque un terapeuta que no vaya a convertirse en otra fuerza directriz externa de su mundo. Y hay muchos terapeutas que tienen interés en ayudarle a convertirse en un individuo dirigido internamente... sólo tiene que buscar profesionales orientados más interna que externamente.

Símbolos de autoridad y leyes

¿Cuál es su reacción profunda cuando ve a un policía? ¿Siente un leve estremecimiento de temor, pensando que quizá le va a coger haciendo algo malo? ¿Revisa usted de pronto toda su conducta para cerciorarse de que no se fijará en usted?

¿Qué hace usted si un policía le pone una multa sobre la cual sus señales internas le dicen que es en realidad injusta e injustificada, y cita alguna oscura norma, como «está prohibido aparcar a menos de tres metros de una boca de incendios», que usted debe conocer teóricamente aunque la línea amarilla del bordillo estuviera pintada sólo dos metros setenta a ambos lados de la boca de incendios y usted pensase (le indujeron a pensar) que había aparcado legalmente?

¿Qué hace usted si ha sido víctima de un accidente de tráfico poco importante y su abogado quiere que exagere usted los daños sufridos para «sacar el máximo posible» (diciéndole al mismo tiempo: «Lo hace todo el mundo»)?

¿Cómo reaccionaría usted si fuera un soldado y un superior le mandase disparar contra una multitud de civiles desarmados?

¿Qué haría, por ejemplo, si hubiera una ley que dijera que había que encerrar de inmediato en campos de concentración a todos los norteamericanos de origen japonés? ¿Iría usted si fuese un norteamericano de origen japonés o colaboraría en la aplicación de tal ley si no lo fuera?

Responda como responda a estas preguntas y a otras similares (cada cual puede formular las suyas: todos sabemos lo que *diríamos*, pero ¿cuántos sabemos realmente lo que *haríamos*, en situaciones concretas como ésas?), usted ya sabe, por sus propias señales internas, que la gente externamente dirigida tenderá a obedecer a la imagen de autoridad y a las leyes sólo porque el policía lleva uniforme, el abogado sabe mejor lo que hay que hacer en esos casos, es traición desobedecer a un superior en tiempo de guerra y si el presidente dice que los norteamericanos de origen japonés son una posible amenaza para nuestra seguridad interna ha de tener razón.

No cabe duda de que es sumamente autoritario creer que todo el que lleve uniforme, todo el que tenga un título rimbombante o que ocupe una posición de prestigio, merece que se le obedezca sin discusión, y el «antídoto igualitario» es aceptar que todo el mundo, usted incluido, prescindiendo de posiciones y títulos, puede cometer errores y puede dar órdenes que no merezcan cumplirse y que merezcan la desobediencia. La obediencia ciega a normas, leyes, regulaciones y símbolos de autoridad, constituye sin duda la base del autoritarismo externamente dirigido.

No quiero decir con esto, ni mucho menos, que la gente internamente dirigida contravenga de modo compulsivo la ley o menosprecie habitualmente la autoridad; todo lo contrario. Cuando los individuos internamente dirigidos coinciden o simpatizan con los que tienen autoridad, pagarán instintivamente las multas o se convertirán en los grandes pilotos de caza de la guerra, en los agentes secretos que reunirán las mejores pruebas para desenmascarar a aquel que es realmente un espía enemigo. Pero pueden hacer esto sólo porque, si las autoridades les piden que hagan algo que viole sus propios valores personales, han aprendido a ignorar esas órdenes y normas... y, en cuanto a sus aspiraciones a la vida Sin Límites quizá le interesara practicar la técnica de ignorar símbolos de autoridad pomposos y leyes absurdas en la medida en que pueda hacerlo, sin perjudicar a nadie.

La próxima vez que esté usted a punto de ceder a los autoritarios que además sean símbolos de autoridad, o a leyes determinadas sólo porque son leyes, recuerde que en el estado de Massachusetts aún existe una ley que declara ilegal sentarse en un retrete redondo.

Religión organizada (en algunos casos)

Tenemos plena conciencia la mayoría de que las religiones oficiales u «organizadas», cuando exigen que sus miembros se adapten ciegamente a prejuicios etnocéntricos, tradiciones rígidas u otros «códigos» generales que dictan cómo deben regir su vida los individuos, cuando enseñan a ignorar el sentido interno y personal de moralidad, son vigorosas fuerzas externas o autoritarias en nuestra cultura, catastróficamente peligrosas a veces, como cuando fomentan las cazas de brujas, las guerras religiosas y la fidelidad excesiva al culto.

Lo irónico de esta conciencia casi universal de que hablamos es que la mayoría de los católicos autoritarios dirán que casi todos los musulmanes son «una pandilla de fanáticos que no piensan nunca por su cuenta, que se limitan a seguir ciegamente los dictados de sus ayatolajs», mientras que la mayoría de los protestantes autoritarios dirán lo mismo de todos los católicos, los judíos más autoritarios dirán lo mismo de todos los cristianos, y los musulmanes autoritarios dirán lo mismo de todos los que siguen la tradición judeocristiana. En este sentido, quizá sea Buda quien puede reír el último (a menos que esté muy ocupado llorando por la orientación externa en que han incurrido tantos supuestos budistas).

La cuestión es que, si bien usted puede legítimamente ver mucha dirección externa en las «religiones organizadas» de otros, cuanto más externamente dirigido esté uno, más probable será que no vea esa dirección externa en su propia iglesia. Como nos preguntó una vez un hombre cuando aún no había religión organizada que siguiese sus doctrinas: «¿Por qué ves la paja en el ojo ajeno y no ves la viga en el tuyo? O ¿cómo puedes decirle a tu hermano: "Hermano, déjame que te saque la paja que tienes en el ojo", cuando tú no ves la viga que hay en el tuyo? Hipócritas, sacad primero la viga de vuestro ojo y entonces veréis claro para sacar la paja del ojo de tu hermano».*

En otras palabras, los que tienen mayores «vigas» de origen externo en sus ojos serán los últimos en reconocerlo... y también los primeros en ver pajas en los ojos ajenos. Serán los primeros que digan «el aborto es válido» o «el aborto es inadmisible», según lo que les digan que piensen sus dirigentes religiosos, y serán también los primeros en decir: «Esas personas cuyas religiones permiten (o prohíben) el aborto son como pequeños Hitlers, que siguen ciegamente a sus caudillos».

En cuanto a la religión y a la salud psicológica interna de usted, olvide la paja o la viga que pueda haber en los ojos de otros y limítese a pensar en sus ojos. ¿Le ayuda su religión a ponerse en contacto con lo que sus señales internas identifican inmediatamente como su Dios? ¿Alienta su religión el pensamiento independiente, que cada individuo consulte su propia conciencia, que piense libremente en cuestiones religiosas? Tales religiones y sus miembros son magníficas e importantes piezas de cualquier cultura. Pero cuando se pretende decir a los seres humanos que *deben* pensar como les digan que piensen sus «autoridades religiosas», que deben hacerlo de este modo porque Dios les dice que lo hagan así (por mediación de las autoridades eclesiásticas), y que transmiten básicamente el mensaje de que los «buenos» fieles han de ser robots sin voluntad libre o «animales» o «niños» a los que hay que castigar severamente si no hacen lo que manda la Iglesia, entonces, la «religión organizada» surge como otra burocracia autoritaria que exige una entrega absoluta con castigos y recompensas externos.

Cuanto más alienten las religiones al individuo a que se rija por sí solo y asuma las responsabilidades de su propia conducta, a ser moral y justo para sentirse bien consigo mismo, más probable será que se cumpla la misión de todos los dirigentes religiosos Sin Límites verdaderamente grandes.

Piense en su propia religión y pregúntese si un dios verdaderamente bueno y amante de los hombres podría engañarles con la ilusión de una voluntad individual libre y sentarse luego y establecer una religión organizada con normas que determinan todas las decisiones importantes de su vida. Pregúntese si su dios (si es que cree en alguno) *cree en usted*, cree que *usted* debe pensar autónomamente, obrar según la moral más alta, y le dice directa y personalmente (a través de sus señales internas) que tendrá más paz interior si lo hace, y si su religión es una experiencia verdaderamente bella y *personal*.

Si descubre que *concibe usted su religión* como algo primordial-

---

* Lucas, 6:41-42.

mente externo en sus enseñanzas y en su orientación, recuerde que algunas de las peores injusticias cometidas se perpetraron *en nombre* de la religión, y que, aun así, su religión puede ser interna y personalmente una de las fuerzas más significativas de su vida... siempre que estimule el aprecio y el uso de la libre voluntad individual.

Confío en que este capítulo le haya dado una idea clara de hasta qué punto han llegado a estar manipulados los miembros de nuestra cultura por sistemas externos de «señal-y-recompensa», y espero le haya estimulado en cuanto a capacidad personal de ser feliz y de desarrollarse si decide explorar, expresar y, sobre todo, confiar en esas voces e impulsos interiores que siempre intentan guiarnos con nuestras propias luces, sin la censura o la represión de nadie.

Si pensamos en Diógenes diciéndole a Alejandro Magno que lo único que el gran conquistador podía hacer por él era no quitarle la luz, y en el comentario de John Gardner de que «una de las mejores cosas que podemos hacer por los hombres y mujeres creadores es no quitarles la luz», quizás el mensaje básico de este capítulo sea que, suponiendo que seamos *todos* individuos de una creatividad teóricamente ilimitada, *lo mejor que podemos hacer por nosotros mismos es no quitarnos nuestra propia luz interna.*

Considere lo siguiente. Un grupo de personas ha sido abandonado en la selva en mitad de la noche; todos tienen linterna. Suponiendo que no corran peligro, no existe ningún motivo concreto para que permanezcan juntos, están allí sólo para disfrutar del vagabundeo hasta la mañana, en que volverán a recogerles estén donde estén. ¿Cuáles son los que enfocan la luz hacia delante y escudriñan en todas las direcciones para explorar lo que atrae en concreto su curiosidad? ¿Cuáles se sitúan automáticamente detrás de otros y dejan sus linternas inactivas, colgando del cinturón, de modo que lo único que iluminan es el suelo que van recorriendo?

¿Cuáles dicen: «Lo primero que tenemos que hacer es organizarnos. Joe es el que tiene más experiencia en el bosque, así que lo mejor es que le sigamos a él»? ¿Cuáles dicen: «Bueno, está bien, seguidme todos, en fila india, vamos, uno, dos, tres, cuatro»? ¿Quién dice: «Yo quiero ir por ese otro lado, y si alguien quiere acompañarme, vayamos codo con codo, de modo que podamos iluminar más bosque, descubrir más y si alguien encuentra algo puede llamar a los demás para compartirlo con ellos»?

En suma, ¿cuáles quieren seguir sus propias luces y cuáles bloquearlas?

Le dejo a usted *decidir* qué tipo de individuo desea ser. Por supuesto, siempre ha tenido esa opción, pero lo más probable es que nunca lo haya considerado algo que pudiera decidir por sí solo. Lo más probable es que en muchos o en la mayoría de los sectores de su vida se haya limitado usted a ponerse en la cola, dando por supuesto que el tipo que la encabezaba sabía mejor adónde debía ir todo el mundo. Si es así, puede que sea conveniente que piense un poco sobre lo que dijo un hombre antes de que naciese la religión que siguió sus enseñanzas: «Vosotros sois la luz del mundo... Nadie enciende la lámpara y la coloca debajo del candelero sino en el pedestal, para que ilumine toda la casa».*

Todos decimos amar y estimar la libertad, pero definimos con demasiada frecuencia la libertad propia externamente, decimos, por ejemplo, que es «lo que nos proporciona el sistema político norteamericano». Nos entregamos demasiado poco a buscar e indagar en la vida tras esa gloriosa experiencia de la libertad personal a la que sólo pueden conducirnos nuestras propias luces.

Naturalmente, deseamos ser buenos miembros de la familia, amantes satisfechos, ciudadanos responsables y consagrarnos a un trabajo significativo que mejore la calidad de la vida, y no sólo de la nuestra. Pero para disfrutar «de la vida, la libertad y la búsqueda de la felicidad», en estos y en todos los demás sectores, hay que empezar por aprender a confiar en las señales internas. Como escribió Platón: «El hombre que hace que todo lo que lleve a la felicidad dependa de él mismo y no de los demás, ha adoptado el mejor plan para vivir feliz». Unas palabras simples y sencillas dichas hace unos miles de años, y que siguen siendo simples y sencillas hoy: *confíe en sí mismo.*

---

* Mateo, 5:14-15.

7
Respete sus necesidades superiores

Al principio del último capítulo mencioné *la llamada de sus necesidades superiores como ser humano* como una de las fuentes de señales internas en que tenía que aprender a confiar para alcanzar la vida Sin Límites. Por «necesidades superiores» entiendo las que están por encima de sus necesidades fundamentales de supervivencia de carácter biológico, como los alimentos, el agua, una casa, el sueño y el ejercicio, e incluyo también sus necesidades de amor, verdad, belleza, trabajo significativo y muchas más que a lo largo de los siglos se ha admitido que proporcionan a los seres humanos el impulso necesario para convertirse en todo lo que pueden convertirse.

Al denominar a estas necesidades «superiores», no quiero decir que hayan de situarse «por encima» de cualquiera de sus necesidades fundamentales como animal humano en ningún tipo de orden prioritario. Podría alegar usted que sus necesidades animales son «superiores» porque ha de cuidarse de ellas en primer lugar y siempre para poder satisfacer cualquiera de sus otras necesidades. Por otra parte, podría usted argüir que sus «necesidades superiores» de amor, belleza, verdad, etc., deberían situarse «por encima» de sus necesidades biológicas, si las concibe usted como yo, como esas necesidades cuya satisfacción puede «elevarle a usted a su máximo nivel» o contribuir notablemente a su felicidad. Además, todo hace creer que menospreciar estas necesidades superiores puede ser tan destructivo a la larga como pueden serlo a la corta no comer, no dormir o no beber.

Pero, ¿por qué intentar clasificar sus necesidades humanas básicas? No hay ninguna razón plausible, salvo que se tiende a olvidar y menospreciar algunas de esas necesidades a expensas de otras. Así pues, básicamente, denominar a algunas de sus necesidades «superiores» y a otras «inferiores» como medio de hacer más hincapié en las primeras o menospreciar las segundas es un ejercicio peligroso de dicotomización que ignora su unidad fundamental como persona, le divide a usted en dos y provoca angustia y conflictos. Quiero llamar a esas necesidades que quedan por encima de las necesidades biológicas de supervivencia «superiores», porque le ayudarán a elevarle a niveles cada vez más altos de vida Sin Límites, cuando empiece usted a considerarlos *verdaderas necesidades* que debe satisfacer todos los días de su vida.

Para evitar cualquier idea errónea en la valoración de lo que llamo necesidades básicas y lo que llamo necesidades superiores, es esencial concebir *todas* las necesidades, todo el espectro, desde la necesidad de comer a la necesidad de belleza, bondad y justicia, como una *red*, una especie de cama elástica. Si está saltando usted en ella, no importa si son las piernas las que fallan, o es un cordel o la red. Si falla cualquiera de las partes acabará usted en el suelo. Por la misma razón, si el soporte es firme, las cuerdas fuertes y la red tan elástica y resistente como debe, es posible que pueda usted saltar tan alto como quiera y hacer cuantas piruetas desee sin miedo a que ninguna parte ceda. Sus necesidades «básicas como ser humano» pueden ser el soporte, sus necesidades «superiores» deben ser la red. Pero intente saltar sobre la red de la cama elástica cuando ésta está en el suelo o saltar en medio del soporte cuando no hay red y se hará idea de lo interdependientes que son, en realidad, todas sus necesidades.

SUS NECESIDADES SUPERIORES COMO INSTINTOS

La investigación psicológica tiene cada vez más pruebas de que las necesidades superiores «producen» instintos tan poderosos y tan necesarios para la supervivencia y su felicidad como los que nacen de sus necesidades animales básicas. Recordará que en el capítulo quinto decíamos que los instintos son reacciones al medio de carácter hereditario e inalterable, que no conllevan elementos racionales; son reacciones inmediatas del organismo para aliviar la tensión corporal creada por situaciones vitales que exigen reacciones animales básicas. Añado ahora que las ideas y sentimientos que acompañan a nuestras reacciones instintivas inmediatas cuando desatendamos nuestras necesidades superiores, cuando oímos una mentira o experimentamos algo que nos parece sumamente detestable, son exactamente equiparables a nuestras reacciones cuando nos golpean. Nuestro cuerpo quizá no reaccione tan espectacularmente, pero en el conjunto de nuestra persona, cuerpo-mente, se crea una tensión inmediata y existe una urgencia instintiva de aliviarla: respecto a la mentira, por ejemplo, sentimos la necesidad de decir: «Un momento, eso no es verdad». Respecto a esa cosa que nos parece detestable: «Este asunto se está poniendo feo, hay que intentar resolverlo», o bien: «Dios mío, esta calle está cada día peor, tenemos que limpiar ese solar vacío, cortar ese árbol muerto y plantar otro nuevo».

La diferencia entre sus instintos animales y los instintos derivados de las necesidades superiores, es que si reprime usted sus necesidades animales básicas enfermará o morirá por causas físicas, mientras que si rechaza y reprime sus necesidades superiores en igual medida, su mente se desmoronará y estará usted casi muerto mentalmente, se sentirá incapaz de controlarse y de controlar su destino (como cuando acaba uno en una institución para enfermos mentales o se suicida de un modo u otro).

En realidad, el reprimir y rechazar las necesidades superiores es la base en que se apoyan todas las formas extremas de lavado de cerebro para disgregar y modificar la mentalidad de sus víctimas. El prisionero político condenado a confinamiento en solitario, al que se engaña continuamente y se le niega cualquier esperanza de justicia; el que se ha convertido a un culto y a quien se somete a rituales destinados a asfixiar todo el respeto que el individuo sintiese por sí mismo, o se le hace sentarse en un cuarto oscuro y permanecer en él dos días, totalmente privado de compañía humana o de cualquier estímulo externo; las víctimas de los abusos del «adiestramiento psicológico de la sensibilidad»: todos ellos sufren privación de las satisfacciones superiores llevada al extremo. Si son capaces de mantenerse con fuerza suficiente en el instante presente y conservar su fe en el significado y el valor de la vida y salen de la prueba con la conciencia de sí mismos intacta, o si consiguen doblegarlos o destruirlos hasta el punto de que puedan conducirles luego como ovejas, alguien ha intervenido exteriormente y se ha interpuesto entre ellos y su capacidad de satisfacer las necesidades superiores para controlar su mente.

Teniendo esto en cuenta, las necesidades superiores parecen ser las que dan las orientaciones básicas de la vida, más que el sol y el cielo hacia el cual crecen las plantas. Muestran «cuál es el camino hacia arriba», en lo que respecta a la vida Sin Límites, y si usted como ser humano no tiene idea de qué camino es, será usted como ese «rosal imposible que dirige todos sus brotes hacia el rincón más oscuro que puede encontrar y entierra sus capullos en el suelo».

La cosa es así de simple: si no respeta usted esas necesidades superiores que son su guía, se desintegrará como individuo. Pero para descubrir cuáles son sus necesidades superiores y cómo puede satisfacerlas no tiene que ir a ningún sitio ni hacer nada; basta con que identifique de qué modo le avisan y le instan con la misma claridad con que lo hacen otros instintos básicos, como la sexualidad o el instinto de conservación: basta con que esté usted conectado con ellos.

SUS NECESIDADES SUPERIORES Y CÓMO SATISFACERLAS

Como nuestras necesidades superiores exigen nuestro reconocimiento individual y personal, tenemos que hablar entre nosotros de ellas en términos muy generales y abstractos, términos filosóficos, en realidad, que indican que si bien cada uno de nosotros ha descubierto/creado su propia idea de lo que es el ideal abstracto del amor, por ejemplo, partimos de experiencias muy distintas de cómo lo hemos entendido. Es muy probable, en consecuencia, que discrepemos de las definiciones «categóricas» que puedan hacer otros, en uno u otro sentido, y que las pongamos en entredicho, y por eso *necesitamos* términos vagos y generales como «amor», sometidos por definición a todo tipo de interpretaciones distintas, para poder hablar entre nosotros de esas necesidades superiores.

Pero estos términos generales o filosóficos tan vagos significan poca cosa si no encontramos medios para hacerlos significativos en nuestra propia vida. Creo que se comprenderá mejor la función que puedan tener realmente para nosotros ideas como amor, verdad y belleza si analizamos un grupo escogido de conceptos que me han indicado más directamente el modo de apreciar lo que identifico como mis necesidades superiores, y cómo podría usted utilizarlas para que aumente su respeto por las necesidades superiores propias. No olvide que el vivir Sin Límites significa permitirse cada vez más a sí mismo que esas necesidades superiores le impulsen y reconocerlas como necesidades absolutas, en vez de como lujos o recompensas secundarias.

Individualidad

La necesidad de crear una individualidad propia es un instinto que rige todos los aspectos de la vida, y cuanto más se rechaza y niega, como en las sociedades que tienden a regimentar a todo el mundo para que se adapte, se vista, piense y se comporte «exactamente igual que los demás», más se abate sobre las mentes de los individuos una insidiosa sensación de enfermedad, aburrimiento y torpeza.

La individualidad no es algo que uno desee expresar pura u originalmente en sí, por su propio valor. Las necesidades superiores del individuo no pretenden indicarle que ha de llevar un gran pompón verde en la nariz sólo para distinguirse de la multitud y demostrarle a todo el mundo que uno es un ser individual (un «personaje»). La individualidad surge más bien «por accidente», cuando el individuo persigue hacer lo que sea de acuerdo con sus convicciones y sentimientos: vestir, cocinar, hablar, pensar, jugar al golf o pintar un cuadro. Pero en el individuo SZE, la individualidad como un todo acaba cultivándose cuando el individuo respeta sus señales internas por encima de todas las señales externas que intentan privarle de su *derecho humano básico a la individualidad*: hacerle pintar el mismo cuadro del mismo modo que lo pintan todos los demás, contestar a una pregunta exactamente como se supone que han de contestarla todos los de la clase, llevar el mismo sombrero que lleva todo el mundo y colocado del mismo modo.

En mi propia vida he descubierto que muchos otros apreciaban mi individualidad, el modo concreto que elijo para hacer las cosas, tanto como pudiesen apreciar la suya, mientras que los que intentaban por todos los medios condenar mi individualidad y reprimirla eran los que desplegaban menos indicios de individualidad propia, los que más se parecían a robots.

Pensemos en ese ascensorista que nos mira despectivamente cuando entramos en «su» hotel de primera a las siete de la tarde con camiseta y vaqueros y subimos en «su» ascensor a la vez que un grupo de clientes bien trajeados. Su mirada viene a decir: «Caballero, después de las cinco de la tarde en este hotel no llevamos esa indumentaria». ¿Acaso no es él precisamente el que va vestido con el uniforme más meticulosamente «correcto», sin *ningún detalle individual* (jamás llevará una flor en la solapa) y una de las personas más hoscas y solemnes? Si le saludase usted con un alegre: «Qué hay», quizá le dijese con tono seco y frío: «Buenos días, señor», o tal vez se limitase a emitir un gruñido, pero no responderá positivamente a la invitación cordial que le hace usted a tratarse como individuos. Teme su propia individualidad y por eso teme también la de usted.

Por el contrario, el ascensorista que valora su individualidad y aprecia la ajena del mismo modo, es el que le saluda a usted tan cordialmente como usted a él, le agrada que se mezcle gente en camiseta y vaqueros con los que van vestidos de etiqueta, es el que le recuerda a usted, el que le cuenta un chiste, el que sigue el hilo de una conversación que tuvieron la última vez... y es el que llevará una flor en el hojal, un pañuelo al cuello, una foto de su nueva nieta en la cartera o cualquier otro toque o detalle de individualidad para que el mundo lo aprecie.

La individualidad es irreprimible para la mayoría de la gente, e incluso en países en los que se rechaza enérgicamente el individualismo, o en aquellas organizaciones en que se socava activamente, la necesidad instintiva de ella demuestra ser tan fuerte que aflora, aunque sea de modos sutiles. Puede que se manifieste en una pieza de oro de la dentadura, o en un tatuaje, o en el ángulo especial en que el soldado se coloca la gorra. Puede manifestarse en esas cortinas floreadas de un rojo intenso de la ventana de ese bloque de apartamentos uniforme y monótono, o en la forma especial que tiene el individuo de sonreír, de reír o de bailar. Pero irrumpa donde irrumpa la individualidad, sea cual sea el lugar del mundo, sea cual sea la situación, *es la señal de su propia originalidad como persona que nunca ha estado antes ni volverá a estar en este planeta* (por lo menos, en *este* momento concreto), y *debe usted respetar su necesidad superior de ser ahora ese individuo único concreto*, pues de no hacerlo, prácticamente desperdiciará su vida.

Enfóquelo del siguiente modo: no nació usted en un tubo de ensayo como un millón más de animales experimentales de «su generación», destinados a someterse a las condiciones de máximo control en un laboratorio para que algún científico loco pueda destinarle al grupo de «control», para ser tratado exactamente del mismo modo y sometido exactamente al mismo medio ambiente, al mismo programa y a los mismos estímulos que los miembros del grupo «experimental», sólo en pro de la diferencia experimental que desea introducir el científico. No nació usted para ser una rata de laboratorio, destinado a que alguien diga mañana de usted: «Bueno, éste es un miembro del grupo de control, y comprobará usted que tiene una salud normal, mientras que la mitad de esas ratas de allá, las que fueron sometidas a experimentos con esa nueva sustancia química, están enfermas».

¡Pues ésa es precisamente la consideración que tiene usted consigo mismo cuando rechaza su necesidad de individualidad! Está emplazándose en el «grupo de control». Al mismo tiempo, niega y rechaza básicamente un hecho que ningún científico (espero) podrá alterar nunca: que nació usted en un determinado momento y en un determinado lugar de la historia humana en el que no nació ningún otro. Creció usted de una forma y con unas condiciones distintas a las del resto de los seres humanos que hayan nacido o puedan nacer, y ha creado usted ya una individualidad por sí solo que es exclusivamente suya, que jamás podrá reproducir ningún otro ser vivo, por mucho que lo pretenda. *El hecho de que el destino le hiciera nacer, le hizo y hace y hará vivir y le hará morir como un ser humano individual incalculablemente complejo y único, es algo que sólo puede rechazar y desmentir usted en su imaginación; es una realidad que usted jamás podrá borrar.*

Por otra parte, sólo aceptando su destino humano y apreciando el carácter único de su individualidad y de la de los demás en su sentido más pleno, podrá alcanzar una visión holística y Sin Límites de sí mismo y reaccionar a todas sus situaciones vitales pensando: «Nadie ha afrontado antes *esta situación concreta*. Yo como individuo estoy destinado a hacer las elecciones más originales y fecundas que pueda en esta situación, en beneficio mío y de todos los demás. Mi individualidad (mi libertad personal de elección y mi responsabilidad) es una realidad a la que no podría escapar aunque quisiera. He de respetar mi propia individualidad *ahora*, o la perderé y me convertiré en un individuo controlado externamente, tan carente de individualidad como esa rata de laboratorio de los experimentos».

En su obediencia a sus instintos de individualidad en todos los campos, creo que descubrirá, como yo lo he descubierto, que esos instintos le llevarán a un sentimiento de gozo creador en todas sus actividades.

Respeto

«Respetar» significa considerar digno de consideración, y también no obstaculizar ni interferir, como cuando uno respeta la necesidad ajena de intimidad. A partir de esto, resultará evidente que la necesidad de autorrespeto y la de respetar a los que nos rodean (por lo menos, a los que nos respetan a nosotros) es algo fundamental para el ser humano, porque si uno no se respeta a sí mismo, se clasifica automáticamente como indigno de consideración o como merecedor de que se le tenga en *poca* estima, con lo que provocamos que todos los demás nos traten mal.

Hablé antes de que las técnicas de lavado de cerebro y de control psicológico en general dependen sobre todo de que se ataque eficazmente ese sentido de respeto por sí mismo que tiene el individuo, y que si este respeto por sí mismo se pierde, el individuo prácticamente se desintegra. Pocos nos vemos sometidos a tentativas tan extremadas de eliminar ese autorretrato durante nuestra vida, pero todos nos vemos envueltos constantemente en situaciones en las que se «da por supuesto» que el respeto entre los individuos ha de ser *desigual*. Por ejemplo muchos padres exigen que sus hijos les respeten sin discusión continuamente, pero exigen que sus hijos se ganen *su respeto* haciendo lo que según los padres es respetable. Muchos profesores y otros símbolos de autoridad exigen, asimismo, respeto para ellos sólo por la posición que ocupan, subrayando al mismo tiempo que los estudiantes y otros subordinados no tienen derecho, en cuanto tales, a que se les respete. Por ejemplo, Richard Nixon, que exigía respeto para el presidente mientras se sentía perfectamente justificado para faltar al respeto a los manifestantes estudiantiles y a otros «vagabundos» a los que no les gustaba cómo hacía él las cosas, es un claro ejemplo. (De hecho, muchos comentaristas achacan los problemas de Nixon a una confusión básica que le impedía ver claramente si en realidad él era el presidente o la Presidencia.)

En Estados Unidos, a veces nos hallamos con policías que tienden a caer en este juego de «usted-me-respeta-a-mí-yo-no-le-respeto-a-usted». Son los que, cuando le paran por exceso de velocidad, no se contentan con ponerle una multa sino que suelen acercarse amenazadoramente al coche, exigen la documentación con una sonrisa burlona y despectiva, le tratan, en fin, como si fuese un delincuente de la peor especie. Son, a fin de cuentas, los policías que parecen querer incitarle a mostrar un pequeño detalle de falta de respeto (con el objeto, supone usted, de poder ponerle otra multa, detenerle o *algo parecido*, por «faltar al respeto a un agente de policía»). Procuran hacer patente que ese horrible delito que cometió usted al superar por poco el límite de velocidad les da licencia para faltarle completamente al respeto como individuo, y esperan que usted se humille, se disculpe (aunque, en realidad, usted debería decir sólo para sí «lo siento, no estaba mirando el velocímetro... me fijaré más a partir de ahora»).

Quizás haya pensado usted ya que el respeto entre la gente es respeto *real*, en el sentido sano, sólo si es igual o recíproco. En caso contrario, es sólo homenaje de una persona a otra. Y la idea de *exigir* respeto de alguien es absurda. El padre que les exige respeto a sus hijos cree que tiene que exigirlo precisamente porque no les ha otorgado el respeto básico como seres humanos en primer término. Si lo hubiera hecho, los hijos le respetarían como cosa natural, como algo instintivo, y no sería necesario que se lo exigiese. Lo que tales padres obtendrán con sus exigencias serán «apariencias» de respeto, pero no un respeto auténtico y sentido, y, al final, cuando el dominio de los padres sobre los hijos empieza a perder fuerza, este falso respeto será tan útil como una lata de gasolina llena de agua cuando llegue el momento de iniciar de nuevo la relación sobre una base de auténtica igualdad.

Y lo mismo sucede con el respeto hacia uno mismo. Si descubre usted que tiene que *exigirse* a sí mismo ese respeto, es porque de algún modo ha olvidado usted la verdad básica de que todos los seres humanos, incluido usted, tienen derecho al respeto de todos. Quizá si alguien le mostrase una continuada falta de respeto acabaría diciendo usted: «No siento ningún respeto por esa persona», pero si lo hiciera, debería ser en el contexto de: «Yo empecé concediendo respeto a esa persona de modo automático lo mismo que a todos los demás, pero es evidente que ese individuo no tiene ni idea de lo que significa el verdadero respeto. No respeta la necesidad similar de respeto de todo el mundo, no comprende que el respeto humano básico no es algo que pueda manipularse, eliminarse o negarse».

Además, la diferencia entre que usted diga a veces (quizá) de otros: «No me inspiran el menor respeto», y que diga de sí mismo: «*No siento el menor respeto por mí mismo*», es que usted tiene un control muy completo sobre sus propios pensamientos en relación con el respeto, y si lo acepta como una de sus necesidades humanas más elevadas y de las necesidades de todos según las ideas que yo propongo, nunca deberá decirse: «No siento respeto por mí mismo».

Para ser un organismo sano ha de tener usted ese autorrespeto. Si se niega usted tal respeto, pronto decaerá en todos los sentidos. En primer lugar, no comerá adecuadamente, no cuidará de su cuerpo, perderá interés por la vida y, por último, acabará siendo un individuo enfermo. El instinto del respeto es tan esencial que se aplica a todos nosotros, y, sin embargo, la mayoría de las personas que están verdaderamente enfermas (mental y a menudo también físicamente) en realidad no se respetan a sí mismas. Se faltan al respeto en diversos sentidos y, en consecuencia, los demás hacen lo mismo. El tener respeto es una necesidad básica; si no lo cree, pruebe a ingresar en una institución para enfermos mentales y fíjese en toda la gente que vive allí de modo permanente. Percátese de los efectos de la falta de respeto. Observe atentamente que llegan a estar tan deprimidos mentalmente que «se desmoronan». La cosa empieza cuando son muy jóvenes y otros individuos importantes y significativos les tratan irrespetuosamente; al poco tiempo, empiezan a creer en esos mensajes y ya no son capaces de funcionar como individuos sanos.

Pertenencia

La necesidad de *pertenencia*, a una comunidad de seres humanos, a su propio medio o al mundo como un todo, en el sentido de que se sienta usted «en casa» en su mundo, es tan vital para su vida como la comida o el sueño. Los seres humanos no funcionan bien sin un sentimiento de pertenencia, de «espíritu comunitario». Aun en el caso del ermitaño o del montañés que vaga solo por las Montañas Rocosas durante meses o años sin fin, si su sentido de la pertenencia se muestra satisfecho, es porque siente que *pertenece a* los bosques, las montañas, una determinada parte de la naturaleza, y que *esa parte de la naturaleza le pertenece*.

La mayoría de nosotros, sin embargo, preferimos (o estamos destinados a ello a medida que el planeta se puebla más) forjarnos una pertenencia en sociedades cada vez más complejas. Es muy patente que esta necesidad superior puede negarse y rechazarse en las sociedades complejas igual que en situaciones más simples; se ve claramente en los marginados, los «vagabundos», los «yonquis», drogadictos y otros que no pueden encontrar un sentido de pertenencia en las calles de nuestras grandes ciudades, o en los ancianos que se marchitan en los asilos, y que se deterioran y se hunden porque ya no se sienten *pertenecer* al mundo de nadie, ni al suyo propio.

Lo contrario de la pertenencia es la *marginación*, que, como le dirá a usted cualquier marginado, puede ser una etapa inevitable de la vida de casi todos los individuos. A veces tiene usted que apartarse, que marginarse incluso de algunas personas, comunidades familiares, o de un país.

Pero la marginación sólo es valiosa como una etapa hacia la satisfacción de la necesidad de pertenencia a un lugar determinado, a alguna otra persona, a otro país, a otro trabajo o lo que sea. Sólo es constructiva si constituye una respuesta a la llamada de su necesidad de pertenencia y a su «mejor idea» de cómo podría satisfacer esa necesidad. En aquellos para los cuales la marginación de todos y de todo se ha convertido en una forma de vida, advertirá usted sufrimientos que van de la depresión a la angustia e incluso al deterioro físico, que a menudo desembocan en la hospitalización o la muerte.

La primera etapa para satisfacer su necesidad de pertenencia es que usted se pregunte si tiene realmente la sensación de pertenecer al mundo, en primer término. Cuando pase por su calle quizá se diga usted: «Sí, estoy en el lugar al que pertenezco; ese pájaro canta para mí, y mi puesto está aquí, escuchando el canto de ese pájaro... ahí está Joe... también él pertenece a esto». O tal vez se diga: «No pertenezco a este lugar; en este momento, debería estar en la oficina. Ojalá volviese a California. Nosotros no somos de este barrio; nuestro barrio es el del otro lado de la ciudad. ¿Quién es ese tipo? ¿Es de aquí?», u otros pensamientos similares que indican una marginación crónica de «su mundo».

Si se da usted cuenta de que anda siempre corriendo apresurado por la vida intentando encontrar un lugar o una comunidad a la que pueda sentir *que pertenece realmente* se debe a que no ha aceptado usted el hecho básico de que *pertenece usted exactamente al lugar en el que está ahora*, en el sentido de que nadie en este mundo tiene más derecho que usted a estar en él.

Supongamos que es un pobre chico de ropa andrajosa que cruza un barrio de clase alta, arrastrando tras sí una segadora, buscando casas donde necesiten segar el césped para ganarse unos centavos, y un tipo que va en Cadillac se detiene a su lado y le dice: «Oye, chaval, lárgate de aquí. Tú no eres de este barrio».

¿Cuál es su reacción mientras le ve alejarse en su coche? ¿Piensa: «Él tiene razón y yo no. Creí que podría hacerlo, que por lo menos podría ganar lo suficiente para comprar ropa nueva, que conseguiría algún trabajo regular aquí; pero nunca debí venir a este sitio, al cual no pertenezco»? O a lo mejor se dice usted: «¿Qué demonios quiere decir con eso de que no soy de este barrio? ¿Quiere decir que no tengo derecho a estar en la superficie de la Tierra, que si no tengo dinero para comprar ropa mejor que la que llevo en este momento, debo desaparecer del mundo, que debo matarme? Él acaba de alejarse por la calle, que es parte de la superficie de la Tierra y además una vía pública. ¿Quién es él para decirme que no puedo estar aquí? Tengo tanto derecho a caminar por esta calle como él a pasar por aquí en coche. Pertenezco a este mundo tanto como él».

Lo que quiero decir es que, a menos que empiece por aceptar que *pertenece al lugar en el que está en este momento*, en el sentido de que tiene usted derecho inalienable a estar en este mundo tanto como cualquier otro individuo, se estará negando la oportunidad de llegar a satisfacer sus necesidades de pertenencia donde esté usted ahora. Si advierte que anda diciéndose constantemente: «No pertenezco a este lugar, pertenezco a otro», piense que el problema no es que otros le hayan rechazado o intenten impedirle satisfacer su necesidad de pertenencia, sino que se ha rechazado a sí mismo en lo que a la «pertenencia al mundo» se refiere.

Si está dispuesto a admitir que sencillamente pertenece a su mundo, al lugar en que está ahora, *en primer término*, y ha olvidado todas las ideas del tipo de: «Me equivoqué de sitio, debería haber nacido en el siglo XVII», estará en disposición de satisfacer sus necesidades superiores de pertenencia *tal como las percibe usted ahora por sí mismo*. Está en condiciones de formularse preguntas como: «¿Por qué pienso que no pertenezco a esta familia, a esta comunidad a este país?». Está en condiciones de identificar esas áreas de la vida en la que podrían satisfacer sus necesidades de pertenencia, determinar las que realmente desea cultivar y responder a sus instintos personales de pertenencia cuando se le plantee cómo satisfacerlos.

Todos tenemos un instinto de pertenencia, que nos mueve a sentirnos importantes, a iniciar relaciones significativas. Y reprimirlos resulta tan devastador para el organismo como negarle los alimentos o el sueño. La diferencia es que los síntomas tardan un poco más en aflorar.

Afecto y amor

Todos los padres que se hayan preocupado algo por sus hijos conocen la tremenda importancia del afecto y el amor para los niños; y los efectos de la privación extrema del afecto en la infancia son de sobra conocidos de todos. El niño al que se alimenta y cambia siempre a tiempo, el que ve satisfechas todas sus «necesidades animales básicas», pero al que nunca cogen, miman, besan, acarician ni juegan con él (el niño sometido a la privación absoluta de contacto y afecto humanos) languidecerá en seguida, mostrará signos de rechazar el mundo, se volverá raro, perderá el apetito, no querrá comer ni beber y, en último término, puede llegar a intentar morir de hambre. En casos menos graves, en los que los padres tratan a los hijos sin espontaneidad, tomándoles y jugando con ellos de vez en cuando, pero sólo unos minutos, siempre con prisas y con cierta irritación, los niños mostrarán indicios de rechazar la vida, pero vivirán y quizá cuando crezcan superen esta privación y se den cuenta de lo importante que son el afecto y el amor para ellos y para los demás. Si retienen el recuerdo de lo profundamente privados que se sintieron, pueden convertirse en los individuos más afectuosos y amorosos del mundo. Pero haya carecido de afecto el niño que lleva usted dentro hasta ahora o no, de todos modos tendrá que decidir que usted puede tener amor y afecto hoy y que no va a seguir posponiendo esa cuestión. No sólo merece usted amor y afecto sino que le son absolutamente imprescindibles para su supervivencia.

Todos conocemos gente de la que decimos, por ejemplo: «Es un marido y un padre muy consciente, pero es muy poco afectuoso». Quizás oigamos comentarios de este tipo sobre todo de personas que hablan de la propia familia, y lo más usual es que los sujetos sean hombres, porque, de acuerdo con la dicotomía hembra/varón, se da por sentado que las mujeres son abiertamente afectuosas, sobre todo con sus hijos, pero no los hombres; los hombres son los que tienen que ganarse el pan, los protectores, los que imponen disciplina, las «rocas inamovibles», y los despliegues abiertos de afecto y ternura se consideran indicio de debilidad o vulnerabilidad. Eso es absurdo, claro, y lo irónico del asunto es que, según mi experiencia, los hombres que respetan sus propias necesidades afectivas y se permiten acariciar, abrazar, besar, etc., más de lo que dictan las costumbres sociales tradicionales, son, sin excepción, más fuertes que los que siguen rigurosamente la imagen del *macho*, por lo menos en el sentido de que están más en paz consigo mismos, tienen un temperamento más equilibrado, son menos irritables, tienden menos a enfurecerse por naderías y a perder el control.

Por otra parte, el individuo que reprime sistemáticamente sus necesidades de afecto, se margina artificialmente de sus seres queridos y, admítalo o no, se siente en cierta medida aislado del mundo. Por mucho que se diga, o les diga a otros: «Mi hijo sabe que le quiero sin necesidad de que ande abrazándole continuamente», hay algo irremplazable en el contacto físico, algo que nos permite «sentir realmente», sentirnos miembros de una familia, de una comunidad, del mundo.

Los animales lo saben muy bien. Los gatos que duermen acurrucados unos contra otros no lo hacen sólo porque tengan frío y necesiten el calor corporal del otro, sino porque les gusta la calidez «emotiva», digamos, que nace de sentirse físicamente parte de la vida. El perro que viene corriendo para que le acariciemos, no se plantea «tonterías» como «Los otros perros van a pensar que soy un ser débil si lo hago». Pero lo curioso de los humanos es que, aunque casi todo el mundo respeta la necesidad de afecto del perro, el gato o el canario, no es costumbre considerar que el padre deba echarle el brazo por encima del hombro al hijo cuando salen del campo después del partido. Puede acariciar al perro y complacerse ante las demostraciones de afecto del perro, tal vez porque todo el mundo sabe que los *perros* necesitan afecto... después de todo, ¡sólo son animales!

La conclusión de todo esto es que lo que tenemos que hacer como animales es tratarnos a nosotros mismos y a nuestros seres queridos tan bien como tratamos a nuestros perros, y con ello descubriremos muy pronto que quedan bien satisfechas las necesidades de afecto que todos sentimos.

La necesidad de amar y de ser amado es algo más problemática que la necesidad de cariño o afecto. Mientras el afecto es un medio de expresar amor hacia otros, y «aflora naturalmente» una vez que queremos a una persona como amigo o amiga o compañero, o lo que sea, el amor entraña otras cuestiones relacionadas con la personalidad del individuo: «¿Puedo encontrar, en primer término, alguien a quien amar y que me ame?». «¿Cómo sé si amo o no de verdad a esa persona, y si esa persona me ama realmente?» Parece ser que su capacidad de satisfacer la necesidad de amar y de ser amado, sólo en parte depende de usted, y si ningún otro decide amarle o ser amado por usted, es poco lo que puede usted hacer para resolverlo. El otro o los otros le mantendrán privado de amor.

Ese tipo de actitud no sirve de nada, porque no puede sacarse provecho alguno de *preocuparse* por encontrar gente a la que amar o por intentar que otros nos amen. No tiene objeto que admita usted que la satisfacción de cualquiera de sus necesidades superiores depende de otra persona que no sea usted mismo. Y lo único que hace psicológicamente cuando piensa que la satisfacción de sus necesidades amorosas depende de los caprichos amorosos de otros es acusar a otros de la falta de amor que hay en su vida, resignarse a ello y pretender que no puede hacer nada para resolver el asunto.

Pero, por suerte, si piensa usted un poquito en el amor, verá que, por mucho que nuestra sociedad subraye que debe encontrar al hombre o a la mujer perfectos, de los que hay uno en un millón, al cual o a la cual amaría gustosamente, por mucho que le hayan enseñado a deshojar margaritas y a recitar: «Me quiere, no me quiere», por muchas canciones populares que haya oído, en las que se repita: «¿No quieres alguien a quien poder amar? ¿No necesitas amar a alguien? ¿No te encantaría amar a alguien? Harías bien en buscar alguien a quien amar», por muchos padres a quienes haya oído decir a sus hijos: «Asegúrate de que te quiere de verdad antes de comprometerte», y aunque haya mucha gente que dedique cantidades ingentes de tiempo y de energía a cavilar sobre cómo puede «conquistar» a otro u otra a quien cree amar, el hecho es que *nuestra capacidad de amar y de ser amados depende sólo de nosotros.*

Analicemos el mito de la pareja perfecta, la idea de que el hombre o la mujer al que el destino o Dios haya marcado para casarse con usted está perdido en algún lugar del mundo cual aguja en un pajar, y que ha de tener la suerte de tropezarse con ese compañero/a que le está destinado, que tiene que reconocerle usted a él o ella y él o ella a usted y aceptar ambos que se aman, antes de que pueda usted empezar a amar y a ser amado en el sentido erótico/romántico.

Aun suponiendo que fuese verdad que hay ahí fuera un solo compañero/a perfecto/a para cada cual (lo que cualquier viudo/a, por ejemplo, que tenga un segundo matrimonio feliz le dirá que es absurdo), si usted no sabe amar y ser amado cuando conozca a esa persona y no pueda aprender, ningún amor entre ambos será posible. Y si esa persona no percibe que usted sabe amar y ser amado o quiere aprender más de ello con él, cada cual seguirá su camino al poco tiempo. Después de eso, puede usted decir: «Ese maldito me rechazó», pero *¿qué pasó en realidad?* Se lanzó usted a buscar a esa persona especial y única y en vez de preguntar: «¿Qué puedo aprender ahora sobre el amor con esta persona?», ha estado preocupándose primordialmente todo el tiempo pensando: «¿Será o no será él? ¿Cómo sé si le quiero de veras? Si le quiero, ¿cómo puedo lograr que me quiera él? ¿Y si le quiero y él no me quiere? ¡Eso me destrozaría el corazón!». Tantas ansias sentía de llegar al último pétalo de la margarita y descubrir (o decidir) si él la quiere o no la quiere que se ha olvidado usted regar las flores... Se ha preocupado tanto por el estatus y el futuro de «la relación» que se ha impedido mentalmente cultivarlo de modo activo.

Al pretender que el amor es una especie de platillo volante que puede caer o no del cielo en cualquier momento y transportarle a un mundo mágico de éxtasis, ha rechazado usted su naturaleza básica del arte de *vivir el instante presente, de trabajar y jugar ahora*, un arte como el baile, que, si le gusta y lo practica, puede ejercitarlo con cualquier pareja y en cualquier momento. El individuo que no puede encontrar a nadie a quien amar, que no puede encontrar quien le ame, es como quien dice que quiere bailar y no encuentra la pareja adecuada (alguien con quien girar automáticamente, de un modo mágico y sin esfuerzo, haciendo todos los pasos y movimientos que nunca se ha molestado en aprender a hacer).

Quizá pueda ayudarle a comprender mejor lo que quiero decir pensar en esas personas que conoce de las que ha dicho o ha oído decir a otros: «Todo el mundo le quiere». ¿Cree que puede deberse a que el individuo tuvo tanta suerte que cayó en un medio ambiente en el que había la gente más adecuada *para él*? ¿Cree usted que si le depositasen de pronto en una cultura extraña del otro lado del mundo, la gente de allí no sería la adecuada para él y nadie podría quererle?

Por supuesto que no. Todo el mundo quiere a esa persona porque, en primer lugar, esa persona se quiere a sí misma y, además, sabe querer a todo el mundo de una u otra forma. Sabe ser considerado en cualquier relación humana sin preocuparse por ello (y es posible que el preocuparse demasiado por eso, con dudas interminables y constante futurización sea lo que asfixie muchas posibles relaciones amorosas); demuestra que respeta a los demás, hace que los demás se sientan cómodos con él; sabe «abrirse» sin ser receloso ni temer que le rechacen, cosa que no le preocupa en absoluto.

Sobre el rechazo y el miedo al rechazo, el amante Sin Límites dirá: «¿Quién desea correr detrás de alguien que no quiere bailar contigo y te rechaza cuando se lo pides, cuando hay tantísimas personas en el mundo a las que realmente les encantaría bailar?» y sacará la conclusión de que la persona que le «rechaza» no pretende hacerle nada *a él;* lo único que hace es admitir su propia incapacidad de amar y de ser cordial y alegre y animado en esa situación concreta... rechazándose primordialmente a sí mismo.

La moraleja es que amar y ser amado no es algo que le «suceda a usted», sino un arte creador que debe practicar con los demás con una variedad interminable de posibilidades y vías, desde las amistades por un día a las relaciones romántico/eróticas para toda la vida. Que sus necesidades de amor y de afecto queden satisfechas en su vida (al menos en su vida adulta) depende tan sólo de si usted desea o no de veras «bailar», y de si desea de veras aprender a hacerlo.

Tiene que aceptar, claro está, que una pareja no puede aprender a bailar sin darse un pisotón de vez en cuando, y que de vez en cuando puede tener una pareja realmente extraña que parezca desear sólo pisarle (y que puede reprocharle el colocar el pie debajo, en vez de intentar no cometer de nuevo el mismo error), pareja con la que sencillamente a usted no le apetece seguir intentándolo. Pero si está dispuesto, no le quepa duda de que descubrirá que hay muchísimas personas a quienes les gustaría iniciar una amistad con usted, y muchísimas dispuestas también a probar fortuna con una relación romántico/erótica. Mientras tenga en cuenta que el baile no tiene nada que ver con la pretensión de «adquirir» un marido o una esposa, de «hacerse» con un montón de amigos, de «dirigir» a sus hijos en todo; que sólo supone que aprenda usted a improvisar cierto amor, cierto afecto, cierta amistad o lo que parezca apropiado con quien esté usted en el momento y reconozca que cada baile es una oportunidad de «animarse», de superarse, de bailar con más inspiración que nunca, descubrirá que sus necesidades de amor y afecto saben muy bien cómo satisfacerse solas.

Debe usted saber ya lo importante que es para usted su necesidad de amar y de que le amen. Si está diciéndose: «Bueno, eso no es tan importante, puedo pasarme sin ello si hace falta», o bien «Lo he intentado, pero no merece la pena tanto esfuerzo», o incluso, como el título de una canción satírica: «¡El amor apesta!», debe saber, en el fondo, que está racionalizando, refunfuñando infructuosamente sobre unas uvas supuestamente verdes, negándose a bailar porque a veces significa uno o dos pisotones. Debe sospechar que no sabe amarse a sí mismo en ambos sentidos: no se tiene usted amor a sí mismo (que es casi lo mismo que respeto por sí mismo) ni sabe usted cómo amar a los demás.

Si es así, si siente usted una falta de amor palpable en su vida (y, en consecuencia, de afecto, pues lo uno sigue a lo otro), olvídese de si los otros le aman o no, y de intentar determinar a quién ama y a quién no, pues no es más que otra forma de abusar de la dicotomía amor/odio. Piense sólo en la forma de divertirse un poco, una diversión del mejor género posible, con un amigo/a, una amante, sus padres o sus hijos, el desconocido con quien intercambia unas palabras en el metro o en la tienda, cualquiera con quien se tropiece. Deje que su amor hacia sí mismo y hacia la humanidad intente simplemente desplegarse solo siempre que quiera, y descubrirá que el amor está verdaderamente en todas partes, siempre, para todo el que de veras quiera bailar, desde el recién nacido en brazos de su madre, hasta el anciano de noventa y cinco años del asilo, a quien «todo el mundo quiere».

Trabajo significativo y creador

Todos necesitamos sentirnos productivos y útiles como seres humanos. Esto no quiere decir que tengamos que trabajar para otros para sentirnos satisfechos en la vida, pero la sensación de ser útil, de hacer algo creador, de emprender alguna tarea y completarla, es algo esencial y básico. Es una necesidad básica. Si menospreciamos y reprimimos esta necesidad, la consecuencia es el aburrimiento y la experiencia humana más dolorosa y extenuante: *falta de interés*. Las personas que han perdido el interés por la vida se desmoronan. No tienen ningún objetivo y se convierten en una carga para sí mismos y para la sociedad en la que viven. Padecen graves depresiones, se menosprecian a sí mismos y empiezan a experimentar síntomas físicos de todo género y acaban muriendo de esta enfermedad. Sí, no lo dude, tenemos un instinto claro que nos mueve a ser productivos y a emprender actividades laborales significativas. Los que no siguen este instinto se condenan a una vida de aburrimiento y a la posible inmovilización que nace de la inactividad.

En este sentido, todo ser humano vivo desea trabajar, al menos en principio, y sólo si uno se ve empantanado demasiado tiempo en un trabajo que resulta excesivamente tedioso, que nos presiona en exceso o no nos proporciona la sensación interna de estar haciendo algo útil para alguien, podemos pensar: «No quiero trabajar más. Quiero retirarme y dedicarme sólo a divertirme y a estar tranquilo siempre». Si no cree usted eso, pienso firmemente que se juzga mal a sí mismo, y pronto descubrirá que es así si se retira usted de toda actividad laboral. La vida empezará a parecerle vacía; empezará a sentirse inútil, y, al cabo de un tiempo, andara buscando cosas interesantes que hacer, ya sea trabajo voluntario en un hospital, llevar a los niños del barrio a un partido o al circo para que sus padres puedan tener un poco de tiempo libre, o intentar limpiar de basura el solar vacío del final de la calle.

La profunda necesidad que el ser humano tiene de un trabajo significativo puede verse en los disminuidos física y/o mentalmente. Por muy graves que sean sus deficiencias, todos estos individuos pueden hacer *algo; quieren* siempre hacer algo; y la diferencia entre aquellos a quienes se da la oportunidad de hacer algo y aquellos a quienes no se les da, es la misma que hay entre el día y la noche. Aquellos a quienes se niega la posibilidad de trabajar y se les da algún trabajo trivial o de circunstancias para hacerles callar y advierten que se les manda hacerlo sólo para que estén ocupados y no molesten, se convierten en individuos resentidos, frustrados y deprimidos. Sus deficiencias se agudizan, su estado físico empeora y, como cualquier otro al que se le niegue la posibilidad de trabajar, pueden volverse locos y convertirse en individuos inactivos y crónicamente dependientes de los demás.

Pero aquellos a quienes se ofrece algo que hacer, o lo encuentran ellos, y se les ayuda en todo lo necesario para poder llevar a cabo lo que emprenden, se desarrollan como individuos de modo sumamente interesante, y casi todos le dirán que no es su deficiencia lo que lamentan, sino el hecho de que esta deficiencia pudiera provocar que les negasen el derecho a trabajar, el orgullo y el respeto por sí mismos, que se deriva de aportar algo a la sociedad y ganarse la vida. En general, estos individuos aprecian la necesidad de trabajar muchísimo más que los otros y les asombra la idea de que alguien pudiera considerar alguna vez la necesidad de realizar un trabajo significativo como algo no fundamental para el ser humano. Además, son capaces de encontrar sentido prácticamente a cualquier labor que *puedan* hacer, y les cuesta trabajo comprender que los plenamente capaces protesten continuamente por su trabajo y piensan: «Espera a que tengas un accidente y te pongas malo o algo así y no puedas seguir haciendo ese trabajo. Protestarás el doble».

Otro grupo que aprecia profundamente la necesidad de un trabajo significativo es el de los ancianos, los que se vieron obligados a retirarse a los sesenta y cinco años, cuando saben que pueden seguir años trabajando. Grupos como los Panteras Grises y otras asociaciones similares de «ciudadanos mayores» repiten últimamente con insistencia cada vez mayor lo siguiente: «Si se nos va a negar el derecho a trabajar, ¿por qué no nos entierran ya a los sesenta y cinco años?». Estos individuos han visto con toda claridad y con todo dramatismo la diferencia que existe entre los que pertenecían a campos de «retiro forzoso» que no han podido encontrar un trabajo significativo después de que les echaran bruscamente de sus profesiones al cumplir los sesenta y cinco años y los que tienen su propio negocio, del que nadie puede echarles, o los que trabajan en sectores a los que no se aplica el retiro forzoso. Saben muy bien que el propietario de la ferretería, el abogado, o cualquier otro profesional sano y lúcido y con capacidad de trabajo a los ochenta años, muy bien podría haberse muerto si le hubieran obligado a retirarse a los sesenta y cinco. Para ellos (y para mí) es una hipocresía consumada que los miembros del Congreso —o cualquier otro organismo legislativo— que aprueban las leyes de retiro forzoso para otros no hayan aprobado nunca las mismas leyes para ellos mismos e insistan en su derecho a seguir trabajando en el Congreso a *sus* ochenta y noventa años si lo desean.

Si su trabajo es o no significativo para usted en el sentido en el que estamos hablando, es algo que sólo puede saber usted; pero primero ha de formulárselo en serio, cosa que muy pocas personas hacen. Si es usted profesor, o médico, o simplemente padre o madre o está trabajando en cualquier sector en el que su servicio a la sociedad es, o por lo menos debería ser, absolutamente claro y evidente, quizá no tenga graves problemas para decir: «Claro que mi trabajo es significativo». Pero si es usted un obrero que ha de colocar tantos amortiguadores al día, si trabaja en publicidad y tiene que hacer tantos anuncios semanales, o si es usted un empleado de un casino, quizá su respuesta no sea tan tajante. El obrero puede decir: «Bueno, es significativo por el hecho de que la gente necesita amortiguadores en los coches. Sin duda estoy haciendo algo útil y necesario, pero el trabajo en sí es bastante aburrido; me da muy pocas oportunidades de ejercitar el ingenio o la capacidad creadora, así que para mí no es muy significativo, desde luego». O puede decir también: «Bueno, el trabajo es bastante monótono, pero siempre encuentro media hora para ejercitar mi ingenio... por ejemplo, cuando la máquina se rompe, encuentro siempre el medio mejor y más rápido de arreglarla, y, a veces, hago sugerencias para mejorar el proceso o el producto, creando condiciones de trabajo mejores y más seguras. Sí, yo diría que, en conjunto, es un trabajo bastante significativo».

El publicitario puede decir: «Es un trabajo que no tiene el menor sentido. Casi toda la basura que anunciamos es cacharrería inútil para la que intentamos crear una demanda seduciendo a los tontos con estos anuncios estúpidos. Sólo lo hago por dinero. Por lo demás, es un completo desperdicio de tiempo y de talento». (He oído a algunos publicitarios decir esto con estas mismas palabras.) O puede decir: «Bueno, creo que la publicidad presta un valioso servicio al dar al público información de productos que pueden interesarle, y, aunque algunos productos no sean de lo mejor, también hay algunos que creo que son excelentes. Intento ser lo más original y creador posible en la tarea de informar al público sobre tales productos con los anuncios. Creo que estoy aportando cosas positivas a la publicidad y para mí eso es muy significativo».

El empleado de casino puede decir: «Claro que es un trabajo absurdo. Lo único que hago es ganarle dinero a la gente para que el casino se beneficie. Me resulta interesante, porque veo gente muy variada, veo cómo piensa cada uno, pero creo que no aporta nada a la sociedad», o puede decir: «Es un trabajo importante, sí. Me parece fascinante y, en lo que se refiere a lo que pueda aportar a la sociedad, bueno, la gente va a jugar de todos modos, y aquí por lo menos los impuestos que paga el casino sirven en gran medida para subvencionar el presupuesto de educación del estado».

Como ya dije antes, si su vocación no le parece significativa, tiene usted dos elecciones: encontrar el medio de hacerla significativa o dejarla y pasar a algo que sepa que *puede* conseguir que sea significativo. Esta última vía puede exigir cierta dosis de paciencia, algunos riesgos, cierta readaptación o aprendizaje de técnicas y conocimientos nuevos, ciertos «sacrificios» financieros. Además, puede enfrentarse con cierta desaprobación de los demás que no pueden entender por qué abandona usted lo que a ellos les parece seguridad para perseguir lo que desee emprender, esos críticos que parecen creer, en realidad, que si gana usted suficiente dinero puede, de un modo u otro, satisfacer todas sus necesidades humanas y que no tiene gran importancia el que usted considere o no su trabajo significativo. Pero si aprecia la necesidad básica de realizar un trabajo significativo, como necesidad vital suya y de todos los demás, sabe que si su trabajo no tiene sentido, no tendrá verdadera seguridad, y por mucho dinero que gane no le compensará el vacío que hay en su vida.

Diversiones y distracciones

Si piensa usted en esas personas a las que conoce o de las que sabe que han vivido vidas muy fecundas y positivas durante largos períodos de tiempo, descubrirá que todas ellas respetaban sus necesidades superiores de autorrenovación, restauración y refresco espiritual que nacen de la diversión. Winston Churchill encontraba pintando el camino perfecto para volver la espalda a los problemas del mundo por un rato. Woody Allen tocaba el clarinete en un club de la ciudad de Nueva York una vez por semana. Muchos académicos prestigiosos son, por alguna razón, voraces devoradores de novelas de misterio. Sea cual sea la forma de distracción que usted elija, sea el ajedrez o el balonvolea, las excursiones o la restauración de antigüedades, es esencial que satisfaga su necesidad biológica de una distracción regular. Si cree que puede pasarse sin ella, sobre todo si es usted un «trabajoadicto» hasta el punto (por su necesidad de empezar a preparar el caso judicial siguiente en el mismo instante en que termina el anterior, por ejemplo) de no concederse nunca un descanso, su trabajo se resentirá porque le afectará inevitablemente la ley del rendimiento decreciente. Puede usted trabajar doce horas diarias, pero en las últimas horas su rendimiento disminuirá, perderá su capacidad de pensar claramente, y afortunado será si consigue sacar una buena hora de trabajo de cuatro horas de darse cabezazos contra la pared. Si sigue así día tras día, se encontrará con que es cada vez más lento y más torpe, y con que ni siquiera sus primeras horas de trabajo de la mañana serán tan productivas como debieran. Descubrirá luego que su pensamiento empieza a vagar y a desvariar, intentando tomarse ese descanso que le niega. Se sorprenderá mirando la ventana con los ojos en blanco. Se dirá: «Vamos, basta ya. ¡A trabajar!», pero minutos después volverá a sorprenderse mirando de nuevo fijamente la ventana.

Si en ese momento no escucha las voces internas que le dicen «¿Qué demonios intentas hacerme? No soy una maquina, sabes, que puedo seguir funcionando igual, sólo con apretar el botón de puesta en marcha. Quiero dar una vuelta por el parque o algo así *ahora mismo*», seguirá usted hundiéndose más y más, pensando: «¡Vaya día tan poco productivo el de hoy! ¡Ahora tendré que pasarme trabajando toda la noche!», y su pensamiento acabará empezando a desvariar, el nivel de angustia llegará al límite y acabarán teniendo que llevarle a un hospital o a una institución para enfermos mentales o a un lugar parecido donde tenga ocasión de volver a colocar todas las piezas en su sitio.

En realidad, existen pruebas de que gran parte del proceso de creación intelectual se produce «inconscientemente», si se acepta tal término, cuando uno se divierte o se distrae. Henri Poincaré, el gran matemático francés, llevaba días estrujándose los sesos con una serie de complejos problemas. Contaría más tarde:

> Fue cuando dejé Caen, donde vivía entonces, para hacer una excursión geológica patrocinada por la Escuela de Minas. Los cambios que introdujo el viaje me hicieron olvidar mi trabajo matemático. Al llegar a Coutances, entramos en un autobús para ir a un lugar que no recuerdo. En el momento en que puse el pie en la escalera se me ocurrió la idea sin que nada en mis pensamientos anteriores pareciese preparar el camino para que surgiese. Pensé que las operaciones que había utilizado para determinar las funciones de Fuchsian eran idénticas a las de la geometría no euclidiana. No comprobé la idea, no habría tenido tiempo. Así que ocupé mi lugar en el autobús y proseguí la conversación ya iniciada, pero me sentía absolutamente seguro. Cuando regresé a Caen comprobé el resultado tranquilamente.*

Hay ejemplos aún más famosos, como el de Newton bajo el manzano y el de Arquímedes en el baño. Por tanto, si cree que su trabajo

---

* Henri Poincaré, «Mathematical Creation», en *The Creative Process*, Brewster Ghiselin, ed., Mentor Books, 1955.

mejora negándose cualquier distracción, medítelo detenidamente. Sea cual sea su trabajo, sea usted un ama de casa que tiene que bregar todo el día con cinco pequeños, o un obrero de la construcción obsesionado con la idea de que ha de aprovechar cada minuto de que disponga, o un candidato político con un programa de actividades absolutamente cubierto para los cuatro meses próximos, su mente y su cuerpo se rebelarán si no les concede oportunidad de «dar la espalda» por completo a los problemas y actividades a los que está siempre entregado y entregarse a otra cosa con el simple propósito de divertirse.

A la necesidad básica de trabajar y de sentirse productivo, la acompaña el instinto de relajarse y aminorar la marcha y ser capaz de eliminar toda presión. Ese instinto que le mueve a relajarse es necesario porque si no acabaría usted pereciendo víctima de la presión y de la fatiga. Si carece de la capacidad de relajarse, se expone a diversas enfermedades, entre ellas la hipertensión, las úlceras, las afecciones cardíacas, los sarpullidos, los calambres, los tics nerviosos, etc. Su organismo sabe que la presión excesiva puede ser fatal, y, en consecuencia, está plenamente provisto de la capacidad y el deseo de apartarse de las situaciones opresivas y disfrutar del ocio. Si cree que esto no es un instinto, intente imaginar cómo podría sobrevivir si no tuviese un mecanismo interno que le indicara cuándo está agotado. Seguiría trabajando hasta el desmayo. Por desgracia, muchas personas han ignorado este instinto interno y se han destruido por ello. Puede tener usted una conexión mucho más perfecta con su absoluta necesidad de divertirse y relajarse si confía en su instinto cuando percibe que sencillamente está demasiado acosado. Haga lo que haga, aunque usted lo rechace e ignore su instinto de relajarse no le abandonará.

Creatividad

Si les piden que piensen cuáles son sus necesidades humanas superiores, muchas personas mencionarían algunas cosas que yo he mencionado, como el amor, o un trabajo significativo; pero creo que pocas incluirían la creatividad, ante todo porque la dicotomía creativo/no creativo es algo que está muy presente en nuestra cultura. Continuamente se oyen frases como: «Fulanito es muy creativo, estoy seguro de que será artista cuando sea mayor». «Yo no soy muy creativo. La gente creativa es distinta a la mayoría. Para ser creativo hay que estar un poco loco.» De pensar de este modo hay sólo un paso muy corto a concluir que sólo unos pocos «genios creadores» selectos deberían *intentar* ser creativos, pensando que la creatividad se manifiesta sólo en las paredes de los museos, entre las tapas de los libros, etc., y que sería pretencioso y hasta estúpido que uno aspirase a la creatividad. ¿Cómo podría ser una necesidad humana universal si tan poca gente está en condiciones de satisfacerla?

Naturalmente, esto no puede ser así, porque si todo el mundo se clasificase a sí mismo como no creativo, dejaría de haber originalidad y siempre acabaríamos viendo reposiciones de películas, haciendo las cosas siempre como las hacemos ahora, pensando, hablando, enseñando, etc., del mismo modo siempre, lo cual significaría que la especie humana moriría de aburrimiento al cabo de seis meses.

Por suerte, esto no va a suceder, porque la creatividad es un instinto profundamente enraizado, y si abrimos bien los ojos y nos fijamos en las cosas que nos rodean, y que ha creado la gente, desde el periódico de hoy a los toboganes y rampas de la zona de juegos de las Naciones Unidas, a la nave espacial Apolo y cualquier otra cosa hecha por el hombre, se quedará sobrecogido ante la creatividad de los seres humanos. En realidad, lo opuesto a creatividad es la simple imitación, así que el único medio que tenemos de *evitar* ser creadores es imitar servilmente a otros siempre... en el caso extremo, seguir siempre a todas partes a otra persona e imitar todo lo que haga.

En otro sentido, lo opuesto al espíritu creador es el espíritu destructivo, desear malévolamente destruir todo lo bueno, valioso y bello que hayan podido hacer los demás o actuar de modo destructivo en las relaciones humanas. Para evitar la destructividad, hemos de ser creativos en nuestros pensamientos personales sobre nosotros mismos y sobre el mundo entero, y para iniciar ese proceso hemos de empezar evitando imitar las ideas de los individuos autodestructivos (y no hay manera de imitar los procesos mentales de los individuos realmente creativos, porque no hay ninguna fórmula para ser original). *Por tanto, considero que evitar la imitación ciega o la conformidad irreflexiva es la clave para que todos podamos satisfacer nuestras necesidades de creatividad y poder alcanzar las cumbres vitales de nuestra ilimitada capacidad creadora.*

El primer paso para que identifique usted su creatividad innata es que tenga en cuenta que se trata de una expresión de su individualidad, tan presente siempre (como pueda estarlo su sombra), que le seguirá a todas partes. Aflora en formas sutiles aunque intente usted rechazarla y negarla. Brota y se hace presente cuando usted la necesita instintivamente, cuando no tiene posibilidad de obstaculizar su aparición, como cuando añade usted «automáticamente» los ingredientes adecuados a su sopa casera o idea una jugada en el partido sobre la marcha, o presta ayuda a la víctima de un accidente de automóvil. Algunos podrían decir: «Eso no es creatividad, eso es sólo buen ingenio yanqui», pero yo diría entonces: «¿Por qué hablamos siempre del viejo ingenio yanqui, y nunca de la nueva creatividad yanqui? El ingenio es *una forma de creatividad*. ¿No se basaron en él los inventores y no llamaríamos, por ejemplo, creativo a Thomas Edison?».

El caso es no olvidar que tanto el ingenio como otros talentos de los que usted puede enorgullecerse son «diferentes de» la creatividad, porque la distinción carece de sentido, salvo que necesite usted que le explique en qué son distintas de la fruta las manzanas y las naranjas. Debe concentrarse usted, por el contrario, en examinar todas las actividades de su vida, en las que aflora o quiere aflorar la creatividad (como lo opuesto a la imitación) y estoy seguro de que la descubrirá en *todos* sus actividades. Lo único que ha de hacer para darle rienda suelta en cualquier actividad (cocinando, jugando con los niños, arreglando el coche, en su profesión, decorando la casa, escribiendo una carta, absolutamente en cualquier cosa que *usted elija*) es pararse un segundo y preguntarse: «¿Cuánto de lo que estoy haciendo aquí es sólo imitación irreflexiva? Si dejase libre la imaginación para ver cómo *podría* hacerse mejor, cómo podría conseguir que fuesen mas bellos y *pensase después* cuáles de mis fantasías son realizables y cómo, *¿quién sabe lo que podría hacer?*».

Ésa es la cuestión básica respecto a la creatividad, lo que la convierte en un instinto humano tan vital: la fascinación y la expectación de no saber nunca qué demonios va a idear su pensamiento la próxima vez. Lo que hace funcionar la creatividad es aceptar las ofertas de la imaginación igual que acepta las conchas que localizan sus ojos en la playa. De todo ese vasto mar de conchas, sólo se fijará en unas cuantas; otras, quizá quiera usted tomarlas y examinarlas un poco. Con otras, se divertirá tirándolas lo más lejos que pueda, al mar; otras se las llevará a casa y las tendrá allí unas semanas; y algunas quizá quiera limpiarlas, hacerse un collar con ellas, enmarcarlas e incluso conservarlas siempre. Exactamente así es como trabajan los «escritores creativos». Abren las puertas de su pensamiento a las sugerencias de su imaginación. Como tienen que preparar su pensamiento de modo que forje sus ideas convirtiéndolas en obras, su pensamiento elegirá luego sugerencias para obras concretas y, estén ante la mesa de trabajo o pescando en algún sitio, o subiendo a un autobús, o incluso durmiendo a veces, si su imaginación encuentra una concha que exige que la recojan, se lanzará de inmediato adelante, se centrará en ella, la mirará a la luz por un instante, la depositará en la memoria, y acabará convirtiéndola en un escrito.

Éste no es un proceso que pueda resultarle extraño. Usted hace lo mismo cuando se abre a las posibilidades creativas en cualquier cosa. Piense por un momento en esas parcelas de su vida o en esas cosas que ha hecho y que ha considerado *más creativas y* pregúntese si su pensamiento no ha trabajado de ese modo.

Supongamos que se considere usted una persona con gran capacidad creadora como cocinero. Eso significa que no sigue usted siempre los libros de recetas, que no se atiene a repetir el mismo menú en ciclos de dos semanas y que no hace ninguna otra cosa que indique «imitación compulsiva». Tampoco prepara usted unos perros calientes, un poco de helado, un escabeche, zumo de limón, pimientos picantes, cerveza y galletas saladas en una cacerola y lo pone a hacerse para ver lo que resulta. Puede utilizar a menudo recetas ajenas (algunas de sus viejas recetas preferidas y otras nuevas que parezcan prometedoras), pero si lo hace es muy probable que las recetas de su colección estén llenas de anotaciones, variaciones y sustituciones que ha ido ensayando en el pasado, de modo que la forma que tiene usted de hacerlo ahora es una variedad sumamente original de paella, pollo a la cantonesa o lo que sea.

Cuantas más recetas haya ensayado y probado, más habrá aprendido sobre qué ingredientes se complementan entre sí y de qué modo, y más confianza tendrá a la hora de improvisar, de modo que cuando *centre su pensamiento* en la tarea de «preparar algo» sin receta y abra su imaginación a cualquier sugerencia, pueda recorrer todo el inventario de ingredientes y especias de la casa, hacer unas cuantas elecciones de tanteo, empezar con lo que está seguro o segura que quiere, probarlo y preguntarse qué es lo que el plato pide o necesita. Su pensamiento hará luego otras sugerencias, algunas de las cuales puede rechazar sin más (¡no mezcle la crema con el zumo de limón, salvo que desee que se corte!), otras puede probarlas y comparar con el aroma normal del plato, rechazarlas, decidir intentar un poco de otra cosa, y así sucesivamente siguiendo el proceso de destacar y ensayar las inspiraciones que tenga, eligiendo las que quiera para el plato, utilizándolas en la proporción adecuada, cocinándolo todo hasta que quede bien hecho, dándole el toque final y sacándolo a la mesa.

Si un número incontable de cocineros y cocineras no hubiesen ejercitado su creatividad de este modo a lo largo de este siglo, si todos se hubieran limitado a seguir las primeras recetas que se idearon, seguiríamos aún ateniéndonos de manera obligatoria a estas instrucciones: «Tome un antílope entero recién cazado y arrójelo a un buen fuego».

Si ha pensado en sus propias experiencias vitales, en las que ha sido más creativo, probablemente las haya identificado no sólo como algunas de las experiencias más intensas del «vivir ahora» de toda su vida, sino también como las que produjeron las cosas, las acciones o las relaciones que a usted más le agrada recordar, y por las que más le gustaría que le recordasen. Al mismo tiempo, esas experiencias en las que ha sido usted más destructivo han sido aquéllas por las que menos le gustaría que le recordaran, y en las que ha sido más imitativo son aquellas que ha olvidado ya o que no le importaría haber olvidado.

Si rechazase usted esa necesidad superior y básica que tiene de creatividad y optase por la imitación y la sumisión a lo ya hecho por otros, se convertiría en un autómata, pero con toda la depresión, la angustia, la frustración y el autodesprecio que nacen de intentar asfixiar a ese «genio creador» que hay en su interior.

Si sigue usted, por otra parte, mi consejo del primer capítulo e intenta aprender más del modo en que ha operado en el pasado, *cuando ha sido más creativo*, en vez de cavilar sobre los modos en que haya podido asfixiar su creatividad, lo «enfermo» que pueda haber estado usted en el pasado; si observa a otros y aprende más de su creatividad, y si decide dar libertad a sus instintos creadores siempre que sugieran ideas originales, pronto descubrirá que a su propio modo personal es usted tan creativo como cualquier persona sin límites que haya podido vivir en este planeta.

Justicia

¿Puede usted recordar la primera vez que sufrió lo que ahora recuerda como una gran injusticia o presenció cómo la sufría otro? Puede que alguien les contase a sus padres o a un profesor una mentira sobre usted que trajo como consecuencia una paliza o una hora de castigo después de las clases. Puede que el matón del barrio pegase a su mejor amigo por divertirse. Puede que su padre no consiguiera un trabajo por ser negro. Fuese lo que fuese, ¿hasta qué punto fue instintiva su reacción? ¿Cuánto tardó en sentirla? ¿Hasta qué punto fue vigorosa la sensación de rechazo que sintió? ¿Hasta qué punto deseó poder corregir esa situación injusta?

Resulta muy frecuente en la actualidad, al parecer, que la gente rechace sus necesidades instintivas de justicia para sí mismo y para los demás, diciendo: «En fin, el mundo es injusto y nada se puede hacer para evitarlo. ¡Basta mirar cuántas injusticias se cometen todos los días en todas partes!». Es muy probable que después de decir tal cosa se razone, sea en público o no, del siguiente modo: «La injusticia es norma en este mundo, y no voy a perjudicarme intentando ser más justo que los demás. Me machacarán y pisotearán continuamente si lo hago. Quizá no sea capaz de impedir que me machaquen y pisoteen *a veces*, pero puedo igualarme a los demás si machaco y pisoteo a otros lo mismo que lo hacen conmigo».

Éste es el razonamiento que utiliza el mecánico sin escrúpulos cuando le carga al ejecutivo de una empresa quinientos dólares de reparaciones innecesarias o que jamás llegaron a hacerse. El mismo razonamiento que se hace el ejecutivo sin escrúpulos de una empresa de créditos cuando aprueba el préstamo de cincuenta mil dólares que ha solicitado el mecánico, sabiendo perfectamente que éste no ha leído la cláusula diabólica en letra pequeña, y cuando embarga el taller del mecánico. Éste es el razonamiento que se hace todo el mundo cuando decide que está justificado aprovecharse de los demás para compensar lo que le han hecho a él, compensar su propia sensación de injusticia siendo injusto con otros inocentes. Si decide usted además que *puede salir realmente adelante* en este juego competitivo según las «reglas reales» y expoliar a los demás por adelantado, pensando que ellos no dudarían en hacerlo con usted, si pudieran, procurando expoliar a más gente que la que le expolia a usted, perdería sin duda todo contacto con sus instintos básicos de justicia, y la consiguiente cadena de reacciones paranoico-agresivas podrían llevarle a la ilegalidad completa y a la delincuencia; al fraude, al desfalco, al robo y a cosas peores.

No cabe duda de que el mundo está lleno de injusticias, y de que todas ellas resultan instintivamente ofensivas para el individuo que respeta su propia necesidad de justicia. Pero, en primer término, el individuo Sin Límites no acusa al mundo porque haya injusticia en él; en segundo, no aceptará que en el mundo haya «naturalmente» tanta injusticia, y que él sea antinatural si no quiere aceptar «su cuota» de injusticia en su trato con el mundo; en tercer lugar, no cree que el mundo siguiera de ese modo si hubiera suficientes individuos que quisieran cambiarlo. Y por último, en cuarto lugar, no permite que su repugnancia instintiva ante las injusticias le altere, le confunda o le inmovilice, porque sabe que después de esa reacción instintiva y momentánea de ultraje ante la situación, su sentido creador de la justicia le sugerirá lo que puede hacer al respecto si es que puede hacer algo. Si la respuesta es *algo* (cualquier cosa), no desperdiciará tiempo ni energías en maldecir al mundo por el hecho de que en él haya injusticias, sino que pasará a actuar de inmediato. Y tampoco maldecirá al mundo ni se maldecirá a sí mismo si no puede hacer nada al respecto.

El mejor modo de perder el instinto innato de justicia es considerar que *justicia* es lo que deciden los tribunales, la policía, su jefe o cualquier otro símbolo de autoridad. Su reacción puede ser entonces:

«Si ellos llaman justicia a *eso*, la verdadera justicia no *existe*». Pero los mejores juristas, los mejores policías y los mejores jefes del mundo le dirán que justicia es sólo algo que ellos *intentan conseguir* como pueden dentro de sus propias limitaciones. Los mejores juristas del mundo, o los más creativos, le dirán también que cuando llega el momento de dictar una sentencia no hay ni puede haber autoridad superior a sus propias conciencias, según la información que han recibido debido a su propia experiencia vital intentando hacer justicia en el pasado. En otras palabras, los que han atendido la llamada de su propio sentido interno de justicia tan profundamente que han consagrado su vida a él son los primeros en admitir que, en último término, uno ha de volver a la fuente original, a la infantil e instintiva necesidad de justicia y a una respuesta visceral en cuanto a la equidad en una situación concreta.

Su necesidad de justicia no es necesidad de que le hagan justicia a usted y a los demás siempre. Si lo fuese, tendría razón al concluir que el mundo tal como es nunca podría satisfacer la necesidad de justicia de nadie. Es más bien la necesidad de que usted *respete su propio sentido de la justicia*, que lo cultive y lo afirme en situaciones en las que ahora pueda decir: «Qué demonios, en realidad la justicia no existe, así que me limitaré a dejarla correr».

Por ejemplo, quizá se haya visto usted en situaciones similares a una en la que me vi yo hace unos años, cuando el error de un ordenador del Ministerio de Hacienda hizo que me cargaran una pequeña suma de dinero que evidentemente no debía. Al final conseguí, tras numerosas cartas y llamadas telefónicas, que los funcionarios admitieran que se trataba de un error, pero no parecían dispuestos a hacer que el ordenador dejase de enviarme facturas (o puede que no fueran capaces de detenerlo). Mi contable, los funcionarios de Hacienda, mi familia, mi abogado, me aconsejaron pagar la factura ya que era muy poco dinero, olvidarme del ordenador y considerar zanjado el asunto. Me dijeron que si provocaba a los funcionarios de Hacienda me exponía a una revisión rigurosísima de mis cuentas, en la que procurarían asegurarse de que mi obstinación me costara más dinero a la larga y, desde luego, el asunto me traería más dolores de cabeza de lo que merecía la pena en realidad.

No cabe duda de que cualquiera que se vea en semejante situación admitirá que es una injusticia. Lo importante del caso es: ¿Hemos de combatir para defender la justicia o hemos de olvidarlo? ¿Qué es lo que le hará sentirse mejor a la larga, afirmar: «Luchar sólo significará una pérdida de tiempo, y el tiempo es valioso para mí», o decir: «Defender un principio y conseguir que se haga justicia en este caso es uno de los usos más valiosos que puedo hacer de mi tiempo, y me dará muchísimas satisfacciones cuando gane»?

Yo decidí luchar. La idea de ceder me parecía inconcebible; no me gustaba que me dijesen que abandonara mi posición sólo porque sería «más fácil» para todos los afectados, y le expliqué claramente a mi contable y a mi abogado que no se les pagaba por aconsejarme que prescindiera de mi necesidad personal de justicia, que si ellos creían que ése era su trabajo, me buscaría en seguida otro contable y otro abogado.

Después de muchos esfuerzos y tribulaciones, alguien del Ministerio de Hacienda arregló el ordenador y por fin se corrigió el error. Hicieron, sí, una revisión más cuidadosa de mi expediente pero no tuvo ninguna consecuencia terrible. Como sabía de sobra que no tenía nada que ocultar, me daba igual que examinasen detenidamente lo que estaba haciendo. No me daba miedo una revisión cuidadosa, porque soy un ser humano honrado y sincero. Y, desde luego, no abandonaré mis principios, muy importantes para mí, por costoso que pueda resultarme. Son los principios y no el dinero lo que me importa en la vida. Y el asunto no me pareció, en modo alguno, una pérdida de tiempo. La verdad es que disfruté muchísimo con él.

Esto no es más que un ejemplo de satisfacción de la necesidad de justicia, que en nada se parece a la situación en la que se encuentra, por ejemplo, el testigo de un delito grave, que sabe que van a condenar a una persona que es inocente y tiene que decidir dar un paso al frente y contar lo que sabe, aunque al hacerlo ponga en peligro su seguridad y la de su familia... pero el *principio* es el mismo. Puede usted respetar su sentido de la justicia o puede intentar ignorarlo y reprimirlo. Pero, créame, si decide usted no respetarlo, decide no respetarse a sí mismo, y pronto acabará preguntándose hasta qué punto es digna y merece la pena esa vida que lleva.

Para el individuo Sin Límites no hay nada tan básico y significativo en la vida como buscar la justicia. Puede entregarse, muy feliz, a conseguir la aprobación de una nueva ley que prohíba cualquier tipo de injusticia común, o trabajar sin descanso en pro de los derechos civiles, la reforma electoral, el desarme nuclear, los derechos humanos o cualquier causa que considere que puede traer más justicia, más paz y más armonía al mundo, no porque le ciegue el espejismo de que va a resolver todos los problemas del mundo o a erradicar la injusticia, sino simplemente porque goza respondiendo plena y fielmente a una de sus más importantes necesidades como ser humano.

Verdad

Reconózcalo usted o no, su mente funciona en principio y de modo natural basándose en un principio esencial, que es el de ofrecerle verdades importantes para cualquier situación en que se halle. «Verdad», tal como su propio pensamiento la interpreta, no significa no cometer nunca un error, cosa que es imposible, ni significa no decir jamás una mentira, pues a veces es inevitable decirla. Significa, en realidad, actuar siempre según su leal «saber y entender». Lo que su pensamiento busca son contradicciones dentro de todo el entramado de su actividad mental. Es la computadora más rápida y más precisa que existe (y más, mucho más); las luces anaranjadas parpadeantes de «contradicción: aclarar incongruencia», y las luces rojas de «Falso» (o «Supuestamente falso»), parpadean avisándole a usted con una velocidad y una precisión increíbles.

Vamos a dar un ejemplo extremo: imagínese que pasa una semana en compañía de personas que mienten siempre. «¿Dónde está el papel higiénico?» «Está en el armario.» «No lo veo.» «Es porque te engañé. No está allí.» «Bueno, ¿dónde está?» «Está en el aparador.» «No lo veo.» «Es que te mentí. No está en el aparador.» «Bueno, ¿dónde está?» «Lo que pasa es que no hay papel higiénico.» «¿Es verdad eso?» «No, es mentira.»

Puede que se ría. Pero después de una semana así, llegaría, sin duda, a la conclusión de que no estaba en compañía de seres humanos, y en la vida real no hace falta estar mucho tiempo acompañado de mentirosos crónicos, estafadores y farsantes para contraer una desconfianza crónica hacia la humanidad, incluido usted mismo, que lleva a la paranoia, la depresión, la inercia y el pánico. Se encontrará con que está siempre furioso, que es incapaz de comunicarse con los demás y pronto empezará a dudar hasta de sí mismo. Si mantiene usted un contacto excesivo con mentirosos, llegará a odiarles y a odiarse; perderá la salud; perderá el interés por la vida. A los que han pasado años en prisiones anticuadas, en las que estaban rodeados de mentirosos y farsantes, les resultó sumamente difícil recuperar una cierta confianza en el género humano e incluso en sí mismos. El contacto continuo con este tipo de actividad ejerce efectos parecidos al contacto con bacterias incontroladas que corroen lentamente el organismo hasta que éste ya no puede funcionar. Sí, la verdad es absolutamente necesaria para sobrevivir; es una necesidad superior instintiva.

Y el individuo Sin Límites es primero y ante todo una persona sincera y honrada. Se opone a la falsedad; no se distancia en sus relaciones, no procura nunca ser evasivo con los demás ni pretende engañarles. Y esta actitud sincera ante la vida nace de su decidida fidelidad a la verdad y de la necesidad que todos tenemos de ella para sobrevivir. ¿Qué es lo que detesta usted de tantos políticos, burócratas, grandes negociantes o ejecutivos de los grandes sindicatos, vendedores, etc.? El hecho de que parezcan mentirnos, y de que la verdad sea tan poco importante para ellos en sus relaciones habituales con el público. Cuando una institución llega al punto de abandonar por completo la verdad, el resultado inevitable es el caos. La verdad es algo necesario para que sobrevivan tanto nuestras estructuras sociales como nuestras estructuras individuales.

El individuo Sin Límites busca la verdad en todas sus empresas. La necesidad de verdad es tan fuerte en él que se esforzará al máximo por alcanzarla. No le mueve el poder, le mueve la necesidad que siente de que la verdad sea la piedra angular en que se apoye su cultura. La persona Sin Límites no está dispuesta a abandonar la verdad ni siquiera en las conversaciones más insignificantes. No inventará excusas ni dará explicaciones para satisfacer a otros, porque no está dispuesto a comprometer la verdad tal como él la ve. Cuando sabe que está siendo fiel a sí mismo, que sus motivaciones le empujan a afirmar la verdad en cualquier campo, el individuo Sin Límites se siente satisfecho de sí mismo.

El individuo Sin Límites respeta sus necesidades instintivas y su capacidad natural para dar con la verdad sobre cualquier cuestión por sí solo. Acepta que puede cometer errores, pero no aceptará que un individuo o una institución cualquiera sepa mejor de lo que instintivamente sabe él cuál es el camino que ha de seguir en su búsqueda personal de la verdad. El resultado neto de su búsqueda de la verdad en todas las cosas será su *sinceridad básica como ser humano*, porque si él no tiene jamás que mentirse, nunca tendrá que mentir a los demás (salvo cuando la moral básica desborde el instinto de no mentir, como cuando uno le dice al posible ladrón que no tiene dinero, cuando de hecho lo tiene escondido en otra habitación). En suma, el individuo Sin Límites dará rienda suelta a su tendencia natural a buscar la verdad *por sí solo* en todas las cosas.

Belleza

La necesidad de belleza quizá sea la más amplia de sus necesidades superiores porque abarca a todas las demás. La individualidad es belleza. También lo es el respeto hacia los demás y hacia nosotros mismos y la sensación de pertenencia al mundo y a la especie humana. Lo son también el afecto y el amor, el trabajo significativo, la diversión, la creatividad, la verdad, la justicia e incluso la propia belleza física.

Tendemos a pensar en la belleza con mucha estrechez de miras. Cuando decimos: «Qué hermosa es esa mujer», quizá comentemos sólo su apariencia. Pero si decimos: «Es una *bellísima persona*», queremos decir mucho más: que aporta belleza, gracia, humor, amor, respeto o cualquier otra cualidad a su propia vida y a la vida de otros. Decimos también: «Un día bellísimo», queriendo decir que hay sol y una temperatura agradable. Pero si decimos: «Un bello día» porque acaba de producirse una tormenta espectacular que nos inspiró hacer el amor en el pajar, queremos decir mucho más: que el día aportó belleza insólita, gracia, humor, amor, respeto o cualquier otra cosa a nuestra vida.

Pruebe a sumergirse en un medio ambiente repugnante por un período largo. Vacíe su vida de toda belleza y rodéese de lo odioso y lo desagradable. Le sobrecogerán las consecuencias. Descubrirá muy pronto lo importante que es tener belleza en la vida y poder apreciar lo que es atractivo. Sin belleza pronto se volvería sordo e indiferente a lo que le rodea. Se haría usted rencoroso, colérico, inquieto, resentido y llegaría incluso a enfermar si se le negase acceso a la belleza de este mundo. Hay muchos que consideran que la belleza es un lujo, y piensan que se puede pasar muy bien sin ella en caso necesario. Pero no es así. La necesidad de belleza es precisamente eso, una necesidad, y sin ella el organismo sufre tanto como si se le negase el sueño o el cobijo, aunque los resultados de esta carencia tarden más en manifestarse. Fíjese en la gente que ha de vivir en los medios más horribles imaginables, los suburbios urbanos donde la experiencia de la belleza ambiental y paisajística es más bien nula. Fíjese en los efectos que ejerce el solo hecho de estar en este tipo de ambiente sobre los que viven allí mucho tiempo. Los individuos que viven en un mundo de ratas, cristales rotos, enfermedades, desnutrición, drogas, prostitución, basura en las calles y pobreza por todas partes se convierten en individuos que renuncian a sí mismos. Pronto pierden el deseo de vivir, empiezan a odiar, a sentirse perseguidos, a enfermar y mueren, por último, prematuramente.

La gente necesita belleza en la vida, aunque sólo sea para tener una sensación positiva de su mundo. Música, cuadros, libros, discusiones profundas, teatro, crepúsculo, flores, animales, ríos, caras sonrientes y aire fresco son necesidades imprescindibles para que la gente esté sana y satisfecha de estar viva. El individuo Sin Límites busca la belleza y colabora para que sea asequible a otros. Todos ellos, casi sin excepción. Los individuos Sin Límites están vigorosamente entregados a tareas que sirven para mejorar el mundo, para convertirlo en un lugar más bello para que lo habiten los demás. Quieren que todos puedan apreciar la belleza. La belleza proporciona esperanza. Pensemos en los refugiados que han vivido con grandes privaciones durante la primera etapa de su vida. Cuando van a un concierto o a una excursión o a cualquier lugar bello por primera vez, es como si les pusieran una inyección directa de felicidad, de entusiasmo; lo saborean todo, todo lo absorben. Un contacto con la belleza basta para darles fuerzas renovadas y esperanza en los años venideros. No lo dude, cuanto más aprenda a apreciar la belleza, y a ayudar a que sea asequible también a otros, más colaborará en la tarea de llegar a ser un individuo Sin Límites, y satisfará también, simultáneamente, sus propios instintos de necesidades superiores.

NECESIDADES SUPERIORES Y NECESIDADES INFERIORES: UNA CONSIDERACIÓN GENERAL

Los individuos Sin Límites hacen casi todo lo que hacen para satisfacer necesidades superiores. En su vida es primordial la búsqueda de la verdad, la justicia para todos, la belleza, la perfección y la bondad. A ellos no les interesan ni el poder ni el materialismo ni la explotación en sí. Aunque tengan las mismas necesidades biológicas que todos los demás, las satisfacen básicamente a través de su capacidad de palpitar como organismos vivos en su medio. El individuo Sin Límites ama su cuerpo, lo cuida y no anda siempre intentando probarse con él y con su capacidad física. Está en paz con su cuerpo, y su cuerpo es sólo una parte aceptada de su vida.

El individuo Sin Límites tiene así libertad para atender a los valores supremos. Parece tener una conciencia continua de ellos, y su vida gira alrededor del cultivo de esos valores, y de ayudar a otros a apreciarlos. No es un evangelista de los valores superiores, pero parece estar constituido de tal modo que sufre físicamente si no satisface esos valores superiores. Necesita la verdad y la busca. Evita la compañía de los mentirosos porque sabe que si no lo hace acabarían arrastrándole también a la mentira. Evita a los falsos, a los ladrones, a los neuróticos incluso, porque desea superar sus conductas en su propia vida; no quiere que sus patologías le afecten negativamente.

El individuo Sin Límites no se rige por el dinero como la generalidad de las personas porque no trabaja tanto por dinero como por la satisfacción interna que obtiene al estar conectado con objetivos superiores. Está dispuesto a sacrificar la acumulación de dinero en pro de la realización de su misión en la vida. Le obsesiona casi el deseo de que este mundo sea un mundo mejor, y se comportará de un modo que resulta difícil de entender para la mayoría. Es capaz de dejar un trabajo bien remunerado si cree que ese trabajo le compromete negativamente, sin dudarlo ni un instante. Pondrá su vida en juego si es necesario para hacer saber a otros cuál es su actitud hacia la verdad y el bien. El individuo Sin Límites se halla bajo la vigorosa influencia de esas necesidades superiores y las considera lo más importante de su vida. Está entregado apasionadamente a mejorar la calidad de vida de los menos afortunados. Se arriesgará a represalias en defensa de la justicia, y serán muchos los que no logren entender cómo puede ser tan necio y estar tan obsesionado por lo que él cree justo. Se encadenará a una valla para protestar contra la injusticia social... hará, en realidad, prácticamente cualquier cosa por reparar una injusticia. Prescindirá del hecho de que muchos le consideren un necio. Sabe lo que debe hacer; está en contacto con sus señales internas y nadie le desviará de su camino.

En suma, todas nuestras necesidades, desde las que son básicas para la supervivencia económica a las que aumentan nuestras posibilidades de vivir una vida Sin Límites, son *necesidades* en el sentido más auténtico. Si se priva a un individuo de la verdad, enfermará como si se le privase de los alimentos adecuados. Igual se puede decir de la belleza, la bondad, la justicia, la autosuficiencia, la individualidad y todas las necesidades superiores. El individuo Sin Límites, sea cual sea su ocupación, no puede funcionar si no persigue esos objetivos en beneficio propio y ajeno. El individuo Sin Límites rechazará los valores externos si se cree amenazado por ellos, y no habrá salario suficiente ni ningún otro tipo de compensación que pueda disuadirle.

No olvide que su falta de paz interior y esa sensación de que no va a ningún sitio en la vida, nada tengan que ver con el dinero ni con necesidades básicas que puedan cubrir el dinero. Seguramente sienta que en su vida no hay verdad, que no es sincero consigo mismo. Probablemente su angustia y su depresión, o sus enfermedades, sean consecuencia de no satisfacer sus necesidades superiores. Trabaje para satisfacer esas necesidades superiores (todas ellas) y verá cómo se siente más satisfecho que nunca.

8
Para cultivar la sensación de tener un objetivo en la vida

Tener un objetivo en la vida es el requisito más importante para convertirse en un individuo Sin Límites que «funciona» plenamente. Se trata de una afirmación muy fuerte, pero la hago apreciando en verdad lo significativo que es para usted convertirse en un individuo que sitúe la *sensación de tener un objetivo* como lo primero de su lista de compromisos personales. Sin la sensación de un objetivo, su vida estará vacía, se sentirá insatisfecho y si esos sentimientos se agudizan se sentirá decepcionado, angustiado, deprimido y tendrá otros síntomas que no son sino facetas del hecho de vivir una vida externamente dirigida.

El *sentimiento de un objetivo vital* no está claro para muchas personas, debido principalmente a que intentan regir su vida por normas que les han impuesto otras personas que carecen también de la sensación de «misión» personal. La gran mayoría de las personas vive encerrada en sus rutinas diarias de intentar pagar las facturas, educar a los hijos, ir y volver al trabajo, procurar ahorrar un poco para comprar más objetos materiales y vivir, en general, el tipo de vida externo que les mantiene funcionando, pero insatisfechos internamente. Aunque ganarse la vida y pagar las facturas no tiene nada de insano, hay en relación con estas dos cuestiones algo muy decepcionante y deprimente si las actividades que llevan a esos resultados carecen para usted de sentido, si como ser humano está derrochando los preciosos instantes de su vida en conductas que no le dan a usted un sentimiento de paz y de satisfacción interna. Se logra esa sensación de tener un objetivo vital cumpliendo el programa diario de trabajo, juego y cualquier otra cosa que haga con una conciencia de la propia importancia y de tener una misión personal en la vida. Si sus opciones vitales no le proporcionan esos sentimientos personales de paz y de plenitud, debe usted reconsiderar por qué elige la opción de vivir fuera de su vida de un modo que sólo le permite existir en vez de darle la posibilidad de sentir que cumple una misión y persigue un objetivo.

No hay por qué considerarse obligado a cambiar de trabajo, a poner fin a relaciones o a hacer algo drástico para tener una sensación de perseguir un objetivo en la vida. El elemento más importante en ello es la *actitud* con que aborde lo que elija hacer. Pero si se limita a seguir la rutina de su vida, a realizar tareas que le parecen desagradables y a tener sensaciones internas de vacío, tiene planteado un problema que ha de resolver. Mientras no empiece a llenar ese vacío, nunca llegará a conocer su capacidad de vivir Sin Límites. Ni ahora ni nunca, salvo que esté dispuesto a decirse (y a cumplirlo activamente): «Voy a sentirme completo y pleno en mi vida porque soy digno de ello. La vida es demasiado breve para que me someta a los deseos e intereses de otros. Voy a ser el capitán de mi propia vida, y si cometo errores o paso penalidades estoy dispuesto a pagar ese precio, pero, por lo menos, me sentiré satisfecho de mí mismo, sentiré que estoy decidiendo cómo va a ser mi propia vida». Este tipo de afirmación personal básica es imprescindible para alcanzar la sensación de tener un objetivo vital.

Esa sensación de perseguir un objetivo en la vida es algo muy personal. Algunas personas pueden experimentarla trabajando la tierra, otras escribiendo y otras estando con sus familiares. Algunas personas se sienten plenamente satisfechas entregándose a la tarea de educar a sus hijos y están totalmente inmersas en todo lo relacionado con esta importante tarea. Algunos individuos se sienten animosamente vivos cuando están proyectando un tren, rellenando recetas o entrenando a pilotos de caza. El sentido de un objetivo en la vida no tiene nada que ver con el hecho de adaptarse limpiamente a un molde laboral concreto. La sensación de tener un objetivo vital es predominantemente algo interno. Viene de dentro de nosotros, y sólo nosotros podemos saber si la tenemos o no. Yo sólo puedo informar de mi propia experiencia asesorando a miles de personas. Muy pronto aprendí, como terapeuta, que las causas principales de sentimientos y actos negativos estaban todas relacionadas con esa ausencia de un objetivo en la vida. Muy pocas personas, fuesen clientes, familiares, amigos o conocidos, poseían una sensación realmente vigorosa de tener un objetivo y una misión en la vida.

En el capítulo tercero, donde describo con detalle las condiciones para convertirse en una persona Sin Límites, aludía a mi propio «sentido de misión». He descubierto que cuando puedo conseguir que la gente deje de pensar con estereotipos sobre sí mismos en vez de permitirse la fantasía de pensar en lo que les gustaría hacer realmente, se lanzan a hablar de cosas que son para ellos personalmente satisfactorias y significativas.

La parte triste de este pequeño ejercicio es que muchas personas se niegan tajantemente a dar los pasos que las llevarían a sus propios sentimientos de misión y objetivo. Utilizan los mismos pretextos manidos y viejos que he oído miles de veces a los que no quieren correr riesgos: «Tengo miedo a fracasar». «¿Y mis responsabilidades familiares?» «No puedo ponerme ahora a cambiar de vida, ya soy demasiado viejo.» «Es fácil fantasear, pero la realidad te obliga a ganar dinero para pagar las facturas.» Todos estos sentimientos y otros muchos parecidos son sólo excusas para mantenerse inmovilizado en el lugar en que ha decidido quedarse.

La sensación de tener un objetivo se logra ignorando esos tipos de excusas externas y prometiendo convertirse en la persona en que quiere convertirse. El pago de las facturas, las responsabilidades familiares y todo lo demás, sólo se resolverán si se da usted permiso para tener en la vida una sensación de objetivo. Si ha sido usted siempre un ser humano consciente, responsable y que paga sus facturas, no abandonará esos valores y se convertirá de pronto en un ermitaño del desierto. Puede usted elegir ser un individuo satisfecho y *responsable,* y cubrir todas sus obligaciones de elección personal si está usted dispuesto a erradicar esos temores al cambio y al fracaso que son los principales obstáculos que le impiden ser un individuo Sin Límites. Si utiliza usted excusas o analiza su estatus actual como algo a lo que está usted atado en virtud de sus anteriores decisiones vitales, acabará usted justamente con aquello que está defendiendo: una vida de cumplir obligaciones pero sin paz interior alguna. Yo creo que no hay nada tan importante como tener una sensación de misión y objetivo respecto a uno mismo como ser humano. Si quiere usted mantenerse sano y creativamente vivo, no puede ceder en ello.

Tener una sensación de objetivo en la vida es algo de suma importancia. No hay nada que sea más decisivo para su supervivencia y para su estabilidad emotiva. Cuando desaparece esa sensación de objetivo en la vida, el individuo se hace propenso a la depresión, la enfermedad, la tensión e incluso la muerte. Recuerdo varios ejemplos de individuos que, tras decir: «Mi marido (o mi esposa) es mi razón de vivir; es todo lo que tengo y lo único que me interesa», han manifestado todos los síntomas de enfermedad y han muerto poco después de fallecer su compañero/a. *Colocar el sentido personal de un objetivo en la vida en otra persona entraña el peligro de que uno no tenga control sobre su propio destino.* Si otra persona da a su vida significado y contenido y luego desaparece, su vida no tendrá ya significado ni objetivo. Esa sensación debe, por definición, venir de usted.

Muchos individuos se mantienen literalmente vivos por su sentido de misión personal. Algunas personas se entregan tanto a un proyecto que sencillamente no pueden permitirse enfermar o morir. Cuando el proyecto está terminado, y desaparece también lo que da sentido a su vida, el individuo se permitirá ponerse enfermo y la muerte suele ser el resultado. Victor Frankl, en su libro *En busca del sentido humano*, cuenta cómo algunos de sus compañeros de cautiverio en un campo de concentración nazi perdieron literalmente la vida al perder el sentido de un objetivo y una misión en sus vidas. Un compañero del campo de prisioneros le explicó al doctor Frankl un sueño, le explicó que le liberarían el 31 de marzo de 1945. Esto se convirtió en su única razón de vivir, su único propósito en la vida. Victor Frankl nos explica así la liberación:

> El 29 de marzo, se puso clínicamente enfermo y le subió mucho la temperatura. El 30 de marzo, el día en que su profecía le había dicho que acabarían para él la guerra y el sufrimiento, empezó a delirar y perdió la conciencia. Murió el 31 de marzo. Todas las apariencias exteriores parecían indicar que había muerto de tifus... La causa profunda de la muerte de mi amigo fue que no llegó la liberación esperada y que eso le produjo una desilusión terrible. Eso redujo considerablemente la resistencia de su organismo a la infección tifoidea latente. Al paralizarse su fe en el futuro y su voluntad de vivir, su cuerpo cayó víctima de la enfermedad... y con ello se cumplió la profecía.

Frankl habla una y otra vez de prisioneros que morían cuando ya no tenían el sentido de un objetivo vital. Él mismo opinaba que su propia supervivencia era consecuencia directa de ese sentido de objetivo en la vida, que era el de explicar su historia a toda la humanidad. Él sabía que debía sobrevivir para cumplir ese propósito personal. Ese deseo le dio una fuerza que nunca había creído tener.

Aunque se trate en este caso de una situación excepcional, sirve para ejemplificar lo poderoso que puede ser el sentido de objetivo en la vida para el ser humano. Puede que no esté en juego su propia supervivencia personal en términos de vida o muerte, pero puedo garantizarle que su estabilidad emotiva, sus sentimientos de dignidad y felicidad, junto con su sentido del compromiso, están claramente ligados al hecho de tener una sensación de valor, de significado y de objetivo en la vida. Y este sentido debe ser algo que siente usted desde dentro, en vez de tenerlo conectado a alguien o a algo externo a usted.

POR QUÉ LA MAYORÍA DE LA GENTE NO TIENE UNA VERDADERA SENSACIÓN DE OBJETIVO VITAL: EL «METRO DECISIVO»

Si piensa usted que hay fronteras fijas entre vida y muerte, siendo la distancia total entre esos dos puntos exactamente de un kilómetro y medio, tendrá usted una imagen visual de toda su vida. Esa extensión puede recorrerse de varios modos, pero al final de ella se encontrará usted con la muerte, lo mismo que el resto de los seres humanos que han vivido en este planeta. Su kilómetro y medio de vida tiene mil quinientos metros en total. Toda la instrucción que ha recibido, su experiencia, los objetivos y proyectos educativos están destinados a ayudarle en los primeros mil cuatrocientos noventa y nueve metros. Ésa es la parte más amplia de su vida y las normas para esta parte de su vida son muy distintas, muchísimo, de las que rigen en ese último metro decisivo.

En la parte mayor (1.499 metros) del kilómetro y medio de su vida, las normas se relacionan con seguir adelante, competir con los demás, ganar dinero, crear una familia, ahorrar para el futuro, esforzarse, con la movilidad hacia arriba, los ascensos, la adquisición de una cultura, el aprendizaje de las reglas del juego y el dominio en términos generales de todas las técnicas necesarias para poder funcionar en una cultura externamente orientada como la nuestra. Ese metro que queda, esa pequeña fracción restante, representa un tipo completamente distinto de realidad, en que las reglas son completamente distintas. El metro crítico es un sector muy importante de su vida, pues simboliza el significado de ésta, pero sus «entrenadores» y educadores y usted mismo se han limitado prácticamente a ignorarlo. Ese último metro representa su *sensación de tener un objetivo en la vida*, el sentimiento de su propia dignidad y su propio valor, de su condición de ser vivo y de su significación como ser humano único, y el auténtico motivo de que esté aquí en primer término. Para cubrir como se debe ese metro crítico, hace falta un programa distinto de normas y directrices que no tienen, en realidad, aplicación en esa otra parte más larga del kilómetro y medio de su vida.

Todo este libro trata de ese metro crucial, la parte de su vida que usted y sus mentores prácticamente han menospreciado. En ese metro crítico, las reglas son internas, no se relacionan con la necesidad de esforzarse ni con la movilidad ascendente; se relacionan con su sentido de autoestima, más que con mirar por encima del hombro a los demás para ver lo que destaca uno. Se refieren a la plenitud personal desde dentro y a la confianza en las señales internas, más que a la acumulación de cosas externas.

La sensación de un significado y un objetivo en la vida que lleva a controlar ese metro crítico ha sido en general ignorada en pro del aprendizaje de las normas necesarias para esa otra parte mayor. Pero la parte mayor pasa a carecer casi por completo de valor si no puede desviar el sentido de su vida de esas reglas que sirven para triunfar en nuestra cultura canalizándolo hacia las reglas que pueden ayudarle a tener una sensación positiva de sí mismo, mientras controla, al mismo tiempo, todas las cosas que le plantea nuestra cultura externa diariamente.

No puede usted llegar a ser competente en algo que ignora. Y si rechaza las acciones y los procesos mentales que pueden llevarle a lograr esa sensación de objetivo en la vida, seguirá usted dando vueltas en ese otro gran sector de su vida, el que le permite alcanzar el «éxito» externo, pero que le deja insatisfecho. Tener una sensación de objetivo en la vida es algo inseparablemente relacionado con el hecho de convertirse en un individuo Sin Límites, con el hecho de correr riesgos y de perseguir la satisfacción y la plenitud propias y rechazar la idea de ser un individuo que se comporta exactamente como todos los demás. Si intenta usted adaptarse, reglamentarse por normas externas o comportarse de cualquier otro modo negativo, nunca tendrá esa sensación de objetivo en la vida que es imprescindible para su estatus personal SZE/Sin Límites. Actuará usted de un modo que le proporcionará cierta aprobación, le ayudará a ascender en la escala social y puede que incluso le permita enriquecerse, pero no logrará eliminar ese torbellino interno hasta que tenga *usted*, como ser humano único, la sensación de estar cumpliendo activamente su misión en la vida. Ese metro crítico es la parte más importante del kilómetro y medio de su vida, y para sentirse pleno y satisfecho en ese último metro tiene que dominar una serie de reglas completamente distintas.

¿Por qué cree usted que hay tanto recelo en el mundo occidental y tan poca información respecto al zen, el taoísmo, la Meditación Trascendental y todas las filosofías orientales? Porque la mayor parte de nuestra vida nada tiene que ver con lo que ofrecen esas filosofías. Ni siquiera tenemos palabras para describir ciertos estados que se dan por supuestos en la visión zen de la vida. No tenemos términos para describir la concentración total o esa conducta de vivir intensamente en el instante presente. No hemos dado jamás con una palabra para describir ese estado en que la mente queda en completo reposo sin ninguna interferencia externa.

Resulta difícil describir la idea de la plenitud total en las lenguas del mundo occidental, sobre todo porque en ese anhelo nuestro, apresurado, competitivo, de línea de montaje, productor de úlceras, en ese afán nuestro de construir mejores ratoneras, hemos ignorado en general tales conceptos. Nuestro adiestramiento en el desarrollo del sentido interno y personal de objetivo en la vida y de paz interior es casi nulo. Nos han enseñado cosas externas durante tanto tiempo que resulta difícil hasta pensar en términos trascendentes. Nos han condicionado a pensar en términos locales, en fronteras y barreras, en vez de hacerlo en términos humanísticos y globales.

Los que han logrado articular su sensación personal de objetivo en la vida, han logrado siempre ese objetivo trascendiendo su propio yo, pensando en términos de toda la humanidad y en hacer de este planeta un lugar mejor para todos. La sensación que uno tiene siendo bueno con los demás, mejorando el mundo, mejorando la calidad general de la vida, casi siempre la fuente de la sensación de un objetivo vital. Nos es difícil lograr como individuos una sensación de este tipo, porque hemos pasado por alto la verdadera fuente del sentido vital y nos hemos centrado por el contrario, casi exclusivamente en la vía estrecha rígida e insatisfactoria de lo externo y de adaptarnos a un mundo apresurado y agobiante.

CÓMO LOGRAR UNA SENSACIÓN DE OBJETIVO VITAL

Lo primero que ha de hacer para conseguir una sensación de objetivo en la vida es invertir la relación de prioridad entre el metro crítico y los 1.499 anteriores. Ya es hora de dar preferencia a la tarea de convertir su sentido de un objetivo en la vida en el propósito del sector mayor de su vida, y de reducir toda la conducta y el pensamiento externos a un metro necesario aunque insignificante de su vida. Cuanto más se centre usted personalmente en las nuevas normas, en convertirse en una persona Sin Límites con todo lo que eso abarca, más empezará a experimentar una verdadera sensación de misión en su vida. Su yo interno lo experimenta usted y sólo usted. Nadie puede meterse detrás de sus globos oculares y ser usted. Debe sentirse satisfecho consigo mismo y con lo que está haciendo, porque si no tendrá esas sensaciones desmoralizadoras de aburrimiento, tedio y vaciedad que se producen cuando convierte la porción mayor del kilómetro y medio de su vida en esa parte externa y deja como único dominio de su yo interno el metro restante.

Habrá leído muchas veces cosas sobre personas que han estado al borde de la muerte y han salido de la experiencia con una filosofía de la vida completamente nueva. Puede tratarse de un dinámico ejecutivo que ha sufrido un ataque cardíaco o de una persona que ha salido ilesa de un grave accidente en el que estuvo a punto de perecer. Cuando la gente ha experimentado cosas así, casi siempre su vida experimenta un cambio, de modo que el viejo «metro crítico» pasa a convertirse en los 1.499. En otras palabras, para que los individuos centren sus vidas en ese sentido de objetivo y de significado, hace falta que pasen por una experiencia decisiva.

Esos individuos renovados suelen abandonar su vida precipitada de antes. Suelen buscar otros medios de ganarse la vida menos gravosos, y empiezan a pasar más tiempo con sus seres queridos. Es frecuente que empiecen a dedicar su vida a las cosas que les satisfacen plenamente, y decidan relajarse más, disfrutar más tiempo de la maravilla de estar vivos. Su contacto con la muerte es el catalizador que les permite renovarse y convertir sus vidas en algo más de lo que eran anteriormente.

No tiene por qué pasar por semejante experiencia para empezar a cultivar la sensación de un objetivo vital. Puede tomar la decisión de vivir significativamente todos los días por la simple razón de que eso le hará más feliz, más eficaz y, sobre todo, un ser humano más satisfecho. Equivale a darse usted permiso para vivir su propia vida del modo más gratificador para usted y para las personas que ama. Conformarse con menos es aceptar el razonamiento negativo de que no puede cambiar porque ya ha invertido demasiado tiempo y demasiadas energías en su viejo estilo de vida. En realidad, no tiene siquiera que alterar su forma de vida para que su existencia adquiera mayor significado. Lo que tiene que hacer es prometerse (y cumplirlo en sus nuevas acciones) que va a esforzarse por cambiar personalmente su actitud de modo que experimente ese sentido básico de un objetivo en la vida del que carece la generalidad de los miembros de nuestra cultura.

Si construye usted una casa que se cimente en un solo sistema de apoyo y ese apoyo concreto se desmorona, toda la casa se desmoronará. ¡Lo mismo es aplicable a usted! Si edifica toda su vida alrededor de una persona, una actividad, un trabajo o de un solo sistema de apoyo de cualquier tipo, y ese apoyo concreto desaparece, se derrumbará usted como lo haría la casa del anterior ejemplo. Lo que ha de hacer para sentirse seguro es tener habilidad suficiente para cambiar de marcha, para apoyarse en sí mismo y para extraer significados y sentidos de toda una variedad de actividades. No es recomendable intentar obtener todo el sentido de objetivo vital de una sola persona o de una sola actividad. El individuo Sin Límites es capaz de sentirse creadoramente vivo casi en cualquier situación. No necesita atrincherarse en territorio conocido o hacer sólo cosas que esté ya acostumbrado a hacer. No tiene por qué andar siempre con sus amigos íntimos para sentirse satisfecho. Todo lo que sea capaz de hacer un ser humano es fuente potencial de gratificación humana y de sentido vital, siempre que el individuo sepa modificar esas viejas pautas de pensamiento que le conducen a un estilo de vida insatisfactorio.

Puede sentirse a gusto si pasa un rato con su hijo en el salón, o puede utilizar ese tiempo como una oportunidad para sentirse aburrido, marginado y distante. La elección siempre le corresponde a usted. Puede hallar milagros en cualquier lugar, o puede buscarlos interminablemente. Abraham Maslow escribió estas palabras sobre los milagros: *«Estar buscando milagros en todas partes es para mí un indicio seguro de que se ignora que todo es milagroso»*. Captar esta verdad fundamental es esencial para convertirse en un individuo con un sentido de objetivo en la vida. Si deja usted de situar el significado de su vida en individuos o acontecimientos exteriores a usted, y mira el mundo con ojos nuevos (es decir, con una visión que le permita tener un objetivo en *todas* sus actividades), habrá dado el primer paso para tener un auténtico sentido de objetivo vital propio.

ACEPTE EL CAMBIO COMO UNA FORMA DE VIDA

La mayoría de las personas temen los cambios. Se mantienen en el mismo lugar no porque no sepan funcionar en un medio nuevo sino porque les intimida el proceso concreto de cambio. Sin embargo, puede estar absolutamente seguro de una cosa: ni usted ni nadie puede mantenerse siempre igual. Todos cambiamos. El cambio es la base misma de la vida. Si no cambiásemos, nos quedaríamos todos exactamente donde estamos. No habría crecimiento, no habría vida, no habría muerte, no habría nada si el cambio no estuviese incorporado a la raíz misma de nuestra humanidad. Nos guste o no, el cambio es parte importante de nosotros mismos. Si quiere poseer esa sutil sensación de objetivo en la vida, tiene usted que identificarse plenamente con el concepto mismo de cambio y aprender a darle la bienvenida en vez de temerlo. Aprender a darle la bienvenida al cambio puede ser un gran paso en su vida. No hay duda de que el individuo se va sintiendo gradualmente cómodo con su entorno en el que sabe lo que le espera cada día. Se siente una especie de seguridad externa al poder predecir parte de la propia vida. Pero cuando esa posibilidad de predecir se convierte en una parte demasiado amplia de su vida, crea esa sensación de vacío que resulta tan dañina para su plenitud personal como ser humano. Llegar a una situación en la que pueda tener una dosis saludable de previsión y estabilidad con la posibilidad añadida de novedad y cambio, es básico para que empiece a apoderarse de usted la sensación de tener un objetivo en la vida. Si se da usted permiso para probar nuevas experiencias, para correr riesgos y, sobre todo, para hacer las cosas que *usted* cree que son importantes, prescindiendo de la opinión de los demás, su vida diaria tendrá cada vez más significado y contenido.

Nuestro mundo es un lugar que cambia muy de prisa, y que exige personas para quienes el cambio no constituya una amenaza. Muchos de los trabajos que tiene hoy la gente ni siquiera existían hace diez años. Hacen falta seres humanos capaces de cambiar, que se sientan cómodos con lo desconocido y que puedan ensayar cualquier cosa, porque si no no podremos conseguir que este mundo funcione de modo que satisfaga las necesidades de todos los que lo habitan.

Usted es parte de este mundo en rápido cambio. No está aislado del resto de los habitantes de este lugar. Forma usted parte integrante de ese proceso de cambio. De hecho, hasta cuando está usted leyendo este libro esta cambiando. Sus células cambian. Usted tiene un aspecto distinto cada día, tiene actitudes distintas de las que tenía hace unos años. Lleva un corte de pelo distinto; lleva ropa nueva que en otros tiempos le parecía rechazable y que ahora usa con orgullo como sus mejores prendas. Se permite asistir a funciones que en otros tiempos le parecieron impropias, y habla con un vocabulario distinto del que utilizaba en otra época de su vida.

Y también mañana será usted distinto. Llevará ropas distintas, utilizará nuevas palabras de moda, asistirá a otros espectáculos, apoyará puntos de vista políticos distintos, etc., etc. En cuanto admita usted que el cambio es la condición inevitable del ser humano, se sentirá más inclinado a agradecerlo en los sectores significativos de su vida personal. Si logra usted acostumbrarse a la idea de que el cambio es maravilloso en vez de ser algo que hemos de evitar, iniciará la vía hacia conductas nuevas, estimulantes y arriesgadas que darán un sentido a su vida antes de que se dé cuenta siquiera.

Suelen abordarme individuos que tienen estas preocupaciones respecto a mi persona, y que las expresan con estas frases típicas: «Wayne, espero que no cambies aunque te hagas famoso». «No dejes que la fama te haga cambiar, Wayne.» «No eres la misma persona de otros tiempos; antes venías a verme, pero ahora que eres famoso ya no vienes.» Se trata de individuos que expresan su temor al cambio. La gente cambia, por supuesto, y pasa a dejar de hacer lo que hacía antes. Uno no va a estar siempre en la misma posición, por supuesto. En vez de temer ese cambio, yo lo agradezco. Aunque no desee convertirme en un individuo engreído o presuntuoso, o cualquier otro estereotipo que pueda aplicarse a un escritor de éxito (o a un pintor o a un músico), tampoco me interesa seguir siendo siempre exactamente igual.

El famoso cantante de ópera Beverly Sills lleva una joya en la que hay estas iniciales grabadas: «E. Y. L. H.». Cuando le preguntan sobre algo que está haciendo y que constituye un cambio, como abandonar el escenario y pasarse a la producción, muestra a sus detractores la inscripción, cuya traducción es: «Eso Ya Lo Hice». Para un individuo que funciona a pleno rendimiento, haber hecho ya algo es razón suficiente para pasar a otra cosa. En vez de repetir interminablemente lo que ya ha dominado y experimentado, el individuo con sentido de objetivo vital se adentra en territorios nuevos e inexplorados. Esta especie de voluntad de tolerar e incluso agradecer el cambio le asegurará la sensación renovada de objetivo y propósito casi todos los días de su vida.

Para los autoritarios, el cambio constituye una amenaza. ¡El individuo Sin Límites lo agradece! Ésa es la diferencia que existe entre ser capaz de funcionar con eficacia prácticamente en cualquier situación y sentirse alterado e inmovilizado siempre que el desenlace es incierto. Para sentirse cómodo con el cambio, el individuo ha de empezar sintiéndose cómodo consigo mismo. Cuando uno empieza a sentirse más en paz consigo mismo, se siente cada vez menos amenazado por nuevas circunstancias porque confía poder resolver cualquier problema que pueda surgir. Quien evita el cambio es la persona insegura que siempre duda de sí misma y se pregunta si será capaz de resolver cualquier problema nuevo que se plantee. Es más cómodo seguir en el ambiente familiar, en territorio ya explorado, y saber siempre exactamente lo que puede pasar.

Ser un individuo Sin Límites significa estar deseoso de convertirse en un aventurero, de ensayar conductas nuevas, de conocer a nuevas personas, de explorar lo desconocido y no sólo sentirse cómodo en un medio cambiante sino agradecer concretamente la presencia de lo misterioso y lo desconocido: disfrutar yendo a sitios nuevos, emocionarse ante la perspectiva de estar en un territorio nuevo y desconocido. Los individuos Sin Límites buscan continuamente nuevas empresas, nuevas tareas. No quieren que todo siga igual. Están dispuestos a cambiar de trabajo sin sentir miedo interno a que las cosas sencillamente no resulten. El individuo Sin Límites parece mantener una actitud de confianza interna, de seguridad en que podrá resolver cualquier cosa que se plantee y de que no hay ninguna ventaja especial en el hecho de que las cosas sigan siempre igual.

En la persona Sin Límites, sentirse cómodo con el cambio no sólo se manifiesta en que agradece los medios nuevos y distintos sino en que se permite adaptarse también a ellos. No se aferra a las viejas creencias cuando ya no son aplicables ni útiles. Al individuo Sin Límites no le interesa seguir siendo el mismo toda la vida. No se siente amenazado por el hecho de pensar ahora de forma completamente distinta de como pensaba antes. El individuo Sin Límites está absolutamente dispuesto a admitir que los viejos valores y actitudes ya no sirven, que las viejas ideas pueden desecharse definitivamente si ya no resultan útiles. El individuo Sin Límites tiene capacidad intrínseca para decirse que es preciso un cambio de opinión, y no siente remordimiento alguno por el hecho de que las viejas actitudes no sean ya útiles.

Los individuos que funcionan plenamente, como están siempre explorando territorios nuevos y vagando por lo desconocido, continuamente tropiezan con ideas y actitudes nuevas. Cuando abordan algo nuevo, lo hacen desde una actitud amplia y abierta, sin tener nada en concreto que ganar o que perder; viendo sólo lo nuevo en sí, como es. Esta actitud abierta les permite agradecer el cambio, porque a través del cambio encuentran siempre novedad e innovación. Por el mismo motivo, el individuo con estrechez de miras se resiste al cambio porque el cambio pone en peligro su atrincheramiento frente a la vida. Verá usted con frecuencia a individuos SZE/Sin Límites trabajando en pro de reformas, y verá a los autoritarios aferrarse a lo viejo, aunque lo viejo y conocido ya no funcione. Verá que muchas personas que tienen miedo al cambio votan contra la instalación de equipamiento nuevo en una fábrica porque no lo entienden, votan contra principios revolucionarios porque no están seguros de ser capaces de controlar lo nuevo e incluso siguen realizando tareas según procedimientos anticuados que son claramente negativos, sólo porque no saben otra cosa y no se atreven a hacerlo de un modo nuevo.

El individuo Sin Límites está dispuesto a asumir los riesgos que supone el cambio (sobre todo el cambio social) y, aunque habrá muchos que se le opongan, sobre todo en las primera etapas, el resultado final será que la mayoría acabará dándole la razón. Las prácticas y costumbres hoy establecidas, como ir en traje de baño en vez de ir con más prendas a la playa, los derechos legales para los pobres, el derecho de voto, la educación para todos, los derechos civiles, los viajes aéreos, las comunicaciones vía satélite y casi todas las demás prácticas que consideramos normales, se consideraron alguna vez revolucionarias y peligrosas. La razón de que las hayamos aceptado es que alguien a quien el cambio le agradaba, que quería que el mundo mejorara y que en su interior se sentía seguro vagando por territorio inexplorado, aceptó asumir los riesgos y le atrajo y entusiasmó la innovación. Si desea usted tener más actitudes internas Sin Límites, deberá desear trabajar para sentirse más cómodo frente al cambio en su propia vida. Ensaye alguna de estas nuevas actitudes para ayudarse a lograrlo más de prisa.

• Haga algo que no haya hecho nunca. No lo valore, no lo analice en profundidad, no se pregunte siquiera por qué, limítese a ver si puede hacer algo nuevo y sentirse cómodo y a gusto en ello. Intente navegar solo si nunca lo ha hecho. Intente correr un kilómetro sin parar. Visite la Bolsa, escale una montaña, coma un plato insólito, haga el amor en el coche o cualquier otra cosa que sea nueva para usted. Intente cambiar para ver si le gusta. Si no lo intenta, estará tranquilo y seguro pero se sentirá menos pleno y no será capaz de afrontar esos cambios realmente importantes que han de producirse, esté usted preparado o no para ellos.

• Procure hablar hoy con un desconocido. Mire a ver si puede dedicar cinco minutos a charlar con esa persona, dedíquele unos instantes de su tiempo. Al abrirse a gente nueva, aunque sólo sea unos minutos, ganará una experiencia de incalculable valor en la tarea de superar algunos de esos miedos injustificados a lo desconocido. Yo he convertido en práctica de mi vida conocer por lo menos a una nueva persona al día. En los restaurantes, hablo con una camarera amistosa o con otro cliente un rato, y practico esa actitud abierta con ellos. Siempre resulta más fácil ignorar a los desconocidos, pero si se toma unos minutos, comparte un poco de sí mismo y aprende algo de ellos, resulta casi siempre una experiencia enriquecedora.

• Deje de luchar por que todo siga como siempre, usted incluido. El pasado feliz ya no existe; lo que existe es el presente y puede ser igual de feliz. Aferrarse a viejas creencias y recordarse y recordar a otros cómo eran las cosas antes sólo sirve para no gozar el presente y para resistirse cada vez más al cambio. Carl Sandburg escribió sobre el pasado feliz: «Hay a veces viejos sentados junto a la salida de la vida que dicen: "En aquellos tiempos había gigantes"». No espere usted a estar junto a la salida de la vida para vivir.

• Acepte el cambio como algo inevitable aunque no le agrade. Nada se mantiene igual en este planeta en perpetuo giro. Las nuevas ideas, las nuevas actitudes, costumbres y valores no son indicio de que el mundo se esté desmoronando. Son los ingredientes mismos de lo que hace que sea tan sensacional estar vivo. Los cambios se producirán piense usted lo que piense de ellos, así que ¿por qué no ser un individuo que se permita experimentar esos cambios tranquilamente en vez de combatirlos todos los días? Cuanto más practique usted el disfrute de lo desconocido, la investigación de lo insólito y el correr riesgos, más se enriquecerá su vida. El aburrimiento nace de la monotonía y de la rutina. La sensación de tener un objetivo y una misión en la vida nace de lo nuevo y lo diferente y de la aceptación del cambio. ¡Elija!

LA IMPORTANCIA DE LA ESPERANZA Y LA CONFIANZA PERSONALES

En la versión cinematográfica de un libro maravilloso titulado *Un hombre llamado Intrépido*, unos oficiales alemanes nazis hablan con una joven a la que han detenido como espía de los aliados en la Segunda Guerra Mundial. Uno de los oficiales, para convencer a la espía que no tiene absolutamente ninguna posibilidad de escapar y que debe colaborar con ellos para ahorrarse muchos sufrimientos innecesarios, utiliza estas palabras, intentando que abandone su obstinada resistencia a hablar: «Sin esperanza, nos convertimos en criaturas desquiciadas y lisiadas». Pero ella ha elegido como misión vital proteger a sus camaradas de espionaje y mantiene el silencio y la esperanza.

Si uno pierde la esperanza y empieza a sentirse atrapado por las circunstancias de su vida, cae pronto en el desconcierto y la impotencia interna. Empezamos a sentirnos deprimidos, como si nuestro entorno vital nos encarcelase, y cuanto más permanecemos en esta situación, más agobiante resulta. Al final, desaparecido todo sentimiento de esperanza, el individuo empieza a deteriorarse, primero mentalmente y también físicamente luego. Pero pensemos en la palabra «esperanza». Es puramente un proceso mental, que puede usted decidir desterrar de su vida o aceptar con agrado como elemento habitual de su personalidad. Aunque le he animado a ser un individuo del momento presente, aún puede disfrutar más esos momentos presentes sintiéndose esperanzado y animoso. Puede considerarse con habilidad suficiente para escapar de cualquier trampa que se haya impuesto, y este ejercicio de sentir esperanza hará más intensos sus momentos presentes.

Tener esperanza equivale a decir que uno tiene confianza en sí mismo. Ambas cosas son inseparables. Esperanza significa creer que puede utilizar usted sus propias energías creadoras para mejorar su vida. Para lograrlo, necesita confianza, y ésta sólo nace de la acción, no del deseo o de la meditación. La esperanza es la parte mental, la confianza la parte activa y práctica, la conducta. Y debe empezar usted por aceptar la idea de que siempre hay esperanza. Sean cuales sean las circunstancias, siempre puede elegir pensar con esperanza y eso le ayudará a seguir conductas de seguridad y confianza. Los prisioneros de guerra que sobrevivieron, subrayan la importancia de la voluntad de pensar siempre con esperanza. William Niehous, que fue rescatado después de estar preso más de tres años en una selva venezolana, donde unos rebeldes le hicieron vivir en condiciones muy primitivas, atribuyó su supervivencia a no haber abandonado nunca la esperanza y a haber vivido día a día.

La esperanza depende de usted y nace de decidir confiar en sí mismo y de no rebajarse nunca como ser humano único y lleno de sentido. Se alcanza la esperanza decidiendo tenerla, ¡eso basta! No existen formulas mágicas, no existe ningún medio secreto para lograrla. Basta que decida que no se dejará apabullar por nada externo a usted: que asumirá la responsabilidad de cambiar su vida si no es satisfactoria, que lo hará sean cuales sean los riesgos que hacerlo conlleve. Cuando traduzca usted luego su resolución en acciones que decida personalmente, hará precisamente lo que le llevará a obtener la sensación de que la vida tiene un objetivo y un significado. Las cosas no significan por sí lo mismo para todos y descubrirá lo que son para usted en la acción, no en la queja y el inmovilismo. Quizá su vecino se sintiese muy satisfecho siendo pastor de ovejas, y puede que a su hermana le gustase tener una librería y atenderla ella, a sus padres podría encantarles viajar, su hermano podría sentirse realizado investigando como abogado un caso fascinante, y quizás a usted no le atraiga ninguna de esas cosas. Pero descubrirá qué es lo suyo en cuanto deje de buscar y se permita probar cosas nuevas. No surgirá de una actividad única concreta; aparecerá cuando se conceda usted la oportunidad de experimentar, de correr riesgos, de tener esperanza y de no temer nunca el triunfo. Esta actitud de temor ante la posibilidad de triunfar es uno de los mayores obstáculos para lograr tener un sentido de misión y objetivo en la vida.

NO TEMA SU GRANDEZA

Hay muchos que temen su grandeza y así se conforman con mucho menos de lo que consideran satisfactorio e importante. Están dispuestos a aceptar ser mediocres porque parecen incapaces de mostrar esa sensación de orgullo interno y de tener un objetivo en la vida que les permitirían ser grandes.

Abraham Maslow llamaba a esto el síndrome del: «¿Quién? ¿Yo?».
Si preguntase usted a un niño si será un gran ser humano, es probable que conteste: «¿Quién? ¿Yo?». Cuando hablo con jóvenes que van a empezar medicina, derecho, arquitectura o cualquier otra profesión, les pregunto qué nivel quieren alcanzar en esa profesión. ¿Será el médico que logre curar el cáncer? ¿Será el abogado que luche por que haya justicia para todos? ¿Proyectará el edificio más importante del mundo? ¿Acabará con el hambre en el mundo? ¿Alcanzará el nivel máximo alcanzable en un área determinada?

La respuesta es ésta casi siempre: «Yo sólo quiero ganarme la vida. No quiero cambiar el mundo».

Es precisamente esa actitud la que nos veda la sensación de tener objetivo en la vida. Si lo único que hace usted en su trabajo es ganarse la vida, ir a trabajar porque es algo que debe hacer sin remedio, pronto se sentirá vacío y sin objetivo en la vida. Si no va a resolver *usted* la crisis energética, ni a curar el cáncer, ni a librar al mundo del hambre, ni a acabar con la injusticia, ni a contribuir en general a la resolución de nuestros numerosísimos problemas sociales, ¿quién lo hará? Le diré quién. Esas personas que están seguras de tener un objetivo en la vida. Esas personas que, trascendiendo su propio ego, su propia necesidad de «adaptarse», han superado lo que la mayoría de la gente piensa de su vida. Las personas que se han dedicado a cambiar las cosas, a procurar que su vida y las de quienes les rodean se desplieguen al máximo nivel, ésos serán los que actúen con una sensación de objetivo y de misión en la vida. Se mostrarán activos, interesados, ilusionados y entusiasmados con lo que hacen. Además, operarán basándose en sus señales internas, confiando en sí mismos y guiando sus vidas desde una perspectiva de importancia y no de indiferencia y de rutina. Ésas son las personas Sin Límites de las que he hablado a lo largo de este libro.

Puede decidir usted ser parte del problema social o ser uno de los que solucionen conflictos y problemas. Depende de usted. Puede usted rebajar su perspectiva, rechazar toda autoimagen de grandeza y vivir por la vía más «segura» de ganarse sólo la vida... yo le garantizo que nunca experimentará esa sensación de objetivo en la vida que desea tan desesperadamente. No tiene que ser un reformador social para sentirse pleno; pero ha de tener la sensación interna de hacer cosas que importan realmente. Y lo de «importan realmente» equivale a su propia sensación de plenitud al colaborar para que este mundo sea un lugar mejor para algunos más si no es posible lograr que lo sea para todos.

Todos tenemos capacidad para la grandeza en nuestro interior. La mayoría nunca nos permitimos pensar en ella. Resulta amenazador recordar la necesidad de correr riesgos y de actuar en vez de hablar. En consecuencia, los individuos suelen huir de su propia grandeza. Abundan las actitudes de defensa, y son muchos los que se limitan a «conformarse con menos». Cuanto más se incline usted a «conformarse con menos», más se permitirá eludir esa sensación de objetivo en la vida que este capítulo (en realidad todo el libro) pretende ayudarle a lograr.

La gente considera mucho a esos seres humanos que han alcanzado la grandeza y se maravilla de su superioridad. Piensan que Leonardo da Vinci, Copérnico, Alejandro Magno, Juana de Arco, Sócrates, Lincoln o Madame Curie son individuos sobrehumanos. Tienden así a olvidar que Sócrates y Leonardo tuvieron que debatirse con los mismos pensamientos, dudas, angustias y temores que ellos. No eran individuos superiores. Eran seres humanos como usted, salvo que ellos actuaron, practicaron, ejecutaron. Superaron sus propias actitudes del tipo: «¿Quién? ¿Yo?» y optaron por ser «activistas», por hacer en vez de cavilar, y acabaron siendo idolatrados.

Le resultará útil imaginar que es Sócrates, imaginar que valora su filosofía como ser humano y está dispuesto a correr los riesgos que supone oponerse a los valores establecidos. Los tiempos son distintos, pero la humanidad de usted es igual que la de Sócrates o la de cualquier otro ser humano que lograra algo antes que usted. La solución para su falta de objetivo en la vida es permitirse tener en cuenta su propia grandeza personal.

¿Cómo se siente cuando está con gente a la que considera superior? ¿Prefiere sentirse empequeñecido cuando está con ella? ¿Tiembla ante la idea de relacionarse con un gran pensador? Las actitudes de este tipo son frecuentes cuando el individuo «medio» reacciona frente a los que logran destacarse y superarse. Pero todo depende una vez más de su autoimagen, de cómo decida usted verse a sí mismo. Si se compara con un genio y le parece que es usted inferior, no permitiéndose nunca pensar en términos trascendentes, se sentirá siempre incómodo frente a sí mismo. Es un círculo vicioso. Todo sentimiento de «deficiencia» personal que le mantenga inmovilizado no es sino un ingrediente más de eso que le impide alcanzar una sensación de objetivo vital.

Piense a lo grande. Imagine que es usted grande y fantástico y dése permiso así para lograr esa sensación de objetivo en la vida que quizá le haya eludido hasta ahora. Si huye de su propia grandeza y opta por la rutina y por la sensación de ser una persona incapaz, es que teme usted en realidad su propia perfección como ser humano. Ya analizamos la dinámica del hecho de permitirse sentirse *perfecto* y aun así ser capaz de desarrollarse y crecer. Eso es también aplicable aquí. Todas sus debilidades personales, sus sentimientos de impotencia, su voluntad de «adaptarse», de conformarse con lo que ha llegado a ser, son componentes de sus sentimientos generales de falta de objetivo real en la vida. Para liberarse de ese sentimiento y para superar sus propios sueños de grandeza, debe percatarse exactamente de cómo enfoca personalmente la vida de este planeta en su conjunto, incluyendo la propia.

CONSIDERE LA VIDA TODA COMO ALGO SAGRADO

Tener un sentido de objetivo en la vida supone una sensación de compromiso con la vida en su conjunto, en todas sus formas. El individuo que piensa y actúa Sin Límites cree con firmeza en el carácter sagrado de todas las cosas vivas. La cualidad más importante de la vida es el valor de la propia vida, y a los individuos Sin Límites les resulta excesivamente doloroso ver que se trata irrespetuosamente a cualquier persona o a cualquier animal. Todo ser humano posee una dignidad intrínseca, por eso raras veces vemos a un individuo SZE/Sin Límites criticando a otro o abusando de él. Si habla usted con individuos SZE no les oirá hablar con crueldad de otros. Ellos no son jueces, y no pierden el tiempo espiando a otros para poder hacer luego comentarios maliciosos.

Por el contrario, el individuo SZE/Sin Límites hablará generalmente de ideas. No se centra en lo que sus vecinos están haciendo, y no se fija apenas en lo que llevan puesto, en lo que compran, en lo que consumen. Tiene la firme creencia de que los individuos merecen respeto y tienen dignidad y, en consecuencia, espera que los demás le traten como a un ser digno e importante, porque así se ve a sí mismo y así es como consigue tener esta sensación de objetivo en la vida. Debido a su profunda entrega a sus objetivos vitales, suele ser en general una persona muy ocupada, un individuo siempre activo y siempre interesado por lo que le pasa en la vida.

Comprobará usted que las otras personas se alegran de estar con los individuos Sin Límites, pues éstos parecen tener cualidades muy especiales que les hacen atractivos para los demás. Si los demás les buscan es porque son sinceros y procuran decir exactamente lo que piensan y en consecuencia, los demás tienden a agasajarlos, otorgándoles a menudo atributos excelsos y tratándoles como gente muy especial. Son individuos estimulantes porque sus vidas constituyen un ejemplo, y lo mucho que estiman la vida anima a los que tienden a ser menos amables. Como a los individuos SZE/Sin Límites no les interesa en realidad ser mezquinos, los que les rodean pronto cambian sus conductas por otras más inteligentes y más humanas.

Los individuos SZE/Sin Límites tratan a todo el mundo con atención especial, y tras haber pasado algún tiempo con una persona de este tipo acabará sintiéndose usted también muy especial y único. Disfrutan siendo originales y tratan a los demás como si fuesen individuos sin par, no por halagarles hipócritamente sino porque saben ver de veras el carácter único de cada persona que conocen. Ellos saben que hay otros individuos en el mundo que intentan lograr que todos se adapten y sean iguales entre sí, por eso procuran ser individuos en todo lo que hacen. No aceptan ser conformistas sólo por seguir la corriente y están dispuestos a soportar la oposición de otros por el hecho de que hayan decidido pensar y actuar como individuos.

En consecuencia, respetan de modo espontáneo la dignidad individual de todos los demás. No juzgan a la gente por cualidades superficiales, ni califican a un ser humano de malo sólo porque pueda haberse comportado mal. Saben perdonar enseguida a los que han aprendido de sus errores sin guardar rencor y no les cuesta trabajo dar una segunda oportunidad a los demás. El poeta norteamericano E. E. Cummings escribió este pequeño poema que resume la importancia que adjudica el individuo SZE/Sin Límites al hecho de ser un individuo y oponerse a toda tentativa de adaptación a la uniformidad:

> Ser sólo uno mismo
> en un mundo que hace lo posible
> noche y día por
> hacerte como todos los demás
> es afrontar
> el combate más duro
> que pueda afrontar un ser humano
> y no dejar
> la lucha nunca.

El individuo SZE/Sin Límites no es nunca una marioneta que se limite a actuar como todos los demás. Nadie puede convencerle de que vote en bloques, o de que se comporte como seguidor fanático de un equipo deportivo o un grupo musical. Se respetan demasiado a sí mismos para dejarse encasillar en cualquier categoría artificial. No están ni a favor de los patronos ni a favor de los trabajadores, sino a favor de la humanidad, y expresan sus opiniones sobre cualquier tema de acuerdo con lo que sienten y creen, no como se espera que sientan o crean. Piensan por su cuenta en toda circunstancia y no aceptan que les traten como pequeñas partes de un gran todo. Votan según su conciencia y respetan el derecho de los demás a hacer lo mismo.

No intente usted «compartimentar» a un individuo SZE; en el momento en que crea que le ha clasificado usted, dará la vuelta y se comportará de un modo totalmente inesperado. Pero si usted le emulase, si deseara hacerlo, he aquí varias formas de empezar.

Vigílese en las conversaciones. Procure no hablar de nadie en términos negativos, y no se deje seducir por el placer malévolo de mostrarse chismoso y crítico. Elimine de su vocabulario frases que pueden resultar calumniosas y no olvide que lo único que hace es engañarse convenciéndose de que es superior por el procedimiento de rebajar a otros.

Si descubre que sus amigos y parientes se entregan a la conducta abusiva de hablar mal de otros, recuérdeles amablemente lo que están haciendo y niéguese en redondo a unirse al juego. Si muestra a otros que no le interesa centrarse en lo que hagan o no hagan individuos concretos y no utiliza usted el sarcasmo, logrará ser más plenamente humano y ayudará al mismo tiempo a otros a limitar su propia conducta negativa.

Siga la tónica de respetar a todos los seres vivos, mostrando el mismo respeto por las otras vidas que por la propia. Si ve usted que una criatura necesita ayuda, tómese el tiempo necesario para ayudarla. Pronto verá que se siente mucho mejor siendo una persona que protege la vida en vez de destruirla. Este respeto a la vida puede ampliarse a todo el reino animal. Estamos aquí juntos, y cuando nos ayudamos entre nosotros a ser más independientes y a estar más saludablemente vivos *creo que cumplimos uno de los principales objetivos de nuestra estancia aquí en primer término, es decir, de nuestra misión en la vida. Si adopta usted la actitud de considerar sagrada la vida, tendrá una sensación más auténtica de misión y de objetivo vital y será, en consecuencia, un ser humano más feliz y más satisfecho consigo mismo.*

EL SENTIDO FUNDAMENTAL DE SERVICIO O MISIÓN

Los individuos Sin Límites se diferencian de casi todos los demás por el hecho de estar entregados a una causa personal que trasciende su yo concreto. Este tipo de vigorosa entrega resulta difícil de comprender para la gente ordinaria. Significa ser capaz de emocionarse por lo que uno hace, sentirse vitalmente involucrado en el objetivo personal que uno se marque aquí en la tierra y sentir dentro de uno mismo que se está haciendo realmente algo positivo. Este «sentido de misión» satisface una necesidad interna y proporciona una arrogancia casi creadora en lo que se refiere a la importancia de lo que uno es y de por qué actúa como actúa.

Hablando con la gente que tiene una sensación de misión y de objetivo en la vida, he descubierto que casi todos obtienen sentimientos interiores de satisfacción por el hecho de hacer algo por otros. Cuando uno se comporta de un modo que sirve para ayudar a mejorar la calidad de vida de otro, a cualquier nivel, se obtiene la mayor fuente de plenitud y de satisfacción y la guía más segura para tener más sentido de misión vital. Al hablar con gente que ha cambiado de carrera en una época tardía de su vida, he descubierto que los que han pasado de algo como vender seguros (por ejemplo) a aconsejar a jóvenes con problemas, suelen manifestar un vigoroso sentido de misión. (Uno puede pasar también a vender seguros en una época tardía de su vida, por supuesto, y experimentar el mismo sentido de misión.) Y cuando les preguntaba por qué se sentían distintos, casi siempre respondían: «Ahora tengo la sensación de que estoy haciendo algo meritorio, algo digno».

Alcanzar un sentido de misión en la vida es casi como descubrir el sentido de la propia vida sin tener que entregarse a una búsqueda laboriosa. Es difícil que un individuo descubra tal sentido de misión si está totalmente aislado. Por el contrario, es más fácil que aflore si uno se entrega a tareas, ideas y conductas concretas que presten algún servicio a otros. Percátese de cómo surge esa sensación especial y cálida de que los demás le aprecian cuando oye usted que lo que ha hecho ha ayudado a otro ser humano. Es esa sensación de cosquilleo en la columna vertebral, de satisfacción personal, cuando sabe usted que hace cosas que otros aprecian.

Yo experimento esa sensación siempre que recibo una carta de un lector al que le ha conmovido algo de lo que he escrito. Sé que he cumplido mi misión cuando la gente dice que ha cambiado para mejor, después de oír una charla mía por televisión o de leer un artículo mío. Hablo de algo muy personal cuando digo que cumplo con mayor vigor mi misión en la vida cuando sé que he mejorado la vida de otro ser humano. Todo está dispuesto de modo que yo pueda ayudar a otros a alcanzar un sentido personal y propio de la verdad, la belleza y la justicia. Cuando lo experimentan, también lo experimento yo. Y, pese al hecho de que no creo en realidad que necesite esa adulación o esa aprobación, porque seguiré escribiendo y trabajando sin ella, sé también que me encanta saber que soy útil a los demás. Cuando tengo constancia de ello, me siento mejor que nunca.

Mi trabajo está fuera de mí en varios sentidos. No tengo mi «yo» enredado en él. Sé que lo que hago es de gran importancia y me entrego a ello de todo corazón, pero no tengo la sensación de que deba hacer eso personalmente para sentirme satisfecho conmigo mismo. Es casi como si me hubiese trascendido a mí mismo y me hubiese permitido salir allí y hacer lo que me gusta hacer, y pudiese quedarme atrás a la vez y ver los resultados. No tengo la sensación de que deba hacerlo para justificar mi vida; en realidad, es al revés. Mi vida la justifica el hecho de que yo digo que lo está, y creo sinceramente que es cierto, al margen de lo que cualquier otro pueda decidir creer. En consecuencia, tengo libertad para actuar sin tregua y sin tener que demostrar nada. Cuando llego a este estado de ser capaz de hacer sólo lo que hago, de hacerlo bien, sin juzgarme ni valorarme, descubro que funciono al máximo nivel. Trascendiéndose a sí mismo y situando fuera de usted su misión vital, fluirá usted más libremente sin interferencias de otros ni de usted mismo.

Si enfoca su capacidad de considerar su trabajo o su conducta como algo que está fuera de usted y a usted como instrumento de su transferencia al mundo, el trabajo será algo inseparablemente ligado a valores cada vez más sublimes. Verá que trabaja más por lo que vale ser un individuo que contribuye y que aporta algo que por dinero, aunque aceptará alegremente también la remuneración financiera. Sentirá la emoción de perseguir la verdad dentro de usted y de compartirla con otros. Serán sus valores más sublimes los que le estimulen. Estimará lo que hace por causas trascendentes.

Eso es en esencia el sentido de servicio o misión. Y tendrá de inmediato esa sensación de objetivo en la vida si empieza a verse y a ver la vida con ojos nuevos. Puede que le interese seguir unas cuantas conductas concretas y algunos de los cambios de actitud descritos si le interesa de veras tener a diario la sensación de objetivo vital. No hay nada mágico en ello. Basta con que tome la decisión de que este día, *hoy*, practicará más conductas relacionadas con esa sensación de objetivo vital. Que no va a ser artificioso ni consigo mismo ni con los demás, y que va a consultar su voz interior para determinar lo que hará con su vida. Ensaye unas cuantas conductas de éstas para variar y mire a ver si le proporcionan sensaciones más intensas de tener un objetivo en la vida.

ESTRATEGIAS PERSONALES PARA TENER
LA SENSACIÓN DE UN OBJETIVO EN LA VIDA
Y DE SINCERIDAD CONSIGO MISMO

El sentido de objetivo vital no es, claro está, algo que pueda lograr automáticamente sólo porque ensaye unas cuantas estrategias nuevas. Cultivar ese sentido de objetivo en la vida exige una actitud general que es, a su vez, resultado de ser uno mismo, de consultar las señales internas, de entusiasmarse con el trabajo y de actuar como lo hacen las personas Sin Límites, según lo he descrito a lo largo del libro. Puede usted lograr esa sensación de objetivo en la vida si modifica radicalmente ciertas conductas y adopta una actitud interna de estima personal, de significado y de sentido. Si quiere llegar a tener esa sensación maravillosa de un objetivo en la vida, si lucha por ser más aún un individuo Sin Límites, he aquí algunas técnicas que le ayudarán a acelerar el proceso:

Recuérdese que puede ganarse la vida de varias formas distintas. También, que no hay por qué seguir en el mismo trabajo o en la misma profesión sólo por haber invertido ya mucho tiempo en lo que está haciendo actualmente. Permítase hacer cualquier cosa y vagar por un territorio nuevo en su toma de decisiones profesionales. No acepte esa idea absurda de que es vocacionalmente inmaduro cambiar de trabajo o de carrera. Es estúpido y neurótico seguir haciendo cosas que no le producen satisfacción ninguna, teniendo como tiene tantas opciones. No olvide que cualquier cosa que le interese es un medio posible de ganarse la vida y de saborear la vivencia que aporta el trabajo. Si disfruta haciendo algo, pero hay quienes le consideran inmaduro e irresponsable, tendrá que ignorar sus críticas si desea tener un sentido de misión y un objetivo en la vida. No puede ser siempre considerado y complacer siempre a todos los demás y sentirse bien consigo mismo; debe correr riesgos con frecuencia, los riesgos que pueden llevarle a adquirir su propio sentido de un objetivo en la vida. Corra esos riesgos e invite a sus seres queridos a unírsele, en vez de guardarles rencor por obstaculizar su crecimiento.

Sea entusiasta en cualquier cosa que decida emprender. Cuando aborda usted cualquier problema o una tarea personal cualquiera, con cierto entusiasmo por su tarea y por usted, tiene una sensación que es más profunda que el objetivo de lo que está haciendo y el de su vida en general. Los entusiastas son los que mantienen una actitud de alegría y emoción en la vida; la ven como un reto, y no se desalientan por tener que hacer las cosas una y otra vez. Aceptan el hecho de que han elegido y realizan luego lo que han elegido con el mayor celo. Si emprende usted una tarea con la actitud adecuada, por muy desagradable que la considere, puede lograr que el tiempo que le dedique sea significativo y meritorio. He pasado muchas tardes agradables haciendo cosas que otros consideran aburridas y rutinarias. Trazar el plan de un capítulo puede ser emocionante si uno lo enfoca según la perspectiva adecuada. Asimismo, limpiar la casa me resulta agradable en función directa de lo que disfruto con los resultados. Puedo sentirme muy bien cuidando del niño o pasando toda la noche ante la máquina para terminar algo en el plazo acordado. Y esto es así no porque yo sea especial, sino porque decido ser verdaderamente entusiasta en la vida. Y mi *tiempo* es la valiosa moneda de mi vida, a la que concedo un valor inmenso.

Sea espontáneo y confiado. No caiga en el error de creerse obligado a impresionar a otros. Procure contenerse si se ve a punto de presumir o ser mentiroso en cualquier sentido. Permítase ser todo lo natural que se sienta. Si quiere llorar en un lugar en el que otros prefieren reprimir las lágrimas, hágalo. Y si quiere reírse a carcajadas, pruebe a hacerlo y verá cómo su naturalidad se contagia. Cuanto más procure ser usted mismo, más probablemente sentirá que la vida tiene un sentido y un objetivo. Cuando presume usted o no actúa de modo natural, pierde la sensación de tener un objetivo en la vida, sobre todo porque en su interior se desprecia por ser tan poco serio. Y cuando uno se desprecia a sí mismo, nunca alcanza esa sensación de objetivo en la vida. Para poder sacar ese yo al mundo y para que sea productivo y útil, tendrá que estar usted en paz consigo mismo. Cuando uno se siente bien consigo mismo y actúa como resultado con naturalidad, ofrece al mundo un yo digno, y tiene la sensación de objetivo en la vida: cuando uno es quien es, sin barreras ni artificios.

Sea activo. Los activos suelen estar mucho más en paz consigo que los ociosos e inertes. Cuando hay muchos intereses distintos y muchas cosas diversas que hacer, y distribuye a su criterio descanso y trabajo, se siente mucho más útil y con más interés por la vida. Cuantas más cosas haga usted libre de la «enfermedad de la prisa», más querrá hacer. Y los que son capaces de hacer muchas cosas suelen estar más satisfechos que los que imponen límites rigurosos a su vida.

Déjese guiar por los valores interiores. Lo que más diferencia al individuo Sin Límites de la persona ordinaria es que vive y se guía por esos valores superiores de que he hablado a lo largo de las páginas de este libro. Busque una verdad suya, persiga belleza y justicia en su mundo. Insista en que le traten con dignidad, pida el bien en su vida en vez de aceptar el mal. Cuando más opere desde dentro, apoyándose en esos valores superiores a todos los demás, más significativa será para usted su vida.

No olvide que la carencia de verdad, belleza, justicia y dignidad es tan dañina como la falta de oxígeno y alimento. Aunque el proceso patológico tarde un poco más en asentarse y manifestarse.

Decida usted lo que más estima de la vida. Luego, persiga activamente eso que estima, en vez de intentar adaptarse a un molde que no le interesa. Tiene usted perfecto derecho a querer lo que quiera, y no hay ninguna cosa o actividad que sea mejor que otra, a menos que decida usted creerlo así.

Sea en su vida un creador y rechace su tendencia a criticar a otros creadores. Cuanto más supere usted esa vieja tendencia a hablar en tono crítico de los demás, cuanto más utilice ese tiempo para hacer, para desarrollar cualquier actividad, más probable es que llegue a tener un sentido real de objetivo en la vida. Las murmuraciones y críticas pueden hacerle sentirse mezquino e inconsecuente, y ésos son los sentimientos que quiere erradicar del todo de su vida para llegar a obrar, sintiendo que tiene un objetivo vital.

Dése permiso para tener algo sagrado en la vida. La familia, el amor, la religión, el sentimiento de ser veraz y sincero, la pasión por las artes, o cualquier cosa que considere verdaderamente sagrada es una maravillosa ayuda para cultivar la sensación de objetivo en la vida. Cuando cree uno que ciertas personas o ideas son sagradas, suele obrar mucho mejor con ellas. Cuantos más sentimientos de este tipo le produzcan las cosas y las personas que le importan en la vida, más sentido tendrá de objetivo vital en todo lo que se relacione con eso que es sagrado. Considerando preciosas y de mucho valor a ciertas cosas y personas, se permite uno funcionar a nivel superior y, claro está, cuanto más alto sea el nivel en que desarrolle uno su vida, más meritoria e importante será esa vida.

Cultive las amistades que más le interesen. Permítase tener una amistad íntima con alguien. Conserve esa amistad procurando que siga siendo sagrada y sincera, déjese en libertad con las personas en las que verdaderamente confía. Ese tipo de relación puede convertirse para usted en un tesoro mientras cultiva y desarrolla el sentido personal de un objetivo en la vida. No se limite a decir que quiere a esa persona, demuéstrelo con su conducta. Si tiene usted una persona que le interesa y con la que comparte su vida, una persona que usted sabe que jamás le juzgará, con quien puede ser absolutamente abierto y sincero, estimará en mucho sin duda el tiempo que pasa con ella. El tener momentos que estimamos en mucho y valoramos a los más altos niveles SZE, aumenta nuestra sensación de tener un objetivo en la vida.

Oriente más su vida hacia la formación y el desarrollo. Procure ignorar las deficiencias de su vida y pregúntese qué le gustaría ser. Recuerde la frase que cité: «No hay que estar enfermo para mejorar». Sea un individuo que elige opciones que suponen crecimiento y desarrollo y procure darse permiso para tener algunos fallos. Esos fallos no tienen por qué ser la fuente de su estímulo. No tiene por qué andar examinando sus deficiencias para decidir dónde quiere estar. Puede aceptarse donde está, pero trabaje de modo regular para desarrollarse y crecer todos los días. Cuantas más elecciones de este tipo haga, mayor será su sensación de que en la vida hay un propósito.

Compruebe cuántas barreras personales puede identificar sinceramente. Deje de engañarse, si no es sincero usted consigo mismo, nunca llegará a tener la sensación de objetivo en la vida. Percátese de cuándo se muestra codicioso, pretencioso, cuándo muestra prejuicios, cuándo es arrogante, crítico o estúpido. Considérelo una experiencia de aprendizaje, pero procure invertir esa tendencia la próxima vez. Para cambiar hay que empezar reconociendo que uno se muestra defensivo. Admitido esto, aunque sea difícil cambiar de inmediato, el proceso concreto de admisión es un gran paso para una mayor sinceridad con uno mismo. Y cuando uno llega a ser verdaderamente sincero consigo mismo, se siente muchísimo mejor en la vida, y pronto tiene esa sensación sutil de objetivo y de misión que tantas personas nunca experimentan.

Recuerde que no puede fracasar en la tarea de ser usted mismo. Persiga lo que desee con el supuesto previo de que habrá fallos. Aunque pueda fallar en ciertas cosas (y nunca podrá, claro, dominar una técnica sin recorrer primero el camino del fallo), no puede fallar como ser humano en la tarea de ser usted mismo, porque uno vive completo en todo momento. Aprenda a aceptar algún fracaso de vez en cuando y a dejar de considerarse un fracasado sólo porque no tuvo éxito en alguna actividad.

Afronte los problemas reales de la vida. Procure prescindir de lo superfluo y centrarse en conocer su posición personal en lo que atañe a los valores humanos superiores. Descubrirá que se siente mucho más importante y satisfecho si en sus conversaciones aborda cosas que puedan transformar verdaderamente el mundo, influir en él. Aunque desee ser infantil y frívolo a veces, eso no le impide tener conciencia de los valores supremos de nuestra cultura. Si tiene usted conciencia de esos valores y de lo que significan para usted y los comparte con las personas en quienes confía, puede colaborar a la vez a su perfeccionamiento personal como individuo. Si ignora usted los temas claves y descuida esos valores supremos y los problemas de la humanidad, enfocará usted de un modo superficial y fútil su contribución personal al mundo. Supongo que habrá oído decir a muchas personas que ellos no contaban para nada, en realidad, que eran seres sin ninguna influencia, sin ningún peso. Este sentimiento lleva a no hacer nada y a eludir la vida. Nos impide alcanzar la sensación de objetivo vital, porque es evidentemente imposible tener tal sensación sintiéndose a la vez desvalido e impotente. Considérese alguien que puede cambiar el mundo, que está informado, que cuenta de verdad y forjará así esa sensación interior de objetivo vital.

Procure superar el «localismo» de su vida. Si cree pertenecer sólo a un pequeño fragmento de la humanidad y se limita a ese fragmento, como resultado acabará sintiéndose también insignificante. Conviértase en «ciudadano del mundo». Considere a la humanidad toda como sus hermanos y hermanas. Si hay gente que se muere de hambre en Bangla Desh, también una parte de usted muere allí de hambre. Si se siente «ciudadano del mundo», tenderá más a querer mejorar el mundo que a reservar su acción a los intereses locales de patio de vecinos. El desempleo, la prostitución, la drogadicción, la pobreza... todas estas cosas preocupan tanto en el estado de Ohio como en Indonesia. El hecho es que ocupamos todos juntos este frágil planeta, y pensar «en grande» en vez de «en pequeño» le ayudará a tener mayor sensación de objetivo en la vida. Le impulsará también más a la acción correctiva ver el problema de *ellos* como *nuestro* problema.

No se conforme con ser menos de lo que podría llegar a ser. Es usted tan importante como pueda serlo cualquier otro ser humano que haya vivido antes que usted. No tema su propia grandeza. Recuerde que puede llegar a ser lo que quiera, y que la grandeza está a su alcance si la desea de veras. No es usted grande porque lo digan otros; se trata de algo básicamente interno. Todos los grandes problemas con que se enfrenta el mundo tendrá que resolverlos gente grande. ¿Y por qué no habría de ser usted uno de ellos? Si no lo es usted, ¿quién lo ha de ser? Si todos se pasan la pelota, nadie meterá el gol. Si se lanza a actuar y se siente importante, obtendrá como premio adicional esa sensación de tener un objetivo en la vida.

Pida la información que quiera sobre usted. Si busca sinceramente información sobre usted entre las personas que le importan en la vida, eliminará muchas conjeturas en sus relaciones. Muéstrese dispuesto a aceptar sin barreras lo que tenga que decirle otro. Cuanto más se conozca, menos dudas tendrá. Pronto descubrirá que es muy fácil informarse sobre uno mismo, y ya no tendrá que estar continuamente haciendo conjeturas. Yo, por mi parte, no pierdo nunca el tiempo preguntándome qué pensará la gente de mí. Si quiero saberlo, lo que hago es preguntar. Obtengo así la información que busco y creo además que sé más de mí mismo.

Cuanto mejor se conozca, más sensación de objetivo en la vida tendrá.

NUEVE PREGUNTAS QUE PUEDEN AYUDARLE A SER SINCERO CONSIGO MISMO

Formúlese estas preguntas y procure contestarlas sinceramente sin recurrir a artimañas ni engaños. Quizá le resulte difícil responder a ellas sin referirse a lo que cree cierto de sí mismo hasta el momento, pero si puede dejar en suspenso su historia pasada y reaccionar solo, sobre todo con alguien a quien conozca y ame, eso le será de gran ayuda para forjar esa capacidad de ser totalmente sincero:

1. ¿En qué sentido cambiará su vida si supiera que sólo le quedaban seis meses de vida? Las respuestas a esta pregunta le resultarán muy reveladoras y le ayudarán a ser más sincero y directo consigo. Si hiciese cambios muy drásticos, es que no está viviendo su vida actual con integridad personal absoluta. Piense que sólo tiene un período breve de vida, si lo comparamos con la eternidad: aunque le queden cincuenta años o más de vida, eso equivale sólo a unos segundos de eternidad. Pensar en período de seis meses es útil porque proporciona tiempo suficiente para obrar en cosas que son importantes para usted, y no es un período tan breve que se acabe en un abrir y cerrar de ojos. Si se dice que, quedándole sólo seis mese de vida, cambiaría muchas cosas, yo le aconsejaría que iniciase esos cambios ahora.

Recuerde que le queda poco tiempo de vida. Si cambiase usted de trabajo, de relaciones, de lugar, de amistades, de estilo de vida, de medios de comunicarse con sus seres queridos, o cualquier otra cosa, ¿por qué no empezar a hacerlo mientras aún puede? Si no hace ahora concretamente lo que haría si supiese que sólo le quedaban unos meses de vida, es que está viviendo una mentira, y que su nivel en la escala de la total-sinceridad-personal es muy bajo. No puede tener sensación de objetivo vital, ni de que su vida tiene sentido, si se limita a vivirla como un ser inerte en vez de hacerlo como le gustaría. Prescindiendo de cómo lo justifique ante sí mismo, el hecho de cambiar drásticamente su vida en esas circunstancias adversas indica que no hay en ella ningún objetivo básico. Porque, en realidad, desde la perspectiva de la eternidad sólo cuenta usted con unos cuantos meses, y los «déjalo para más tarde» están dando por supuesto que hay un futuro. No juegue con su vida. ¡Vívala!

2. *Si pudiera vivir con cualquier persona del mundo, ¿a quién elegiría?* Suponga por un momento que no tiene ninguna obligación legal de permanecer con su familia, si es que la tiene, y que no hay ninguna razón por la que no pudiera vivir legalmente con cualquier persona ajena a su familia inmediata. En estas circunstancias, ¿con quién decidiría vivir? ¿Qué gente prefiere en el mundo? ¿Está con ella todo lo que le gustaría estar? La cuestión es la siguiente: si vive su vida con relaciones (de familia o de otro tipo) que se siente obligado a mantener sin que verdaderamente las desee, debería preguntarse por qué mantiene usted relaciones tan hipócritas.

¿Son sus íntimos amigos las personas con las que realmente disfruta? ¿Su relación amorosa se basa en el amor mutuo o en la obligación? Creo que puede usted convertir la mayoría de las relaciones basadas en la obligación en relaciones de elección concediéndose y concediendo a las demás personas que le importan la libertad de ser lo que quieran ser. No tiene por qué basar sus relaciones íntimas en algo tan indigno como la obligación, sino que debe ser totalmente sincero y preguntarse si esas relaciones son lo que usted (y los demás) desean en realidad que sean. Si la respuesta es negativa, procure mejorar todas sus relaciones de modo que sean lo que cada uno desee realmente u olvidarlas y procurar estar con gente con la que realmente se divierta y disfrute.

Como dijo Thomas Hobbes: «Obligación es esclavitud y esclavitud es odio». Si vive usted con determinadas personas sólo porque se siente obligado a hacerlo, carece, sin duda, de sinceridad personal y ha optado usted por un tipo de esclavitud. Aunque pueda usted justificar su elección alegando que demuestra que es usted una persona buena y responsable, está paralizando en realidad su sentido personal de un significado y un sentido vitales al comprobar constantemente su incapacidad de elegir lo que desea en el fondo. Además, ¿quién de aquellos con los que pasa usted su tiempo disfrutaría realmente sabiendo que lo hace usted por obligación más que por elección personal? ¿Desearía tener pegado a usted a un individuo si supiera que en realidad no quería estar allí, que estaba sólo por sentirse obligado a ello? Toda elección basada exclusivamente en la obligación carece de dignidad.

3. *¿Dónde decidiría vivir si pudiera elegir cualquier lugar del mundo?* Imagine que no tuviera ningún compromiso y pudiera dejar de vivir donde ha vivido hasta ahora. ¿Dónde decidiría vivir? ¿Elegiría el barrio, la ciudad, el estado, el país y el hemisferio en que vive actualmente? Si está usted viviendo en un sitio porque ha vivido siempre allí y no por otra razón, es indudable que no es usted sincero del todo consigo mismo. Quizá crea que le sería imposible trasladarse a otro lugar, y que tiene usted firmes raíces donde está en este momento, pero ese razonamiento nace en gran parte del temor a ensayar nuevas actividades y de resignarse a estar donde está porque es más fácil, más seguro y menos problemático.

Usted puede estar donde le gustaría estar, no lo dude. No tiene por qué dejarse atrapar por su historia, sino que puede entregarse a lo que le gustaría entregarse. Ese miedo al cambio, a trasladarse a sitios nuevos, a poner a prueba su capacidad en cualquier lugar que le atraiga personalmente, se debe sólo a que no es usted sincero consigo mismo. Aunque pueda defender su inercia y decirse que le es imposible trasladarse en esta etapa de su vida, el hecho es que si a usted le gusta otro lugar distinto y opta por seguir donde está, por cualquier razón (salvo que esté usted en la cárcel), no está viviendo su vida desde una perspectiva *totalmente* sincera, por mucho que alegue lo contrario.

4. *¿Cuánto cree usted que dormiría si no tuviera reloj ni posibilidad de calcular el tiempo que duerme?* ¿Se va usted a la cama a «la hora de acostarse»? ¿Despierta usted cuando ha de despertar? ¿Se acuesta pensando que si no logra dormir ocho horas estará cansado al día siguiente? Concédase un poco de fantasía durante unos momentos. Imagine que no tiene reloj, y que no tiene medio de saber cuánto duerme. Imagine que otra persona controla su período de sueño pero que usted no lo sabe. ¿Cuántas horas al día cree usted que dormiría? ¿Cree usted que se iría a la cama a la misma hora si no tuviera idea de cuándo es «la hora de acostarse? Imagínese que vive bajo tierra, en un bunker, donde no tenga idea del día o de la noche y pueda acostarse siempre que tenga ganas de hacerlo.

La mayoría de las personas controlan sus horas de sueño con elementos externos como los relojes y los calendarios, en vez de guiarse por sus deseos reales de dormir. Las horas de sueño dependen en gran parte de lo que uno ha aprendido, no de lo que uno necesita o desea. Probablemente durmiera usted mucho menos si su vida estuviera llena de experiencias emocionantes, si tuviera un sentido de misión en la vida y si no reseñase ni controlase a qué hora se acuesta y cuántas horas duerme. El individuo totalmente sincero es sincero en todo, incluso en la razón de dormir cuando lo hace y si lo hace así como reacción al aburrimiento, a actividades desagradables o al hábito. Cuanto más se permita usted estar despierto y vivo, y más realice las actividades naturales de su vida ateniéndose a la elección más que al hábito, o a expectativas inquietantes, más probable es que tenga una valoración totalmente sincera de sí mismo. Son muchos los estudios que han demostrado que cuando las personas están ocupadas y no tienen conciencia del tiempo y sienten mucho interés por la vida, piensan menos en dormir; raras veces experimentan fatiga, y tienen una sensación de objetivo como seres humanos.

5. *¿Cuánto y cuándo comería usted si no tuviera horario de comida?* Suponga que puede comer cuando tiene hambre y sólo hasta satisfacer el apetito. ¿Cree que tendría los mismos hábitos alimenticios? Muchas personas comen porque tienen miedo a tener hambre unas horas después. La gente también come por el reloj, en vez de consultar el reloj del apetito interno. La sinceridad total supone decidir de modo personal cuándo y qué se va a comer, según las propias necesidades y no según los dictados de un programa externo impuesto. Cuanto más confíe en su buen juicio personal y cuanto más permita a otros que hagan lo mismo, más probable será que llegue usted a tener fe y confianza en sí mismo.

Los niños tendrían un sentido muy fuerte de los alimentos adecuados si les permitiesen controlar sus propios hábitos de alimentación. Cuanto más se permita usted y permita a sus seres queridos tener confianza personal, más forjará un sentido vigoroso de integridad personal.

Eso se aplica a casi todas las cosas de la vida, pero es particularmente importante en lo que respecta a la alimentación. He visto padres que forzaban literalmente a sus hijos a comer, que convertían la hora de la comida en un campo de batalla, negociando cada verdura mediante la promesa de alguna recompensa. El proceso de comer saludablemente, un proceso muy natural sin duda, suele convertirse en una pesadilla si no confía usted en sí mismo y en sus seres queridos. No tiene, en realidad, por qué comer sólo porque sea la hora de hacerlo, ni porque lo estén haciendo los demás, o porque si no lo hace tendrá hambre dentro de unas horas. Puede comer adecuadamente cuando sienta ganas, y no necesita seguir ningún programa, salvo que carezca usted de esa fe en sí mismo necesaria para hacer juicios adecuados sobre su propia salud personal.

6. *¿Qué haría usted si no existiese el dinero?* Permítase imaginar que hace cualquier cosa que le guste hacer. Olvídese de que haya que ganarse la vida, y pregúntese sólo qué haría usted prescindiendo por

completo de las posibles ganancias económicas. Si está usted gastando su vida en algo que carece de sentido para usted y lo justifica diciendo que debe hacerlo porque le proporciona el dinero que necesita para pagar las facturas, está optando sin duda por cierta falsedad personal consigo mismo. Ha convertido el dinero en algo más importante que su propio sentido de un objetivo en la vida, y mientras mantenga ese orden de prioridades *carecerá siempre de un objetivo vital y no alcanzara una sinceridad total consigo mismo.*

La mayoría de la gente no llega nunca a entender que el dinero le persiga a uno cuando uno no lo persigue a él. Puede sentirse pleno en la vida, haciendo las cosas que le placen con un sentido de objetivo vital, y el dinero le perseguirá en cantidades lo bastante grandes para mantenerle en una posición responsable y sin deudas. Pero si se convence usted de que nunca podrá hacer las cosas que realmente le gustaría hacer porque se estrellaría sin duda en el terreno financiero y acabaría viviendo de la beneficencia, piense que lo que elige es seguir con el síndrome de la persecución del dinero, que es un callejón sin salida psicológica. Sea lo que sea lo que realmente le gustaría hacer, es una posibilidad primaria de ganarse la vida también. En este planeta hay mercado para todo, hay millones de personas que se beneficiarían de esas tareas que podría realizar usted con una total plenitud vital. El problema es llegar a ser lo suficientemente honrado consigo mismo como para correr los riesgos que supone hacer cosas que aportan una sensación de objetivo en la vida, en vez de perseguir el dinero que sólo garantiza una sensación de seguridad externa. No existe posible sustituto para la aceptación del riesgo en este campo. Si elige usted evitar los riesgos, puede asumir la postura de la que nos habla Jackson Browne en su canción *El pretendiente*: «Seré un idiota feliz y lucharé por los billetes de curso legal».

7. *¿Sería usted igual de viejo si no supiera la edad que tiene?* Si no conociese usted su fecha de nacimiento ni tuviera medios de saberla, ¿qué edad creería usted tener? ¿Cree usted que sólo es capaz de hacer ciertas cosas propias de la edad y rige así muchas actividades de su vida pensando en su edad? ¿Deben comportarse de un modo los jóvenes y de otro completamente distinto los viejos? Si piensa usted en estereotipos de edad, no es completamente sincero consigo mismo. En realidad, puede usted hacer todo lo que le pide su fantasía, aunque ningún otro de los que pertenecen a su grupo concreto de edad apoye lo que usted hace. En el fondo, una persona totalmente sincera consigo misma nunca se atiene a grupos de edad.

Es usted todo lo viejo que decida ser, y cualquier limitación basada en la edad es más que nada algo autoimpuesto. Puede usted mecerse en un columpio, ir a bailar a una discoteca, chuparse el pulgar si le apetece de veras. Si no supiera usted la edad que tiene, la calcularía en gran medida por sus actitudes en la vida. Podría usted considerarse joven y vigoroso aunque hubiera vivido tres cuartos de siglo. No apreciaría la diferencia si no tuviese algún documento externo, como un certificado de nacimiento u otro recordatorio cualquiera que le emplazase rígidamente en el tiempo. El individuo totalmente sincero que tiene una sensación de objetivo en la vida no permite que su edad influya en las elecciones vitales que realiza. Actúa según lo que a él le parece bien, en vez de atenerse a lo que teóricamente debe hacer en ese año concreto de su vida. Hay personas a las que los cumpleaños les traumatizan: los treinta, los cuarenta, los cincuenta, los sesenta... Otras personas son mucho más sinceras consigo mismas, no prestan atención a esas barreras artificiales y van directamente a lo que eligen por sí mismas, sin considerar la edad que tienen.

8. *¿Qué tipo de personalidad elegiría usted si empezase ahora?* Imagine que puede elegir la personalidad que desee. ¿Cuál elegiría? ¿Sería más decidido, menos tímido, más extrovertido, menos pacato, más estable, tendría más humor, más facilidad de palabra, sería menos crédulo? Si no tiene el tipo de personalidad que le gustaría tener, es que ha decidido no ser totalmente honrado consigo mismo. Puede alterar todo lo que le desagrade de usted, basta que decida hacerlo. A la decisión han de seguir, claro está, el esfuerzo y el trabajo, pero no hay duda de que sólo usted puede hacer esa elección. Su personalidad es lo que usted permite que sea. Si le diesen la oportunidad de elegir una personalidad completamente nueva y eligiese características distintas, sería prueba de que no se da cuenta de que tiene tal opción en este mismo momento. Nadie le obliga a seguir siendo tímido, nervioso, inseguro o crédulo. Es usted quien elige esas opciones vitales, y puede usted «deshacerlas» si de verdad quiere hacerlo. El individuo totalmente sincero comprende que es responsable de su propia responsabilidad, y no achaca a ningún otro la responsabilidad de lo que es, aunque sepa que algunas experiencias de su vida anterior contribuyeron a que eligiese ser lo que es hoy. ¡La sinceridad total entraña no echarle la culpa a nadie! Significa que no defiende usted su falta de capacidad y de auténtica voluntad de ser lo que le gustaría ser achacando a otros lo que hoy es. Puede usted elegir el tipo de personalidad que desee, no lo dude.

9. *¿Cómo se describiría usted si no pudiera utilizar ninguna etiqueta?* Supongamos que alguien le pide que se defina pero que le prohíbe utilizar cualquiera de las etiquetas tradicionales en las que tanto se apoya la mayoría de la gente. Supongamos que no pudiera

decir la edad que tiene, dónde vive, qué ha estudiado, cuál es su origen étnico, su historia profesional, su estatus familiar, su estatus económico, su estado civil, el color de su pelo, su estatura e incluso ni su nombre. Suponga que tuviera que describir exactamente qué tipo de ser humano es. ¿Podría hacerlo?

¿Podría hablar de sí mismo sin recurrir a las etiquetas tradicionales que se usan con tanta frecuencia para ocultar lo que somos en realidad? ¿Podría hablar abiertamente de sus sentimientos como ser humano? ¿O de su búsqueda personal de un objetivo y un sentido en la vida? ¿Podría describir usted su sensibilidad, sus angustias, sus defensas y sus deseos? ¿Podría hablar usted abiertamente de su capacidad de dar y recibir amor? ¿De su capacidad de colaborar y de dejar una huella personal aquí en este planeta? Si tuviera usted que recurrir a etiquetas para describirse, como si estuviera rellenando un formulario o una solicitud de trabajo, su sentido de la sinceridad personal y de un objetivo en la vida quizá se ligasen a cosas y hechos exteriores a usted. Quizá se viese como una hoja estadística más que como un ser humano especial, y esa misma imagen puede ser, de hecho, la realidad que usted ha elegido para sí. La sinceridad total exige ser capaz de identificarse uno mismo y de identificar su humanidad única. Significa ser capaz de contestar a la pregunta ¿quién soy yo? sin tener que utilizar etiquetas estereotípicas ni datos estadísticos.

Estas nueve preguntas hipotéticas le ayudarán a controlar mejor lo que usted se propone como ser humano. La autosinceridad total es de suma importancia si uno desea tener una visión clara de su sentido de un objetivo en la vida. Ser sincero consigo mismo no tiene nada que ver con el número de mentiras que pueda decir en el curso del día. Depende de lo mucho que sepa de sí mismo y de lo dispuesto que esté a confesarse todas sus barreras y defectos: su capacidad para mirarse al espejo y hacerse frente a sí mismo y verse tal como es. La forma más vil de autoengaño es fingir y luego fingir que no se está fingiendo. Si finge usted ante los demás y les transmite una imagen falsa de sí mismo es una cosa, puede resultar eficaz incluso durante un tiempo; pero si se engaña a sí mismo, carecerá de la sensación de tener un objetivo vital, de que su vida tiene sentido y tiene algo que puede convertirla, literalmente, en verdaderamente meritoria.

El hecho de tener un sentido de objetivo en la vida no equivale a determinar lo que deba hacer cada día. Equivale, por el contrario, a entregarse sinceramente a vivir sus días como cree que debe vivirlos. Son muchos los que me preguntan: «¿Cómo puedo descubrir lo que quiero hacer realmente?». La respuesta es algo que escapa a la mayoría, porque quieren perseguir el éxito más que triunfar según sus propios sentimientos interiores de objetivo en la vida. Aunque pueda parecer evasivo y hasta metafísico, creo que Nietzsche aportó la mejor respuesta para estos indagadores: «El que tiene un *porqué* para vivir, puede soportar casi cualquier *cómo*». Lo que puede proporcionarle total sinceridad no es lo que elija usted hacer, sino saber que lo hace porque corresponde a su idea personal de la dignidad propia. Es de importancia decisiva para usted poseer ese sentido de misión en la vida si quiere llegar a ser un individuo Sin Límites.

9
Para aprovechar el tiempo al ciento por ciento

El individuo Sin Límites es un ganador el ciento por ciento de las veces. Para convertirse siempre en ganador, debe aceptar usted la idea de que para que haya ganadores no tiene por qué haber perdedores. Nuestra cultura está centrada en la idea de crear triunfadores por la vía externa. Es decir, en un mundo externo uno ha de derrotar a algún otro o lograr algún objetivo externo para que le consideren ganador. Pero el individuo SZE/Sin Límites no actúa según el sistema en que la mayoría de la gente se encuentra atrapada sin esperanza. *Para un individuo Sin Límites, ganar es un proceso interno*. Es la capacidad de considerarse un triunfador (porque uno opera basándose en señales internas) en casi todas las situaciones vitales. No tiene usted por qué derrotar a otro para ser un ganador y su idea del propio mérito no se basa en una escala externa sino en una escala interna. Si para convertirse en ganador ha de derrotar a un adversario, permite usted que ese adversario determine su propia visión de sí mismo como ser humano. El individuo internamente dirigido se niega siempre a etiquetarse como un fracasado sólo porque otro tenga más habilidad que él un día determinado.

El individuo Sin Límites nunca olvida la realidad de lo que es ganar y perder. El hecho es que nadie es mejor que otro más de unos cuantos minutos en un solo día. El individuo que es campeón mundial de algo puede, un día determinado, ser superado por muchos otros individuos. Si acepta esta realidad, puede empezar a comprender que si utilizamos la definición externa de lo que es ganar y perder (es decir, que para ganar hay que derrotar a otro y si no se logra se pierde), no hay duda de que todos somos perdedores todos los días de nuestra vida. Para llegar a ser un individuo Sin Límites y dejar de considerarse un fracasado, hay que superar la dicotomía ganar/perder.

Si no olvida que su actitud interna es siempre una cuestión de elección personal, puede empezar a forjar una filosofía que sea siempre ganadora respecto a todo lo que es usted sin tratar de engañarse en absoluto. El primer paso para crear esa actitud de ganar al ciento por ciento es liberarse de la idea de que se pueda etiquetar a la gente sin más en ganadores y perdedores en competiciones concretas. La actitud de ganar al ciento por ciento permite, por el contrario, considerarse siempre uno mismo un ganador sin que se eliminen por ello las posibilidades de desarrollo y crecimiento. No tiene por qué dedicarse jamás a la «autoflagelación» sólo porque haya encontrado un adversario que es más hábil que usted un día determinado. No puede criticarse a sí mismo por fracasar en su intento de alcanzar un objetivo. No tiene por qué mirar al otro para determinar su propio nivel como ser humano, ni tiene por qué utilizar comparaciones para determinar sus propios méritos.

El hecho es que todo lo que hace en la vida le proporciona una oportunidad de considerarse ganador. Puede usted aprender de todas las experiencias. Y si utiliza usted su experiencia vital para proporcionarse un estímulo al crecimiento más que como prueba de sus deficiencias, podrá ser un ganador al ciento por ciento. Ganar es en realidad una actitud, mientras que derrotar al adversario es algo que podrá lograr unos días y otros no. Repito que nadie puede derrotar a otro siempre. Es sencillamente imposible en un planeta con millones y millones de habitantes. Pero cualquiera puede acabar una actividad como ganador, y también con capacidad para convertirse en un individuo aún más competente en cualquier campo concreto si mantiene siempre una actitud interna firme de ganador. Lo que ha de hacer es abandonar de una manera radical esa pauta negativa que tanto impera en nuestra cultura, la actitud de destacar el triunfo a expensas siempre de los derrotados.

ES ABSURDO QUE HAYA GANADORES A EXPENSAS DE LOS PERDEDORES

Nuestra cultura concede un valor muy elevado al hecho de ganar a costa de que otros pierdan. En el mundo de los negocios, esto se llama movilidad ascendente, y hay que estar siempre pendiente del tipo que intenta conseguir el trabajo que uno quiere. En las competiciones atléticas los jóvenes se someten a la dieta de ganar a toda costa, y a la persona que no gana se la considera un fracasado. Las universidades, con su insistencia en las notas y los exámenes, etiquetan a los estudiantes como ganadores y perdedores. Se escriben libros que explican el modo de triunfar, de vender más que el otro, de ser el «número uno», de derrotar psicológicamente al adversario y muchos otros temas que se centran en la idea externa de ser un ganador. El individuo

Sin Límites opera basándose en señales internas, como hemos explicado en otras secciones de este libro. La idea de tener que derrotar a otro, o tener que compararse con otro, es una contradicción para la persona que está estructurada según principios internos. En consecuencia, el individuo Sin Límites mira hacia sí mismo para determinar si es o no un triunfador en la vida. El ganar nada tiene que ver con derrotar a otro, vender más, compararse con otros, con la movilidad ascendente, la competitividad o cualquier otro medio externo de valorarse. El individuo SZE/Sin Límites comprende lo absurdo que es utilizar a otro como índice para determinar el propio estatus. Puede emprender por ello cualquier actividad y salir de la experiencia como ganador. Esto es así porque el individuo, en vez de basarse en un criterio externo, decide por sí mismo si ha ganado o no. Así pues, para ganar el cien por cien de las veces hay que aprender a mantener una actitud ganadora en todo lo que se emprende en la vida, en vez de valorarse de cualquier modo externo.

La idea de no considerarse nunca perdedor es algo que merece amplia consideración si quiere usted de veras convertirse en un individuo Sin Límites. Si utilizamos alguna pauta concreta de comparación, todos los habitantes de este planeta son perdedores casi siempre. ¿Por qué iba a desear usted etiquetarse de un modo negativo y humillante siempre, y valorarse sólo en comparación con los demás? Es usted un ser único en el mundo. Sabe muy bien que no hay otra persona que vea, actúe, piense o sienta exactamente igual que usted. Si esto es cierto, ¿cómo puede ser un perdedor sólo porque no se ajuste a determinadas normas uniformes que se pretende que utilicemos como pauta comparativa?

Cuando se es una persona Sin Límites, no hay perdedores. Hay personas que tienen habilidades, intereses e instintos diferentes. Algunas personas deciden competir con otras, pero eso no significa que cuando uno saca menos puntos o no logra meter goles haya fracasado. En realidad, lo único que quiere decir es que no ha metido goles o ha metido menos que su adversario. Puede que quiera trabajar para llegar a ser más eficaz en lo de darle patadas a un balón, pero no tiene por qué etiquetarse como un fracasado en el período de entrenamiento. Después de todo, cuando pierde un partido, ¿qué ha perdido en realidad? Absolutamente nada. Su vida sigue igual; aún posee usted esos valores y esas necesidades superiores, el deseo de crear su propia verdad y todo lo demás que acompaña a una personalidad que funciona de un modo pleno. Lo único que sucede es que ha tenido un rendimiento inferior a su adversario un día determinado. ¡Nada más!

Lo mismo sucede cuando persigue un objetivo que se ha fijado y no logra alcanzarlo. No es usted un fracasado como individuo por el solo hecho de no haber logrado un objetivo. Lo único que tiene que hacer es aprender de la experiencia y pasar a otra cosa. Para aprender tiene que fracasar algunas veces. Todo el que ha logrado algo ha experimentado una cuota notable de fracasos. Pero no tiene por qué etiquetarse nunca como fracasado por ello. Cuando se considera usted un fracasado pasa a juzgarse en términos negativos. Cuando esto sucede, queda usted condenado a creer el absurdo de que es un fracasado en la vida. Todo ese proceso de etiquetarse como fracasado le impide crecer y madurar; y para el individuo SZE operar desde una posición que permita desarrollarse, madurar y crecer es la esencia misma de la vida. En una ocasión, le preguntaron a Thomas Edison qué significaba para él ser un fracasado después de veinticinco mil tentativas fallidas de inventar una batería. Su respuesta tiene un interés significativo para todos nosotros: «¿Fracasado? No soy en modo alguno un fracasado. Ahora conozco veinticinco mil formas de *no hacer* una batería».

Todo lo que le permita seguir madurando y creciendo no tiene por qué evitarlo, y considerarse un fracasado es el mayor obstáculo que puede poner a su capacidad de realizar elecciones positivas. *Su capacidad de ser un triunfador al ciento por ciento se basa, pues, en abandonar la idea de que perder en algo equivale a ser un perdedor.* Si se considera un perdedor sólo porque aún no ha conseguido algo, nunca podrá inventar nada.

No se trata simplemente de un juego que le pido que practique consigo mismo, y menos aún una invitación a engañarse a sí mismo llamándose ganador cuando no lo es. Le pido que invierta por completo la idea de ganar/perder en su pensamiento, que trascienda esta dicotomía negativa y procure pensar que usted es lo que decide *usted* por sí mismo, en vez de tener que medirse por normas externas. Todo lo que elija usted hacer puede enfocarlo desde la posición de mantener una actitud ganadora. ¡Quiero decir *todo!* No tiene por qué considerarse de nuevo un perdedor independientemente de su inteligencia, su capacidad, sus aficiones, su talento o cualquier otra cosa. El ser interno y consultarse desde una posición de autoestima es lo que distingue en realidad a los ganadores de los que se consideran perdedores.

La realidad nos dice que no existe eso que llamamos el número uno. Hay siempre otro equipo, otro individuo, otro objetivo más allá de nuestro nivel actual. Los cuatro minutos por milla era una barrera que, hace sólo veinticinco años, creíamos que nunca se superaría, y ahora hablamos de tres minutos por milla en el futuro. ¿Son hoy perdedores todos los que hicieron una milla en cuatro minutos hace unos años? Ningún ser humano debería considerarse jamás un perdedor;

cualquier conducta encaminada a convencer a otros de que son unos fracasados es negativa para todos los involucrados.

La clave del progreso es la esperanza, no la decepción. La cooperación, no la rivalidad, es lo que incrementa los índices de eficacia en la mayoría de las empresas humanas. La clave del éxito interno y también del externo es el orgullo interior y no la mortificación. Las claves para funcionar con éxito en casi todas las actividades son estar relajado, en paz consigo mismo, seguro, emotivamente equilibrado, libre y suelto. Hacer una prueba, jugar un partido de fútbol decisivo, pronunciar un discurso, cualquier cosa que se considere que produce tensión, se hace mejor con paz interna. Y los gritos, reñir, pinchar, halagar, castigar o despreciar no producirá en general más que tensión, y, en consecuencia, más «fracaso».

Cuanto más en paz esté consigo mismo, y más se permita disfrutar de una actividad, más probable es que sea capaz de realizarla a un nivel superior; y, por supuesto, con ese tipo de actitud interna nunca caerá tan bajo como para calificarse, o calificar a ningún otro ser humano, con una etiqueta tan indigna como la de «perdedor».

EL PROCESO PARA CONVERTIRSE EN UN GANADOR AL CIENTO POR CIENTO

Para convertirse en un ganador perpetuo en la vida hay que pasar por un proceso que obliga al individuo a superar muchas de sus formas normales de funcionamiento. Hasta ahora le han condicionado a pensar según dicotomías y a utilizar la técnica de etiquetar para describirse. Es decir, le han enseñado a compartimentar en vez de enseñarle a pensar. En la escuela y en la universidad, le animaban a disponer nombres, datos, ideas y problemas según categorías. Le animaron a memorizar datos para poder repetirlos. Le enseñaron que había respuestas correctas e incorrectas para todo en la vida. Si hacía bien un problema, recibía una recompensa, si lo hacía mal, un castigo.

En consecuencia, le enseñaron a evitar el tipo de pensamiento que yo propugno a lo largo de las páginas de este libro. Difícilmente le enseñarían que pensar internamente era un valioso ingrediente de la vida. En realidad, le decían lo contrario: aprenda correctamente los datos y olvídese de pensar por sí mismo; la vida se divide en verdades y errores y su tarea es buscar las verdades y evitar los errores.

Le explicaron que un poema, sólo podía interpretarse de un modo determinado, o que Ernest Hemingway pensaba en algo muy concreto cuando escribió sus novelas y que el objetivo era descubrir sus intenciones ocultas. Le dijeron que buscase en cada área temática la respuesta que satisficiese a la autoridad externa, que aprobase el curso correspondiente y que se olvidase de sus ideas personales sobre las cosas. La educación significaba adaptarse, comportarse, memorizar, aprobar exámenes, olvidar y luego atiborrarse otra vez para el examen final y luego olvidar para siempre toda la información aprendida. Y este mismo tipo de enfoque rígido del aprendizaje se aplicaba prácticamente a todas sus experiencias de la vida.

Le enseñaron que en este mundo había ganadores y perdedores y que si jugaba usted al fútbol, el equipo ganador era el que metía más goles. Empezó así a equiparar el ser un ganador con el hecho de meter más goles, o con algún otro tipo de actividad externa. Sus entrenadores le advertían y le reprendían por su falta de integridad cuando fallaba una jugada o rendía menos que otros. Le obligaban a ser un campeón y no le permitían nunca el lujo de gozar simplemente de una actividad. Siempre le decían, por el contrario, que debía *esforzarse al máximo*, en todo, aunque este tipo de mentalidad desemboca en úlceras, depresión y autorreproche.

No le animaban a *hacer* simplemente, a disfrutar, a perseguir sus propias verdades. Su formación se centraba, por el contrario, en premios externos, como notas escolares, actividades competitivas, y en aprender a ganar dinero para poder ser feliz. La mayor parte de su educación estaba destinada a enseñarle a compartimentarse y utilizar medidas externas para determinar lo meritorio y significativo que podía ser como ser humano.

Ganar al cien por cien supone introducir ciertos cambios espectaculares en su vida, cambios basados únicamente en el sentido común y en la fidelidad personal a sus valores internos. Es evidente que esforzarse siempre al máximo y en todo le agotará y le impedirá alcanzar la perfección en cualquier campo de la vida. Usted sabe que no puede ser mejor que todos los demás, así que ¿por qué utilizar constantemente a algún otro como índice de su propio mérito o su capacidad? Sabe usted de sobra, si examina los hechos, que en cualquier actividad competitiva hasta los individuos de más talento en un campo determinado han de perder casi tantas veces como ganan.

Así que, ¿por qué debe considerarse nadie un perdedor cuando se trata de algo inevitable? Piense que no puede ganar a todos los demás siempre, y, si esto es cierto, ¿por qué no admitirlo y empezar a regir su vida por los estímulos internos más que por los externos? Usted sabe de sobra que no hay nada en la vida que sea siempre del todo una cosa o la otra, que todo problema tiene varias soluciones posibles y que nunca se resuelve nada por el simple procedimiento de etiquetarlo. Usted sabe que todas las personas tienen dignidad y valor, por muchos errores que cometan, y que, sin embargo, esas mismas ideas de sentido común las olvidan muchos al pretender infatigablemente ganar y etiquetarse y etiquetar a otros como perdedores durante casi todos los días de su vida.

Este libro trata de un nuevo modo de enfocarse uno mismo y de enfocar todas las actividades. Para cultivar ese yo que gana un cien por cien de las veces debe usted adoptar 1) *una forma nueva de pensar* que le conduzca a 2) *nuevos sentimientos* y que desemboque en 3) *nuevas conductas*. Si le interesa cambiar algo de sí mismo, ha de pasar por esta escalera de tres tramos para que el cambio se convierta en parte permanente e inalterable de su nuevo yo Sin Límites.

El proceso es el siguiente:

1. *PARA PENSAR como un ganador al ciento por ciento*

Es usted responsable de los pensamientos que tiene en la cabeza. Tiene la posibilidad de pensar lo que quiera, y casi todas sus actitudes y conductas negativas nacen de cómo decide pensar. Sus pensamientos son responsabilidad personal suya, y una vez que acepte esto como parte fundamental de su humanidad total estará en condiciones de cambiar todo lo que le desagrada de sí mismo. Las emociones no surgen porque sí. Las acciones no se producen por las buenas. Todos sus sentimientos y sus actos van precedidos de procesos mentales llamados pensamientos, y nadie puede hacerle pensar algo que usted no quiere pensar. Su parcela de libertad, aun cuando otros le estén manipulado o encarcelando, es esa capacidad de elegir las ideas y los pensamientos que hay dentro de su cabeza. En cuanto comprenda que sus emociones y conductas proceden directamente de su pensamiento, comprenderá al mismo tiempo que para afrontar un problema personal lo primero que tendrá que abordar serán los pensamientos que apoyan sus emociones y conductas negativas.

Sabe usted perfectamente que controla sus pensamientos y que si quiere llegar a ser un individuo Sin Límites ha de intentar básicamente aprender a pensar de modo distinto de como le han enseñado a pensar. Las actitudes son sólo pensamientos y el primer paso para el estilo de vida de ganador al cien por cien que le propongo es no olvidar que puede elegir cualquier actitud que desee, y prácticamente en cualquier circunstancia.

Será capaz de convertirse en un ganador al ciento por ciento si decide pensar como ganador y procurar erradicar las imágenes de perdedor que pueda llevar arrastrando desde un período anterior de su vida. Pensar como ganador significa no tener que derrotar siempre a otros. Significa ser capaz de superar una situación en la que fracasa en su tentativa de alcanzar un objetivo. Entraña no exigirse la perfección en todo lo que haga, sino, por el contrario, considerarse perfecto, «perfectible» y, en consecuencia, capaz de progreso y desarrollo. Significa no olvidar que la perfección no quiere decir permanecer siempre igual. Significa ser capaz de permitirse progresar y crecer. Pensar como un ganador significa no hacerse reproches. Significa negarse a admitir pensamientos autodespectivos. Supone rechazar la tendencia a valorarse en comparación con otros, y dar permiso para ser el individuo único que uno es.

Todos los pensamientos que contribuyan a que se crea usted un perdedor resultan más fáciles de rechazar si se consideran como elecciones. En cuanto asuma usted la responsabilidad de esos pensamientos, podrá decidir convertirlos en pensamientos positivos. Si juega usted un partido de tenis contra un adversario fuerte y sale derrotado, sólo será un perdedor si así lo considera. En realidad cada una de las derrotas que pueda sufrir es algo que fortalece su carácter y mejora su capacidad. Podría usted concluir el partido diciendo que ha aprendido algunas cosas, que ya sabe qué jugadas tiene que practicar, y que ha sido una experiencia magnífica jugar con un adversario tan bueno. Elegir exactamente lo contrario es algo que está a su disposición sin duda. Puede usted irritarse, tirar la raqueta, enfurecerse consigo mismo, llamarse inútil y obsesionarse por el hecho de haber perdido. Elija lo que elija, la realidad se mantendrá tal y como es. No habrá conseguido usted, de todos modos, devolver la pelota por encima de la red tantas veces como su adversario, y eso siempre será verdad en todas los partidos que pierda. Pero el cómo va a pensar, qué va a hacer cuando pierde y cómo va a situar esa pérdida en el marco racional de su vida, son cosas que decide usted. Un ganador coherente sabe que se progresa y se crece tanto por las derrotas como por las victorias y que no hay nada en la vida que justifique que uno se torture.

2. *PARA SENTIRSE un ganador al ciento por ciento*

Si sus sentimientos nacen directamente de sus pensamientos, y sabe usted que puede elegir sus pensamientos, parece lógico afirmar que puede usted decidir también lo que va a sentir. Las emociones no son grandes secretos, son los resultados psicológicos de sus pensamientos, y no hay nada de «automático» en decidir lo emocional que uno quiere ser. Cualquier emoción de carácter funcional que le ayude, que sea agradable y que sea algo en lo que desee apoyarse, puede alcanzarla con la voluntad. Es absurdo pretender que no podemos evitar sentir como sentimos, que nuestras emociones «caen» sencillamente sobre nosotros y que no tenemos control sobre ellas, que en realidad no podemos evitar ser como somos desde el punto de vista emotivo.

El individuo Sin Límites puede ser muy emotivo, pero no es un individuo a quien sus emociones inmovilicen. Aprender a controlar las emociones personales y a responsabilizarse de ellas, en vez de acusar a un misterioso «inconsciente» o a una antigua experiencia como fuente de sus emociones de hoy, es el medio de alcanzar la autonomía y la libertad personal en la vida. Entender la cólera como una elección más que como algo que sencillamente le ocurre, le permitirá eliminarla cuando le inmoviliza o cuando inmoviliza a otros. Si se limita a aceptar la idea de que no puede evitar ser como es y que sus emociones simplemente se producen, es evidente que no podrá hacer nada por cambiarlas cuando interfieran en su vida. Hay algo fundamentalmente razonable en asumir la responsabilidad de lo que va a sentir uno en vez de limitarse a dejarlo a la suerte o a un sistema genético basado en la distribución al azar de rasgos emotivos.

El ganador al cien por cien es el que decide esforzarse por no sentirse deprimido, traumatizado, furioso, culpable, innecesariamente asustado, para no rechazarse o no sentirse angustiado como reacción a los problemas y experiencias vitales. En una competición entre usted y un adversario, será su estado emocional el que determine su eficacia. Cuanto más tenso esté, más provocará que la competición tenga consecuencias de vida o muerte, más se irritará consigo mismo y más tensión sentirá y menos posibilidades tendrá de salir victorioso de esa experiencia.

Esas reacciones emotivas que llevan a la pasividad y la inmovilización, nacen directamente de lo que piensa usted en el momento. Cuando se presiona o reaviva algo que ya está liquidado, cuando se enfurece consigo mismo o con su adversario o aumenta su tensión haciéndose amenazas mentales, decide usted *sentir* como perdedor. Cuanto más tenso esté como resultado de esos pensamientos, más probable es que se sienta cada vez peor, hasta que, por último, esté tan angustiado que se dé por vencido.

Es posible el mismo tipo de reacción emotiva cuando va usted a examinarse en la universidad, o a una entrevista para conseguir un trabajo, o a cualquier otra prueba que pueda resultarle dura y difícil. Cuanto más antinatural sea usted (cuanto más empiece a juzgarse en términos negativos, y cuanto más tienda a enjuiciarse en el momento de la actividad), más probable será que elija emociones negativas que constituyan un obstáculo y le impidan ser eficaz. Además, si se califica luego según el resultado, en vez de centrarse en lo bien que lo ha hecho y en lo que haya podido aprender, volverá usted a considerarse un perdedor y a *sentirse* luego un perdedor.

Sentirse siempre un ganador es posible hasta en los peores momentos o en las situaciones más decepcionantes. Su reacción emotiva a todas las actividades de la vida y a todas sus empresas individuales, es algo que depende enteramente de usted y de cómo decida pensar. El individuo SZE/Sin Límites parece comprender que sentirse mal y deprimido supone desperdiciar esos preciosos momentos que pasa en esta vida y, en consecuencia, no hay para él situación que merezca que se paralice y se llene de angustia. Lo que hace el individuo Sin Límites ante un problema es *actuar*; mientras que la táctica negativa es sentarse a vacilar y a sentirse mal. Cuando uno se dedica a obrar activamente en vez de pensar y valorar de modo continuo su actuación, sobre todo en comparación con otros, está demasiado involucrado en la vida para tener reacciones emotivas de carácter negativo. Los individuos inertes, perezosos e incontrolados son, en general, los que tienen tiempo para todas esas autoacusaciones mentales y esa piedad consigo mismos que lleva a reacciones emotivas de carácter negativo. El ganador al ciento por ciento está tan emocionado actuando y sintiéndose capaz de disfrutar el momento presente, que no tiene tiempo siquiera para alimentar una mentalidad de perdedor. ¡Decisión, sí! ¡Expresar rápida e indoloramente la propia frustración, sí! Pero entregarse de continuo a los autorreproches, la cólera, la depresión, etc., es algo impropio de un ganador al ciento por ciento.

3. *PARA ACTUAR como un ganador al ciento por ciento*

Sus actuaciones como ganador al ciento por ciento se producirán de modo automático cuando se convenza de que en realidad puede cambiar su modo de pensar por una filosofía de ganador total siendo el único que determine lo que decida pensar. Entonces aceptará la idea de que sus emociones no tienen por qué ser barreras que le impidan alcanzar sus objetivos Sin Límites; porque usted suele ser el rector de sus sentimientos también. Empezará a actuar automáticamente de un modo que propicie esa autoimagen de ganador al ciento por ciento. Se tranquilizará, dejará de debatirse, permitirá a su cuerpo hacer lo que sabe hacer en virtud de su experiencia y su aprendizaje y saldrá usted triunfante de todas las pruebas de su vida.

Toda la obsesión de nuestra cultura por el triunfo pertenece casi exclusivamente al tipo de triunfo competitivo, de derrotar a otro, y de acumular valores externos. No hay duda de que esta forma de ganar es imposible al ciento por ciento, pues nadie puede ser siempre mejor que todos los demás. En realidad, perseguir este tipo de triunfo a toda costa tendrá como consecuencia que no gane usted siquiera un cinco por ciento de las veces. Si anda usted mirando siempre de reojo para ver cómo lo hace el otro y poder determinar si es usted el que gana o si necesita otra persona con la que compararse o a la que derrotar, e incluso a la que sobrepasar, depende usted de elementos externos para su triunfo. En tales circunstancias, difícilmente saldrá usted triunfante. Desperdiciará usted casi todos los momentos presentes persiguiendo al otro, y será casi siempre «perdedor por definición».

Las conductas de ganador al ciento por ciento pueden practicarse en casi todas las experiencias y actividades de la vida. Fluyen directamente de sus actitudes de ganador, y quizá se encuentre con que sale usted ganador en situaciones en que casi todos eligen la locura. Además, su actitud pronto se hace contagiosa y se impone en todas las áreas. Cuando empieza usted a ser un individuo que sabe apreciar la vida, por ejemplo, se convierte en alguien que comprende que puede aprender de la adversidad. Así, si pasa usted por un período particularmente duro, por ejemplo una disminución de los ingresos, una enfermedad, un fallecimiento en la familia o incluso dificultades menores como un embotellamiento de tráfico o una cola larga, esa capacidad de apreciar cada momento y de vivirlo plenamente le permite superar la actitud de perdedor que anteriormente le inmovilizaba e inquietaba durante largos períodos. Empieza usted a buscar algo beneficioso en las situaciones difíciles en vez de dejar que las circunstancias le derroten. Al poco tiempo, aunque se trate de duros juegos competitivos o en el trabajo, busca usted algo que aprender en vez de algo de lo que quejarse. Empieza a correr riesgos y a ensayar nuevas conductas que antes rechazaba, porque no teme ya perder. El fruto de una actitud ganadora se reduce básicamente a esto: el estatus sin límites del que he hablado a lo largo de este libro.

Estas situaciones críticas de la vida cotidiana que enumero a continuación son ejemplos típicos de la actuación de un ganador al cien por cien:

En el trabajo. No tiene usted por qué arrinconarse en la trampa de la movilidad ascendente. En realidad, cuanto menos se preocupe usted por ascender, mejor podrá funcionar con eficacia en el presente e, irónicamente, más posibilidades de ascenso tendrá. Los que se limitan a hacer su trabajo, que disfrutan con lo que están haciendo y que viven día a día son los que pueden ser más productivos y los que pueden acumular más méritos para el ascenso. Cuanto más humano sea usted con los demás y consigo, más se estimarán sus servicios de dirección. Pero si anda usted siempre esforzándose continuamente por destacar, dando coba y hecho un manojo de nervios por la obsesión del futuro, nunca podrá tener la actitud ganadora del individuo SZE.

Me han entrevistado en relación con ofertas de trabajo varias veces en mi vida. En todas esas entrevistas, mi actitud fue la siguiente: «Si soy sólo yo mismo, si no finjo ni engaño en nada, además de demostrar que puedo sobrevivir perfectamente sin ese trabajo, transmitiré exactamente la imagen que deseo que tengan de mí». Cuanto menos intentaba impresionar a mis entrevistadores, más capaz era de ser simplemente yo mismo. Siempre conseguí ganar, aun cuando no consiguiese el trabajo. Cuando considero retrospectivamente aquellos trabajos que «casi» conseguí, me doy cuenta de que no eran adecuados para mí entonces ni lo son ahora. De todas esas entrevistas aprendí cosas importantes, y siempre salí de ellas sintiéndome un ganador. ¿Por qué? Porque no necesitaba un trabajo concreto para sentirme satisfecho conmigo mismo. La experiencia me parecía valiosa. Me puse a prueba en una situación tensa y aprendí algo de la experiencia.

Puede usted sentirse ganador en toda relación que tenga con sus jefes o con sus compañeros de trabajo. Puede abordar a un supervisor desde la posición de saber que es usted una persona magnífica, independientemente de cómo resulte la cosa. Puede salir de esa entrevista habiendo aprendido cosas que le ayudarán a ser más eficaz en entrevistas futuras similares, con su dignidad intacta, en primer término porque no la ha puesto en juego. Puede usted enfocar su trabajo como algo que *usted* eligió hacer. Si va a tenerlo que hacer otra vez hoy, disfrutará de su elección laboral y crecerá con ella... *¡hoy!*

Si ya no desea hacer esa elección, o si está dispuesto a correr los riesgos que entraña el hacer nuevas elecciones profesionales, puede usted «crecer» en una nueva dirección laboral. La actitud de ganador al ciento por ciento en el trabajo exige no situar su dignidad personal ni su mérito ni su sentido de tener un objetivo en la vida en el molde extremo de hacer un trabajo, sino operando desde una perspectiva de apreciación interna por sí mismo. Si invierte usted el proceso de justificar su mérito por el trabajo y pasa a hacerlo desde dentro, abandona la cuestión de «necesitar» un trabajo concreto. En cuanto deja de *necesitar*, tiene libertad de hacerlo por elección. Si es usted lo suficientemente sincero consigo mismo para admitir que no se siente ya satisfecho con su trabajo, y ha eliminado esa *necesidad*, podrá hacer lo que decida y ganarse la vida. El ingrediente clave de una actitud Sin Límites en el trabajo es la capacidad de abordar cualquier problema o tarea desde la perspectiva de «actualizarse» uno a sí mismo. El individuo creador se entrega a su trabajo y no se limita a realizar tareas por un salario. Si no se entrega usted a su trabajo y se actualiza en lo que hace debe empezar a hacerlo con la actitud de ser capaz de aprender y de crecer todos los días.

En sus relaciones personales. Puede abordar usted todas sus relaciones personales con una actitud de ganador al cien por cien si decide ser una persona Sin Límites en este campo. Eso entraña olvidar el problema que tiene con sus seres queridos y, en vez de aferrarse a él, aceptarles hoy por lo que son. Significa rechazar esas tentativas suyas de manipularles, de hacerles más parecidos a usted y sustituirlas por una aceptación a nivel diario. Significa esforzarse por no alterar las cosas en sus relaciones.

Las relaciones de ganador funcionan porque cada miembro de la alianza está dispuesto a aceptar a la otra persona sin más, tal cual es, y todos se tratan entre sí desde un punto de vista afectuoso. Si se limita usted a mirar a su esposa, a sus hijos, a amigos o conocidos con una actitud de aprecio total por lo que son, nunca volverá a ser un perdedor en el amor. Cuando sólo transmite usted afecto en una relación y sólo se desarrolla y crece con ella, no puede perder. Cuando estoy a punto de decir algo que podría ser muy poco amable o a quejarme de mi hija, me digo constantemente: «¿De verdad quieres que la relación se base en pequeñas disputas y en la hostilidad? Si la apreciaras de veras, no darías tanta importancia a esas pequeñas discrepancias». En cuanto me recuerdo a mí mismo que se trata de un ser humano significativo y digno, con sentimientos propios, y no quiero, en realidad, eliminar nada de esa dignidad, hallo en general un modo más eficaz y productivo de exponer mis quejas.

Lo indudable es que cuando procuro realmente no ser demasiado crítico o agobiante, quejándome o haciendo cualquier otra cosa que cree hostilidad en una relación, suelo poner coto a esa conducta. Por otra parte, cuando me doy cuenta de que alguien a quien quiero se está poniendo pesado, en vez de embarcarme en una larga disputa sobre esa actitud que me desagrada, me limito a exponer mi punto de vista y me alejo de la posible erupción. Tras un período de enfriamiento, puede uno poner fin a casi todas las discrepancias.

Procurando eliminar los puntos tensos en una relación, y cultivando un vigoroso sentimiento de estimación del mérito de la otra persona, sus relaciones pueden ser también de ganador al ciento por ciento. En una comunidad sana, no aparecen las viejas luchas familiares. Puede usted poner coto a todos esos abusos adoptando una actitud ganadora ante todas las personas que son importantes para usted. Por supuesto, jamás tendrá unanimidad total en todas las cosas, pero las discrepancias no significan que tenga que ser usted desagradable.

En las actividades académicas. Si sus razones para estudiar son externas y no internas, preferirá usted siempre aprobar el curso por la vía fácil, buscará la aprobación del profesor y la calificación alta en los exámenes. El que es siempre ganador, sabe que estudiar es una cuestión completamente interna: que aprender por el puro gozo que proporciona, porque nos aproxima más a nuestra propia verdad, a la belleza, a apreciar verdaderamente la vida, es razón suficiente para buscar el conocimiento. Si es usted inmune a las presiones que ejercen otros sobre usted para conseguir que estudie, si se incorpora a cualquier experiencia de aprendizaje porque lo desea, tendrá muchas posibilidades de ser un ganador al cien por cien en ese campo.

Esos títulos carecen prácticamente de significado, aunque muchas personas externas le convenzan de que debe usted conseguirlos. En realidad, progresará usted y disfrutará de la vida según lo que sea capaz de hacer cuando esté ahí fuera, en ese mundo externo, no en el archivo de un centro de enseñanza. En lo que respecta a sus matrículas de honor, no significan más que medallas al mérito absolutamente inútiles, y debe usted o producir o quitarse de en medio y dejar que sea otro quien haga lo que hay que hacer. Siempre que he aparecido en televisión o he hablado ante públicos de todo el mundo, no he tenido nunca a ningún posible anfitrión u hombre de negocios que me preguntase qué nota había sacado en psicología. La gente no se preocupa por esas cosas, o no debería hacerlo. *Conseguirá usted «llegar» en la medida en que confíe en sí mismo y en lo que hace, no por lo que hizo para conseguir un diploma.* Como son muchos los jóvenes que se consideran fracasados si tienen historiales académicos mediocres, es importante hacerles entender que su mérito no tiene nada que ver con esas notas, que pueden suspender un curso y ser ganador, si piensan como personas Sin Límites. Puede aprender usted de todo lo que haga en la vida. Otros le valorarán a veces en términos críticos, y a veces no llegará usted a la cima, pero si se convence de que sacó algo valioso de la experiencia, es usted un triunfador.

En las competiciones deportivas. En este campo es donde más aflora la mentalidad triunfador/fracasado en nuestra cultura. He escrito sobre esa actitud en otras secciones de este libro y a estas alturas ya sabe usted que apoyo la idea de abordar cualquier actividad deportiva desde la perspectiva del gozo, la paz interior y la diversión. No cabe duda de que es importante competir en cualquier prueba atlética, pero no hay por qué aceptar imágenes de «perdedor» si se compite con un adversario superior. Si juega para sí mismo, para mejorar su capacidad, para alcanzar el nivel que considera *usted* satisfactorio, para sentirse relajado y libre de tensión y para poner término a la incesante comparación con otros, puede convertirse en un ganador al ciento por ciento en cualquier empresa atlética. Si es usted un ganador interno, que posee control de sí mismo y que sabe por qué participa en el juego, obtendrá, irónicamente, más victorias que si se debatiese usted constantemente por ganar, si exigiese, si se enfureciese, si se pusiese tenso. El individuo relajado y con paz interior que se limita a dejar funcionar su cuerpo tal como lo ha adiestrado a actuar, es el tipo de atleta que no sólo es un ganador en el campo de la competición atlética, sino en todos los campos.

Todas estas categorías, junto con otras que hemos mencionado en este libro, como las de las relaciones entre padres e hijos, las relaciones sexuales, los viajes, las aficiones y pasatiempos, las actividades de dirección, etc., son cosas en las que *usted* puede ser un ganador al ciento por ciento. Si aborda usted una entrevista con confianza interna y conocimiento de sí mismo, no puede usted perder, independientemente de lo que puedan decir otros. Puede usted leer en el periódico que ha perdido o sus amigos pueden etiquetarle como un «fracasado», pero en realidad no será usted nunca un perdedor salvo que decida colocarse la etiqueta usted mismo. Y la etiqueta que decida usted colocarse es algo que queda enteramente a su criterio. Aprender a ignorar las opiniones y críticas de los demás y aprender a consultar las propias señales internas es sin duda la base para llegar a ser un ganador al ciento por ciento. Nadie va a convencer nunca a una persona así de que es un perdedor. Puede cometer errores, puede parecer estúpido, puede ser estrepitosamente derrotado en cualquier empresa, puede no volver a vender otro libro ni aparecer en una lista de éxitos de ventas ni volver a ganar un centavo en la vida, pero siempre será un ganador, porque decide considerarse ganador. Y cualquier error que pueda cometer es sólo un instrumento más que puede ayudarle a forjarse por sí mismo una vida aún más eficaz. Con ese tipo de actitud nunca puede ser un fracasado frente a sí mismo, y en eso consiste el vivir Sin Límites: ser un triunfador ante uno mismo.

He hablado muy extensamente sobre los individuos Sin Límites, las personas normales y las personas neuróticas o depresivas a lo largo de las páginas de este libro. Sé que ser un individuo Sin Límites significa ser capaz de superar las típicas actitudes y conductas a las que otros están dispuestos a conformarse. Hay un modo de ir *más allá* que eligen las personas Sin Límites, que las otras ni siquiera toman en consideración jamás. Si empieza usted a considerar la posibilidad de ir más allá de lo que ha ido siempre, o de pensar de un modo nuevo, un modo que pueda proporcionarle un verdadero sentimiento de tener un objetivo en la vida, habré logrado el objetivo que me marqué cuando empecé a escribir este libro. Tiene usted posibilidades reales de aprender a superar *ese yo típico* que ha aceptado hasta ahora y de convertirse en su propio alcázar de grandeza.

Como ganador al ciento por ciento, debe considerarse usted un fin más que un medio para un fin. Considérese un individuo completo, alguien que tiene valor intrínseco sólo porque existe, en vez de tener que demostrarse que tiene valor y mérito por medio de triunfos y adquisiciones. Mientras pueda usted desarrollarse y crecer y convertirse, si lo decide, en otra persona distinta, aún puede verse como un ser completo y meritorio tal como es. No es una contradicción ser capaz de crecer y cambiar en el futuro y, aun así, ser ahora completo y perfecto.

Además, puede ver a los demás como son, en vez de «como deberían ser». En vez de recordar siempre a otros lo que deberían llegar a ser, procure verles completos y totales ahora.

Su capacidad para ser una persona Sin Límites y para ir más allá incluso de las expectativas más fantásticas que se haya planteado, está en sus manos, no lo dude.

Creo en ello tan profunda y sinceramente como en las demás cosas que he dicho o escrito. Todo consiste en si está dispuesto a hacer una elección positiva con más frecuencia que una elección negativa e incluso normal.

Lo he incluido todo en este libro. Ya no puedo decir nada más. Si únicamente lo lee, no conseguirá nada. Sólo será una guía. Lo que sí garantizo es que sentirá una paz interior personal mayor como ser humano si opta por las actitudes Sin Límites que he descrito en estas páginas. Si desea hacerlo, hágalo hoy, y si ve a otros que persiguen su propio estatus Sin Límites, haga como Diógenes cuando le dijo a Alejandro Magno: «Retírate y no me quites el sol».

APÉNDICE
Del estado neurótico al estado Sin Límites: Gráfico de actitud y conducta

En este apéndice se incluye un gráfico que puede usted utilizar para examinar las actitudes actuales de su conducta según las diferencias entre las personas neuróticas, «normales» y SZE/Sin Límites tal como yo las concibo. El gráfico se basa en mis observaciones de las distintas reacciones de los individuos hacia el mismo mundo. En primer término, cómo piensan y se comportan los individuos neuróticos crónicamente desdichados y por qué les hacen sufrir tanto sus actitudes negativas. En segundo, se indica cómo piensan las personas «normales» o «medias» acerca de los mismos aspectos de la vida, y por qué sus actitudes llevan con tan poca frecuencia a la verdadera felicidad o a la plenitud. Se indica por último la visión que tienen los individuos SZE de los mismos sectores de la vida en la transición a la vida total Sin Límites, tal como sé que se proyectan en esta época esas actitudes Sin Límites.

Quiero señalar que aunque he enumerado treinta y siete apartados en este gráfico, todos importantes en relación con temas que se subrayan a lo largo del libro, la elección ha sido básicamente arbitraria: podría haber enumerado tres o tres mil. Confío en que según vaya leyendo el gráfico vaya viendo cómo se comporta usted en las tres categorías (o más, probablemente, encontrará aspectos propios en todas las categorías) y decida por sí solo si prefiere adoptar las actitudes SZE/Sin Límites. Confío además en que pensará de modo creador sobre su propia filosofía de la vida, en que pasará a ser más sensible respecto a sus propias actitudes y a su conducta en todas sus situaciones vitales, en que hará su propio «gráfico» mostrando dónde quiere *usted* transformar sus actitudes «neuróticas» o «normales» hacia la vida según perspectivas Sin Límites y seguir hasta remodelar su vida según su propio proyecto personal.

Recuérdelo: lo más que pueden hacer por usted los «símbolos de autoridad», sean psiquiatras o políticos, es guiarle para que llegue a ser normal o medio según las normas aceptadas, que «se adapte» a las normas establecidas en la sociedad, tal como *ellos* las conciben. Para ir más allá de la «normalidad» tiene usted que actuar por su cuenta, confiar en sus señales internas y cultivar su creatividad natural, su amor intrínseco a la vida; tiene que penetrar en el «paraíso prohibido» de una voluntad libre e ilimitada y de un pensamiento original, sin permitir que ningún ángel del autoritarismo creado por usted mismo le impida el paso, o ponga en entredicho su derecho a entrar en él.

DEL ESTADO NEURÓTICO AL ESTADO SIN LÍMITES: GRÁFICO DE ACTITUD Y CONDUCTA

Pánico	Inercia	Lucha	Adaptación	Control
NEURÓTICO			«NORMAL»	SZE a SIN LÍMITES
1. *Teme y evita lo desconocido*; se encierra en la familia y le intimidan los ambientes nuevos; le inquieta cualquier tipo de *cambio*; procura permanecer siempre igual.		Acepta lo desconocido pero lo busca. Puede adaptarse a cambios cuando se producen, pero no suele iniciarlos. Escaso esfuerzo positivo para cambiar.		Busca lo desconocido y ama lo misterioso. Agradece el cambio y lo experimenta casi todo en la vida. «La belleza de la vida está en sus cambios.»
2. *Autorrechazo*; hay muchas cosas de sí mismo que le desagradan en público o en privado; se cree carente de atractivo, inteligencia, «por debajo de la media»; desconfía de sí mismo y de los demás; escaso sentido de pertenencia.		Se acepta en casi todos los campos, pero con más resignación que entusiasmo. Cree que se «ajusta» más o menos como los demás y que está más o menos donde debe estar.		Autoplenitud; siente gran entusiasmo por sí mismo, sin quejas ni reservas. No tiene tiempo ni necesidad de ser presumido. Posee un gran sentido de pertenencia al mundo y a la humanidad.
3. Frecuentemente *inmovilizado por una cólera irracional*, incapaz de controlarse o pensar a derechas en muchas situaciones. Características explosiones de amargura que desazonan a todos.		Suele sentirse irritado pero normalmente se controla. Puede expresar su cólera o su frustración y suele encontrar un medio racional para abordar las causas; raras veces crea situaciones desagradables.		A veces, se siente irritado, sobre todo ante las injusticias, pero eso le moviliza en vez de inmovilizarle; conserva la serenidad mientras lucha por una solución constructiva y original; es un placer trabajar con él.

Pánico	Inercia	Lucha	Adaptación	Control
NEURÓTICO			«NORMAL»	SZE a SIN LÍMITES
4. *Externamente motivado* en casi todo. Mide siempre el valor de la gente según «símbolos» de estatus de todo género. Opiniones muy controladas por *Señales externas*.			Tiene conciencia de algunas motivaciones internas, pero le estimulan sobre todo las externas; influido por recompensas externas; prescindirá a veces de señales externas en favor de su propia conciencia o sus propios deseos. Desea «adaptarse».	Plena conciencia del sistema externo de recompensa y señales. Lo respeta sólo si sus señales internas le dicen que lo merecen, pero sigue su propio destino individual según sus luces internas.
5. *Se queja constantemente* de sus condiciones de vida y del estado del mundo; utiliza a los demás ante todo para desahogarse. Preferiría poder criticar algo a darse por satisfecho con ello o cambiarlo.			Encuentra muchas cosas de que quejarse, pero se queja poco o desiste pronto. Es normal que hable con otros de resolver esos problemas. No busca motivos de queja.	No ve nada en la vida de que quejarse, salvo donde las «quejas» pueden dirigirse a quienes pueden resolver el problema. No se «queja para sí»; puede compartir sus problemas con otros para lograr su apoyo. Tiende a actuar en vez de criticar.
6. *Se siente poco querido, no estimado, o despreciado* por los demás, a quienes reprocha su dureza con él. Nunca mira en su interior para preguntarse cuánto amor, aprecio o respeto otorga él a los demás.			Suele sentirse amado y respetado hasta cierto punto por su familia o su círculo normal de amistades, un tanto distanciado del resto de la humanidad; puede otorgar cierto amor y cierto respeto a su círculo íntimo; puede desmoronarse si le rechazan.	Sabe que el amor y el respeto se otorgan a la persona que los cultiva. Le aman y le respetan sinceramente todos los que son capaces de devolver la cordialidad que él les prodiga. No le preocupa que otros le «rechacen».
7. *Constantemente preocupado por el rendimiento* en todos los sectores de			Tiene «la cantidad normal» de angustia respecto a la eficacia de su actua	No siente ninguna «angustia» por su actuación; sabe que se aprende tanto

— 362 —

la vida. Se deprime cuando otros califican pobremente su actuación en el trabajo, en la cama, etc. Equipara el mérito con el trabajo, el dinero y las adquisiciones.	ción en casi todos los sectores de la vida, con ciertas áreas especiales de sensibilidad (trabajo, sexo, deportes, etc.). Capaz de aceptar a veces «actuaciones pobres» pero otras veces pueden alterarle muchísimo. Se siente atrapado por la necesidad de adquirir cosas y dinero.	del fracaso como del éxito. No le importa cómo califiquen su actuación los demás o las normas externas, sabe que preocuparse obstaculiza la actuación. No le obsesionan las adquisiciones.
8. *Parece ir a la deriva en la vida*; no ve mucho objeto ni contenido en el trabajo, las relaciones, etc.; la vida le parece una lucha constante; suele estar al borde del pánico por la supervivencia aun cuando exista «seguridad» objetiva.	Considera que algunos sectores de la vida tienen objetivo y significado, pero es incapaz de integrar todos los sectores en un todo unido y dirigido. Es frecuente que luche o se debata y compita en un sector u otro, aunque en conjunto se sienta exteriormente «seguro».	Muestra un vigoroso sentido de un objetivo vital en la mayoría de los aspectos de la vida o en todos ellos. Su visión holística de la vida le permite ver significados y contenidos en todo. Nunca vaga a la deriva ni se debate infructuosamente. Posee una firme sensación de seguridad que nace de la sensación interna del propio mérito.
9. Motivado casi exclusivamente por la necesidad de satisfacer necesidades animales básicas y expectativas externas. Poco o *ningún respeto por sus necesidades superiores* y por las de los demás.	Motivado sobre todo por necesidades de animales y recompensas y señales externas; pero capaz de respetar algunas necesidades superiores propias y ajenas y de satisfacerlas con cierto éxito.	Motivado ante todo por necesidades y valores humanos superiores. Reconoce como fundamentales las necesidades animales básicas, pero no tiene problemas para satisfacerlas, busca ante todo y siempre la verdad, la belleza, la justicia y la paz.

Pánico	Inercia	Lucha	Adaptación	Control
	NEURÓTICO		«NORMAL»	SZE a SIN LÍMITES
10.	*Fuerte sentido de propiedad* respecto a la familia, los amigos y la comunidad. Los considera una propiedad que siempre teme perder. Sufre a menudo envidias y celos intensos e irracionales.		Posee rígidas normas sobre cómo deberían comportarse los demás y en determinadas ocasiones puede destrozarle la envidia. Las desilusiones amorosas le alteran fácilmente.	Ningún sentido de la propiedad respecto a personas o cosas. Sabe que el mejor modo de perder algo es intentar aferrarse a ello. Prácticamente inmune a los celos y a la envidia.
11.	*Pensamiento compulsivamente dicotómico*. Raras veces es capaz de ver las dos caras de un asunto. Toma partido y se aferra a él con espíritu de venganza. Etiqueta y olvida casi todas las personas, cosas e ideas. Suelen alterarle los demás cuando los ha etiquetado.		Pensamiento dicotómico en algunos aspectos, pero si se le aborda con delicadeza puede ser razonable en otros. A veces, le alteran las etiquetas que le adjudican otros. Suele tener prejuicios especiales (antiminorías, etc.) y mostrarse intolerante en situaciones vagas y confusas.	Sólo utiliza dicotomías con objetivos concretos y con matices. Ve primero el conjunto que hay detrás; comprende la verdad de aparentes opuestos. Piensa de modo cooperativo en todos los problemas. Nunca le inquietan las etiquetas que la gente le aplica a él o les aplica a otros.
12.	Constantemente *preocupado por el pasado y el futuro*. Suele cavilar sobre injusticias del pasado y/o los buenos tiempos del pasado. Se rige por futurizaciones, suele angustiarse por el futuro y hace planes para prevenirse contra lo peor.		Cavila a veces sobre el pasado; incurre bastante en la futurización, con cierta angustia, pero suele decirse que «las cosas irán mucho mejor cuando...». No suelen inmovilizarle las quejas, pero pocas veces sabe vivir plenamente el momento presente.	Aborda el pasado como una experiencia educativa para *vivir ahora* y el futuro sólo como momentos presentes que ha de vivir plenamente cuando lleguen, si llegan. Planea el futuro sólo en la medida en que es necesario para satisfacer su vida.

13.	Tiende mucho a *criticarse y criticar a otros su conducta «inmadura».* Se guía por normas rígidas y superficiales de madurez; condena enseguida la conducta espontánea o infantil como pueril. Le altera la «inmadurez» de cualquiera a cualquier edad. Es incapaz de dejar que los niños sean niños.	Se exige y exige a los demás con bastante rigidez una conducta «madura» seria o formal en muchas circunstancias. Tolerante con la conducta infantil sólo con niños que aún no han «crecido». Suele desaprobar la conducta «inmadura», pero pocas veces le enfurece o altera notablemente.	No acepta que se intente etiquetar su conducta o la de otro de «madura» o «inmadura»; decide qué pauta de crecimiento o madurez quiere alcanzar él y deja que los demás hagan lo mismo; aprecia la conducta infantil en gente de todas las edades y él también la cultiva.
14.	*Experiencia sin intensidades emotivas* o momentos intensos de vivir «ahora». Incapaz de rechazar señales externas de futurización y angustia de ejecución; incapaz de animarse de modo verdaderamente natural. Se siente casi siempre «bajo» emotivamente.	Experimenta algunas emociones intensas, pero se pregunta por qué no son más intensas y más frecuentes. Por qué suele ser la vida tan sosa y monótona. Acepta en general que la «vida es así» sin preguntarse qué podría hacer para vivir más intensamente más tiempo.	Capaz de convertir en experiencias profundas casi todas las actividades porque las ha convertido en parte primaria de su vida, trasciende la futurización y la angustia de ejecución y piensa creativamente cómo conseguir experiencias más profundas e intensas ahora.
15.	Siente y a menudo expresa *repugnancia por las funciones animales básicas;* los olores naturales del cuerpo, el sexo, etc., suelen parecerle repugnantes, el ejercicio, aburrido; no acepta el envejecimiento como un proceso natural sino que se rebela e intenta negarlo u ocultarlo.	Las funciones animales le producen cierta vergüenza, pero suele callárselo y actuar discretamente al respecto, considerándolas sólo el precio que hemos de pagar por ser animales; hará ejercicio pero más que nada buscando recompensas externas; lamentará el envejecimiento, pero sabiendo que no puede detenerlo.	Ama su naturaleza animal básica y le asombra lo maravillosamente que funciona su cuerpo. Reacciona inmediatamente a todas sus necesidades. Hace ejercicio por el placer físico que le produce. Aprecia el envejecimiento como medio universal de vida y crecimiento. Jamás oculta o niega su edad.

Pánico	Inercia	Lucha	Adaptación	Control
NEURÓTICO			«NORMAL»	SZE a SIN LÍMITES
16. *Hipocondríaco.* Teme constantemente todo tipo de enfermedades, y en último término la muerte. Puede quejarse con frecuencia de molestias y dolores misteriosos, llegar a depender notablemente de médicos y pastillas; ni siquiera se le ocurre que puede curarse él mismo; las quejas por sus enfermedades pueden llegar a dominar su vida.			Acepta en general la «salud normal» sin preocupaciones indebidas, experimentando «miedo a la muerte» sólo de vez en cuando, por motivos racionales; pero depende notablemente de médicos y pastillas para curarse y no sabe qué puede hacer para alcanzar la «supersalud».	Persigue la «supersalud» física apoyándose mínimamente en médicos y pastillas, sabiendo que puede conservarse sano y fuerte por sus propios medios; sólo teme la muerte cuando es una amenaza real y presente, y entonces confía en que sus instintos animales y su cuerpo superarán la amenaza si pueden.
17. Se siente *culpable casi siempre*; se siente juzgado, sobre todo con la familia, cuando no se pretende juzgarle; esa sensación irracional de culpabilidad permite que otros le manipulen fácilmente; por su parte, intenta hacer que otros se sientan culpables. Siempre está preocupado por «quién tiene la culpa».			Se siente culpable por conductas específicas, pero no siempre se siente «juzgado»; a veces pueden manipularle otros por sentimientos insignificantes de culpa; a veces, intenta utilizar el sentimiento de culpabilidad para manipular a otros. Suele preocuparle quién «es el culpable», y suele ser capaz de perdonar y olvidar.	Sólo se siente culpable cuando la conciencia le indica que ha actuado mal. Reacciona de inmediato a la llamada de su conciencia para obrar correctamente y eliminar los sentimientos de culpabilidad. Jamás manipula a otros con sentimientos de culpabilidad ni permite que otros los utilicen para manipularle a él. No le preocupa quién pueda ser culpable, sino sólo resolver los problemas.
18. *Fuertes sentimientos de dependencia* respecto a la familia, los amigos,			Depende mucho de la familia y de los amigos en cuanto a su identidad,	Ha resuelto la dicotomía dependencia/independencia en el concepto de

el trabajo y las organizaciones a las que pertenezca. Se aferra a ellas por lo mucho que su ego depende de ellas. Puede desmoronarse si se rompen relaciones fundamentales de dependencia; reprime sus necesidades de dependencia.

pero también siente necesidad de independencia personal (como en «la rebelión adolescente típica»). No le gusta tener demasiadas dependencias en su vida; le gustaría más la independencia, pero raras veces está dispuesto a aceptar los riesgos que entraña.

interdependencia; depende sólo de su propia identidad, pero aprecia cómo «dependen» todos los individuos unos de otros en este mundo para actuar como seres humanos independientes y compasivos.

19. *Acusa a otros* o a la «sociedad» de sus desdichas; responsabiliza de sus faltas a sus padres, a su jefe, a su familia, etc. Se enfurece y se muestra defensivo si otros le plantean lo que puede hacer él. No le interesa solucionar problemas, sólo acusar a los demás.

Rara vez reprocha a otros sus propios errores, pero cree que prácticamente no controla su vida y que puede acusar al mundo por ser como es. Suele perder el tiempo acusando a otros en situaciones concretas en vez de buscar una buena solución.

Jamás pierde el tiempo reprochando a los demás sus propias faltas o achacándolas al estado del mundo. Comprende que lo que le importa en la vida es lo que él controla; puede ver fallos en las acciones de otros o en las suyas; pero en vez de hacer reproches o sentirse culpable, actúa para resolver los problemas.

20. *Suele carecer de sentido del humor.* Puede contar chistes tontos e intentar forzar la alegría (reírse escandalosamente de sus chistes) de vez en cuando, pero nunca en relación con lo que para él es «lo más serio», normalmente sus creencias autoritarias, su búsqueda de estatus, etc. Es incapaz de apreciar el humor espontáneo. Lo desaprueba casi siempre.

Suele ser capaz de reírse a gusto cuando es «propio» (tomando café, etc.), pero a menudo a expensas de otros a quienes se critica, raras veces a expensas de sí mismo o en relación con lo que para él es «más serio»; sólo en circunstancias especiales puede apreciar el humor espontáneo y unirse a él.

Admite que el sentido del humor es vital en todos los aspectos de la vida, que no siempre supone risas o ser divertido, sino que refleja una aceptación global de la vida en todas sus excentricidades; le encanta reírse a gusto cuando puede; es capaz de reírse, sobre todo de sí mismo; le encanta el humor espontáneo en todas las situaciones de la vida.

Pánico	Inercia	Lucha	Adaptación	Control
NEURÓTICO		«NORMAL»		SZE a SIN LÍMITES
21. Muy *«localista» en valores y autoidentificación*; muy patriotero con frecuencia respecto a la familia, el barrio, los amigos íntimos o los conocidos más prestigiosos, el restaurante favorito, la marca de neumáticos o lo que sea. Piensa que debe defender esos valores a toda costa; se siente muy personalmente amenazado cuando se ponen en entredicho.		Cierto fanatismo local, pero más inclinado al patriotismo y el nacionalismo como valores fundamentales. Se siente menos amenazado por los cambios locales o la puesta en entredicho de cosas próximas; tiene cierta preocupación general por los problemas humanos pero aún se rige sobre todo por el fanatismo localista y nacionalista más que por un verdadero amor a la humanidad.		Completamente global y humanista en valores y autoidentificación; capaz de enorgullecerse de los verdaderos triunfos locales cuando contribuyen al bien de la humanidad, pero también capaz de oponerse al fanatismo local y nacional cuando no es así. Rechaza toda forma de etnocentrismo para poner en primer lugar «los intereses globales» y considerarse ante todo «un ser humano».
22. *Se rige por comparación*. Está siempre pendiente de lo que hacen otros y se compara con ellos (o compite) en todos los sectores de la vida. Se inquieta cuando otros se comparan favorablemente con él según pautas externas. Puede denigrar los triunfos de otros para hacer que los suyos parezcan mayores por comparación, e incluso recurre a la mentira y a la falsedad.		Acepta la comparación y la competición como «hechos de la vida», pero raras veces como cuestión de vida o muerte; puede «sufrir por comparaciones» con otros en áreas sensibles (trabajos, relaciones amorosas), pero lo normal es que no se desvíe de su camino para compararse desfavorablemente con otros. Practica el juego comparación/competencia con toda la honradez que puede.		Rechaza en redondo el juego comparación/competencia. Suele estar tan entregado a lo que hace en el momento que no advierte lo que hacen los demás, salvo que trabajen o jueguen con él. Le alegran los éxitos ajenos como aportaciones positivas al bien de la humanidad ahora.

23. *Miedo al fracaso*; evita actividades en las que es torpe o inexperto. Se enfurece consigo mismo o con otros cuando falla en algo. No aprende de los fallos. Suele intentar ocultarlos o negarlos; puede ridiculizar a otros por sus fallos.	No le gusta fracasar; se esfuerza por tener éxito en todo. Exige a los demás familiares que triunfen; suele tolerar fracasos como precio del éxito; capaz de ensayar cosas nuevas; «si no triunfas al principio, insiste otra vez; hay que ser constante».	Rechaza la dicotomía éxito/fracaso; agradece el fracaso como parte del proceso de aprendizaje; dispuesto probar casi todo lo que le interesa; sin necesidad compulsiva de triunfar en todo lo que hace; el éxito se produce de modo natural en el cumplimiento de los proyectos vitales y en la práctica, en las cosas que le interesan profundamente.
24. *Tiende al culto al «yo»*. Exagera los méritos de las personas famosas con las que se identifica y vive vicariamente a través de ellas. Se altera cuando sus héroes le «defraudan»; discute con otros sobre la grandeza de sus héroes, y se enfurece con ellos cuando no comparten su culto o lo ponen en entredicho.	Tiene héroes, puede valorarlos hasta cierto punto, pero acepta sus fragilidades humanas; prefiere como héroes a las «grandes figuras históricas», se identifica con lo que «ellos representan»; aunque pueda mostrarse defensivo respecto a ellos, raras veces incurre en cólera que le impida actuar.	No tiene héroes concretos. Sabe que por cada héroe famoso hay millones de héroes anónimos. Ve el héroe que hay en todo ser humano; admira los ejemplos de los que han hecho progresar a la humanidad y aprende de ellos, pero está demasiado entregado a su propia aportación para vivir vicariamente a través de ellos.
25. *Conformista* en todo. Siempre le preocupa si ha hecho las cosas bien, según la mayoría y/o las autoridades. Consulta siempre normas de etiqueta, columnas de consejos, etc., y está siempre pendiente de los	Obedece la mayoría de las normas culturales y se adapta a la mayoría de las costumbres; procura adaptarse, pero se permite siempre cierta individualidad. Suele ser conformista en «cosas importantes» como la elec-	No concede ningún valor al conformismo en sí o por premios externos o aprobación; ni al inconformismo en sí. Si está de acuerdo, magnífico, si no, también magnífico. Rechaza en especial el conformismo ciego en las

Pánico	Inercia	Lucha	Adaptación	Control
NEURÓTICO			«NORMAL»	SZE a SIN LÍMITES
que marcan tendencias. Obedece las normas más mínimas sin pensarlo y exige lo mismo a los demás.		ción de carrera, las actitudes políticas, el lugar en que ha de vivir. Sabe ignorar normas y reglas cuando son claramente ridículas.		«cosas importantes»; eludirá las normas y costumbres inútiles lo mejor posible; rechazará y combatirá las realmente destructivas.
26. Miedo a estar solo; *rechaza su necesidad de intimidad* y la de los demás; depende de un estímulo externo constante, para tener «sentido de la realidad»; teme que otros quieran ocultarse de él (u ocultarle cosas) si desean estar solos. Invade con frecuencia la intimidad ajena.		Suele preferir no estar solo, pero le gusta tener «momentos de intimidad». Si le dejan solo demasiado puede padecer «depresión de soledad» grave; suele respetar la necesidad de intimidad ajena, pero le preocupan e intrigan los que prefieren estar solos «demasiado tiempo». Puede desear más intimidad.		Es tan feliz solo como acompañado; defiende su derecho a la intimidad, y el ajeno; su vida es una variación fecunda de tiempo solo y tiempo en compañía, que él mismo decide; desconoce la «depresión de la soledad» porque está en paz consigo y siempre puede encontrar compañía si quiere.
27. *Se engaña a sí mismo.* Agitación interna constante, por intentar fingir lo que no es. Incapaz de admitir sus errores; se defiende y se excusa. Señales internas casi bloqueadas. Puede ser absolutamente falso con los demás.		Se engaña o bloquea sus señales internas de diversos modos; cae víctima de pequeñas presunciones, pero no pretende ser radicalmente distinto de lo que es. Suele admitir errores, pero con excusas. Las señales internas son lo bastante fuertes para que no sea absolutamente falso con los demás.		Estrechamente conectado con señales internas que advierten de cualquier falsedad. Busca ante todo estar en paz con su conciencia. Se contiene cuando va a presumir o a adoptar una identidad falsa. Admite fácilmente sus errores, con ironía pero sin excusas ni defensas. Enfoca a los demás con sinceridad infantil.

28.	Enfoca la vida *sin creatividad*; no se considera creador. Jamás da salida al genio creador que hay en él. Imita en casi todo. En el fondo, eso le molesta; le intimidan las personas verdaderamente creadoras y los estilos de vida no convencionales.	Ejercita la creatividad, o expresa su individualidad sólo en circunstancias especiales y limitadas; apenas puede desplegar creatividad en el trabajo (donde quizá se rechace) o en relaciones clave o situaciones familiares, pero puede hallar salida a ella en aficiones y pasatiempos en sus períodos de ocio.	Da libertad a su imaginación creadora cuando es posible; lo aborda todo desde un punto de vista creador; sólo imita cuando no puede hallar mejor medio de hacer algo. Aplica sobre todo su imaginación creadora a su profesión y a sus relaciones interpersonales más importantes.
29.	*Estancamiento intelectual*, frecuente anti-intelectualismo; para él, el estudio «terminó» con la enseñanza oficial; reprime la curiosidad intelectual natural y los que no lo hacen le inspiran recelo o envidia; da explicaciones superficiales o tópicas de lo que «piensa»; se enfada cuando otros le «dejan mal» con información que él ignoraba.	Motivaciones intelectuales muy limitadas. Puede permitirse ciertas áreas de curiosidad, sobre todo en tiempo libre. Puede gustarle la historia, la horticultura o la meteorología, pero pocas veces centrará toda su capacidad intelectual y su curiosidad en los problemas-y-promesas básicos de la vida. Le interesa estudiar más que nada por ascender y por el éxito externo.	Su curiosidad natural y sus instintos le llevan a buscar la verdad por su cuenta en todas las situaciones vitales. Sabe que toda educación es ante todo autoeducación; puede centrar su capacidad intelectual en cualquier sector, sobre todo en sectores básicos de problemas-y-promesas de la vida de la humanidad.
30.	*Planificador compulsivo*, inquieto, sin un plan concreto para todo y furioso si no se cumple exactamente lo previsto. Dedica más tiempo a la preocupación por el «programa» que a disfrutar de la ocasión; pasa inmediatamente a preocuparse por el plan siguiente.	Preocupado a menudo por la «regularidad de la vida» (horario de comidas, de acostarse, de hacer el amor) y suele preferir casi siempre un plan concreto, pero sabe permitirse cierta espontaneidad, en general sin preocuparse demasiado con planes y programas, pero aun así regula en exceso su vida.	Elabora todos sus planes en función de las situaciones concretas del momento. Cumple sus compromisos con los demás, pero los mantiene a un nivel aceptable y manejable. Prefiere, si puede, no tener «plan» y dejar campo para la espontaneidad.

Pánico	Inercia	Lucha	Adaptación	Control
NEURÓTICO		«NORMAL»		SZE a SIN LÍMITES
31. Un *seguidor*, nunca un dirigente. Puede alcanzar «puestos honoríficos» concedidos por alguna sociedad autoritaria, pero nunca sigue sus propias luces iniciando ideas nuevas o desafiando a la autoridad. Rechazo constante de su necesidad de dirigirse él mismo y rabia secreta por su estatus de «seguidor», que crea conflicto interno y paralización.		Primordialmente un seguidor, pero capaz de actividades directivas en algunos sectores vitales, reacciona según sus luces internas en casos graves de conciencia o en arrebatos de inspiración. Suele negar que necesite «dirigirse a sí mismo» y le desazona en parte su condición, que acepta como básicamente de «seguidor».		No acepta dirigentes ni seguidores en el mundo, salvo cuando los individuos deciden considerarse «seguidores». Sigue en todo sus luces internas; se siente inspirado cuando otros concuerdan con él y quieren trabajar con él, pero no acepta la disciplina ciega; sólo colaboradores tan deseosos de dirigirse como él.
32. *Obsesionado por el dinero*, por mucho que tenga. Obsesionado por la supervivencia, la seguridad a largo plazo o el hacerse rico como única medida «objetiva» de su valor; aceptará o conservará cualquier trabajo si le da mucho dinero; no suele ser capaz de disfrutar del dinero que tiene; suele ser tacaño; menosprecia a los pobres (aunque él lo sea). En el fondo, le fastidia su dependencia del dinero: conflicto interno.		Puede preocuparle mucho el dinero, aunque tenga bastante, pero más por las comodidades materiales y la «independencia» que pueda proporcionar, que por el dinero en sí; no suele valorarse primariamente por el dinero; le encantaría ser rico pero no aceptaría un trabajo odioso para lograrlo. Sabe disfrutar del dinero que tiene, aunque se siente algo culpable por gastarlo. Bastante generoso. Conflictos frecuentes por el dinero.		No le importa en absoluto el dinero *en sí*. Busca trabajos que le interesen humanamente, procura vivir feliz con el dinero que tiene; jamás juzga a nadie en términos monetarios; si se hace rico será por accidente, sin dejar su vocación; disfruta de todas las experiencias, cuesten dinero o no; gasta dinero sin sentirse culpable (aunque no disparatadamente); muy generoso con los necesitados. Sin conflictos.

33. *Prácticamente incapaz de relajarse o divertirse.* Lo considera «inútil» o una pérdida de «valioso tiempo de trabajo». Por ello le asedian la angustia y la tensión física. Es tan competitivo y rígido en los juegos que no puede disfrutarlos. Se pasa las vacaciones preocupándose por pequeños detalles, planes, o por el trabajo inconcluso; incapaz de desinhibirse.

Aunque no se entregue lo suficiente al relajamiento y la diversión, se los permite lo suficiente para mantenerse «sano». Sus preocupaciones no suelen permitirle relajarse del todo. La diversión le parece un lujo que debe ocupar un lugar secundario («espera a las vacaciones»). Puede disfrutar más o menos de diversiones y vacaciones. Se desinhibe pocas veces.

Cultiva el arte del relajamiento y la diversión como algo vital para la felicidad, la creatividad, y el vivir ahora, sintiéndose bien en cualquier situación. Sabe relajarse del todo normalmente, mediante el yoga, la meditación, o cualquier otra vía propia. Considera los juegos y deportes como pura diversión. «Hace vacaciones» varias veces al año y sabe disfrutarlas; no se «desinhibe» nunca de modo forzado.

34. *Insensible a la belleza;* ideas muy limitadas y rígidas de lo que es o dónde puede hallarse (puestas de sol, chicas de portada de revista); ve fealdad por todas partes («esa casa es espantosa, necesita una mano de pintura»); juzga la belleza de los demás por la apariencia o el estatus y la mayoría de la gente le parece fea; reprimir la necesidad de apreciar la belleza en el mundo le lleva al mal humor y a la monotonía.

Ideas bastante tópicas de lo que es la belleza y dónde puede hallarse; el uso frecuente de la palabra «bello» indica una reacción a necesidades superiores, pero se preocupa poco de ampliar la «visión convencional» por lo que tiene muchos «puntos ciegos» respecto a cómo debe apreciarse y/o crearse la belleza. La juzga por normas culturales externas aceptables.

Ve el mundo entero como algo bello y maravilloso. No ve límites a sus necesidades de belleza ni barreras a cómo o dónde puede descubrirse y/o crearse. «La sonrisa de un niño puede superar cualquier puesta de sol.» «Esa casa vieja podría dar una fotografía espléndida si la enfocase por donde crecen esas lilas silvestres.» «Todo el mundo es intrínsecamente bello, aunque no lo sean a veces sus acciones.» Satisface siempre sus instinto en busca de belleza en la vida.

35. *Cree que no tiene elección* en cuanto a la marcha de su vida; se resigna a la idea de que está predetermina-

Gran parte de la vida está para él determinada por cosas externas como la raza, la clase social, la educación y

Cada instante de su vida es para él una elección personal libre; no cree que las cosas externas le impidan lle-

Pánico	Inercia	Lucha	Adaptación		Control
NEURÓTICO			«NORMAL»		´SZE a SIN LÍMITES
da; es un fatalista que suele ver las cosas y las personas (incluido él mismo) de modo totalmente negativo, y que se hundirá en la desesperación y la depresión si no persigue continuamente objetivos externos.			la suerte, pero cree que la gente puede «superarse» si tiene una gran ambición personal y lleva a cabo las elecciones adecuadas en los «juegos del éxito» de la sociedad. Cree limitadamente en la elección personal y eso le salva de la desesperación profunda.		gar a ser lo que puede ser; ignora la «ambición» y las «elecciones correctas» según otros las definen a la hora de tomar decisiones personales; cree en la voluntad libre ilimitada.
36. *Siente poco respeto por la vida* y por la humanidad como un todo. Considera casi todas las vidas humanas tan insignificantes (no merece la pena vivirlas) como las de las personas que se mueren de hambre por todo el mundo. La guerra y la violencia le parecen algo natural en la especie. Sólo le preocupan las vidas de los que le son allegados; puede producirle temores paranoicos la idea de que otros se preocupen tan poco por su vida como él por la de ellos.			Respeta básicamente toda vida humana, pero se centra con rigidez en los más próximos a él. Acepta que muchas de las personas que se mueren de hambre en el mundo podrían no morirse; desea que la guerra y la violencia desaparezcan algún día, pero es pesimista. Acepta la competencia entre las gentes y los países por los recursos como algo inevitable, lo mismo que el hambre, las enfermedades, etc. Espera que sus seres queridos no se vean afectados.		Toda vida le parece sagrada, todos los seres humanos del mismo valor intrínseco. La devoción que muestra a diario a los más allegados a él es reflejo de su interés por todas las gentes y por el bienestar de la especie. Cree que la guerra, la violencia, el hambre y las enfermedades pueden eliminarse si la humanidad quiere, y dedica su vida a mejorar las de todos y a acabar con la injusticia.
37. *Lucha siempre contra la vida*. Siempre le parece estar luchando contra			No suele combatir la vida hasta el punto del pánico, pero tiene la sensa-		Va con la corriente, se siente siempre ligado a ella; le emociona su dominio

corriente, incapaz de parar y tomar aliento, siempre a punto de verse arrastrado o hundido por corrientes traidoras. Agitación interna constante (sepa ocultarla o no); dominado por ciclos de pánico, inercia y agitación.

ción de ir contra corriente muy a menudo, y no sabe bien hasta qué punto desea en realidad arriesgarse a explorar todo ese territorio desconocido. Preferiría vadear por donde no le cubriese el agua o sentarse en la orilla cuando se cansase. Ciclos de inercia, agitación y adaptación.

de las aguas, la belleza de ese mundo y esa vida en perpetuo cambio en la que nada; saborea los momentos de paz paseando por la orilla y descansando o explorando los alrededores. Piensa, se comporta y siente como señor de sí mismo.

Esta obra, publicada por
GRIJALBO MONDADORI, S.A.
se terminó de imprimir en los talleres
de Rodesa, de Villatuerta (Navarra),
el día 17 de septiembre
de 2001